3
grado

tiempo

Rosario Rico Galindo
Universidad Nacional Autónoma de México

Margarita Ávila Ramírez
Universidad Nacional Autónoma de México

María Cristina Yarza Chousal
Universidad Nacional Autónoma de México

historia
de México

Dirección editorial
Patricia López Zepeda

Coordinación editorial
Roxana Martín-Lunas Rodríguez

Asistencia editorial
Zamná Heredia Delgado
Evelín Ferrer Rivera
Varinia del Ángel Muñoz

Autoras
Rosario Rico Galindo
Margarita Ávila Ramírez
María Cristina Yarza Chousal

Revisión técnica y asesoría pedagógica
Griselda Sarmiento Fradera
Salvador Rodríguez Fernández

Diseño
Ediciones SM: José Pichardo Lima, Dora Garduño Gutiérrez
Rafael Tapia

Diseño de cubierta
Ediciones SM: Rafael Tapia

Diagramación
Ediciones SM: José Pichardo Lima, Carlos Fernández Mendoza

Iconografía
María Cristina Yarza Chousal
Margarita Ávila Ramírez
Rosario Rico Galindo

Fotografía
Carlos Hahn Ramírez
Jorge González (p. 191)

Ilustraciones
Víctor Ornelas

Coordinación de producción
Felicia Garnett

Derechos reservados:
D.R. © SM de Ediciones, S.A. de C.V., 2002
        Cóndor 240, Col. Las Águilas, 01710, México, D.F.
        www.ediciones-sm.com.mx

        Primera edición, 2003
        Segunda edición, 2003
            Primera reimpresión, 2004

ISBN: 970–688–120–4 Serie Secundaria
ISBN: 970–688–241–3 SM de Ediciones, S.A. de C.V.

Miembro de la Cámara Nacional de la Industria Editorial Mexicana.
Registro número 2830.

Este libro se terminó de imprimir en el mes de febrero de 2004,
en Compañía Editorial Ultra, S.A. de C.V., Centeno No. 162, Local 2,
Col. Granjas Esmeralda, C.P. 09810, México, D.F.

Impreso en México / Printed in Mexico

Queremos suponer que el tiempo pasa, pero en realidad sabemos que el tiempo siempre está ahí, fluyendo aunque sin disminuir ni aumentar: lo que transcurre y decrece incesantemente no es el tiempo sino nuestro tiempo.

FERNANDO SAVATER

Llamamos Historia al entramado que el ser humano va tejiendo entre dos ejes: el **tiempo** y el espacio. El ser humano siempre actúa en un momento y un lugar determinados: el tiempo que avanza inexorablemente y los sitios concretos en los que transcurre su vida.

Todo lo que el ser humano realiza entre esas dos coordenadas es Historia: los hechos sociales, culturales, económicos y políticos así como los sucesos de la vida cotidiana son parte de la Historia; las acciones que realiza el individuo y las que hace la colectividad son parte de la Historia; los acontecimientos que producen cambios repentinos y también los que son casi imperceptibles y permanecen a lo largo de los años..., son parte de la Historia.

Todo es Historia, y el oficio de documentar, revivir y explicar esos sucesos también recibe este nombre.

La Historia es significativa para el ser humano porque le permite entenderse en su momento y en su entorno.

En *Tiempo 3. Historia de México*, queremos que conozcas los hechos relevantes y los procesos históricos que de ellos se desprenden, realizados a través del tiempo por las mujeres y los hombres de este territorio que sólo desde hace casi doscientos años recibe el nombre de México.

Nuestra intención es que disfrutes la aventura de adentrarte en el pasado porque éste te permitirá comprender el momento que ahora te toca vivir y enfrentar el porvenir de manera consciente.

Los autores y editores de **Tiempo**

C O N T E N I D O S

OTRAS SECCIONES

CÓMO VAMOS A TRABAJAR

CONTENIDOS

CONTENIDOS

C O N T E N I D O S

C O N T E N I D O S

T A B L A   D E

C O N T E N I D O S

CONTENIDOS

Unidad 7   La Revolución Mexicana

INTRODUCCIÓN Y PUNTO DE PARTIDA, pp. 204 y 205

C O N T E N I D O S

TABLA DE

CONTENIDOS

El hombre y la Historia

El ser humano es un ser histórico porque siempre ha tenido la necesidad profunda de conocer su pasado ya que éste ejerce una influencia determinante sobre el presente. Los hechos históricos no suceden en forma aislada; influyen unos en otros de tal manera que la Historia es un proceso continuo, cambiante y vivo.

El conocimiento y la comprensión de la Historia permiten al hombre entender quién es, cuál es su origen y sus raíces, cómo ha sido su desarrollo, cómo es su realidad y su momento actual y hacia dónde se dirige.

La investigación histórica

Para conocer el pasado no existe otro camino más que el de la investigación. La tarea del historiador es, por tanto, investigar, y lo primero que debe hacer cuando va a iniciar su trabajo es averiguar dónde se encuentran las fuentes de conocimiento que pueden arrojar alguna luz sobre el tema de su interés.

Como verás más adelante, existen diferentes tipos de fuentes, es decir, vestigios dejados por el hombre que se conservaron y llegaron hasta el presente y que constituyen la materia prima mediante la cual el historiador puede reconstruir un hecho.

Las fuentes constituyen un material incompleto y fragmentario que el historiador debe organizar e interpretar. En la interpretación de las fuentes se filtrará siempre el punto de vista subjetivo del historiador porque su análisis estará determinado por la cultura y la ideología de la época que le tocó vivir y por sus intereses particulares.

La objetividad absoluta en la Historia es imposible y por esta razón el análisis histórico está sujeto a discusión.

> "Pensar sin referencia continua, permanente, a la Historia, me parecería tan imposible como a un pez..., vivir fuera del agua", decía el ilustre historiador francés Pierre Vilar.

La importancia de los libros

En términos generales, las fuentes más utilizadas por los historiadores son las escritas y, dentro de ellas, los libros ocupan un lugar muy importante.

Los libros te abren una ventana a un mundo nuevo, diferente; por ello es importante que los toques, hojees, veas las imágenes, busques en el índice los temas que tratan, analices cómo están estructurados y examines la bibliografía que contienen.

El libro que tienes en las manos intenta despertar tu interés por conocer el pasado y pretende ayudarte a desarrollar habilidades para que puedas acercarte a la investigación e interpretación con una actitud crítica. Es un recurso más para aproximarte a la Historia de México.

Este libro está constituido por una selección de los hechos que las autoras, desde nuestro punto de vista, consideramos más relevantes. Así que te recomendamos lo analices críticamente y que, en aquellos temas que consideres de tu interés, consultes otros puntos de vista para que construyas tu propia opinión.

Para analizar *Tiempo 3. Historia de México*, deberás localizar las diferentes secciones que forman cada Unidad didáctica.

- **Introducción**. Cada Unidad didáctica abre con una doble página: la primera incluye el título de la Unidad, una imagen que está vinculada a los temas que se tratarán y un texto cuyo objetivo es exponer las ideas que se introducen en la Unidad; en la siguiente página aparece la sección **Punto de partida**, en la que están ordenadas numéricamente las grandes interrogantes a las que se dará respuesta en el desarrollo de cada tema.

- Cada **tema** se desarrolla en una o tres páginas y responde a una interrogante mediante la narración de ciertos hechos. La página derecha marcada con un icono da un complemento informativo del tema y te invita a participar en forma activa, para que resuelvas las **actividades** propuestas.

Cada Unidad didáctica finaliza siempre con las mismas secciones. Identifícalas y, en tu libreta, elabora una lista con sus títulos.

Intuye, por los títulos, de qué se trata cada una de ellas y discútelo con algún compañero o compañera. Escribe tus conclusiones.

Regresa a dichas secciones y léelas. Compara tus anotaciones previas y observa si corresponden a los contenidos.

- La sección **México y el mundo** es una línea del tiempo que te permitirá ubicar cada hecho y cada etapa en un momento y lugar determinados y relacionarlos con otros hechos que sucedieron simultáneamente en otros lugares del mundo.

- Al final del libro también encontrarás una línea del tiempo general, que te ayudará a seguir una secuencia temporal y a sintetizar los distintos periodos históricos.

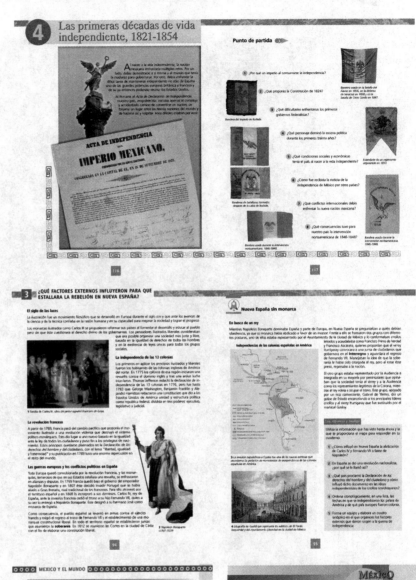

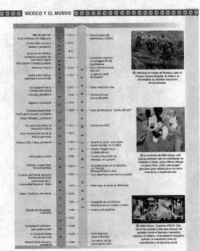

1 Las grandes civilizaciones mesoamericanas

1 *Observatorio el Caracol
Chichen Itza, Yucatan.*

La comprensión de los procesos históricos, sociales, políticos y culturales que determinan el camino que el ser humano ha recorrido hasta hoy nos ayuda, como sociedad, a dirigir el rumbo hacia el mañana. El conocimiento de la Historia despierta la conciencia del hombre y, en ese sentido, lo hace libre.

México es un país multiétnico y multicultural. Muchas de las actividades que realizamos todos los días están directamente relacionadas con nuestras dos raíces más importantes: la indígena y la española. Ambas están presentes en nuestra vida cotidiana; de las sociedades prehispánicas heredamos parte de nuestro vocabulario, forma de vestir, fiestas y tradiciones, alimentos y gastronomía, medicina herbolaria, así como nuestra cortesía, hospitalidad y uso de diminutivos al hablar. Estudiarlas es fascinante y nos permite comprender quiénes y cómo somos.

En la primera Unidad te adentrarás en el mágico mundo mesoamericano. Analizarás las características más importantes de las civilizaciones que conformaron ese universo cultural; su organización política y socioeconómica, y su peculiar manera de interpretar el mundo.

Punto de partida

1. ¿Cómo llegó el hombre a América?

2. ¿Por qué la agricultura marcó la diferencia entre Mesoamérica y Aridoamérica?

3. ¿Dónde y cuándo se desarrollaron las principales civilizaciones mesoamericanas?

4. ¿Quiénes fueron los habitantes del "País del Hule"?

5. ¿Nacieron los dioses en Teotihuacan?

6. ¿Fueron los mayas los mejores observadores de los astros?

7. ¿Vivían los zapotecas cerca del cielo?

8. ¿Por qué se dice que fue en Tula donde vivió Quetzalcóatl?

9. ¿Cuál es el origen de la lengua purépecha?

El poblamiento de América

La evidencia más firme acerca de cómo se pobló el continente americano indica que el hombre primitivo pasó de Asia a América por el estrecho de Bering, aproximadamente 40 000 años antes de Cristo.

Durante la última glaciación, ocurrida entre 70 000 y 10 000 años a.C., se congelaron los mares, disminuyó su volumen, bajó aproximadamente 100 metros su nivel y ambos continentes quedaron unidos por una llanura de hielo.

Los habitantes de lo que ahora es Siberia, cazadores y recolectores nómadas, iban de un lado a otro persiguiendo a la fauna que constituía su alimento, lo que los llevó a cruzar la llanura helada y llegar a lo que hoy es América.

2 *Glaciar Grewingk, Alaska. Quizá los primeros pobladores de América cruzaron Bering por un glaciar como éste.*

1 *Estrecho de Bering. Este paso de mar entre Siberia y Alaska tiene 90 kilómetros de longitud, una profundidad de 40 metros y numerosas islas en el trayecto.*

Los desplazamientos de estos grupos fueron lentos; avanzaban si el clima lo permitía y de acuerdo con el tipo y la abundancia de flora y fauna. Algunos grupos ya controlaban el fuego. La necesidad de sobrevivencia los llevó a fabricar instrumentos de piedra, elaborar cestería muy sencilla y trabajar las pieles. Su organización social era muy simple, probablemente varias familias se unían para defenderse y cazar, pero cuando había escasez de alimentos se separaban para buscar cada una su sustento.

Los primeros habitantes de México

Los **paleontólogos** dividen el estudio de la prehistoria americana en tres grandes periodos:

- **Arqueolítico** (30 000 a 14 000 a.C.). El clima era húmedo, frío y había numerosas corrientes de agua que favorecieron el desarrollo de pastizales donde se alimentaban mastodontes, mamuts, camélidos y bisontes. Oleadas de grupos humanos llegaron paulatinamente al continente americano. Elaboraban utensilios apropiados para cazar esos enormes animales y vivían, también, dedicados a la recolección en pequeños grupos familiares.

  En México se han encontrado vestigios arqueolíticos en El Cedral (San Luis Potosí), Valsequillo (Puebla), Tlapacoya y Tepexpan (cerca de Texcoco).

- **Cenolítico** (14 000 a 5000 a.C.). Importantes transformaciones en el clima, la flora y la fauna: la aridez (falta de flora como consecuencia de la glaciación) hizo que desaparecieran bosques y pastizales y con ellos la fauna mayor. El ser humano tuvo que adaptarse a las nuevas condiciones ambientales y desarrollar un trabajo más

fino en el tallado de las piedras para cazar a presas más pequeñas. Comenzó a manufacturar puntas de proyectil con bordes filosos y piezas de hueso y concha, no sólo como instrumentos de trabajo sino también con fines ornamentales. Se organizó en grupos más numerosos con una incipiente división del trabajo. La alimentación se basó en vegetales y semillas y existen indicios de primitivos cultivos de calabaza y guaje. Se han encontrado evidencias correspondientes a este periodo en toda la República Mexicana, desde Baja California hasta Chiapas.

- **Protoneolítico** (5000 al 2500 a.C.). Comienza el desarrollo gradual de la agricultura. En México aparecen los primeros cultivos de maíz, frijol, chile, calabaza, aguacate y amaranto. Durante este periodo aparece, con las primeras aldeas agrícolas, el manejo y control de la flora y con ello la sedentarización, una clara división del trabajo y la elaboración de cerámica. Se han encontrado evidencias protoneolíticas en el valle de Tehuacán (Puebla), en la sierra de Tamaulipas, valle de Oaxaca y sur de la cuenca de México.

Camino hacia lo desconocido

OCÉANO
ATLÁNTICO

OCÉANO
PACÍFICO

Golfo de
México

Sitios con fechas de C 14* más antiguas

1. Trail Creek, Alaska (13 070 y 15 750 aP)
2. Old Crow Flats, Canadá (29 100 y 25 750 aP)
3. Blue Fish, Canadá (15 500 aP)
4. American Falls, Estados Unidos (43 000 aP)
5. Cueva de Wilson Butle, Estados Unidos (14 500 y 15 800 aP)
6. Meadowcroft, Estados Unidos (19 610 y 19 100 aP)
7. Shriver, Estados Unidos (14 800 aP)
8. Santa Rosa, Estados Unidos (37 000 aP)
9. Cooper Town, Estados Unidos (20 400 aP)
10. Laguna, México (14 610 aP)
11. El Cedral, México (31 850 y 33 300 aP)
12. Tlapacoya, México (24 400 y 21 700 aP)
13. Caulapan, México (21 850 aP)
14. Los Grifos, México (9 500 aP)
15. El Bosque, Nicaragua (32 000)
16. Taima-Taima, Venezuela (16 375 aP)
17. Muaco, Venezuela (14 010 aP)
18. El Abra, Colombia (12 400 aP)
19. Cueva de Guitarrero, Perú (12 560 aP)
20. Cueva de Huargo, Perú (13 460 aP)
21. Cueva de Piquimachay, Perú (14 150 aP)
22. Do Meio, Brasil (12 200 aP)
23. La Toca, Brasil (15 000 aP)
24. Alice Boer, Brasil (12 350 aP)
25. Querero, Chile (12 000 aP)
26. Tagua-Tagua, Chile (11 380 aP)
27. Monteverde, Chile (14 000-12 000 aP)
28. Los Toldos, Argentina (12 600 aP)

Nota: Las fechas antes del presente (aP) se refieren a la antigüedad
de los vestigios calculada a partir de 1950 d.C.
Por ello, para calcular las fechas antes de Cristo (a.C.) se debe restar
1950 a la cantidad indicada para cada sitio.

Fuente: *Arqueología Mexicana*, núm. 5
(especial), "Atlas de México prehispánico",
México, julio 2000, p. 9.

*Carbono 14

3 *De manera lenta
pero constante, la
presencia humana
se extendió por el
continente americano
y hace 11 000 años
ya había alcanzado
el extremo sur.*

Observa y analiza los mapas

El hombre prehistórico tardó miles de
años en poblar el continente americano.

1 Después de analizar los mapas de
las páginas 6 y 7, expresa tres
argumentos para apoyar la teoría
que sugiere que América se pobló
cuando el hombre atravesó el
estrecho de Bering.

- Observa la nota al pie del mapa y
calcula las fechas antes de Cristo
para cada sitio.

2 Reproduce un planisferio en tu
libreta y localiza:

a) Océano Pacífico

b) Asia

c) Australia

d) Polinesia

e) América del Norte

f) América del Sur

g) Estrecho de Bering

Observa tu planisferio y discute en
equipo de qué otra forma los seres
humanos primitivos pudieron cruzar
de un continente a otro. Sustenta
tus conclusiones tomando en
cuenta los conocimientos, las
técnicas y los instrumentos con que
contaban esos grupos en aquella
época.

3 Marca en tu planisferio las rutas
que pudieron haber seguido los
primeros americanos.

4 Investiga qué otras teorías existen
acerca del poblamiento de
América y compáralas con tus
deducciones. Puedes consultar la
Enciclopedia Historia de México,
Tomo 1, Salvat.

La agricultura

Hace miles de años llegaron los primeros pobladores al territorio que hoy es México, organizados en grupos nómadas de cazadores-recolectores; éstos poco a poco fueron ocupando la mayor parte del territorio y después de un largo proceso, algunos aprendieron a trabajar la tierra y adoptaron la agricultura como su principal medio de subsistencia convirtiéndose en sedentarios. Esto marcó la diferencia entre dos importantes zonas geográficas: Aridoamérica y Mesoamérica. Los grupos que habitaron estas zonas con el tiempo adquirieron características y cultura definidas por su interacción con el medio ambiente.

Aridoamérica

Se le llama Aridoamérica a una extensa región ubicada en el norte de México y el sur de los Estados Unidos, constituida por extensas zonas desérticas y semidesérticas.

1 *Grupos indígenas de Aridoamérica. No todos estos grupos coexistieron simultáneamente.*

Aunque son escasos los vestigios arqueológicos, sabemos que en esta región, las comunidades conservaron su carácter nómada y fueron capaces de hacer frente a las duras condiciones ambientales. La falta de agua y las altas temperaturas hicieron muy difícil la aparición de la agricultura y por lo tanto, de grupos sedentarios. La permanencia de esos grupos en estado nómada no debe considerarse como un retraso cultural, sino como una favorable adaptación a un medio ambiente particularmente difícil, lo que les aseguró la supervivencia.

2 *Basamento ceremonial en Paquimé, Chihuahua. Se cree que el montículo de la cruz sirvió de observatorio.*

Mesoamérica

La zona geográfica y cultural conocida como Mesoamérica abarca el centro y el sureste de México y parte de Centroamérica. En Mesoamérica habitaron sociedades sedentarias agrícolas que alcanzaron uno de los mayores desarrollos de la Antigüedad.

La agricultura fue el eje de la economía y estaba basada en los cultivos de maíz, frijol, chile y calabaza. Los pueblos mesoamericanos domesticaron animales y trabajaron el barro, la piedra y la madera; construyeron ciudades cuidadosamente planificadas siguiendo los puntos cardinales; destacaron en el arte al desarrollar de manera notable la arquitectura, la pintura y la escultura; realizaron importantes innovaciones científicas; desarrollaron un calendario muy exacto de 365 días; inventaron sistemas de escritura; usaron sistemas de numeración en los que incluyeron el cero; practicaron el juego de pelota y establecieron normas jurídicas para regular la convivencia en sociedades con distintos estratos sociales.

Oasisamérica

Además de Aridoamérica y Mesoamérica, se considera una tercer área geográfica y cultural que abarca parte del suroeste de los Estados Unidos y del noroeste de México llamada Oasisamérica por la presencia de oasis dentro de una región árida, en la que existían manantiales y ríos que facilitaron la actividad agrícola de los grupos que habitaron en ella, aunque la caza, la pesca y la recolección, siguieron siendo actividades importantes. En esta zona destacaron varias civilizaciones, entre las que sobresalieron la de Mogollón, donde se encuentra el sitio arqueológico más importante, Casas Grandes o Paquimé (Chihuahua), ciudad que llegó a tener una considerable población entre los años 1205 y 1261 d.C., lapso en que se construyeron montículos ceremoniales y edificios de varios pisos.

3 *Cerámica de Paquimé.*

> **¿Sabías que** los diferentes grupos humanos conformaron civilizaciones cuando compartieron elementos culturales: costumbres, creencias, formas de escritura, arte, desarrollo científico y tecnológico y una manera de organización en beneficio del grupo?
>
> Así, las grandes culturas mesoamericanas construyeron importantes civilizaciones.

Oasisamérica y Mesoamérica estuvieron en constante contacto comercial y cultural. Esto se puede comprobar por la práctica del juego de pelota y el culto a Quetzalcóatl, rasgos mesoamericanos patentes en aquella región.

Fronteras móviles

Aridoamérica, Mesoamérica y Oasisamérica son nombres que se han usado para agrupar culturas de acuerdo con ciertas características comunes. Las fronteras entre las tres zonas culturales nunca fueron estáticas, existió una gran movilidad de grupos humanos, principalmente por el comercio. Así, encontramos características de Mesoamérica como el juego de pelota, en lugares tan alejados como Arizona.

Observa y analiza los mapas

1 Identifica qué estados de nuestro país se encuentran comprendidos en cada una de las áreas geográficas mencionadas.

2 Observa las tres áreas (mapa 4) y el mapa de climas de México (mapa 5). Señala por qué en unas el hombre se volvió sedentario y en otra continuó como recolector y cazador.

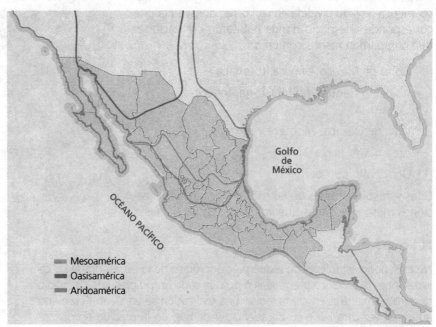

Golfo de México

OCÉANO PACÍFICO

- Mesoamérica
- Oasisamérica
- Aridoamérica

4 *Áreas culturales del México antiguo.*

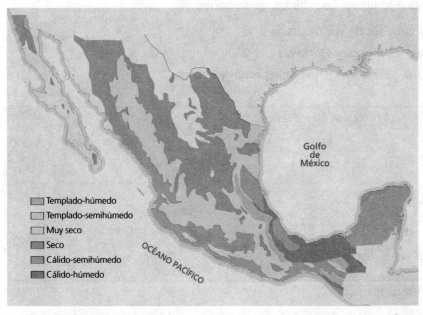

Golfo de México

OCÉANO PACÍFICO

- Templado-húmedo
- Templado-semihúmedo
- Muy seco
- Seco
- Cálido-semihúmedo
- Cálido-húmedo

5 *Climas de México.*

3 ¿Qué te dicen los nombres de Mesoamérica, Aridoamérica y Oasisamérica?

4 Explica con tus palabras por qué la agricultura se considera el primer paso hacia la civilización.

¿DÓNDE Y CUÁNDO SE DESARROLLARON LAS PRINCIPALES CIVILIZACIONES MESOAMERICANAS?

El espacio

El territorio de Mesoamérica abarcaba gran parte de lo que ahora es México y parte de Centroamérica, desde Sinaloa hasta Costa Rica. Este territorio posee una extraordinaria riqueza natural, formada por variados ecosistemas: desiertos, selvas tropicales, planicies costeras, alta montaña, sabanas, manglares pantanosos, cuencas de ríos, valles aluviales. Esta diversidad ecológica influyó en el desarrollo de las distintas culturas que habitaron esa zona. El intercambio de productos e ideas fue un factor importante para la integración de todos los grupos. Mesoamérica ha sido dividida en varias regiones; cada una corresponde al espacio donde habitaron civilizaciones que compartían rasgos comunes:

- Golfo de México: olmeca, totonaca
- Altiplano Central: teotihuacana, tolteca y mexica
- Valle de Oaxaca: zapoteca y mixteca
- Área maya: maya
- Occidente: purépecha

Éstas son sólo algunas de las más importantes civilizaciones mesoamericanas que influyeron en las demás.

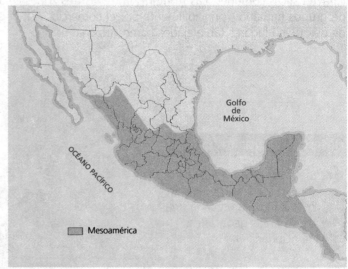

1 *Área geográfica que abarcaba Mesoamérica.*

El tiempo

No es sencillo establecer un esquema cronológico de la evolución de las civilizaciones del México prehispánico porque cada grupo presenta su propio desarrollo: mientras en cierta región una civilización se encuentra en pleno auge, tal vez otra inicia su decadencia. Además, en la medida en que se avanza en las investigaciones arqueológicas, las fechas se modifican.

¿Sabías que en el continente americano, a partir del primer milenio a.C., únicamente en Mesoamérica y en los Andes centrales se desarrollaron complejas civilizaciones con sobresalientes logros intelectuales y artísticos?

A pesar de las dificultades para establecer fechas muy precisas, los investigadores, para fines de estudio esquemático, han marcado tres grandes periodos en los que se ubican las distintas civilizaciones:

- El preclásico (2500 a.C.-200 d.C.) olmecas, zapotecas y mayas.
- El clásico (200 d.C.-900 d.C.) zapotecas, teotihuacanos y mayas.
- El posclásico (900 d.C.-1521 d.C.) mayas, toltecas, mixtecas, purépechas y mexicas.

PERIODOS DE MESOAMÉRICA										
33 000 a.C.	2500 a.C.	1200 a.C.	400 a.C.	150/200 d.C.	650 d.C.	900 d.C.	1200 d.C.	1521 d.C.	1821 d.C.	2000 d.C.
Etapa Lítica	Preclásico			Clásico		Posclásico			Colonia	México independiente
	Temprano	Medio	Tardío	Temprano	Tardío	Temprano	Tardío			

Fuente: *Arqueología Mexicana*, núm. 43, vol. VIII, p. 15.

Nota: También se utilizan en algunos libros las abreviaturas *a.n.e.*, antes de nuestra era, en lugar de *a.C.*, antes de Cristo.

Periodos mesoamericanos

Periodo preclásico

Durante el preclásico se consolidaron los rasgos fundamentales para el desarrollo de las civilizaciones mesoamericanas; la actividad agrícola trajo consigo la vida sedentaria. Ésta favoreció el aumento de la población y una organización social compleja en la que un grupo dominante ejercía su poder sobre el resto de los habitantes.

Reflexiona y discute

¿Qué características crees que tenían los grupos que se conformaron como dominantes sobre el resto de la población?

En este periodo los olmecas alcanzaron un gran desarrollo cultural, económico, político y social, paralelamente a otras comunidades asentadas en el valle de Oaxaca, la cuenca de México y el área maya.

Un rasgo importante de este periodo fue que se inició el intercambio de productos e ideas entre todas las civilizaciones mesoamericanas.

Periodo clásico

En este periodo, las civilizaciones teotihuacana, zapoteca y maya alcanzaron su madurez y sobresalieron en el urbanismo: construyeron grandes ciudades de arquitectura monumental para satisfacer las necesidades político-religiosas de sociedades fundamentalmente teocráticas. Una práctica común en el periodo clásico fue el comercio entre las diferentes ciudades. También se consolidaron importantes conocimientos matemáticos, astronómicos, médicos, técnicos y artísticos.

Hacia finales de este periodo, entre los años 800 y 900 d.C., la mayoría de los centros urbanos fueron abandonados. En la página 19 se plantean algunas hipótesis que explican estos hechos.

Periodo posclásico

En el posclásico, caracterizado por migraciones del norte (Aridoamérica y Oasisamérica) hacia Mesoamérica, destacaron las sociedades teocrático-militaristas como la tolteca, mixteca, mexica y purépecha, herederas del inmenso bagaje cultural de las desaparecidas ciudades del clásico. Estos regímenes militaristas sustentaron su economía en el dominio sobre otros pueblos a los que exigían el pago de tributos.

Durante este periodo se perfeccionaron los grandes avances tecnológicos y científicos heredados del clásico, lo que permitió un enorme desarrollo en la agricultura, los sistemas de riego, la arquitectura, la metalurgia, la medicina, las matemáticas, la astronomía y las artes.

2 *Regiones culturales del México prehispánico.*

PRECLÁSICO 2500 a.C.-200 d.C.	CLÁSICO 200 d.C.-900 d.C.	POSCLÁSICO 900 d.C.-1521
Cuicuilco (Altiplano Central)	zapoteca (Oaxaca)	tolteca (Altiplano Central)
olmeca (costa del Golfo de México)	teotihuacana (Altiplano Central)	mixteca (Oaxaca)
maya (Área maya)	maya (Área maya)	maya (Área maya)
zapoteca (Oaxaca)		mexica (Altiplano Central)
		purépecha (Occidente)

Observa y analiza

Las civilizaciones de Mesoamérica no se desarrollaron al mismo tiempo, surgieron en diferentes lugares y momentos:

1. Elabora un mapa en tu libreta y localiza en él las regiones donde se desarrollaron las diferentes civilizaciones.

2. Responde en tu libreta, ¿cuántas civilizaciones se establecieron en el Altiplano Central?

El medio geográfico

Se desconoce el nombre que los olmecas se daban a sí mismos en su lengua original. Fueron llamados así, olmecas, que significa "los del País del Hule", por grupos de lengua náhuatl. Los olmecas tuvieron que enfrentar un entorno geográfico difícil pues se asentaron entre pantanos, lagunas y ríos, en el sur del actual estado de Veracruz y el norte de Tabasco, rodeados por una exuberante selva tropical que sofocaba lo que encontraba a su paso y que hacía difícil la siembra. Además, las inundaciones dificultaban la agricultura.

Características económicas, sociales y culturales

Los olmecas alcanzaron su mayor auge entre 1200 y 400 a.C.; al final de este lapso fueron abandonadas las principales ciudades. Fue una de las primeras sociedades que avanzó de la práctica de una recolección combinada con agricultura incipiente, a una economía más compleja en la que existe un excedente de producción que modifica las relaciones entre los individuos de un grupo. Esto favoreció la estratificación social y la especialización en las diferentes actividades económicas. También compartieron características culturales con otros pueblos, como mayas y cultura de Cuicuilco, por lo que a partir de ese momento ya es posible hablar de Mesoamérica como un área cultural con características comunes:

- División de la sociedad en clases sociales.
- Comercio con otras regiones, principalmente de artículos suntuarios como figuras de jade, cerámica, espejos de hematita, objetos de concha y hueso. Destacaron por su detallada elaboración las esculturas de piedra y la cerámica olmecas, que se han encontrado en el Altiplano Central y en lugares muy apartados como Centroamérica.
- Escritura jeroglífica (con figuras o símbolos).
- Elaborados sistemas para registrar el tiempo. Los olmecas iniciaron lo que conocemos como "cuenta larga", que consistía en tomar como punto de partida una fecha mítica determinada, a partir de la cual se iniciaba el cómputo de los ciclos hacia adelante o hacia atrás.
- Religión politeísta, es decir, el culto a múltiples dioses. En los restos arqueológicos olmecas podemos observar basamentos para fines ceremoniales, así como la representación de diversas deidades, como el jaguar, que aparece en sus esculturas.

1 *Hacha* **votiva** *olmeca con rasgos felinos.*

2 *El señor de las limas, figura olmeca de 55 cm. tallada en fina piedra verde. Las Limas, Veracruz. Museo de Antropología de Jalapa, Veracruz.*

Vestigios arqueológicos

Conocemos los rasgos culturales de los olmecas a través de las esculturas monolíticas monumentales (grandes cabezas), figuras talladas en jade y **serpentina**, sarcófagos de piedra, pisos de mosaico, adobes, cráneos de cristal de roca, basamentos piramidales de tierra. Sus ciudades más importantes fueron La Venta (Tabasco), Tres Zapotes y San Lorenzo (Veracruz).

3 *Mosaico de losas de serpentina verde en La Venta, Tabasco.*

Las cabezas colosales olmecas

La civilización olmeca fue una de las grandes culturas de Mesoamérica y sus esculturas expresan un adelanto técnico sorprendente.

Mucho se ha especulado en torno a las enormes cabezas olmecas. Los arqueólogos se preguntan cómo pudieron ser transportadas hasta la ciudad de La Venta, pues cerca de ahí no existe piedra. Estudios recientes señalan que la roca fue traída de las montañas de los Tuxtlas, a más de 100 kilómetros de la ciudad. Grandes bloques de **basalto** volcánico, de varias toneladas de peso, fueron arrastrados por tierra a lo largo de más de 40 kilómetros y luego transportados en balsas por el río Coatzacoalcos hasta su desembocadura, para después llevarlos por la costa hasta los ríos Tonalá y Blasillo hasta La Venta.

También se ha discutido acerca de qué representaban estas cabezas. Algunas interpretaciones recientes señalan que posiblemente eran figuras de gobernantes; otras, que se trata de representaciones de personas con una malformación congénita (síndrome de Down), a quienes los olmecas consideraban sagradas. Son sólo hipótesis. Las enormes esculturas nos siguen asombrando.

4 *El arqueólogo tiene que interpretar muchos sucesos a través de sus hallazgos. Estas interpretaciones cambian a través de los años cuando aparecen nuevas evidencias que ponen en duda las hipótesis anteriores. Cada una es válida para su momento mientras esté sólidamente fundamentada.*

5 *Transportación de los grandes bloques de basalto.*

6 *Asentamientos olmecas.*

Lee, observa y concluye

1 Traza en el suelo, junto con el grupo, un cuadrado de 2 m². Acomódate con tus compañeros y compañeras alrededor del perímetro del mismo. Éste es el tamaño de algunas de las grandes cabezas olmecas. ¿Cuántas veces cabe tu cabeza en esta área?

2 Ya conoces una de las hipótesis acerca de cómo fueron transportadas las grandes rocas de basalto desde los Tuxtlas hasta La Venta. Observa el mapa y responde en tu cuaderno estas preguntas:

- ¿Qué ruta crees que siguieron los olmecas para transportar los bloques de piedra hasta San Lorenzo? Explica por qué elegiste ese camino; recuerda que el más directo no siempre es el más adecuado.

- ¿Cuánto tiempo crees que les tomaba acarrear los monolitos hasta San Lorenzo?

- ¿Cuántas personas crees que participaban en el proceso?

Toma en cuenta los periodos de trabajo y descanso, el tiempo de construcción de las balsas y el tener que abrirse camino en medio de la selva.

3 Discute tu propuesta y considera que todas estas son especulaciones; no existe una sola respuesta.

Ubicación geográfica y temporal

No se conoce el nombre original de Teotihuacan. Sabemos que así la llamaban grupos de origen náhuatl y significa "ciudad donde nacen los dioses", ya que según el mito ahí se habían sacrificado los dioses para dar origen al nuevo sol que alumbraría la tierra.

La civilización teotihuacana se desarrolló entre los años 200 y 600 d.C., en un lugar estratégico en el noreste del Altiplano Central de México que servía de enlace comercial entre la cuenca de México y la costa del Golfo de México. Su situación geográfica permitía el acceso a diversos recursos naturales: ríos, yacimientos de obsidiana, tezontle, basalto, pizarra, andesita y pigmentos de origen natural.

La gran ciudad

Teotihuacan fue considerada por los pueblos mesoamericanos posteriores a ella, por ejemplo los toltecas, como la gran urbe que les había heredado importantes rasgos culturales. En esta gran ciudad sobresalían las pirámides del Sol y de la Luna por su imponente tamaño, la de Quetzalcóatl por su rica decoración y en general toda la arquitectura urbana, en la que por primera vez se usó el talud (un muro en pendiente) y el tablero (un espacio vertical delimitado por cornisas) que se decoraban con pinturas murales.

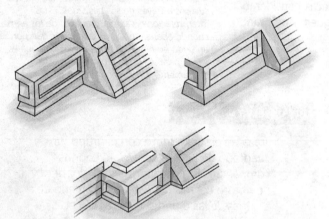

La "ciudad donde nacen los dioses" llegó a tener una población de 125 000 habitantes, en una extensión de aproximadamente 20 km². Edificada con una cuidadosa planificación, destacan sus calles y ejes alineados simétricamente y un sistema de agua potable y alcantarillado muy adelantado para esa época. Además del núcleo político-religioso, había distintos barrios de artesanos locales y extranjeros (talladores de obsidiana, alfareros, lapidarios, escultores). Teotihuacan fue contemporánea de ciudades importantes como Cholula, en Puebla; Monte Albán, en Oaxaca y varias otras de la zona maya como Palenque, Tikal y Bonampak.

1 *En Teotihuacan se distinguen tres tipos de talud-tablero.*

Centro cultural y religioso

Teotihuacan fue una ciudad a la que llegaban personas de regiones lejanas para comerciar con sus productos, intercambiar conocimientos y técnicas especializadas y rendir culto a los dioses. Era un centro cultural, económico y religioso de mucha importancia.

¿Sabías que los teotihuacanos desarrollaron una escritura jeroglífica, pero aún no se han logrado interpretar las numerosas inscripciones?

Abandono de la ciudad

Hacia el año 600 d.C., la ciudad fue abandonada, incendiada, saqueada y en gran parte destruida. Se desconocen las causas de este colapso, pero los sobrevivientes se desplazaron a otros lugares como Tula y la zona maya, llevando su cultura. (Véase p.19.)

2 *Para los teotihuacanos, la muerte por sacrificio daba vida al Sol.*

Constructores teotihuacanos

La pirámide del Sol sobre una cueva

En los años setenta del siglo xx los arqueólogos descubrieron en Teotihuacan una cueva debajo de la pirámide del Sol a la que se entraba por el frente del edificio. Mide 102 metros de longitud y termina en lo que parece una flor de cuatro pétalos. Se cree que la construcción de la pirámide obedeció a la presencia de la cueva, ya que para los pueblos indígenas las cuevas tenían un significado simbólico que representaba la dualidad vida-muerte del mundo mesoamericano: por un lado eran la entrada al inframundo y, por otro, la matriz que podía parir pueblos.

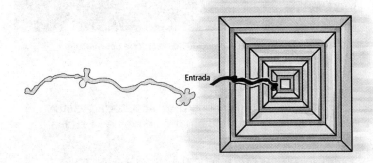

Entrada

3 Entrada a la cueva situada debajo de la pirámide del Sol, en Teotihuacan, Estado de México.

4 Uso de la plomada para calcular la verticalidad de los muros y la nivelación de los taludes.

CONSTRUCTORES TEOTIHUACANOS

Los arqueólogos han encontrado evidencias de que en la construcción participaban personas que realizaron diferentes funciones que hoy se conocen como:

- **Maestro de obra.** Daba instrucciones a los obreros.

- **Obreros.** Se especializaban en diversas tareas:

  a) Obtención de materias primas como madera y diferentes tipos de piedras (volcánicas o calizas).

  b) Edificación o construcción: usaban núcleos de adobe o piedra y lodo, después revestían el edificio con piedra careada (lajas finamente trabajadas); utilizaban plomadas de piedra.

  c) Especialistas en trabajar el estuco, quienes lo preparaban para recubrir el edificio: quemaban piedra caliza para convertirla en cal, la mezclaban con arena y agua y adquiría la consistencia adecuada para colocarse sobre la piedra.

- **Pintores.** Daban color al estuco, usando colores vegetales y minerales.

- **Escultores.** Tallaban la piedra aparte y después la integraban al edificio.

Lee y analiza

Lee atentamente la información del recuadro sobre quiénes participaban en la construcción de una obra arquitectónica y responde en tu libreta:

1. Para elegir el lugar donde construir un edificio, los teotihuacanos debían tomar en cuenta diversos factores. Para construir la pirámide del Sol consideraron como factor importante el religioso e ideológico, ¿qué otros aspectos crees que consideraron para construir sus pirámides?

2. ¿Qué materiales de los que usaban los teotihuacanos en sus construcciones se siguen utilizando actualmente?

Origen de los mayas

Tras largas migraciones, distintos grupos que venían del norte, se establecieron en un extenso territorio de aproximadamente 400 000 km², que comprende los actuales estados mexicanos de Yucatán, Campeche, Quintana Roo, Tabasco y Chiapas, así como parte de Guatemala, Belice, Honduras y El Salvador. En aquella diversidad geográfica se desarrollaron etnias con diferentes lenguas que provenían de una lengua madre, la *mayense*, y que compartían entre sí ciertos elementos culturales en distintas regiones y periodos (preclásico, clásico y posclásico):

1 *Observatorio astronómico conocido como la torre del caracol en Chichén Itzá, Yucatán.*

- Establecieron ciudades-estado, es decir, cada ciudad era una unidad económica, política, social y cultural autónoma; tenía sus gobernantes, su ejército, su sistema productivo propio y su población estaba dividida en clases sociales.

- Levantaron centros ceremoniales monumentales para cuya construcción utilizaron técnicas arquitectónicas como el "arco falso" y grandes **estelas** que narraban las hazañas de los gobernantes.

- Desarrollaron un significativo arte escultórico y pictórico.

- Desarrollaron el conocimiento de las matemáticas incluyendo el concepto de cero.

- Elaboraron calendarios basados en el conocimiento del ciclo de los astros.

- Inventaron una escritura ideográfica y fonética (véase página 40).

2 *Diferentes tipos de bóvedas en las construcciones mayas.*

3 *Arco falso. Labná, Yucatán.*

Ubicación temporal

La historia de los mayas abarca casi 3 500 años, desde el establecimiento de las primeras aldeas agrícolas hacia el año 2000 a.C., hasta el sometimiento por los conquistadores españoles en los siglos XVI y XVII d.C.

En el periodo preclásico comenzó el desarrollo de ciudades como Tikal, Uaxactún y Kalakmul.

Alrededor del siglo III d.C. se inició una época de florecimiento (periodo clásico), que culminó en el siglo IX d.C. En ese periodo se intensificó el comercio con otros pueblos mesoamericanos, como el teotihuacano. Las ciudades mayas que más destacaron fueron Tikal, Palenque, Bonampak, Yaxchilán, Copán, Quiriguá, Cobá, Edzná, Uxmal y la primera Chichén Itzá.

Las grandes ciudades

Hacia el siglo IX muchas ciudades fueron abandonadas, por lo que fueron cubiertas por la espesa selva. En el periodo posclásico, se desarrollaron otras ciudades-estado y algunas como Uxmal, Chichén Itzá y Mayapán alcanzaron su esplendor, con influencia de la cultura tolteca. En este periodo militarista se llevaron a cabo alianzas y guerras entre las distintas ciudades, cada una de las cuales estaba gobernada por un *halach uinic* o *ahau*, que regía con un consejo de nobles y sacerdotes; luego seguían los grupos intermedios, artesanos y comerciantes, y debajo de la pirámide social estaban los esclavos.

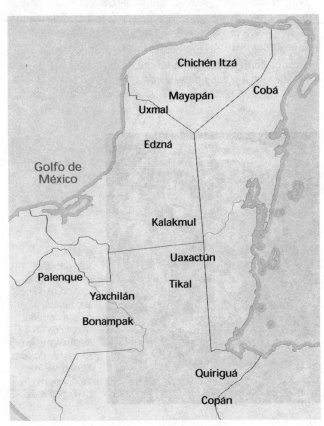

4 *Principales ciudades mayas de los periodos Preclásico, Clásico y Posclásico.*

5 *Vista general de la ciudad de Palenque, Chiapas.*

Religión

Los mayas, como todos los grupos mesoamericanos, eran politeístas y sus dioses estaban ligados a elementos de la naturaleza. Rendían culto a la lluvia (*Chaac*); al Sol (*Kinich Ahau*); a plantas y árboles como la ceiba, el maíz y el cacao; animales como la serpiente (*Kukulkán*) y el jaguar.

> **Reflexiona y discute**
>
> ¿Por qué crees que en todas las religiones mesoamericanas se comenzó a rendir culto a los elementos de la naturaleza?

Consideraban que sus dioses, aunque imperfectos, eran superiores a los hombres, necesitaban ser alimentados y por eso les ofrecían sacrificios humanos.

Los cenotes

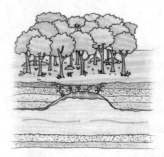

7 *Formación de un cenote.*

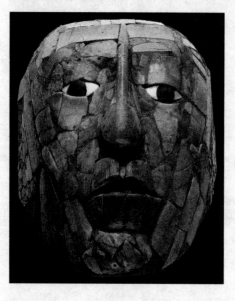

6 *Máscara funeraria de jadeíta, concha y obsidiana. Fue encontrada en la tumba de Pakal, templo de las Inscripciones en Palenque, Chiapas. Museo Nacional de Antropología, ciudad de México.*

Observadores de los astros y grandes matemáticos

El tiempo para los mayas era un movimiento cíclico, como el de los astros. A partir de esta concepción desarrollaron dos calendarios:

- El primero para llevar la cuenta del tiempo y de los ciclos agrícolas. Este calendario solar (*haab*) era muy exacto (sólo tiene un error de 17.28 segundos comparado con las actuales mediciones del ciclo solar) y se dividía en 18 meses de 20 días cada uno, más 5 días (*uayab*) considerados sobrantes.

- El segundo calendario, de 260 días, se relacionaba con la conveniencia e inconveniencia de realizar determinadas actividades de acuerdo a sus creencias religiosas. Regía la vida de cada hombre y lo usaban los sacerdotes para determinar qué día se debía sembrar, ir a la guerra, contraer matrimonio, etcétera.

Los mayas también conocieron la trayectoria de la Luna, fijaron con exactitud el movimiento de Venus y calcularon los ciclos de los eclipses. Para poder hacer estos cálculos astronómicos los mayas alcanzaron importantes conocimientos matemáticos. Crearon un sistema de numeración vigesimal, basado en el número 20 y manejaron el concepto del cero.

8 *Sistema de numeración maya.*

Misterio sin resolver

9 *Palenque a principios
del siglo XX.*

La mayoría de las ciudades mesoamericanas del periodo clásico como Teotihuacan, Monte Albán, Palenque y Bonampak, entre otras, fueron abandonadas, destruidas y saqueadas entre los años 650 y 900 d.C., sin que los estudiosos del México prehispánico hayan establecido, con certeza, las causas de este abandono.

Existen varias hipótesis al respecto:

- A medida que la población crecía, resultó insuficiente la producción de alimentos.
- Hubo un deterioro ecológico por la excesiva tala de árboles.
- Se rebelaron las aldeas que pagaban tributo contra la tiranía sacerdotal que gobernaba.
- Hubo levantamientos internos contra los gobernantes.
- Grupos nómadas venidos del norte acabaron con ellos.
- Epidemias o fenómenos naturales diezmaron a la población.
- La combinación de algunas de ellas.

Sigue la pista

1. Analiza cuidadosamente lo anterior. ¿Cuál de estos planteamientos te parece más lógico acerca del abandono de esas ciudades? Fundamenta tu elección considerando que:

   - El territorio es inmenso y no todo puede suceder al mismo tiempo.
   - Cada sociedad se desarrolló en un medio geográfico distinto.
   - Todas eran civilizaciones muy bien organizadas, con diversos grupos sociales, entre los que se encontraba un sector militar.

   Con estos datos y con lo que puedas investigar en este capítulo y en otros libros puedes formarte una idea de qué pudo haber sucedido.

2. Escoge un compañero o compañera que no comparta tu hipótesis y argumenta; a su vez ella o él hará lo mismo.

   Recuerda que ni los expertos en el tema se han puesto de acuerdo, sin embargo hay algunas hipótesis que son menos creíbles, ¿puedes descubrirlas?

1 *La gran plaza de Monte Albán, construida sobre un cerro.*

Orígenes de Monte Albán

La ciudad de Monte Albán se levanta majestuosa en la cima de un cerro que fue cuidadosamente nivelado y desde donde se puede ver el valle de Oaxaca.

Esta civilización se originó entre los años 1400 y 1200 a.C., en el periodo preclásico, cuando varias aldeas del valle de Oaxaca empezaron a organizarse y comenzaron la edificación de Monte Albán.

La construcción de la ciudad

Para el año 100 d.C., tenían ya un observatorio astronómico, desde donde registraban los movimientos de los astros y las constelaciones y empezaron a trazar, con gran precisión, la gran plaza y sus edificios. Construyeron canchas para el juego de pelota y en las laderas del cerro residencias para los nobles. Al centro de la plaza edificaron un gran estanque de agua e importantes obras hidráulicas para llevar a cabo la construcción de los distintos edificios y para honrar a *Cocijo*, dios del agua. Especialmente importante resulta la construcción conocida como el edificio de "los danzantes", que se encuentra rodeado de lápidas con relieves en las que destacan figuras que han sido interpretadas por algunos arqueólogos como prisioneros de guerra o personajes mutilados o con ciertas malformaciones, como enanos o jorobados.

Estructura política y social

En el periodo clásico la ciudad alcanzó su mayor esplendor. Tenía cerca de 25 000 habitantes y ejercía influencia y dominio en un área muy extensa: hacia la costa del Océano Pacífico, la Sierra Madre del Sur y el Istmo de Tehuantepec.

La sociedad estaba dividida en clases. Los nobles y sacerdotes gobernaban apoyados por un ejército fuerte que ellos dirigían, y vivían dentro del centro ceremonial en casas de piedra sobre plataformas que tenían una tumba debajo del patio para enterrar a sus muertos. La gente común, campesinos, artesanos, constructores, etc. (quienes en época de guerra y conquistas eran guerreros), vivían cerca de los terrenos de cultivo; cada familia tenía su parcela para beneficio propio y de la ciudad. Sus casas eran de *bajareque* (bejuco atado), entortadas con cal y lodo. La ciudad estaba dividida en barrios.

2 *Edificio de los danzantes, en Monte Albán, Oaxaca.*

Cultura y religión

Los zapotecas inventaron un sistema de representación gráfica que les permitía transmitir los acontecimientos pasados y un sistema para marcarlos en el calendario.

Su vida giraba en torno a rituales religiosos y sus dioses principales eran *Cocijo*, dios de la lluvia; *Pitao Cazobi*, diosa del maíz; *Pitao Pezelao*, dios del infierno e inframundo; *Pitao Xoo*, dios de los temblores de tierra; también veneraban al dios jaguar y al dios murciélago, asociado este último a lo misterioso y desconocido.

El descubrimiento y la reconstrucción de Monte Albán fueron llevados a cabo por varios arqueólogos entre los que destacó Alfonso Caso, quien descubrió la Tumba 7 que contenía un increíble tesoro. Esta tumba fue usada varias veces por los zapotecas, pero la ofrenda más rica corresponde al entierro de tres personajes mixtecas que murieron aproximadamente en el año 1200 d.C.

3 *Máscara de jade que representa al dios murciélago. Se encontró bajo la gran plaza de Monte Albán.*

Los mixtecas

Alrededor del año 800 d.C., Monte Albán fue abandonada, al igual que numerosas ciudades mesoamericanas del periodo clásico, pero continuó como lugar sagrado para los mixtecas quienes siguieron enterrando ahí a sus gobernantes.

Los mixtecas llegaron al valle de Oaxaca hacia el año 1000 d.C., en el periodo posclásico, y establecieron alianzas con los herederos de la cultura zapoteca. A partir del año 1200 d.C., se inició un gran florecimiento cultural en el que destacaron las ciudades-estado de Mitla, Yagul y Zaachila. Éstas se distinguieron de los centros urbanos del periodo anterior pues eran más pequeñas en extensión y población; carecían de grandes plazas y templos pero sus gobernantes vivían con gran lujo, como se puede apreciar por el elaborado trabajo en la piedra con que fueron adornados los palacios de Mitla y Yagul y por los objetos ornamentales encontrados en Zaachila y Monte Albán.

4 *Palacio con hermosas grecas. Mitla, Oaxaca.*

5 *Civilización zapoteca, fragmento de un mural de Diego Rivera. Palacio Nacional, ciudad de México.*

El mural ayer y hoy

Las civilizaciones mesoamericanas decoraban sus templos y edificios con pinturas murales (véase pág. 48). Los muralistas mexicanos del siglo xx incluyeron en su obra temas prehispánicos como representación del sentimiento nacionalista.

(véase pág. 48)

Observa e interpreta

Observa atentamente el mural.

1. Están representados oficios en los que destacaron los zapotecas, como los trabajos plumario, lapidario, de los metales (oro) y de piedras preciosas. Descúbrelos.

2. Identifica las diferentes clases sociales zapotecas.

3. ¿Qué más observas? Explica.

1 *Templo de los guerreros en Tula, Hidalgo.*

Ubicación geográfica y temporal

El pueblo tolteca alcanzó su esplendor después de la caída de Teotihuacan. Estaba formado por diversos grupos provenientes probablemente del norte, de quienes heredaron una gran habilidad bélica y por grupos descendientes de la cultura teotihuacana, de quienes tomaron importantes conocimientos y técnicas artísticas y agrícolas. Hacia el año 1000 d.C., establecieron su capital en Tollan (Tula), en el actual estado de Hidalgo.

Importancia de Quetzalcóatl

Todos los gobernantes toltecas llevaban el nombre de Quetzalcóatl (serpiente emplumada). De ellos, el más importante fue *Ce Ácatl Topiltzin Quetzalcóatl* quien se hizo sacerdote del dios Quetzalcóatl, del cual tomó su nombre. Cuentan los relatos que este gran señor gobernó con sabiduría, guió a su pueblo hasta Tula y le enseñó todas las artes. La veneración tolteca por este gobernante fue tan grande que con el tiempo su figura humana llegó a confundirse con la de la divinidad.

Quetzalcóatl abandonó la ciudad de Tula, residió un tiempo en Cholula y después marchó hacia oriente. Al llegar con los mayas lo nombraron *Kukulcán*, que también significa serpiente emplumada. Finalmente siguió su viaje hacia oriente, por el mar, prometiendo regresar para hacer feliz a su pueblo. Este mito fue importante para los españoles a su llegada a México, pues los pueblos indígenas pensaron que Hernán Cortés era el dios Quetzalcóatl, que regresaba como había prometido.

El siguiente texto, proveniente de la obra *Anales de Cuauhtitlán* y del *Códice Matritense*, expresa con mucha claridad la importancia que tuvo la figura de Quetzalcóatl para la cultura tolteca:

2 *Quetzalcóatl.* Códice Borbónico.

Los toltecas, el pueblo de Quetzalcóatl, eran muy experimentados.

Nada les era difícil de hacer.
Cortaban las piedras preciosas,
trabajaban el oro,
y hacían toda clase de obras de arte
y maravillosos trabajos de pluma.

En verdad eran experimentados.
El conjunto de las artes de los toltecas,
su sabiduría, todo procedía de Quetzalcóatl...
[...]
Y estos toltecas eran muy ricos,
eran muy felices;
nunca tenían pobreza o tristeza.
Nada faltaba en sus casas,
nunca había hambre entre ellos...

Miguel León-Portilla,
Las literaturas precolombinas de México,
Editorial Pormaca, México, 1964.

Templo de los Guerreros
Chichén Itzá, Yucatán

Templo de Tlahuizcalpantecuhtli, Tula, Hidalgo

3 *Influencia de los toltecas en la cultura maya.*

La influencia tolteca

El fin del imperio tolteca, hacia 1168 d.C., se debió probablemente a luchas internas. Pero su civilización se mantuvo viva hasta la llegada de los españoles. La civilización tolteca recogió la tradición teotihuacana de acoger a muchos de los pueblos que hablaban lenguas diferentes y enaltecían los ideales humanos. La influencia de esta civilización rebasó sus fronteras y llegó incluso a Chichén Itzá, en Yucatán, en la zona maya.

El pueblo mexica se consideró a sí mismo descendiente directo de los toltecas, y sus dirigentes ostentaban el título de *culhuatecuhtli* (señor de los *culhuas*), es decir, señor de los toltecas. Con ello transmitía a su pueblo el prestigio de su pasado tolteca-teotihuacano.

Mito o realidad

La figura de Quetzalcóatl es muy **polifacética**. Para los toltecas fue el sacerdote-rey de la ciudad de Tula; promotor de la sabiduría, benefactor de los hombres y patrón de los sacerdotes y artesanos. Como deidad, fue venerado por todas las sociedades mesoamericanas y considerado uno de los cuatro dioses creadores, dios del viento, en constante discordia con su hermano Tezcatlipoca.

No conocemos con certeza los orígenes de todas las manifestaciones de esta deidad. Los mitos y leyendas en los que aparece como protagonista son numerosos. El siguiente texto, continuación del de la página anterior, también narra cómo murió el dios Quetzalcóatl.

4 *Representación de Quetzalcóatl como serpiente emplumada.*

5 *Representación de la serpiente emplumada en Chichén Itzá, Yucatán. Esta pilastra zoomorfa (la cabeza en la base, el cuerpo emplumado en el fuste y el cascabel en el capitel), es una clara muestra de la importancia que tuvo Quetzalcóatl en el área maya.*

Se dice que cuando vivió allí [en Tula] Quetzalcóatl,
muchas veces los hechiceros quisieron engañarlo
para que hiciera sacrificios humanos,
para que sacrificara hombres.
Pero él nunca quiso, porque quería mucho a su pueblo,
que eran los toltecas...

Y se dice, se refiere,
que esto enojó a los magos,
así éstos empezaron a escarnecerlo,
a burlarse de él.
Decían los magos y hechiceros
que querían afligir a Quetzalcóatl,
para que éste al fin se fuera,
como en verdad sucedió.

En el año 1-Caña murió Quetzalcóatl
se dice en verdad
que se fue a morir allá,
a la Tierra del color Negro y Rojo.

Se dice que en el año 1-Caña
él mismo se prendió fuego y se quemó,
se llama Quemadero el lugar
donde Quetzalcóatl ardió.
Se dice que cuando ardió,
en seguida se elevaron sus cenizas,
vinieron a verlas todas las aves preciosas,
que vuelan y van al cielo,
la guacamaya, el pájaro azul,
el ave tornasol, el ave roja y azul,
la de color amarillo dorado y otras aves de fino plumaje.
Cuando la hoguera dejó de arder,
se alzó el corazón de Quetzalcóatl
y llegó hasta el cielo, en él entró.
Dicen los viejos
que entonces se convirtió en la estrella de la mañana...

MIGUEL LEÓN–PORTILLA,
Las literaturas precolombinas de México,
Editorial Pormaca, México, 1964.

Lee e interpreta

1. Investiga el significado de los conceptos *mito*, *leyenda* y *realidad* y completa el glosario en tu libreta.

2. Lee con mucho cuidado el texto anterior e intenta distinguir en su contenido lo que hay de mito, de leyenda y de realidad.

3. Escríbelo en tu libreta y comparte tus conclusiones con tus compañeras y compañeros.

Formación del imperio purépecha

El origen de la lengua purépecha es un enigma, ya que ésta no tiene similitudes con otras lenguas mesoamericanas.

A finales del periodo clásico, hubo grandes desplazamientos de población en toda el área mesoamericana. Alrededor del año 800 d.C., un grupo de guerreros seminómadas, llamados genéricamente chichimecas, llegó del norte de Mesoamérica y después de un largo peregrinar se estableció a orillas del lago de Pátzcuaro, donde hizo alianzas con los grupos que ahí vivían.

1 *Las yácatas de Tzintzuntzan dominaban el lago de Pátzcuaro, en Michoacán.*

¿Sabías que el nombre de chichimeca significa "cabeza de perro"? El término se aplica a algunos grupos seminómadas que habitaban al norte de Mesoamérica e incursionaban en ésta más con fines de saqueo que de conquista, pero en ocasiones se asentaban definitivamente ahí.

Con el tiempo este grupo fue extendiendo sus dominios hasta llegar a la costa del océano Pacífico. El señorío purépecha o tarasco estaba dividido en tres regiones: Pátzcuaro, Ihuatzio y Tzintzuntzan ("lugar de colibríes"). Este último lugar quedó como capital.

Estructura social

El señorío tarasco tenía una estratificación social bien definida. A la cabeza de este imperio se encontraba el *cazonci* o *irecha*, cuyo poder era absoluto ya que desempeñaba funciones de gran guerrero y supremo sacerdote.

2 *Pescador en el lago de Pátzcuaro.* Relación de Michoacán. El original se encuentra en el Monasterio de San Lorenzo del Escorial, España.

Los dioses

Los tarascos veneraban a un gran número de deidades, pero su dios principal era *Curicaueri*, dios del fuego, del Sol y de la guerra, al que se le ofrecían sacrificios humanos y se le ofrendaba con copal y tabaco.

Las artes

La arquitectura monumental tarasca es distinta a la desarrollada por la mayoría de los grupos mesoamericanos. Edificaron los basamentos de sus templos en forma circular (en la cuenca de México, en Cuicuilco, existe otro ejemplo prehispánico de edificios circulares). Eligieron un lugar espectacular

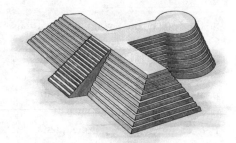

3 *Yácata número cinco. Tzintzuntzan, Michoacán.*

para construir su centro político y religioso: las faldas de un cerro volcánico frente al lago de Pátzcuaro; allí levantaron seis edificios escalonados en forma de **T**, denominados yácatas, con la raíz vertical de la **T** finalizando en una plataforma redonda. Se dice que les dieron esta forma para hacerlas semejantes a un colibrí.

En 1522 esta ciudad llegó a tener entre 25 000 y 35 000 habitantes, en casi siete kilómetros cuadrados de extensión.

Los purépechas destacaron en la escultura, la cerámica y la orfebrería; emplearon los metales con fines utilitarios, ya que fabricaron agujas, punzones, pinzas, hachas y anzuelos. También se sabe, por documentos históricos, que trabajaban con gran arte materiales perecederos: la madera, las plumas y los textiles.

Purépechas y mexicas

En la última fase del periodo posclásico, Mesoamérica se encontraba dominada por dos grandes imperios: el mexica y el tarasco o purépecha. Ambos tenían una compleja organización social y dominaban un extenso territorio, sujetando a grupos de diversos orígenes étnicos. Estas dos civilizaciones se enfrentaron durante un siglo, sin que ninguna pudiese someter a la otra.

Del pájaro al escudo

Para las culturas prehispánicas las plumas simbolizaban lo valioso, lo divino. Así, Quetzalcóatl era la serpiente emplumada y Hutzilopochtli fue en sus orígenes una "pelotilla de plumas". El número 40 era simbolizado por una pluma.

Los purépechas eran famosos por su arte plumaria y así lo dejaron asentado los primeros cronistas españoles:

Pero lo que parece exceder a todo ingenio humano es el oficio y arte de labrar de pluma en la provincia de Michoacán con sus mismos naturales colores asentado todo aquello que los muy primos pintores pueden pintar con pinceles. Solían hacer y hacen muchas cosas de plumas, como aves, animales, hombres, capas o mantas para cubrirse y vestiduras para los sacerdotes del templo, coronas o mitras, rodelas, mosqueadores y otras maneras de cosas que se les antojaban.

JUAN TORQUEMADA, *Monarquía indiana*, en FERNANDO MARTÍNEZ CORTÉS, *Pegamentos, gomas y resinas en el México prehispánico*, SEP, Sepsetentas 124, México, 1974.

El trabajo era muy minucioso y a veces los artesanos pasaban horas frente a su labor buscando la mejor manera de acomodar cada pluma de acuerdo con su tamaño y color. Los que confeccionaban los trabajos eran verdaderos artistas:

El modo es con unas pinzas tomar las plumas [...] y con un engrudillo delicado que tienen, irlas pegando con gran presteza y policía. Toman estas plumas tan chiquitas y delicadas de aquellos pajarillos que llaman en el Pirú tominejos, o de otros semejantes, que tienen perfectísimos colores en su pluma.

JOSEPH ACOSTA, *Historia natural y moral de las Indias*, en FELIPE GARRIDO (comp.), *Crónica de los prodigios*, SEP-Asociación Nacional de Libreros-Caniem, México, 1990.

Para pegar las plumas utilizaban diferentes aglutinantes vegetales que tenían como base el *tzacuhtli*. Este adhesivo se obtenía de los bulbos de ciertas orquídeas y podía comprarse en forma de polvo en los *tianguis*, sólo se necesitaba añadir agua.

Para obtener las plumas atrapaban a los pájaros vivos utilizando cerbatanas que aturdían al ave o usaban el aglutinante y lo untaban en los sitios donde éstas se paraban:

Estas plumas eran verdes, azules, coloradas, rubias, moradas, encarnadas, amarillas, pardas, negras, blancas; y finalmente de todos colores, no teñidas por ninguna industria humana, sino todas naturales tomadas y habidas de diversas aves, y a esta causa tenían en gran aprecio cualquiera especie de aves, porque de todas se aprovechaban, hasta de los muy mínimos pajarillos.

JUAN TORQUEMADA, *Monarquía indiana*, en FERNANDO MARTÍNEZ CORTÉS, *Pegamentos, gomas y resinas en el México prehispánico*, SEP (Sepsetentas, 124), México, 1974.

Las plumas fueron objeto de comercio, tributos y ofrendas entre los pueblos mesoamericanos.

Estos trabajos causaron tal admiración que fueron enviados a Europa, como regalos a personajes importantes.

Observa, analiza e investiga

Lee el texto anterior y responde en tu libreta:

1 ¿Qué objetos decoraban con plumas los purépechas?

2 Los grupos dirigentes vestían ricamente para demostrar su **linaje**, ¿qué importancia tenían las plumas en su atuendo?

3 Si tuvieras que decorar la portada de tu libreta de historia con arte plumaria, ¿de qué aves obtendrías plumas negras, blancas, amarillas, rojas, verdes y tornasoles?

4 El quetzal era el ave más apreciada por su colorido plumaje, ¿en qué región habitaba y cómo conseguían los purépechas sus plumas?

5 ¿Por qué el quetzal está actualmente en peligro de extinción?

4 *Nezahualcóyotl, rey de Texcoco, ataviado para la guerra.*

Punto de partida

10 ¿Qué civilización dominaba la mayor parte de Mesoamérica a la llegada de los españoles?

11 ¿Cómo se repartían los mexicas las tierras y las riquezas?

12 ¿Cuál fue la importancia del maíz en Mesoamérica?

13 ¿Compartían los pueblos mesoamericanos las mismas creencias religiosas?

14 ¿Cuáles fueron los principales adelantos científicos?

15 ¿Historiadores, poetas y literatos?

16 ¿Qué aprendían los niños en las escuelas?

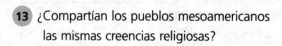

La mexica es, de todas las civilizaciones prehispánicas, de la que más se sabe. Esto se debe a que los mexicas habían constituido un imperio muy poderoso y dominaban la mayor parte de Mesoamérica en el momento en que se inició la conquista y, por tanto, existen abundantes relatos de conquistadores, cronistas y autores indígenas que narran la vida y la historia mexicas. Además, se conservan una gran cantidad de objetos, edificios y códices provenientes de esa época.

Origen

El origen del pueblo mexica se ubica, según la leyenda, en Aztlán, "lugar de garzas", situado al noroeste del Altiplano Central. De allí partieron en una larga peregrinación que duró poco más de 200 años, buscando un lugar dónde asentarse, guiados por su dios Huitzilopochtli, quien les había ordenado no detenerse hasta encontrar el islote donde habrían de establecerse, el cual sería identificado porque ahí encontrarían un águila posada sobre un nopal, devorando una serpiente. Lo cierto es que hubo efectivamente grandes desplazamientos de población y los mexicas migraron del norte hacia el Altiplano Central entre los siglos XII y XIII d.C.

Hacia el año 1325 d.C., fundaron su ciudad, Tenochtitlan, en un islote del lago de Texcoco. La nombraron así en honor a Tenoch, el último de sus guías en la peregrinación.

El primer *tlatoani*, principal señor mexica, fue Acamapichtli, considerado descendiente de los toltecas, quizá para obtener legitimidad frente a los demás grupos asentados en la ribera del lago.

1 *Cuenca de México. Principales pueblos asentados alrededor del lago de Texcoco en el periodo posclásico. Era un solo cuerpo lacustre, formado por los lagos de Zumpango, Xaltocan, Texcococo, Xochimilco y Chalco.*

Representación de los momentos fundamentales de la historia mexica y de sus gobernantes.

2 *Salida de Aztlán 1116 d.C.*

3 *Fundación de México-Tenochtitlan 1325.*

4 *Tenoch. Sacerdote fundador de la capital mexica.*

5 *Acamapichtli. Primer tlatoani de Tenochtitlan 1375-1396.*

6 *Huitzilihuitl. Segundo tlatoani 1396-1417.*

7 *Chimalpopoca. Tercer tlatoani 1417-1428.*

8 *Izcóatl. Cuarto tlatoani 1428-1440.*

9 *Huehue Moctezuma Ilhuicamina. Quinto tlatoani 1440-1469.*

10 *Axcayácatl. Sexto tlatoani 1469-1480.*

Formación del imperio

El inicio del poderío mexica se desarrolló entre 1360 y 1420 d.C. A su llegada a la cuenca de México fueron vasallos de los tepanecas de Azcapotzalco, quienes se convirtieron en sus más poderosos enemigos. Para liberarse de ellos establecieron diversas alianzas con otros grupos, principalmente con los *acolhuas* de Texcoco.

En 1428, Tenochtitlan, Texcoco y Tlacopan (Tacuba) formaron la Triple Alianza y se rebelaron contra Azcapotzalco. Los tres quedaron como grupos dominantes en la cuenca de México, e iniciaron así la expansión de su imperio, que llegó a dominar la mayor parte de Mesoamérica, con excepción de algunas sociedades como la tlaxcalteca y la purépecha. El equilibrio de poder entre las tres ciudades se mantuvo durante un tiempo pero paulatinamente se inclinó hacia los mexicas de tal forma que, en los años anteriores a la llegada de Cortés, los tributos que recogían de los pueblos bajo su dominio eran colectados exclusivamente por los mexicas.

11 *Tizoc. Séptimo tlatoani 1480-1485.*

12 *Ahuízotl. Octavo tlatoani 1485-1502.*

13 *Moctezuma Xocoyotzin. Noveno tlatoani 1502-1520.*

14 *Arribo de los españoles capitaneados por Hernán Cortés 1519.*

15 *Cuitlahuac. Décimo tlatoani 1520.*

16 *Cuauhtémoc. Onceavo tlatoani 1520-1521.*

17 *Conquista española 1521.*

La tira de la peregrinación

Antes de la época de Moctezuma Ilhuicamina y de su consejero Tlalcaélel, se elaboró un códice que narraba los orígenes del pueblo mexica y su peregrinación hasta el Altiplano Central con todos los sitios por donde pasaron y se establecieron temporalmente los migrantes. Este documento se conoce como *La tira de la peregrinación* y está elaborado en papel amate que se dobla a manera de biombo. (Véase página 41)

18 La tira de la peregrinación. *También recibe el nombre de* Códice Boturini *por su primer poseedor, don Lorenzo Boturini y Benaduchi.*

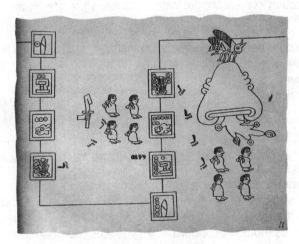

19 *Lámina de* La tira de la peregrinación.

20 *Lámina de* La tira de la peregrinación.

Observa e interpreta

Observa con atención las dos láminas pertenecientes a *La tira de la peregrinación* y responde en tu cuaderno.

1 ¿En cuál de ellas el dios Huitzilopochtli hace una advertencia a su pueblo?

2 ¿Cuál de las figuras crees que representa a este dios?

3 ¿En cuál de ellas se señala la llegada a Chapultepec?, ¿cómo lo sabes?

4 ¿Qué significan los pies? Argumenta tu respuesta.

La organización social y económica de cada una de las civilizaciones prehispánicas tuvo sus propias características que establecieron diferencias notables entre ellas. Compartían, sin embargo, gran cantidad de elementos comunes.

Propiedad de la tierra

Entre los mexicas, el *calpulli* constituyó la forma básica de organización social y territorial. Se trataba de un grupo de familias que tenían un ancestro común, compartían un nivel de vida similar, colaboraban entre sí y se protegían mutuamente y también se llamaba así a la extensión de tierra que les pertenecía.

Cada *calpulli* elegía a uno de sus miembros como *calpullec* o responsable de su comunidad. Éste repartía la tierra en forma de parcelas entre los jefes de familia, quienes la cultivaban y vivían de su producto pero no podían venderla ni dejar de trabajarla. Estaban obligados a destinar una parte de su cosecha para el sostenimiento de instituciones públicas, administrativas, políticas y religiosas. Estos campesinos se dedicaban también a labores complementarias como el hilado y el tejido. En algunos *calpullis* las familias se dedicaban a oficios especializados: orfebres, talladores de piedras, constructores, comerciantes.

Los nobles (principalmente sacerdotes y guerreros) también poseían tierras que eran trabajadas por campesinos o esclavos que no podían abandonarlas. Los nobles sí podían vender sus tierras.

Técnicas agrícolas y principales productos

En Tenochtitlan, la aplicación de la técnica de cultivo en chinampas hizo factible un constante desarrollo urbano. Las chinampas son tierras de cultivo sobre zonas pantanosas que quedan a suficiente altura sobre el nivel del agua, lo cual permite la siembra gracias a la humedad del subsuelo que las mantiene productivas aun en la temporada de secas.

Al igual que los demás pueblos mesoamericanos, los mexicas cultivaban principalmente maíz, frijol, chile y calabaza, que complementaban con cacao, jitomate, camote, aguacate, jícama, amaranto, chía, huauzontle, epazote, chayote, nopal, entre muchos otros.

El desarrollo de las obras hidráulicas, tanto en tierra firme como en chinampas, se hacía bajo la cuidadosa supervisión del Estado y la movilización y el trabajo de gran número de hombres, ya que el éxito de una buena cosecha dependía, en gran medida, de un adecuado sistema de riego.

La guerra

El predominio político alcanzado por la civilización mexica sobre el resto de Mesoamérica estaba sustentado en una sólida estructura económica y social basada en la concentración de recursos naturales y en su aprovechamiento, así como en un poderoso ejército. La guerra era una de las actividades económicas más importantes y su objetivo principal era convertir a los pueblos dominados en tributarios. Gracias a sus múltiples conquistas, los mexicas cobraban tributos (especie de impuestos) que los enriquecieron enormemente.

A través del tributo, los mexicas recaudaban productos agrícolas y objetos manufacturados como mantas de algodón, vestidos, trajes guerreros, aves vivas, pieles, conchas, cacao, piedras preciosas. También formaba parte del tributo la mano de obra para la construcción de templos y edificios en la capital del imperio.

Sin embargo, los mexicas respetaban la forma de gobierno, conformación social, religión y costumbres de los pueblos tributarios.

Algunos señoríos se mantuvieron independientes, como los purépechas y los tlaxcaltecas.

1 *Cultivo de maíz.* Códice Florentino. *Para sembrar, utilizaban el bastón plantador llamado "coa".*

> **¿Sabías que** de la calabaza se aprovechaba la flor, la semilla, el fruto, y con éste, una vez seco y hueco, se hacían recipientes?

> **¿Sabías que** en el México prehispánico había refugiados políticos? Para huir del dominio mexica, algunas comunidades se desplazaron a regiones independientes donde eran acogidos como refugiados políticos. Tal fue el caso de grupos matlalzincas y otomíes de Toluca que llegaron a las zonas purépecha o tlaxcalteca. Estas migraciones contribuyeron a la formación del mosaico étnico mesoamericano.

Estructura social

La pirámide social se sostenía sobre una población mayoritariamente campesina y artesanal (*macehuales*); después había una rica clase comerciante (*pochtecas*) que, además de intercambiar productos con otros pueblos, tenía la función de establecer relaciones diplomáticas con las demás sociedades y ser espía del gobierno *tenochca*. Los *pochtecas* tenían a su servicio un gran número de cargadores (*tamemes*) que transportaban las mercancías sobre sus espaldas pues no tenían bestias de carga. En la cúspide de la pirámide social estaban los nobles (*pipiltin*) que ejercían las principales funciones administrativas, religiosas y de gobierno.

El gobernante o *tlatoani* (señor principal), o *hueytlatoani* (gran señor), regía ayudado por el *cihuacóatl* (nombre que también recibía la diosa de la tierra) o consejero personal, y por el *tlatocan*, un consejo formado por cuatro hombres principales que se encargaban de elegir al sucesor del *hueytlatoani* cuando éste moría. Este consejo tuvo gran poder de decisión durante mucho tiempo, pero durante el gobierno de Moctezuma Xocoyotzin su función fue únicamente la de asesorarlo.

La esclavitud tuvo muy poca importancia económica. La mayoría de los esclavos (*tlacotli*) eran capturados durante las Guerras Floridas (organizadas con la finalidad de capturar prisioneros) y destinados a ser sacrificados a los dioses; había también esclavos por deudas, que al pagarlas recuperaban su libertad; personas que vivían en la miseria y tomaban la decisión de venderse como esclavos; transgresores de las leyes que eran esclavizados como castigo.

2 *Dos de los motivos por los que los mexicas declaraban la guerra a otro pueblo, era que se bloqueara el camino a sus comerciantes, o se hubiera matado a alguno de sus mercaderes. Los pochtecas eran recibidos por el hueytlatoani al regreso de cada viaje. Códice Florentino.*

Zonas de dominio mexica y señoríos independientes

San Luis Potosí	9. Hueypuchtla	Distrito Federal	28. Tlapacoyan	Guerrero	49. Yoaltépec
1. Oxitipa	10. Citlaltépec	21. Tlacopan	29.Tlatlauhquitepec	40. Oztuma	50. Coixtlahuaca
Hidalgo	11. Xocotitlan	22. México-Tenochtitlan	30. Huejotzingo	41. Taxco	51. Tochtépec
2. Metztitlan	12. Quahuacan	y México-Tlatelolco	31. Cholula	42. Poctépec	52. Tlaxiaco
3. Atotonilco El Grande	13. Cuauhtitlan	Tlaxcala	32. Tepeácac	43. Tepecoacuilco	53. Zozollan
4. Axocopan	14. Acolman	23. Tlaxcala	Veracruz	44. Tlalcozauhtitlan	54. Huayácac
5. Atotonilco de Pedraza	15. Petlacalco	Morelos	33. Tziuhcóac	45. Quiauhteopan	55. Coyolapan
Michoacán	16. Texcoco	24. Cuauhnáhuac	34. Tuxpan	46. Tlapa	56. Tututepec
6. Ihuatzio	17. Toluca	25. Haxtépec	35. Cuauhtochco	47. Cihuatlan	Chiapas
7. Tzintzuntzan	18. Chalco	Puebla	36. Itzteyocan	Oaxaca	57. Xoconochco
Estado de México	19. Ocuilan	26. Atlan	37. Quecholtetenanco	48. Teotitlán del	
8. Xilotépec	20. Malinalco	27.Tetzapotitlan	38. Cuetlaxtlan	Canario	
			49. Atzacaan		

Estrato o clase social	Grupo social	Funciones
Pipiltin	hueytlatoani	
	cihuacóatl	
	tlatocan	
	sacerdotes	
	pochtecas	
	guerreros	
Macehuales	tamemes	
	guerreros	
	artesanos	
	campesinos	

MÉXICO

Golfo de México

Guatemala

OCÉANO PACÍFICO

≡ Miembro de la Triple Alianza
— Límite de provincia tributaria
◆ Cabecera de provincia tributaria
● Guarnición
● Con gobernador
▲ Capital de señorío independiente

Centli

El producto más preciado en Mesoamérica fue el maíz, que definía la dieta cotidiana de los pueblos prehispánicos.

Los pueblos de lengua náhuatl lo llamaban *centli* y fueron los conquistadores españoles quienes trajeron de las Antillas el término maíz, pues así era llamada esta planta por los pueblos caribeños.

El maíz era considerado sagrado porque muchos pueblos creían que era el alimento de los dioses, y a partir del cual éstos crearon a los hombres. También consideraban que los dioses habían regalado el maíz al hombre para que se alimentara.

Ceremonias relacionadas con el maíz

En el Altiplano Central se llevaban a cabo ceremonias a Cihuacóatl, la diosa de la tierra, para que la siembra del maíz y de otros vegetales fuera muy productiva. Después de estas ceremonias comenzaba la preparación de los terrenos para la siembra, que consistía en limpiarlos de ramas y troncos para posteriormente quemar su vegetación y nutrir el subsuelo. Antes de comenzar la temporada de lluvias, en abril, las ceremonias se dedicaban al dios de la lluvia, Tláloc, y a sus ayudantes los *tlaloques*. Entonces se realizaba la primera siembra de temporal. En mayo, con el inicio de las lluvias, se hacía la segunda siembra.

En las ceremonias propiciatorias se efectuaban sacrificios humanos, se bendecían los instrumentos de labranza y se modelaban imágenes de los dioses con pasta de maíz para recordar a las deidades que el hombre también estaba hecho de este cereal.

Reflexiona y discute

Analiza la importancia primordial que el maíz sigue teniendo en la alimentación básica de los mexicanos.

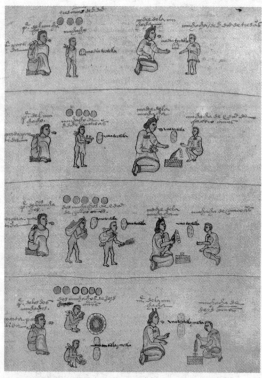

1 *A los tres años los niños comían media tortilla, a los cinco, una entera y a los seis, una y media.* Códice Mendoza.

Uso de herramientas

Entre las herramientas que se usaban para trabajar los campos estaban la coa (bastón hecho de madera con la punta endurecida al fuego y que podía alcanzar una profundidad adecuada para la siembra) y los azadones (instrumentos de piedra pulida con mango de madera). Las semillas y las mazorcas se transportaban en canastos y *ayates* tejidos con fibras vegetales.

De la mazorca a la tortilla

Los arqueólogos piensan que desde el preclásico se hacían las tortillas, aunque en las excavaciones arqueológicas de ese periodo no se han encontrado vestigios de la existencia de comales. También creen que desde tiempos muy remotos las sociedades mesoamericanas diluían la masa de maíz en agua para preparar atole, y que también la mezclaban con carnes, vegetales y picante para preparar tamales.

Probablemente la invención del comal permitió que el consumo de la tortilla se extendiera a todas las sociedades indígenas y que esta forma de preparar el maíz fuera la más popular, aunque se cocinaba de muchas otras formas.

El maíz estaba presente en la dieta de todas las familias, desde las pertenecientes a la nobleza hasta las más humildes. También formaba parte importante de todas las festividades y ceremonias rituales y religiosas.

Por esa razón a las civilizaciones mesoamericanas se les denomina genéricamente como "la cultura del maíz".

¿Sabías que

con las palomitas de maíz (*momochitl*) los pueblos prehispánicos hacían collares y coronas para ofrendas?

Técnicas de cultivo

Para saber más

Las familias mesoamericanas hacían la comida principal al medio día, cuando el calor era más fuerte; consistía generalmente, en tortillas de maíz, salsa de chile, frijoles y tomate o calabaza. Esta comida casi siempre se elaboraba y comía en cuclillas y cerca de un fogón. Cuando el jefe de la familia no regresaba a comer, la mujer le preparaba un *itacatl*, o pequeño saco, donde colocaban los alimentos.

Varios autores sostienen que el desarrollo de las civilizaciones en Mesoamérica se encuentra íntimamente ligado a las técnicas de cultivo de la tierra así como a su reparto. Las diferentes técnicas de cultivo fueron principalmente: la roza, el barbecho y el regadío (en el que se incluyen las chinampas y los huertos). Cada pueblo resolvió sus problemas de acuerdo con su situación geográfica y a partir de ahí comenzó su desarrollo.

También se habla del desarrollo de las ciudades mesoamericanas a partir del excedente en su producción agrícola, ya que cuando los pueblos tienen resuelto el problema de la alimentación pueden dedicarse a otras actividades.

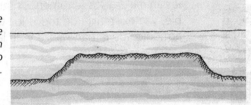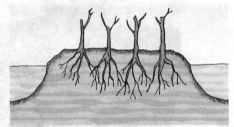

2 *Las chinampas se fijaban por medio de ahuejotes, que son árboles de rápido crecimiento.*

¿Sabías que El alimento principal de los incas fue la papa y no el maíz, porque éste no se puede cultivar a más de 3000 m.s.n.m?

3 *El sistema de cultivo más extendido en las zonas tropicales fue el de roza, tumba y quema. Foto: Fulvio Ecardi.*

Investiga y analiza

1 Investiga en qué consiste cada una de las técnicas de cultivo.

2 Responde en tu cuaderno, ¿qué sistema de cultivo te parece más efectivo y por qué?

3 Los olmecas vivían en la selva donde tenían abundancia de agua, ¿qué técnica de cultivo crees que utilizaron?

4 Los mexicas vivían en una isla pequeña rodeados de agua, ¿cuál es la técnica de cultivo que desarrollaron?

5 Teotihuacan estaba situada en una zona semiárida, ¿qué técnica usaron?

6 ¿Cuáles de estas técnicas se continúan usando en tu comunidad?

7 Las técnicas de cultivo prehispánicas se siguen empleando en muchas zonas de nuestro país, pero también se utilizan sistemas de cultivo modernos que requieren de una tecnología avanzada. Investiga tres técnicas modernas de cultivo utilizadas actualmente en México.

8 Busca tres ventajas y tres desventajas de las técnicas prehispánicas y de las modernas. Compáralas con las que encontraron tus compañeros.

Importancia de la religión

La religión prehispánica compartía una herencia común. Todos los pueblos mesoamericanos eran politeístas, es decir, rendían culto a una multitud de deidades. En todas las culturas existía una estrecha relación entre la religión, la sociedad y la observación de los fenómenos de la naturaleza.

Para los antiguos mexicanos, cada dios adquiría diversos aspectos y funciones. Los diferentes aspectos de una deidad se pueden relacionar con variadas actividades o con periodos distintos. Así, para las civilizaciones del Altiplano Central, Tláloc, el dios de la lluvia y la agricultura, era una deidad ambigua que representaba, por un lado, las fuerzas benéficas que engendran la vida y, por otro, las fuerzas negativas de las inundaciones, las tormentas y las heladas que amenazaban los cultivos y el sustento. Tláloc era también dios de la tierra y de los cerros. La correspondencia maya de Tláloc era el dios Chaac y en la civilización zapoteca, el dios Cocijo.

Las civilizaciones mesoamericanas concebían a los hombres, los animales y los fenómenos naturales como un todo indisoluble, y la existencia de todos los dioses propiciaba el equilibrio armónico de la naturaleza y de la vida social.

1 *Diosa Coatlicue.*

> **¿Sabías que** la cosmogonía es la ciencia que estudia el origen y la evolución del Universo? Para los pueblos prehispánicos el origen del mundo se explicaba a través del pensamiento religioso.

Mitos cosmogónicos

Para explicar el origen del mundo y de los dioses, estas culturas tenían diversas versiones. Una de ellas establece la existencia de un dios supremo creador: Ometéotl, dios dual (señor y señora de la dualidad) y se le identifica con Tloque-Nahuaque (el señor del cerca y del junto). Ometéotl dio origen a los cuatro Tezcatlipocas (espejos que ahúman), que darían origen al mundo, según el mito. Éstos eran: Tlatlauhqui Tezcatlipoca (humo de espejo colorado), Yayauhqui Tezcatlipoca (humo de espejo negro), Quetzalcóatl (serpiente quetzal o emplumada) y Huitzilopochtli (zurdo colibrí) y representaban los cuatro puntos cardinales.

La creación del resto del mundo y de los demás dioses fue obra de estos cuatro, quienes formaron una serie de nueve a trece cielos y de nueve inframundos. La Tierra es el primero de los cielos y de los inframundos.

Otras deidades importantes fueron Coatlicue, madre de Huitzilopochtli y Ehécatl, dios del viento, también relacionado con la figura de Quetzalcóatl.

La función de los centros ceremoniales

Para rendir culto a los dioses se construyeron en todas las grandes urbes del México prehispánico impresionantes centros ceremoniales que tenían en común elementos fundamentales: pirámides, palacios, plataformas, altares, observatorios, escalinatas, salas y canchas para el juego de pelota. Estos edificios constituían el corazón religioso y político de las ciudades y su construcción se dedicaba generalmente a una deidad en particular. Estaban ricamente ornamentados, recubiertos con bajorrelieves, esculturas y pinturas. Alrededor de ellos se encontraban los edificios administrativos, las residencias de los sacerdotes gobernantes y de los principales guerreros, así como los mercados o *tianguis*.

La religión y la guerra

Las ceremonias religiosas eran dirigidas por los sacerdotes-gobernantes, quienes hacían partícipe de ellas a la población de diferentes maneras: aceptando sus tributos y regalos, mediante danzas y cantos, o a través del sacrificio humano. Con el fin de obtener víctimas para los sacrificios, los mexicas organizaron las Guerras Floridas, cuyo único objetivo era obtener el número suficiente de prisioneros que, al ser sacrificados, mantendrían vivo a Huitzilopochtli, dios del Sol y de la guerra.

2 *Recinto sagrado del templo mayor de Tenochtitlan.*

3 *Representación del sacrificio humano en el Códice Florentino.*

¿Sabías que en algunos pueblos de Mesoamérica los participantes del "juego de pelota" daban lo mejor de sí durante la competencia porque sabían que el ganador sería sacrificado a los dioses?

Presagios funestos

Aproximadamente diez años antes de la llegada de los españoles, los indígenas interpretaron ciertos acontecimientos y fenómenos como presagios funestos o señales de que sucesos extraordinarios y catastróficos iban a ocurrir. Estos presagios fueron narrados por indígenas castellanizados y evangelizados durante los primeros años de la conquista (conocidos como los informantes de Sahagún) a los frailes españoles. Su testimonio quedó registrado en el *Códice Florentino*. Algunos de estos presagios son:

> Primer presagio funesto [...] Una como espiga de fuego, una como llama de fuego, una como aurora: se mostraba como si estuviere goteando, como si estuviera punzando en el cielo [...]
>
> Segundo presagio funesto [...] por su propia cuenta se abrasó en llamas, se prendió en fuego [...] por su espontánea acción ardió la casa de Huitzilopochtli [...]
>
> Tercer presagio funesto: fue herido por un rayo un templo [...] El templo de Xiuhtecuhtli [...]
>
> Cuarto presagio funesto: cuando había aún sol, cayó fuego. En tres partes dividido: salió de donde el Sol se mete [...] como si fuera brasa, iba cayendo en lluvia de chispas. Larga se tendió su cauda; lejos llegó su cola [...]
>
> MIGUEL LEÓN-PORTILLA, *Visión de los vencidos*.
> *Relaciones indígenas de la conquista*, UNAM
> Biblioteca del Estudiante Universitario 81, México, 1969.

4 *Los presagios funestos predispusieron psicológicamente a los indígenas y facilitaron la conquista.* Códice Florentino.

El culto a los muertos

En Mesoamérica existió el culto a la muerte por lo menos desde 1800 años a.C., y constituyó parte importante de los sistemas religiosos de esas civilizaciones. El sentimiento religioso intervenía en todos los actos de la vida de los hombres pues creían que todo estaba regido por un orden cósmico.

Para los mexicas la muerte era el fin natural y el sacrificio humano era concebido como un acto colectivo que daba continuidad a la vida; la sangre de los hombres ayudaba a mantener el orden del cosmos y a fortalecer al Sol.

Según fuera la forma de morir, el lugar a donde se llegaba después de la muerte era distinto. Así, los niños, considerados como joyas, llegaban a la casa de *Tonacatecuhtli* (deidad que habitaba los cielos superiores) y eran alimentados por *Chichihuacuahco* o árbol nodriza; las personas que morían ahogadas o de enfermedades relacionadas con el agua iban al *Tlalocan* o paraíso de Tláloc; los muertos en combate y las mujeres que morían de parto se transformaban en aves de bellos colores.

Los nobles eran enterrados con ofrendas de diferentes tipos y en ocasiones con acompañantes. Era común ponerles comida pues pensaban que el muerto viajaría por caminos difíciles antes de llegar al lugar de los espíritus.

Actualmente la celebración del día de muertos es una costumbre arraigada en las comunidades indígenas, en la que existe un mezcla entre lo prehispánico y lo europeo, dando lugar a una de las tradiciones más sensibles y coloridas de nuestro país.

5 Día de muertos. *Óleo de Alfredo Zalce.*

6 *Objetos encontrados en la tumba de Pacal, en el templo de las Inscripciones. Palenque, Chiapas.*

Haz investigación de campo

1. Observa en la fotografía los objetos encontrados en la tumba de Pacal y descríbelos en tu libreta.

   • ¿A qué clase social crees que pertenecía el personaje enterrado en ella?

2. Pregunta a diez adultos qué saben de la celebración del día de muertos en nuestro país. Anota sus respuestas en tu cuaderno y compáralas con las de tus compañeros y compañeras.

3. Deduce, a partir del resultado de tu encuesta, qué relación existe entre las costumbres prehispánicas y las actuales respecto a la muerte.

La cuenta del tiempo

Los grupos mesoamericanos alcanzaron un sorprendente desarrollo en conocimientos como las matemáticas, la astronomía, la medicina, la botánica, la zoología y la geografía.

1 *El observatorio de Monte Albán.*

Todas las civilizaciones mesoamericanas se interesaron por conocer el movimiento de los astros para predecir la sucesión de las estaciones y determinar, así, los ciclos agrícolas. Los olmecas lograron importantes avances en este sentido, al contar con un calendario y un sistema de números y *glifos* (signos) que les permitía calcular fechas y anotarlas.

Los mayas fueron matemáticos notables, utilizaron una numeración vigesimal con dos numerales: el punto con valor de uno (1) y la barra con valor de cinco unidades, que crecía acomodando los dígitos de abajo hacia arriba en forma de columnas. De esta manera el primero y más bajo lugar tendría el valor de la unidad, el lugar inmediato superior, de veinte; el siguiente, de 400 y así sucesivamente. Un adelanto asombroso fue el desarrollo del concepto de cero (0), que representaban con una concha.

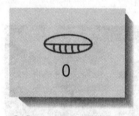

2 *Cero maya.*

El sistema de barras y puntos también fue usado por los zapotecos y los de Xochicalco. En el periodo posclásico desapareció la barra y sólo se usaron puntos en sucesión continua hasta el número 20 que luego se cambiaron a una secuencia de diferentes símbolos organizados también con base en el sistema vigesimal.

Al contar con un sistema de numeración, los grupos mesoamericanos pudieron medir con precisión el tiempo; para eso construyeron observatorios astronómicos que les permitieron contemplar el firmamento y hacer cálculos de los movimientos de los astros.

El calendario gobernaba la religión, la política, el destino de los hombres y los pueblos, la periodicidad de eventos, la asignación de nombres de personas y lugares, la comprensión de los movimientos de los cuerpos celestes y el comportamiento de los dioses. En la cuenta del tiempo, la mayoría de las civilizaciones combinaron dos calendarios: uno calculaba el año solar y estaba organizado en 18 meses de 20 días, que se complementaban con cinco días "nefastos". El otro consistía en 20 grupos de 13 días y correspondía a un ciclo natural desconocido, este calendario adivinatorio de 260 días regía la vida de cada hombre. Ambos calendarios coincidían cada 52 años solares (siglo prehispánico), momento en que los dioses decidían si continuaba el mundo.

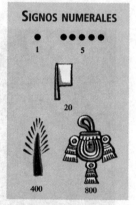

SIGNOS NUMERALES

1 5

20

400 800

3 *Signos numerales del periodo posclásico.*

La medicina

Las sociedades mesoamericanas también alcanzaron un notable desarrollo en el campo de la medicina. Atribuían las enfermedades a causas sobrenaturales y usaban fórmulas mágicas para sanarlas. Conocían más de 200 plantas distintas con propiedades curativas.

La medicina, además de incluir la preparación de bebedizos, utilizaba tratamientos para aliviar infecciones, aplicando emplastos y técnicas para arreglar fracturas por medio de entablillado.

También usaban la medicina con fines preventivos y rituales. El *temazcalli* (baño de vapor) eliminaba del cuerpo las sustancias nocivas y purificaba el espíritu; su uso continúa vigente.

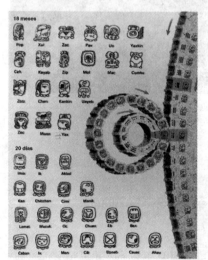

4 *Rueda calendárica maya. Dos mil años antes de establecerse en Europa el calendario gregoriano que nos rige actualmente, los mesoamericanos establecieron la duración del año solar de 365.24 días.*

La herbolaria

Fue la observación empírica la que hizo posible el desarrollo de una medicina positiva entre las civilizaciones mesoamericanas. Cientos de años de experiencia en probar, tantear, degustar y examinar el mundo vegetal que tenían a su alcance, les permitieron crear una botánica médica asombrosa. El conocimiento preciso de las propiedades y efectos de las plantas situó a la medicina prehispánica en un lugar preponderante dentro de la ciencia médica general y aportó a la medicina europea del siglo xvi un progreso extraordinario. Las plantas curativas tenían no sólo una finalidad utilitaria, sino también religiosa y ritual.

Los indígenas sabían diferenciar las enfermedades y tenían un nombre específico para cada una de ellas. Además de las plantas utilizaban diversos tipos de remedios como la sangría, los masajes, las dietas y el baño termal (*temazcalli*).

5 *Planta medicinal para curar enfermedades de los varones, oquichpatli.* Códice Florentino.

6 *Baño termal o temazcal.* Códice Magliabecchiano.

Investiga en tu comunidad

1 Investiga la diferencia entre conocimiento científico y conocimiento empírico y explícalo en tu cuaderno.

2 Imagina cómo llegaron a conocer los hombres primitivos las propiedades curativas de las plantas; después responde las siguientes preguntas y explica tus respuestas en tu cuaderno:

- ¿Qué dificultades encontraron? ¿A qué peligros se enfrentaron?
- ¿Cómo experimentaban con ellas?
- ¿Obtuvieron sus conocimientos empírica o científicamente?

3 Visita la sección de hierbas medicinales en el mercado de tu localidad y pregunta a la persona que las vende cuáles son los remedios para dolencias comunes como la gripe, el dolor de estómago y la reuma.

- ¿Conocías algunas de ellas?, ¿las has usado alguna vez?

4 El *temazcalli* se sigue practicando actualmente. Investiga si hay alguno en tu localidad y para qué se emplea.

- ¿Qué plantas medicinales se utilizan en él?

5 Forma un equipo para discutir y comparar las respuestas de todos los miembros.

Los códices

La palabra códice proviene del latín *codex* que significa libro manuscrito. Llamamos códices a los documentos pictóricos y pictográficos que elaboraron los pueblos mesoamericanos. A través de ellos podemos conocer gran parte de su historia, de sus conocimientos científicos y empíricos, de su religión, de su organización social y política, y hasta de sus sentimientos.

Los indígenas trabajaron los códices desde tiempos muy remotos y los siguieron produciendo hasta el siglo XVIII, ya avanzada la época de la Colonia.

Los códices prehispánicos eran pintados sobre papel amate, piel de venado, papel de maguey y tela de algodón tejida en telar de cintura. En los coloniales se utilizaba el papel europeo, el pergamino y la tela industrial.

Amor por los libros

En lengua náhuatl, *amoxtli* significaba libro y quienes los escribían eran los *tlacuilos*. Los *tlacuilos* se educaban en el *calmécac* y eran sumamente respetados. Los libros, *amoxtli*, se consideraban objetos altamente estimados pues en ellos guardaban la memoria de su pasado, los cómputos del calendario sagrado y el pensamiento literario. Sólo podían leer los códices quienes estaban preparados y autorizados para ello.

La escritura y la transmisión de las ideas

Las primeras formas de escritura en el México prehispánico datan del primer milenio antes del nacimiento de Cristo y se encuentran en las costas del Golfo de México, donde se desarrolló la civilización olmeca. Inscripciones en estelas y en algunas figurillas halladas en Tres Zapotes son prueba de esto.

Las civilizaciones mesoamericanas posteriores a la olmeca utilizaron varias formas de escritura como sistema para preservar su tradición. Mayas, teotihuacanos, zapotecas, toltecas, mixtecas y nahuas, entre otros, elaboraron códices, utilizaron glifos ideográficos e inscripciones en piedra y en figuras talladas o labradas.

Se sabe que muchas de estas formas de escritura fueron transmitidas de una civilización a otra.

Literatura

Muchos de los textos literarios del mundo indígena se conservaron gracias a que durante los primeros años de la Colonia algunos sabios nahuas que habían aprendido el alfabeto latino tradujeron, explicaron y comentaron varios códices históricos.

SIGNOS PICTOGRÁFICOS

Atl (agua)   **Calli (casa)**   **Cóatl (serpiente)**

SIGNOS IDEOGRÁFICOS

Dios   **Movimiento**   **Palabra**

Noche   **Día**

SIGNOS FONÉTICOS

A (atl)   **E (etl)**   **O (ohtli)**

1 *La escritura prehispánica evolucionó de los signos pictográficos a los ideográficos que representaban ideas y después a los fonéticos, que representaban sonidos.*

Por su parte, algunos de los frailes españoles, ayudados por sus discípulos indígenas, llevaron a cabo una importante labor recopiladora y de investigación sobre las costumbres, proverbios, refranes, discursos, mitos y leyendas indígenas. Entre ellos, cabe destacar la labor de fray Andrés de Olmos y, especialmente, la de fray Bernardino de Sahagún, pues gracias a su preocupación e interés por las culturas prehispánicas se conservan cientos de poemas nahuas y una serie de anales históricos entre los que se encuentran los *Anales de Cuauhtitlán*.

También es abundante el legado literario de los pueblos mayas, quienes desarrollaron libros escritos con el alfabeto latino pero en lengua quiché, como el *Chilam Balam*, que da testimonio de la tradición y la antigua sabiduría maya. El *Popol Vuh* o "libro del consejo" fue escrito después de la Conquista pero contiene historias y tradiciones de origen prehispánico. El *Chilam Balam* y el *Popol Vuh* tratan, además, acerca de los orígenes cósmicos y sobre cómo fue creado el hombre por los dioses.

Lectura de un códice

2 Mapa Quinatzin, *civilización texcocana.*

Para leer un códice, debe encontrarse la lógica interna que encierra analizando cada uno de sus glifos y personajes, y desglosando sus elementos .

3 *Para leer este códice es necesario desglosarlo distinguiendo tres relatos:*
  1. Pueblos tributarios y aliados de Texcoco.
  2. Palacio de Nezahualcóyotl.
  3. Nobles del consejo de Nezahualcóyotl.

a

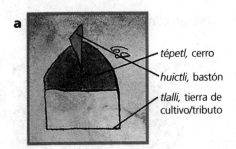

tépetl, cerro

huictli, bastón

tlalli, tierra de cultivo/tributo

b

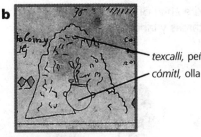

texcalli, peñasco

cómitl, olla

Texcoco, lugar de peñasco.

c

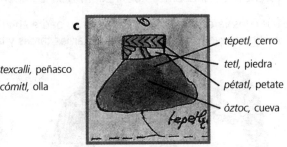

tépetl, cerro

tetl, piedra

pétatl, petate

óztoc, cueva

Tepetlaóztoc, lugar entre las cuevas.

Observa y deduce

Los códices estaban formados por una gran cantidad de dibujos y cada uno de ellos constaba de varios elementos pictográficos, que combinados formaban una idea completa. El conjunto de todas estas ideas daba sentido al códice.

d

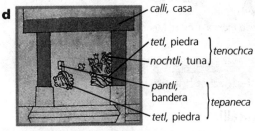

calli, casa

tetl, piedra
nochtli, tuna } tenochca

pantli, bandera
tetl, piedra } tepaneca

Casa de los tenochcas y los tepanecas.

e

tlali, tierra

olin, movimiento

tzin, partícula reverencial

1 Observa los elementos pictográficos de **a, b, c, d** y **e**, después los títulos de **b, c** y **d**. Deduce los títulos de **a** y **e**.

2 Investiga la importancia de la civilización texcocana y de su rey Nezahualcóyotl.

3 Escribe una noticia actual en forma de códice. Observa los dibujos, contienen elementos que te ayudarán a elaborar el códice.

4 *Representación de un tlatoani hablando a su pueblo. Códice Mendocino.*

Importancia de la educación para los mexicas

Todas las civilizaciones mesoamericanas desarrollaron complejas formas sociales, normas morales y jurídicas y dieron primordial importancia a la educación; sin embargo, es la cultura mexica de la que mayor información se tiene.

Para los antiguos mexicas los hijos eran como un regalo de los dioses, ya que darían continuidad a la familia. Por eso daban mucha importancia a la educación.

Los "libros de consejos" o *Huehuetlatolli*, contenían una serie de discursos en los que, en forma muy amorosa, los padres daban sabios consejos para la vida a sus hijos. Estos discursos eran dichos en ocasiones muy especiales como el nacimiento, el ingreso al *calmécac* o al *telpochcalli*, cuando se contraía matrimonio, etcétera.

Los valores más importantes para la vida social

Para los mexicas era fundamental inculcar en sus hijos valores como la honestidad; el respeto a los demás, a los dioses y a sí mismos; también eran importantes la valentía, el trabajo y la higiene, que harían de ellos dignos mexicas.

Las mujeres estaban encargadas de educar a las hijas desde su nacimiento hasta que se casaban; las instruían para ser buenas esposas y madres. Con palabras amorosas y en ocasiones con regaños, les daban consejos acerca del comportamiento que debía tener una buena mujer, esposa y madre: obediente, recatada, limpia y hacendosa. Cuando una jovencita mostraba actitudes negativas se le imponían castigos severos.

Los hijos varones eran instruidos por su padre en el oficio que éste desempeñaba. También con palabras cariñosas y con castigos severos, aprendían a ejecutar las tareas y labores propias de su linaje.

1 *Formas de castigar a niños y niñas en la sociedad mexica.* Códice Mendocino.

2 *Una madre enseña a su hija a hacer tortillas.* Códice Mendocino.

¿Sabías que en las escuelas, los niños mexicas debían aprender de memoria largas listas de nombres de plantas, animales, hechos históricos, cánticos, etcétera?

Las escuelas: el calmécac y el telpochcalli

Poco antes de entrar en la pubertad, todos los varones eran enviados al *calmécac* o al *telpochcalli*.

El *calmécac*, situado dentro del recinto ceremonial, era la escuela para los sacerdotes y nobles. En ella se les enseñaban los relatos históricos, la escritura pictográfica, el funcionamiento de los complicados ceremoniales religiosos y el dominio de la lengua náhuatl. También aprendían sobre el manejo de la administración pública, las tácticas de guerra y los códigos legales que regulaban la vida social.

El *telpochcalli* era la escuela para los *macehuales* (gente común). Había uno en cada barrio. En estas escuelas la educación era estricta y los jóvenes eran sometidos a extenuantes actividades para forjar su carácter. Se les enseñaba técnicas agrícolas y el uso de armas de guerra como el *átlatl*, el arco y la flecha y el *macuáhuitl* (espada de madera con puntas de obsidiana). A los 20 años egresaban de estas escuelas, preparados para fundar una nueva familia.

3 *Los esclavos también estaban obligados a educar a sus hijos y lo hacían amorosamente.* Códice Florentino.

Los valores mexicas

Consejos de los padres

En la *Historia general de las cosas de la Nueva España* (que es la transcripción del *Códice Florentino* al castellano), fray Bernardino de Sahagún nos ilustra acerca de cómo aconsejaban las madres a sus hijas:

> Hija mía muy amada, muy querida palomita, ya has oído y notado las palabras que tu señor padre te ha dicho [...] las cuales han procedido de las entrañas y corazón en que estaban atesoradas [...] Mira que las tomes y las guardes en tu corazón y las escribas en tus entrañas [...] Mires que te amo mucho, que eres mi querida hija; acuérdate que te traje en mi vientre nueve meses [...] y con mi leche te crié. Esto te digo porque sepas que yo y tu padre somos los que te engendramos, madre y padre, y ahora te hablamos doctrinándote [...]
>
> Mira que tus vestidos sean honestos y como conviene [...] No es menester que tus atavíos sean muy viles, sucios o rotos [...] porque estos atavíos son señal de gente vil y de quien se hace burla [...]
>
> Cuando hablares, no te apresurarás en el hablar, no con desasosiego, sino poco a poco y sosegadamente; cuando hablares, no alzarás la voz ni hablarás muy bajo, sino con mediano sonido [...]
>
> FRAY BERNARDINO DE SAHAGÚN,
> *Historia general de las cosas de la Nueva España,*
> Porrúa, México, 1979.

Normas jurídicas

Los mexicas se regían por estrictas normas jurídicas. Muchos delitos como la traición, el soborno, el homicidio, el adulterio y la violación, eran castigados con la pena de muerte; otros delitos menores como el robo, la embriaguez pública y las faltas de respeto a los padres, se sancionaban con la esclavitud, el encarcelamiento, el destierro o la mutilación, dependiendo de la gravedad del delito.

Existían distintos tribunales que atendían a la gente según su posición social: en el palacio del *tlatoani* había una sala llamada *tlacxitlan* en la que los jueces resolvían los asuntos jurídicos de la nobleza. Como los nobles estaban obligados a dar ejemplo a su pueblo, se les castigaba con mayor severidad cuando quebrantaban alguna norma. En otro salón llamado *tecalli* se juzgaba a la gente del pueblo.

4 *Para juzgar un delito, los jueces analizaban los códices donde se había documentado el asunto.* Códice Florentino.

Para saber más

Los pueblos mesoamericanos valoraban especialmente el respeto a la sabiduría de los ancianos, a los mayores, y a las autoridades, a la verdad, la honestidad, la sencillez en el hablar, en el vestir y en el vivir, la fuerza de voluntad y la obediencia.

Analiza los textos

Lee cuidadosamente los textos anteriores y responde estas preguntas en tu cuaderno.

1 ¿Qué valores eran importantes para los mexicas?

2 ¿Cuáles de estos valores siguen siendo importantes para nosotros?

3 ¿Sancionamos hoy los delitos en la misma forma en que lo hacían los mexicas?

4 ¿Encuentras alguna diferencia entre la forma en que los padres mexicas hablaban a sus hijos y la manera en que te aconsejan a ti los tuyos?

Para iniciar una investigación histórica es preciso conocer las fuentes, es decir, el conjunto de documentos que nos permiten rehacer el pasado.

Poema de los soles o edades cósmicas de los mexicas

Se refería, se decía
que así hubo ya antes cuatro vidas,
y que ésta era la quinta edad.
[...]

Y decían que a los primeros hombres
su dios los hizo, los forjó de ceniza.
Esto lo atribuían a Quetzalcóatl,
cuyo signo es 7-Viento,
él los hizo, él los inventó.
El primer Sol (edad) que fue cimentado,
[...]
En él sucedió
que todo se lo llevó el agua.
Las gentes se convirtieron en peces.

Se cimentó luego el segundo Sol (edad).
[...]
En él sucedió
que se oprimió el cielo,
el Sol no seguía su camino.
Al llegar el Sol al mediodía,
luego se hacía de noche
y cuando ya se oscurecía,
los tigres se comían a las gentes.
Y en este Sol vivían los gigantes.
Decían los viejos,
que los gigantes así se saludaban:
"no se caiga usted", porque quien se caía,
se caía para siempre.

Se cimentó luego el tercer Sol.
[...]
Sucedió que durante él llovió fuego,
los que en él vivían se quemaron.
Y durante él llovió también arena.
Y decían que en él
llovieron las piedrezuelas que vemos,
que hirvió la piedra tezontle
y que entonces se enrojecieron los peñascos.

[...] Se cimentó luego el cuarto Sol.
Se decía Sol de Viento.
Durante él todo fue llevado por el viento.
Todos se volvieron monos.
Por los montes se esparcieron,
se fueron a vivir los hombres-monos.

El quinto Sol:
[...]
Se llama Sol de Movimiento
porque se mueve, sigue su camino.

Y como andan diciendo los viejos,
en él habrá movimientos de tierra,
habrá hambre
y así pereceremos.
[...]
Este Sol, su nombre 5-Movimiento,
éste es nuestro Sol,
en el que vivimos ahora,
y aquí está su señal,
cómo cayó en el fuego el Sol,
en el fogón divino,
allá en Teotihuacan.
Igualmente fue éste el Sol
de nuestro príncipe en Tula,
o sea de Quetzalcóatl.

MIGUEL LEÓN-PORTILLA,
*Las literaturas
precolombinas de México*,
Editorial Pormaca, México, 1964.

Clasificación de las fuentes

1. Según su naturaleza, las fuentes pueden ser:

a) Primarias. Son las que se elaboran de forma paralela o muy cercana a los acontecimientos que pretendemos conocer. Por ejemplo, los *Anales de Cuauhtitlán*.

b) Secundarias. Son las que se han construido a partir de las primarias. Por ejemplo, las obras escritas por el historiador Miguel León-Portilla.

2. Según su soporte, las fuentes pueden ser:

a) Orales. Se trata de los usos y las costumbres que se han trasmitido oralmente, de generación en generación.

b) Escritas. Son aquellas que han quedado plasmadas en documentos escritos.

c) Materiales. Aquellas constituidas por todos los elementos materiales que arrojan información sobre un acontecimiento determinado: monedas, esculturas, monumentos, etcétera.

1 *Quetzalcóatl en el momento de sangrarse para dar vida a los hombres.* Códice Florentino.

¿Cómo analizar este texto? ¿Qué preguntas debes formularte?

1. ¿Quién es el autor?

- Este mito de los cinco soles, como todos los mitos, es anónimo y fue rescatado por algunos discípulos de Fray Bernardino de Sahagún, como Antonio Valeriano, Alonso Bejarano y Pedro de San Buenaventura. Estos dos últimos eran originarios de Cuauhtitlán y por ello el texto recibe el nombre de *Anales de Cuauhtitlán*.

2. ¿De qué tipo de documento se trata?

- Fuente escrita. Poema mítico.

3. ¿Cuáles son las ideas más importantes?

- Este mito cosmogónico narra la creación del hombre, en cinco edades o soles, atribuida a Quetzalcóatl.

- En la primera edad, los dioses hicieron al hombre de ceniza pero se inundó la tierra y éstos fueron convertidos en peces.

AHORA HAZLO TÚ

Analiza los siguientes fragmentos del *Popol Vuh* de acuerdo con las pautas que se siguieron en el "Poema de los soles o edades cósmicas de los mexicas" y redáctalo en tu libreta:

- Autor.
- Tipo de documento.
- Resumen del contenido.
- Aportaciones del documento.

3 Gucumatz y Huracán, dioses mayas creadores. *Dibujo de Jesús Alonso Alvarado.*

2 Diluvio de ceniza. *Dibujo de Jesús Alonso Alvarado.*

- En la segunda edad, el Sol dejó de salir y en la oscuridad los tigres devoraron al hombre. En este Sol vivían los gigantes.
- En el tercer Sol llovió fuego y los hombres se quemaron.
- En el cuarto Sol el viento se llevó todo y el hombre se convirtió en mono.
- El quinto Sol se refiere a la época presente que tuvo su origen en Teotihuacan y se piensa desaparecerá debido a fuertes temblores y por hambre.

4. ¿Cuáles son las aportaciones más interesantes del documento?

- Esta narración aporta la idea de una evolución o progreso, pues en cada edad aparecen formas cada vez mejores de seres humanos y de elementos.
- Aparece en el texto un elemento esencial en cada edad: agua, tinieblas, fuego, viento y movimiento.
- Aporta la idea de que los dioses buscan la perfección y destruyen lo imperfecto.

Popol Vuh

Los dioses idearon nuevos seres capaces de hablar y de recoger, en hora oportuna, el alimento sembrado y crecido en la tierra.

[...] empezaron a formar, con barro húmedo, las carnes del nuevo ser que imaginaban. Lo modelaron con cuidado. Poco a poco lo hicieron, sin descuidar detalle. Cuando estuvo completo entendieron que tampoco, por desgracia, servía, porque no era sino un montón de barro negro, con un pescuezo recto y tieso [...] Vieron, además, que estos muñecos no podían permanecer de pie porque se desmoronaban, deshaciéndose en el agua.

[...] Los nuevos seres fueron hechos de madera para que pudieran caminar con rectitud y firmeza sobre la faz de la tierra.

Las estatuas formadas parecían verdaderas gentes; se juntaron y se acoplaron en grupos, y al cabo de un tiempo, procrearon hijos. Pero en sus relaciones dieron muestras de no tener corazón. Eran sordos sus sentimientos [...] Iban como seres abandonados, sin norte ni destino. Siempre estaban a punto de caer. Y cuando caían, no se levantaban más. Perecían entre el lodo [...] Cuando pudieron hablar, se notó que en el ruido de sus palabras no había ni razón ni orden [...] Por esta causa también fueron condenados a morir. Cuando menos lo esperaban, vino sobre ellos una lluvia de ceniza que opacó su existencia.

[...]

Entonces los dioses se juntaron otra vez y trataron acerca de la creación de nuevas gentes, las cuales serían de carne, hueso e inteligencia.

[...] fueron desgranadas las mazorcas, y con los granos sueltos [...] hicieron las bebidas necesarias para la creación y para la prolongación de la vida de los nuevos seres [...] Con la masa amarilla y la masa blanca formaron y moldearon la carne [...] Luego que estuvieron hechos los cuerpos [...] se les requirió para que pensaran, hablaran, vieran, sintieran, caminaran y palparan lo que existía y se agitaba cerca de ellos.

Popol Vuh, antiguas leyendas del Quiché, versión de Ermilo Abreu Gómez, Ediciones Oasis, México, 1977.

MÉXICO PREHISPÁNICO

Grupos nómadas, cazadores y recolectores cruzaron por el estrecho de Bering y poblaron América. El descubrimiento de la agricultura marca la diferencia

entre

Aridoamérica
- Norte de México
- Pueblos nómadas y seminómadas

Mesoamérica
- Zona centro y sureste de México y parte de Centroamérica
- Pueblos sedentarios

Oasisamérica
- Zona noroccidental de México y sur occidental de los E. U.
- Pueblos seminómadas y sedentarios

| Preclásico 2500 a.C - 200 d.C | Clásico 200 d.C - 900 d.C | Posclásico 900 d.C - 1521 |

olmecas
zapotecas
mayas

teotihuacanos
zapotecas
mayas

mixtecos   mexicas
toltecas   purépechas
mayas

Construcción de urbes organizadas

Economía basada en la agricultura: maíz, frijol, chile y calabaza

Sociedades estratificadas

Gobierno teocrático-militarista

MESOAMÉRICA
Características comunes

Religión politeísta

Escritura pictográfica, ideográfica y fonética incipiente

Conocimiento científico: matemáticas, uso del cero, medicina, astronomía y calendario

Desarrollo de las artes: arquitectura, escultura, pintura, orfebrería, etcétera

Actividades

1 Revisa de nuevo los temas de esta Unidad y amplía la información de estos esquemas. Decide dónde colocarías esas ideas para hacer uno nuevo en tu cuaderno.

2 Ilustra cada una de las civilizaciones mesoamericanas con un dibujo que las represente.

Para sintetizar

En esta Unidad has estudiado las civilizaciones más importantes que se desarrollaron en Mesoamérica.

Elabora en tu cuaderno un cuadro para cada una de las siguientes civilizaciones: zapoteca, maya, teotihuacana, tolteca, mixteca, purépecha y mexica. Sigue el ejemplo que a continuación te presentamos:

Civilización	Olmeca
Lugar	• Costa del Golfo de México (Veracruz y Tabasco) • Ciudades principales: La Venta, Tres Zapotes y San Lorenzo
Periodo	Preclásico
Organización socioeconómica	• Sociedad teocrática y estratificada • Economía basada en la agricultura y el comercio
Religión, arte y ciencia	• Religión politeísta, culto al jaguar • Ciudades orientadas hacia los puntos cardinales • Esculturas monolíticas (grandes cabezas), fino tallado en jade y serpentina • Observación de los astros; inicio de la cuenta larga (calendario)

- ¿Puedes señalar una característica que represente a cada una de estas civilizaciones?

- ¿Cuál te llamó más la atención?, ¿por qué?

- ¿Te gustaría conocer otros aspectos de la vida de los pueblos prehispánicos? Escoge un tema e investígalo:

  - La navegación entre los mayas.
  - El concepto de belleza en las culturas prehispánicas.
  - Las reglas establecidas para la guerra entre los pueblos mesoamericanos.

Para observar

Este mural representa una aldea maya. Si lo observas con atención puedes deducir algunos aspectos de esta cultura.

- ¿Qué título le pondrías al mural?
- ¿Cuáles eran las principales actividades de los mayas?
- ¿Cómo era su alimentación?

- ¿Cómo eran físicamente?
- ¿De qué material estaban hechas sus viviendas?
- ¿Qué clases sociales están representadas en el mural?

1 *Aldea maya costeña, templo de los guerreros, Chichén Itzá, Yucatán.*

Averígualo tú

En la época prehispánica se utilizaron tintes naturales, algunos de ellos eran el caracol púrpura, la cochinilla grana, el palo de campeche, el añil, el achiote, etcétera.

- Busca en una enciclopedia de qué manera se obtenían estos tintes de origen vegetal, animal y mineral.
- ¿Para qué los empleaban?
- ¿Cuáles siguen usándose hoy en día?

2 *Arte huichol.*

Ponte en su lugar

El correo en México tiene una larga historia que comienza en la época prehispánica, cuando su función era trasmitir las noticias de las batallas entre las tropas y entre éstas y el gobernante.

Para poder ser portador de noticias dentro de la sociedad mexica, se seleccionaba a los hombres más cultos, de palabra fácil y ágiles en las carreras. En el *telpochcalli* eran preparados especialmente para cumplir con esta función. Había diferentes tipos de correos: rápidos y lentos, de postas o estaciones comunes y extraordinarias.

Los correos que aquí conocerás son los de estaciones extraordinarias. Dentro de este grupo se encontraban los corredores más rápidos y conocedores del terreno. Las postas o estaciones, llamadas *techialoyan*, estaban colocadas a una distancia aproximada de seis millas entre cada una.

Una vez con el mensaje, que generalmente era oral, el mensajero o *paynani* corría sin parar hasta la siguiente posta donde era relevado por otro corredor. De esta manera el Señor podía tener la noticia del resultado de la batalla el mismo día desde una distancia de 150 a 300 kilómetros.

Los correos portaban diferentes insignias según la noticia que llevaban; iban directo con el *tlatoani* y no podían hablar con nadie durante el trayecto. Si tenían la melena suelta, significaba que eran portadores de malas noticias; si llevaban los cabellos atados con una cinta colorada y el cuerpo ceñido con un paño de algodón, una rodela en la mano izquierda y una especie de espada en la derecha, significaba victoria.

Imagina que tú eres un *paynani* y tienes que llevar al *tlatoani* Axayácatl la noticia del resultado de la batalla de Tajimaroa (hoy Ciudad Hidalgo) entre mexicas y purépechas, en la que los mexicas sufrieron una dolorosa derrota. Investiga primero:

- La equivalencia de una milla en kilómetros.

- Si un corredor promedio recorre 5 km en 20 minutos, ¿cuánto tardaría cada *paynani* en llegar a la siguiente posta?

- Redacta la noticia en tu cuaderno.

- Describe cómo debes ir vestido de acuerdo con el resultado de la batalla.

- Entre la gran Tenochtitlan y Tajimaroa, hay aproximadamente 200 km, ¿cuántos relevos se necesitarían y en cuánto tiempo recibiría la noticia el *tlatoani*?

Para saber más

Las civilizaciones que se trataron en esta Unidad no fueron las únicas que existieron en la época prehispánica dentro del territorio mexicano, pero sí se consideran las más importantes.

Hay otras que también resultan fascinantes cuando se empieza a conocerlas. Entre ellas están: las civilizaciones tlaxcalteca, huasteca, chichimeca, tarahumara, otomí, tecpaneca, totonaca, pame, pisón y janambre, etcétera.

- Elige una de ellas que se encuentre cerca de tu localidad e investiga su desarrollo en la época prehispánica o sus características actuales.

- Haz un pequeño resumen con los datos que te parecieron más interesantes.

3 *Pirámide de los nichos, civilización totonaca. Tajín, Veracruz.*

- Busca similitudes entre las civilizaciones mesoamericanas y la que tú investigaste.

- Investiga qué significa el concepto de cultura y de aculturación. Busca tres ejemplos de aculturación en la información que se presenta en esta Unidad.

MÉXICO		AÑOS		EL MUNDO
Presencia del hombre en México	ARQUEOLÍTICO	30000 a.C.	PALEOLÍTICO SUPERIOR	*Homo Sapiens-sapiens*
Grupos nómadas de cazadores-recolectores		25000		Hombre de Cromagnón
Tallado de la piedra				Elaboración de herramientas, utensilios, collares y adornos
	CENOLÍTICO	14000		Pinturas rupestres
Mejoramiento de técnicas de tallado de la piedra				
		9000	MESOLÍTICO	
				Primeras aldeas agrícolas en Mesopotamia y Egipto
		8000		
Incipiente división del trabajo				
		7000		Cultivo del arroz en China
		6000		Cultivo de cebada y trigo en Europa y África
	PROTONEOLÍTICO	5000	NEOLÍTICO	Inicia cultura sumeria
Primeros cultivos de maíz en el valle de Tehuacán, Puebla		4000		Invención de la escritura cuneiforme
				Primeras aldeas agrícolas en los Andes
Primeras aldeas agrícolas		3000		Primeras culturas urbanas en India
	MESOAMÉRICA – PRECLÁSICO	2500	EDAD ANTIGUA	Construcción de pirámides de Keops en Egipto
Desarrollo de las primeras civilizaciones mesoamericanas: Cuicuilco, Olmeca, Zapoteca, Maya		2000		Construcciones monolíticas de Stonehenge, Inglaterra
		776		Primeros juegos olímpicos en Atenas, Grecia
		753		Fundación de Roma
		447		Construcción del Partenón en Atenas
		323		Muere Alejandro Magno
		100		Julio César conquista las Galias
				Nacimiento de Cristo*
		105 d.C.		Uso del papel en China
Esplendor de las civilizaciones mesoamericanas: Teotihuacana, Zapoteca, Maya	CLÁSICO	200		Inician culturas Moche, en la costa norte de Perú, y Nazca, en la costa sur de Perú
		476	EDAD MEDIA	Caída del Imperio Romano de occidente
		711		Invasión musulmana en España
				Apogeo de la cultura Chibcha, en Colombia
Auge de las civilizaciones mesoamericanas: Mixteca, Tolteca, Maya, Purépecha, Mexica	POSCLÁSICO	900		
		1096		Primeras cruzadas contra los turcos
		1200		Apogeo de la cultura Inca, en Perú
		1453	RENACIMIENTO	Toma de Constantinopla por los turcos
		1485		
Ahuizotl, octavo *tlatoani*		1492		Expulsión de los árabes de España
Caída de Tenochtitlan		1521		Descubrimiento de América

❶ *Pintura de la Cueva de los caballos de Valltorta, Catellón, España. Los primeros pobladores de México también plasmaron escenas de la vida cotidiana en cuevas y rocas. Algunas se pueden observar en la carretera de Oaxaca a Mitla.*

❷ *Pirámides de Keops, Kefrén y Mikerinos; se construyeron cuando iniciaba el periodo preclásico en Mesoamérica.*

❸ *Patio de los Leones de la Alahambra, Granada, España. La influencia árabe en España pasó a México con la conquista y se refleja en manifestaciones artísticas y en el lenguaje. Del árabe provienen palabras como sofá, almohada, cheque y azulejo.*

***Nota:** En nuestra cultura los siglos se cuentan antes y después del nacimiento de Cristo.

¿TE IMAGINAS A UN MEXICA MASTICANDO CHICLE?

Pues imagínatelo porque nuestros antepasados eran grandes mascadores. Los primeros pobladores de México descubrieron que el *teozintle*, un vegetal que sólo existía en América y que más tarde conoceríamos como maíz, servía también como una especie de chicle por su sabor ligeramente azucarado. Los indígenas pasaban horas masticando sus tallos de la misma manera que tú masticas un chicle.

Más tarde, los nobles de las civilizaciones mesoamericanas masticaban raíces, hierbas o savia vegetal después de las comidas para limpiar sus dientes y tener aliento agradable.

La palabra chicle viene del náhuatl *tzictli*, nombre de una sustancia natural moldeable que sirve incluso para hacer estatuas.

ADIVINANZA NAHUA

Blanco fue su nacimiento, verde su vivir, colorado se va poniendo cuando se tiene que morir. ¿Qué es?

EL PRIMER ATOLE

En la época primitiva, cuando el hombre todavía era nómada, no conocía el barro pero ya comenzaba a moler granos de maíz y a cocinarlos. Lo hacía de una manera complicada para nosotros pero muy ingeniosa para su tiempo. Utilizaba canastas de tejido muy cerrado en las cuales ponía granos de maíz triturados y agua; por otro lado calentaba piedras en una hoguera y cuando estaban ardiendo, las ponía una tras otra en la mezcla de maíz hasta que ésta se cocinaba. En la época prehispánica sólo se tomaba atole blanco (*atolli*), mientras que ahora hay de todos colores y sabores.

Y para acompañar al atole, ¿qué tal unos ricos tamales? También de herencia prehispánica, *tamalli* en náhuatl significa masa de harina cocida envuelta cuidadosamente. En aquel tiempo había de muchos sabores, hoy en día se conocen cerca de 370 diferentes tipos de tamal. ¡Cada lugar de la República tiene los suyos! Para terminar, ¿sabes lo que significan los siguientes dichos?:

- Que no te den atole con el dedo.

- Al que nace pa' tamal, del cielo le caen las hojas.

PRESAGIOS FUNESTOS

Muchas de las civilizaciones mesoamericanas tuvieron premoniciones o sueños anticipando la llegada de los españoles. Algunos sucesos que los mexicas interpretaron como señales o prodigios fueron, la aparición de cometas, el derrumbe e incendio de templos, el nacimiento de personas con dos cabezas, el llanto y gritos de angustia de una mujer, inundaciones, etcétera.

EL FIN DEL MUNDO

En el interior del Templo 33 de Yaxchilán, Chiapas, hay una escultura decapitada del gobernante Pájaro Jaguar IV en torno a la cual existe una vieja leyenda que dice que cuando la cabeza vuelva a su lugar, jaguares celestiales acabarán con el mundo.

ANAHUACALLI

Diego Rivera construyó un estudio para albergar lo mejor de su colección de piezas prehispánicas y donó este edificio al pueblo mexicano poco antes de morir. Le puso el nombre de *Anahuacalli*, que en náhuatl quiere decir "la casa del pueblo".

Su construcción es muy interesante pues el pintor quiso que fuera netamente prehispánica; para ello utilizaron piedra volcánica, le dieron forma piramidal y rescataron elementos arquitectónicos como el talud, las pilastras serpentinas y las puertas romboidales. Los techos están decorados con mosaicos diseñados por Diego Rivera y en ellos plasmó su interpretación de la mitología náhuatl.

Esta moderna interpretación de las civilizaciones mesoamericanas se encuentra en la ciudad de México. ¡Conócelo! Te sorprenderá lo grandioso que es.

1 *Querubín sobre un panel de talavera. Capilla del Rosario, Puebla.*

El descubrimiento de Colón puso en contacto dos mundos hasta entonces desconocidos entre sí. Dos culturas diferentes; dos formas distintas de pensar y comprender la realidad. Del violento encuentro de ambas nació nuestra cultura latinoamericana.

Durante los trescientos años que México tuvo de vida colonial, se establecieron muchas de las características que definen a nuestro país y su cultura:

[...] se difundió la lengua española en el territorio, se adoptó la religión católica que profesan la mayoría de los mexicanos, se originaron muchas de nuestras instituciones políticas, numerosas estructuras económicas y sociales que siguen vigentes y gran cantidad de fiestas, costumbres, comidas y trajes típicos. La riqueza regional de México, que integró las realidades indígena y africana en el ámbito de la tradición hispana, se consolidó en ese tiempo [...] para dar origen a lo que somos: un pueblo mestizo.

Antonio Rubial García,
La Nueva España, Conaculta
(Tercer Milenio), México, 1999.

Punto de partida

1 ¿Fue Colón el primero en descubrir América?

2 ¿Quiénes eran los recién llegados?

3 ¿Qué ruta siguió Hernán Cortés?

2 *Arribo de los españoles a tierras americanas.* Códice Florentino.

4 ¿Cómo recibió Moctezuma a Cortés?

5 ¿Hubo otras conquistas?

6 ¿Cómo realizaron los frailes la evangelización?

3 *Pareja criolla durante la entrada de un virrey a Nueva España.* Colección familia Yturbe Bernal.

7 ¿Tenía la Iglesia un poder autónomo?

8 ¿Se importó de España la forma de gobierno?

9 ¿Cuál fue la base de la economía colonial?

10 ¿Quiénes conformaban la sociedad?

11 ¿Cómo se desarrollaron las ideas y los conocimientos?

Descubrimientos anteriores a Colón

Los hombres prehistóricos que atravesaron el estrecho de Bering fueron los primeros "descubridores" de América. Los historiadores creen que después hubo otros contactos entre Polinesia y América. Algunos estudiosos sostienen que probablemente los fenicios llegaron a costas de Sudamérica y que hacia el año 1000 d.C., incursiones vikingas arribaron a tierras del norte de América.

Sin embargo, fueron los viajes de descubrimiento que hicieron los europeos en los siglos xv y xvi los que difundieron la existencia de otros continentes; al mapa euroasiático se incluyeron el sur de África, América y finalmente Oceanía. Por eso la hazaña de Colón es considerada uno de los acontecimientos de mayor relevancia en la historia de la humanidad.

Descubrimiento de América

Cristóbal Colón arribó a las Antillas el 12 de octubre de 1492. El principal objetivo de su viaje era buscar nuevas rutas comerciales hacia el este de Asia, que permitieran a la Corona Española mercadear productos de esa región (como seda de China y especias de la India) pues, al conquistar los turcos Constantinopla, impedían el comercio de Europa con el lejano oriente.

Durante la segunda mitad del siglo xv Portugal había iniciado la búsqueda de nuevas rutas hacia India, China y Japón, las tierras de la seda y las especias. Lo hizo con el permiso papal para dar legalidad a sus descubrimientos y a finales del siglo xv ya había navegado y conseguido derechos sobre gran parte de la costa africana.

Colón suponía que la Tierra era esférica y esperaba encontrar la costa oriental de Asia si navegaba hacia el occidente. Obtuvo la autorización y ayuda de los reyes de España, Fernando de Aragón e Isabel de Castilla, con quienes firmó las **Capitulaciones** de Santa Fe, convenio en que se establecían las condiciones para tal empresa. Zarpó del puerto de Palos de Moguer (Huelva) el 3 de agosto de 1492 y arribó a la isla Guanahaní (hoy San Salvador), en las Bahamas. Pensó que había llegado a la India y llamó indios a sus habitantes. A su regreso fue recibido con honores e informó haber encontrado tierras muy ricas. Colón realizó tres viajes más a las costas de América pero murió sin saber que había descubierto un nuevo continente.

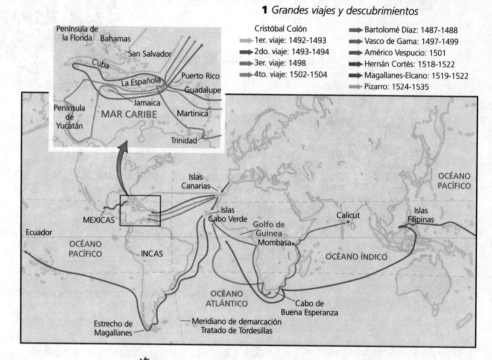

1 *Grandes viajes y descubrimientos*

Cristóbal Colón
- 1er. viaje: 1492-1493
- 2do. viaje: 1493-1494
- 3er. viaje: 1498
- 4to. viaje: 1502-1504

- Bartolomé Díaz: 1487-1488
- Vasco de Gama: 1497-1499
- Américo Vespucio: 1501
- Hernán Cortés: 1518-1522
- Magallanes-Elcano: 1519-1522
- Pizarro: 1524-1535

2 *Cristóbal Colón.*

El Tratado de Tordesillas

Los nuevos descubrimientos dieron lugar a un conflicto entre España y Portugal por el dominio de las tierras americanas. En 1494 ambos países apelaron al papa Alejandro VI quien, mediante el Tratado de Tordesillas, determinó que se trazara una línea divisoria de norte a sur, a 370 leguas al oeste de Cabo Verde. Las tierras al este de dicha línea (territorio de Brasil) serían para Portugal y las del oeste (la mayor parte de América), para España. Este tratado excluyó del reparto a Francia e Inglaterra y a los indios americanos, desde luego, nunca se les consultó. La línea divisoria se trazó sin conocer la dimensión de las tierras recién descubiertas.

Para saber más

¿Qué sucedió con Colón después de su cuarto viaje y hasta su muerte?

Para hacer un viaje

3 *Brújula.*

4 *Astrolabio.*

En el siglo xv se pensaba que la Tierra era más pequeña y que Europa, Asia y África ocupaban casi todo el mundo.

Los instrumentos de navegación que se utilizaban eran la brújula, el astrolabio, el cuadrante y el sextante. También era importante el uso de portulanos, mapas marinos dibujados sobre piel de cabra.

Las tres naves de Colón, la Santa María (embarcación capitana en la que iba el almirante), la Pinta y la Niña, podían dar cabida a 90 hombres entre las tres.

Para la travesía se aprovisionaron de alimentos como pan, alubias, chícharos, vino, aceite, miel, agua, carne salada, cerdos y gallinas vivos, sal, arroz, queso, almendras, medicinas; y de armas como lombardas, arcabuces, ballestas, espadas, lanzas y escudos.

En su primer viaje Colón recorrió 3 745 millas náuticas y navegó a una velocidad aproximada de 12 nudos por hora durante 70 días. El tiempo de travesía se medía con reloj de arena.

5 *Cuadrante.*

¿Sabías que los portugeses que colonizaron Brasil no enfrentaron a poderosos imperios como el mexica y el inca, pero algunas de las tribus seminómadas contra las que lucharon eran caníbales?

Lee, investiga y resuelve

1 Investiga y responde en tu libreta ¿con cuántas embarcaciones hizo Colón su segundo, tercero y cuarto viajes?

2 ¿Para qué se usaban cada uno de los instrumentos de navegación?

3 Además de la lista de pertrechos y víveres, ¿qué otros objetos crees que era indispensable llevar en los navíos?

4 Para que te des una idea de lo que demoraban estos viajes por mar, convierte a kilómetros las millas náuticas que recorrió Colón y calcula a cuántos kilómetros por hora corresponde la velocidad en nudos marinos a la que navegó en su primer viaje. Por último, calcula cuántos kilómetros en promedio recorrió diariamente.

Nota: *Recuerda que una milla náutica equivale a 1 852 m y un nudo marino equivale a una milla náutica por hora.*

6 *Barcos del siglo xvi en ultramar.*

Expulsión de los árabes de España

1 *Los Reyes Católicos, Fernando de Aragón e Isabel de Castilla.*

La motivación que llevó a los españoles a emprender viajes de descubrimiento fue fundamentalmente económica; sin embargo fue la religión católica lo que alimentó los descubrimientos y después justificó la conquista.

Cinco meses antes de que Colón emprendiera su viaje, los Reyes Católicos habían recuperado para la España cristiana el último reducto islámico en la Península Ibérica, el reino de Granada. La intolerancia religiosa llevó a los cristianos a expulsar de sus dominios a los musulmanes y judíos, después de convivir violenta o pacíficamente, durante más de siete siglos.

2 *El prestamista y su mujer, de Metsys. El préstamo fue una de las actividades más lucrativas del siglo XVI.*

La mentalidad de los conquistadores españoles que llegaron a América estaba influida tanto por el pensamiento medieval como por el renacentista.

El Renacimiento

El siglo XV se caracterizó por el desarrollo de nuevas estructuras económicas e ideológicas que rompían con algunas de las medievales. Las monarquías autoritarias europeas comenzaron a consolidarse y se inició un incipiente desarrollo del capitalismo. La producción y exportación a gran escala de productos manufacturados impulsó el vertiginoso progreso del comercio y ésta fue una de las causas que obligó a los europeos a buscar nuevas rutas que facilitaran el intercambio de mercancías.

EDAD MEDIA

El objeto de interés del hombre era Dios

HUMANISMO RENACENTISTA

El objeto de interés del hombre era el hombre

Durante los siglos XV y XVI, la corriente renacentista se manifestó con el humanismo, en el que el ser humano, y no sólo Dios, se convirtió en el centro de interés. Esta nueva concepción influyó en el arte y la filosofía, desarrollados notablemente en Italia y extendidos después al resto de Europa, también en la ciencia y la tecnología, que permitieron comprender muchos fenómenos naturales y llevaron, entre otras muchas cosas, al perfeccionamiento de los instrumentos de navegación.

El hombre es considerado como el arquitecto de su propio destino, ya no es mero instrumento de los designios de Dios.

En el Renacimiento la unidad religiosa del occidente de Europa se rompió con la aparición del protestantismo. Las causas de la reacción protestante fueron varias: la actitud crítica de los humanistas hacia los planteamientos tradicionales, la oposición nacionalista de los países del centro y norte de Europa (Holanda, parte de Bélgica, Dinamarca, Suecia, Noruega y norte de Alemania) contra la influencia religiosa de Roma y la mala conducta de altos cargos de la Iglesia, que tenían riquezas excesivas, vendían cargos eclesiásticos y también indulgencias para el perdón de los pecados.

En este ambiente, surge la figura de Martín Lutero, monje agustino que se enfrentó a la Iglesia de Roma y promovió, entre otras, las siguientes ideas básicas que formarían el credo protestante:

- La salvación eterna se daba por la fe en Cristo, independientemente de los actos (buenos o malos) que se hubieran realizado en vida.
- La interpretación de la Biblia debía ser libre, lo que provocó la gran cantidad de grupos distintos dentro del protestantismo.

- Los únicos sacramentos que se consideraban válidos eran el bautismo y la eucaristía.
- No se aceptaba la autoridad del papa.
- Se suprimió el culto a la virgen y a los santos y se eliminaron de los templos todas sus imágenes.

Europa en los siglos XV y XVI

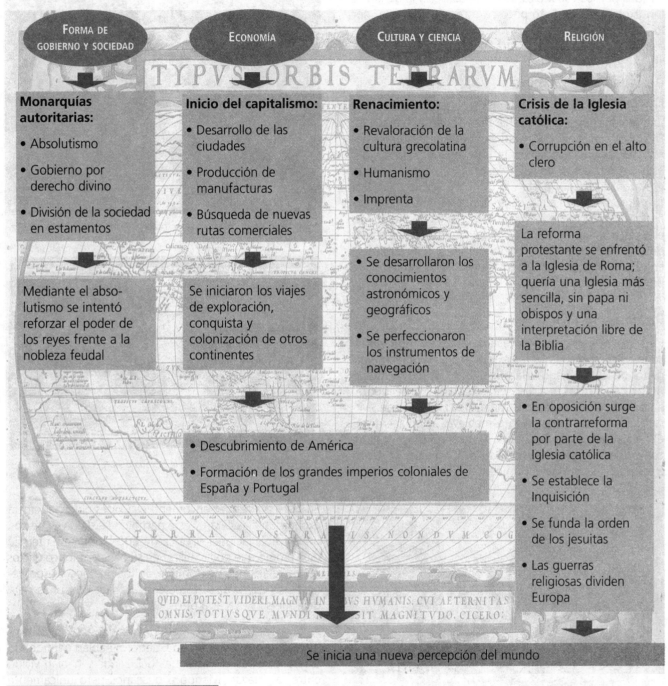

FORMA DE GOBIERNO Y SOCIEDAD

ECONOMÍA

CULTURA Y CIENCIA

RELIGIÓN

TYPVS ORBIS TERRARVM

Monarquías autoritarias:

- Absolutismo
- Gobierno por derecho divino
- División de la sociedad en estamentos

Inicio del capitalismo:

- Desarrollo de las ciudades
- Producción de manufacturas
- Búsqueda de nuevas rutas comerciales

Renacimiento:

- Revaloración de la cultura grecolatina
- Humanismo
- Imprenta

Crisis de la Iglesia católica:

- Corrupción en el alto clero

Mediante el absolutismo se intentó reforzar el poder de los reyes frente a la nobleza feudal

Se iniciaron los viajes de exploración, conquista y colonización de otros continentes

- Se desarrollaron los conocimientos astronómicos y geográficos
- Se perfeccionaron los instrumentos de navegación

La reforma protestante se enfrentó a la Iglesia de Roma; quería una Iglesia más sencilla, sin papa ni obispos y una interpretación libre de la Biblia

- Descubrimiento de América
- Formación de los grandes imperios coloniales de España y Portugal

- En oposición surge la contrarreforma por parte de la Iglesia católica
- Se establece la Inquisición
- Se funda la orden de los jesuitas
- Las guerras religiosas dividen Europa

QVID EI POTEST VIDERI MAGNVM IN REBVS HVMANIS, CVI AETERNITAS OMNIS, TOTIVSQVE MVNDI NOTA SIT MAGNITVDO. CICERO.

Se inicia una nueva percepción del mundo

Investiga e interpreta el esquema

1 Investiga el significado de los términos reforma protestante y contrarreforma y explica cómo influyeron estos movimientos religiosos en España y América durante el siglo XVI.

2 Convierte la información del mapa conceptual en un texto de una cuartilla. Usa las frases "a consecuencia de" y "debido a", para relacionar los aspectos contenidos en el mapa. Recuerda que las flechas indican relaciones entre causa y efecto.

Colonización de las Antillas

Las Antillas fueron las primeras tierras exploradas y colonizadas por los españoles. Allí la población indígena fue tan explotada que faltó poco para ser exterminada, por lo que se introdujeron esclavos negros. Desde estas islas se inició la exploración de otras tierras.

Descubrimiento de Yucatán

En 1517 el gobernador de Cuba Diego Velázquez envió una expedición a la península de Yucatán al mando de Francisco Hernández de Córdoba y éste regresó tan maravillado que al año siguiente una segunda expedición, esta vez al mando de Juan de Grijalva, navegó toda la costa de Yucatán y parte del Golfo de México. Grijalva fue el primero que supo de la existencia de un gran imperio, que dominaba a muchos de los pueblos indígenas, el mexica. A su regreso a Cuba le confirmó a Velázquez de las ricas tierras recién descubiertas y éste organizó, entonces, una tercera expedición en 1519 capitaneada por Hernán Cortés.

De Cuba a Yucatán

Hernán Cortés nació en Extremadura, España, en 1485 y llegó a América a los 19 años. En Cuba conoció al gobernador de la isla, Diego Velázquez, de quien fue secretario particular. Cortés era un soldado audaz, inteligente, autoritario y excelente estratega militar. Hombre que vivió la transición del pensamiento medieval al renacentista, Cortés ambicionaba enriquecerse, temía a Dios y estaba convencido de que su misión era llevar la religión católica a los pueblos del nuevo continente.

1 *Hernán Cortés tuvo serias diferencias políticas con Diego Velázquez.*

2 *La figura de Cortés encabezó la historia de la Conquista.* Códice Durán.

En 1519, Velázquez encomendó a Cortés dirigir la tercera expedición a Yucatán y éste partió de la isla de Cuba con once embarcaciones y cerca de 600 hombres. Entendió muy pronto que podía utilizar en su beneficio los conflictos en las relaciones de dominio de los pueblos mesoamericanos y así lo hizo. Estableció alianzas con unos para defenderse y atacar a otros.

Al llegar a Cozumel se enteró de que dos españoles, Jerónimo de Aguilar y Gonzalo Guerrero, habían naufragado diez años atrás en las aguas del Caribe y habían vivido entre los mayas. Mandó a buscarlos pero únicamente Jerónimo de Aguilar se unió a su expedición y le fue de gran utilidad como intérprete.

3 *El arribo de los conquistadores a las costas del Golfo de México, impresionó e impactó a los indígenas.* Códice Azcatitlán.

¿Sabías que los españoles llamaban a sus traductores "lenguas"?
La Malinche y Jerónimo de Aguilar fueron las principales "lenguas" de Cortés.

De Yucatán a Veracruz

Cortés y sus hombres siguieron hacia Campeche y en la desembocadura del río Grijalva entablaron una batalla con los nativos y la ganaron gracias a su caballería y armamento. Los indios les regalaron, entre otras cosas, 20 mujeres entre las que se encontraba la Malinche, quien hablaba las lenguas maya y náhuatl por lo que se convirtió en la apreciada "lengua" de Cortés. Así, ella traducía del náhuatl al maya a Jerónimo de Aguilar para que éste tradujera del maya al castellano.

El primer Ayuntamiento

La expedición continuó y desembarcó en San Juan de Ulúa, nombrado así por Juan de Grijalva. Moctezuma, el *hueytlatoani* mexica, se había enterado ya de la llegada de grandes navíos y hombres extraños a las costas del Golfo de México, a quienes al principio creyó dioses que acompañaban a Quetzalcóatl en su regreso y envió a sus mensajeros a Veracruz con ricos presentes para los recién llegados. Al poco tiempo Moctezuma supo que no se trataba de divinidades y envió la petición de que se fueran y no avanzaran hacia el interior. Cortés se dio cuenta de la inmensa riqueza que encerraban estas tierras y decidió internarse en el territorio en lugar de regresar a Cuba.

Para dar legalidad a su decisión y no tener que obedecer al gobernador de Cuba, Diego Velázquez, Cortés fundó el primer **Ayuntamiento** de tierra firme, al que nombró Villa Rica de la Vera Cruz. Las leyes españolas establecían que los ayuntamientos estaban sujetos únicamente al rey de España, que en ese momento era Carlos I. Los hombres, leales a Cortés, eligieron un **cabildo** y lo nombraron capitán general.

4 *Desembarco de los españoles en Veracruz.* Códice Florentino.

5 *Cortés recibe bienes de los tlaxcaltecas.* Lienzo de Tlaxcala.

De Veracruz al Altiplano Central

Cortés sabía por Grijalva que cerca de San Juan de Ulúa había un pueblo amigable, el de los totonacas, cuya principal ciudad era Zempoala y se dirigió hacia allá con la intención de establecer una relación provechosa con ellos. Los totonacas vieron en Cortés una posibilidad de sacudirse el yugo mexica y encaminaron al ejército español hasta Tlaxcala, señorío que había permanecido independiente del dominio mexica. Cortés estableció una alianza con los tlaxcaltecas, quienes lo acompañaron hasta Cholula, donde los sacerdotes y guerreros habían recibido de Moctezuma la orden de no permitir que los extranjeros llegaran hasta la capital mexica. Los cholultecas organizaron una emboscada pero Cortés tuvo noticia de ella y se preparó para una cruenta batalla en la que murió gran parte de la población nativa. Esta batalla, conocida como "la matanza de Cholula", provocó el horror del pueblo mexica.

Factores que facilitaron la Conquista

El ejército español llegó invicto a Tenochtitlan. Aunque tuvo algunas escaramuzas desfavorables, ganó todas las batallas que libró en su recorrido desde Yucatán hasta Cholula.

Llama la atención cómo un grupo de tan sólo 600 hombres logró derrotar a ejércitos bien organizados, muy superiores en número y que conocían las características geográficas del territorio. Esto se debió, sin duda, a factores sociales, políticos, psicológicos y tecnológicos.

6 *Alianza de los conquistadores y los señores taxcaltecas.* Lienzo de Tlaxcala.

Para saber más

El imperio inca fue fácilmente sometido por los conquistadores españoles debido a que estaba debilitado por luchas internas y guerras civiles.

Las características de la organización política prehispánica facilitaron el proceso de conquista, ya que las diferencias entre gobernantes y gobernados o entre los pueblos dominantes y los tributarios estaban muy claramente definidas: los indígenas estaban acostumbrados al dominio, la obediencia y el pago de tributos.

La mayoría de los pueblos indígenas tenían sentimientos de odio y temor hacia el imperio mexica y vieron en los españoles la posibilidad de liberarse de la opresión, situación que Cortés supo aprovechar para su beneficio.

Por otro lado, en un principio los indígenas consideraron dioses a los españoles; pensaban que éstos eran inmortales y creyeron incluso que caballo y jinete constituían un solo ser. Tampoco conocían los perros de ataque.

Además, el armamento español era técnicamente muy superior al de los nativos, ya que sus armas de fuego y su artillería estaban diseñadas para matar, mientras que las armas nativas, constituidas principalmente por arco, flechas, lanzas y ondas, estaban hechas para herir, someter y atrapar vivo al enemigo.

7 *Representación de la matanza de Cholula.* Lienzo de Tlaxcala.

Las armas de la Conquista

Ofensivas		Defensivas	
Españolas	**Indígenas**	**Españolas**	**Indígenas**
Caballos	Arcos y flechas	Armaduras	*Ichcahuipil* o saco acolchado de algodón
Perros	Macanas o *macahuitl*	Morriones	
Culebrinas	*Atlatl* o lanzadera y dardos	Celadas	Escudos de madera, cuero, etc.
Falconetes	Lanzas o varas quemadas	Rodelas de hierro y madera	
Lombardas o bombardas	Porras	Adargas de cuero	Cascos de diversos materiales
Ballestas y saetas	Hachas	*Ichcahuipíl*, arma indígena que adoptaron los españoles	
Arcabuces	Venenos en flechas y dardos		
Mosquetes	Humos o gases		
Espadas			
Puñales			
Dagas			
Lanzas			

Fuente: *Historia de México Salvat*, núm. 51, Salvat Editores, España, 1975.

8 *Escudo de cuero.*

9 *Culebrina.*

10 *Ballesta.*

11 *Porra.*

12 *Lanza.*

13 *Arcabuz.*

14 *Hacha.*

15 *Bombarda.*

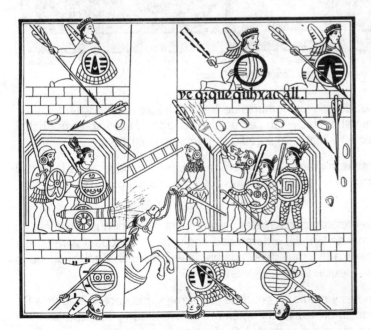

16 *Escena de una batalla durante la Conquista. Lienzo de Tlaxcala.*

Analiza, observa e identifica

1. Después de analizar cuidadosamente la información de este tema, elabora un cuadro sinóptico en el que organices los distintos factores que facilitaron la conquista en sociales, políticos, psicológicos y tecnológicos.

2. Investiga las características de las armas que aparecen en el recuadro superior y dibújalas en tu cuaderno.

3. En la lámina del *Lienzo de Tlaxcala*, aparecen algunas de las armas que utilizaron españoles e indígenas. Identifica y describe las armas ofensivas y defensivas de ambos bandos.

La gran ciudad

Al salir de Cholula, los españoles se dirigieron hacia la ciudad de México-Tenochtitlan. Pasaron entre los volcanes Popocatépetl e Iztacíhuatl, ruta que hoy se conoce como "paso de Cortés". Entraron a Tenochtitlan por el oriente, por la calzada de Iztapalapa, donde fueron recibidos por el propio Moctezuma, quien los hospedó en uno de sus palacios y les permitió andar libremente por la ciudad; incluso autorizó la construcción de una capilla católica en el templo mayor para cristianizar a los indios. Los primeros meses, Cortés y sus hombres convivieron pacíficamente con la población mexica y realizaron algunas exploraciones fuera de Tenochtitlan para buscar oro y plata.

> **¿Sabías que** al pasar por el Popocatépetl, Cortés envió a un pequeño grupo de sus hombres al cráter a buscar azufre para elaborar la pólvora?

Pánfilo de Narváez

En Cuba, Diego Velázquez se dio cuenta de que Cortés no regresaría y envió una expedición al mando de Pánfilo de Narváez, para buscarlo. Al enterarse Cortés de que había una nueva expedición en la costa, salió hacia Zempoala para encontrarse con ella. Después de un violento encuentro en el que Narváez fue herido, Cortés convenció a los recién llegados de unirse a sus fuerzas.

La matanza del templo mayor

Durante la ausencia de Cortés quedó como responsable en Tenochtitlan Pedro de Alvarado. Los indios preparaban una fiesta religiosa en el templo mayor y, aparentemente sin razones, Alvarado dio la orden de atacar a la población indefensa y provocó una terrible matanza en la plaza, frente al templo. Las causas que lo llevaron a tomar esa medida son inciertas. Se dice que Alvarado fue alertado por un indio tlaxcalteca de que él y sus hombres serían sacrificados al dios Huitzilopochtli durante la celebración, pero al parecer no existía tal intención.

1 *Encuentro entre Moctezuma y Cortés.* Códice Durán.

Como consecuencia, el pueblo mexica se levantó en armas contra los españoles, quienes enviaron un aviso a Cortés y éste, fortalecido con los hombres de Narváez, regresó inmediatamente. Al llegar, pidió a Moctezuma que detuviera los ataques, pero el pueblo estaba enfurecido contra su *hueytlatoani* por haber hospedado a los españoles y lejos de obedecerlo lo apedreó y mató. Lo sucedió su hermano Cuitláhuac.

Al darse cuenta del riesgo que corrían, Cortés y sus hombres tomaron las riquezas que pudieron y huyeron de la ciudad por la calzada de Tacuba, pero fueron atacados en el camino y las tropas de Cortés sufrieron muchas bajas. Ya en Tacuba, Cortés lloró esa derrota.

Los españoles se dirigieron a Tlaxcala para recuperarse y regresaron pocos meses después para combatir nuevamente a los mexicas. Tenochtitlan había sido víctima de una epidemia de viruela, enfermedad originaria de Europa y para la que los indígenas no tenían defensas. La población quedó diezmada y muy debilitada por la enfermedad; Cuitláhuac murió de viruela y lo sucedió Cuauhtémoc, último *hueytlatoani* mexica.

El ataque final de los españoles a la ciudad duró dos meses y medio. A pesar de la merma sufrida por la epidemia los mexicas lucharon ferozmente. Sin embargo, el 13 de agosto de 1521, Cuauhtémoc fue capturado y Tenochtitlan cayó bajo el dominio español, con lo que se inició así la época colonial que duró 300 años.

Dos versiones de "la noche triste"

En los siguientes textos se narra la huida del ejército español de la ciudad de Tenochtitlan, desde dos puntos de vista: el indígena, descrito por los informantes de Sahagún, y el español, por el conquistador Bernal Díaz del Castillo.

Versión indígena

Cuando hubo anochecido, cuando llegó la medianoche, salieron los españoles en compacta formación y también los tlaxcaltecas todos. Los españoles iban delante y los tlaxcaltecas los iban siguiendo, iban pegados a sus espaldas. Cual si fueran un muro se estrechaban con aquéllos.

Llevaban consigo puentes portátiles de madera: los fueron poniendo sobre los canales: sobre ellos iban pasando.

En aquella sazón estaba lloviendo, ligeramente como rocío, eran gotas ligeras, como cuando se riega, era una lluvia muy menuda.

[...]

Entonces gritó un hombre sobre el templo de Huitzilopochtli. Bien se difundió su grito sobre la gente, todo mundo oía su grito:

—Guerreros, capitanes, mexicanos... ¡Se van vuestros enemigos! Venid a perseguirlos. Con barcas defendidas con escudos... con todo el cuerpo en el camino.

MIGUEL LEÓN-PORTILLA,
Visión de los vencidos, UNAM, México, 1972.

2 *Huida de los españoles de Tenochtitlan.* Biombo de la Conquista.

Versión española

Pues de que supimos el concierto que Cortés había hecho de la manera que habíamos de salir e ir aquella noche a los puentes, y como hacía algo obscuro y había niebla y lloviznaba, antes de medianoche se comenzó a traer la puente y caminar el fardaje y los caballos y la yegua y los tascaltecas cargados con el oro; y de presto se puso la puente y pasó Cortés y los demás que consigo traía primero, y muchos de caballo. Y estando en esto suenan las voces y cornetas y gritas y silbos de los mexicanos, y decían en su lengua a los de Tatelulco: "Salí presto con vuestras canoas, que se van los teules*, y atajallos que no quede ninguno a vida". Y cuando no me cato vimos tantos escuadrones de guerreros sobre nosotros [...] que no nos podíamos valer [...] Y estando desta manera cargan tanta multitud de mexicanos a quitar la puente y a herir y matar en los nuestros, que no se daban a manos [...] y nos decían palabras vitupiriosas, y entre ellas decían: "¡Oh cuilones**, y aún vivos quedáis!"

BERNAL DÍAZ DEL CASTILLO,
Historia verdadera de la conquista de la Nueva España,
Plaza & Janés, Madrid, 1998.

---

*Teules: nombre que los indígenas daban a los españoles por considerarlos dioses.

**Cuilones: nombre que los indígenas daban a los homosexuales.

Analiza y compara

1 Lee con atención ambas versiones y señala cuáles son las semejanzas y diferencias que encuentras entre las dos narraciones.

En términos generales se puede considerar que hubo tres formas distintas de conquista. La conquista de Mesoamérica es la más estudiada y es a la que generalmente se hace referencia cuando se habla de "conquista de México". Sin embargo se dio en forma más lenta la conquista de Aridoamérica y la región chichimeca. El proceso de sometimiento de los pueblos que habitaban esa región se llevó a cabo paulatinamente en el transcurso de la época colonial debido a la enorme extensión y condiciones geográficas de aquella región y a las características de los grupos que la habitaban. Algunos pueblos se mantuvieron en pie de lucha hasta inicios del siglo xx.

> **¿Sabías que** los guerreros de Yecapixtla (actual estado de Morelos), prefirieron arrojarse a un acantilado antes que someterse al dominio español? El pequeño río bajo el acantilado se transformó, literalmente, en un río de sangre.

Viaje de Cortés a las Hibueras

En octubre de 1524 Hernán Cortés partió de Tenochtitlan hacia Coatzacoalcos. Su intención era llegar a las Hibueras (Honduras) para castigar a Cristóbal de Olid (lugarteniente de Cortés en la conquista de Tenochtitlan y conquistador de los purépechas), que había desacatado su autoridad. Llevaba a Cuauhtémoc (último *hueytlatoani* mexica) y a Tetlepanquétzal (señor de Tacuba) así como algunos guerreros principales, para que no pudiesen rebelarse en su contra.

> **¿Sabías que** durante todo el periodo colonial hubo diversas rebeliones de grupos indígenas contra el gobierno virreinal (tarahumaras, lacandones, itzaes, chiapanecos, mayas, cazcanes) que fueron sometidos siempre por la fuerza?

La nueva expedición recorrió la costa del Golfo de México hasta Campeche y allí, en la provincia de Acalan, mandó ahorcar a los dos reyes indígenas. Ya en las Hibueras mandó ejecutar a Cristóbal de Olid.

Los chichimecas

La región que se extiende al norte de los ríos Lerma y Santiago estaba habitada por pueblos guerreros seminómadas, conocidos como chichimecas. Los españoles tuvieron serias dificultades para someter a estos grupos que vivían dispersos, conocían bien su territorio y atacaban por sorpresa.

En la segunda mitad del siglo xvi se descubrieron importantes yacimientos de plata en Zacatecas y esto originó el arribo masivo de colonos españoles (mineros y comerciantes), indios y esclavos negros. Las caravanas que transportaban la plata y otras mercaderías a la ciudad de México eran atacadas constantemente por chichimecas, por lo que el gobierno virreinal mantuvo una guerra constante contra ellos, construyó fuertes y presidios en poblaciones estratégicas y promovió la exploración de territorios situados más al norte. Así, fundaron Durango, Monterrey y Santa Fe.

1 *Español sacrificado por los chichimecas.* Códice Tlatelolco.

Sometimientos "pacíficos"

Muchos pueblos indígenas, al enterarse de la derrota de los mexicas se entregaron a la dominación española. A la mayoría de ellos, acostumbrados a ser tributarios de Tenochtitlan, no les fue difícil reconocer al rey de España. De esta manera la nobleza indígena conservó ciertos privilegios.

El señor purépecha, aunque era libre, se entregó pacíficamente a los españoles al conocer la suerte de sus enemigos mexicas, pensando que podría correr mejor suerte. Sin embargo el *cazonzi* (gobernante) fue ejecutado por órdenes del presidente de la Primera Audiencia, Nuño de Guzmán, acusado de recibir clandestinamente el tributo de su pueblo y de no entregar suficiente oro a los conquistadores. Parte de la población huyó a las montañas y desde allí mantuvo una guerra constante contra la autoridad española hasta que el visitador Vasco de Quiroga fue enviado por la Corona para pacificar la zona.

Hernán Cortés
Pedro de Alvarado
Francisco de Montejo

Golfo de México

Nuño de Guzmán
Francisco Cortez San Buenaventura
Gonzalo de Sandoval
Alonso de Ávalos
Cristóbal de Olid

OCÉANO PACÍFICO

2 *Territorios conquistados en el siglo xvi.*

La conquista de Michoacán

En 1521 llegaron tres españoles a territorio purépecha y fueron recibidos como dioses. Al año siguiente el capitán Cristóbal de Olid fue enviado a conquistar Michoacán. Al conocer el *cazonzi* la destrucción de Tenochtitlan decidió entregarse pensando que de esta forma recibiría un mejor trato.

3 *Recibimiento de los tres primeros españoles en Michoacán. Relación de Michoacán.*

En la *Relación de Michoacán*, documento del siglo XVI en el que los indígenas narraron al fraile franciscano Jerónimo de Alcalá su versión del encuentro con los conquistadores, se describe el recibimiento de los purépechas a los tres primeros españoles:

> Desde a poco, vinieron tres españoles con sus caballos y llegaron a la ciudad de Mechoacan, donde estaba el Cazonzi y recibiólos muy bien y diéronles de comer [...] Y el Cazonzi hizo componer a los españoles, como componían ellos sus dioses, con unas guirnaldas de oro, y pusiéronles rodelas de oro al cuello, y a cada uno le pusieron su ofrenda de vino delante, en unas tazas grandes, y ofrendas de pan de bledos y frutas. Decía el Cazonzi: "Estos son dioses del cielo".
>
> ENRIQUE FLORESCANO *et al.*,
> *Historia general de Michoacán*, t. II,
> Gobierno del estado de Michoacán-Instituto
> Michoacano de Cultura, México, 1989.

Por su parte, Cortés narró al rey Carlos I la rendición del pueblo tarasco en su tercera Carta de Relación:

> Como la ciudad de Temixtitán era tan principal y nombrada por todas estas partes, parece que vino noticia de un señor de una muy grande provincia que está a setenta leguas de Temixtitán, que se dice Mechuacán, cómo la habíamos destruido y asolado, y considerando la grandeza y fortaleza de la dicha ciudad, al señor de aquella provincia le pareció que, pues que aquella no se nos había defendido, que no habría cosa que se nos amparase; y por temor o por lo que a él le plugo, envióme ciertos mensajeros, y de su parte me dijeron por los intérpretes de su lengua que su señor había sabido que nosotros éramos vasallos de un gran señor y que, si yo tuviese por bien, él y los suyos lo querían también ser y tener mucha amistad con nosotros.
>
> MIGUEL LEÓN-PORTILLA *et al.*, *Historia documental de México*,
> t. I, UNAM, México, 1964.

4 *Encuentro de los purépechas con Cristóbal de Olid.*

Investiga, analiza y describe

1. Forma un equipo después de leer cuidadosamente ambos textos y discute cuáles fueron las diferencias más importantes entre la conquista de los mexicas y la de los purépechas.

2. Expón tus conclusiones al resto del grupo.

3. Investiga cómo se llevó a cabo la conquista en tu localidad y descríbela en un texto de media cuartilla.

Las órdenes religiosas y su distribución en el territorio

Para la Corona española la religión católica fue un factor de control político y unidad ideológica con el cual pretendía extender en América la lucha contra los infieles llevada a cabo en España.

1 *Clérigo impartiendo el sacramento del bautismo a los indios. Lienzo de Tlaxcala.*

En los primeros años posteriores a la caída de Tenochtitlan llegaron a Nueva España las primeras órdenes religiosas cuya finalidad era cristianizar a la población nativa mediante la persuasión pacífica.

Primero llegaron los franciscanos en 1524, y se extendieron rápidamente por el Altiplano Central, Michoacán y Jalisco. De esta orden destacaron fray Toribio de Benavente (Motolinía), fray Juan de Zumárraga, primer obispo de Nueva España y fray Bernardino de Sahagún, fundador del Colegio de Santa Cruz de Tlatelolco, quien dejó un valiosísimo testimonio acerca de la historia y costumbres de los pueblos prehispánicos conocido como *Códice Florentino*.

En 1526 llegó la orden de los dominicos, que se encargó de la evangelización en el centro de México y en las regiones de Oaxaca, Chiapas y Guatemala. Un dominico ejemplar fue fray Bartolomé de las Casas, incansable defensor de los indios frente a los excesos de los conquistadores en la explotación del trabajo indígena.

Los agustinos llegaron en 1533 y se instalaron en el centro del país, Guerrero, Hidalgo y Michoacán. Se caracterizaron por tener una enorme confianza en la capacidad de conversión de los indios.

A finales del siglo XVI llegaron los jesuitas que se encargaron fundamentalmente de la educación de los criollos, de la formación superior y de predicar la fe católica en el norte de Nueva España.

La evangelización

Para llevar a cabo la tarea evangelizadora, los frailes aprendieron las lenguas y las características de la cultura y religión indígenas. El adoctrinamiento no fue fácil; algunos frailes recurrían a la búsqueda de similitudes entre las religiones indígena y cristiana, otros recalcaban las diferencias ante el temor de que se perpetuaran las creencias autóctonas.

Los frailes también enseñaban artes y oficios a los indios. Abrieron escuelas como la de San José de los Naturales, dirigida por fray Pedro de Gante, la de Santa Cruz de Tlatelolco, por Sahagún, y en Pátzcuaro el Colegio de San Nicolás, por Vasco de Quiroga, así como conventos y misiones para propagar la nueva fe en todo el territorio.

El resultado de esta tarea evangelizadora fue el predominio de la religión católica en toda Nueva España. Sin embargo algunas prácticas y creencias religiosas mesoamericanas subsistieron y se produjo un **sincretismo** religioso. La fe cristiana adquirió en México una forma particular, resultado de la mezcla de aspectos de ambas religiones.

2 *Óleo que representa a fray Bernardino de Sahagún.*

Los conventos del siglo XVI

Los conventos e iglesias del siglo XVI se construyeron de acuerdo a las necesidades que imponía el proceso de evangelización. En ellos se llevaban a cabo diversas actividades como la enseñanza de la doctrina cristiana y la impartición de los sacramentos; el entierro de los difuntos, el cuidado de los enfermos y la atención a los peregrinos, así como la realización de procesiones, representaciones teatrales, cantos y danzas.

3 *Capilla abierta. Se utilizaba para oficiar misa al aire libre pues los indios no estaban acostumbrados al culto en lugares cerrados. Se situaba frente al atrio, junto a la iglesia.*

5 *Capilla posa. Se usaba para rendir culto a un santo en particular y en las procesiones. Se localizaba en los cuatro ángulos del atrio.*

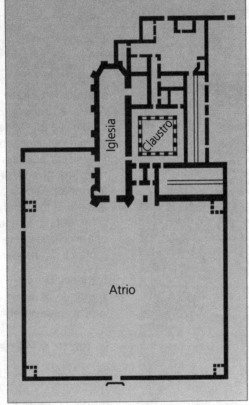

Iglesia

Claustro

Atrio

4 *Plano de un convento del siglo XVI.*

6 *Atrio. Patio amurallado que enmarcaba el conjunto conventual. Al centro se colocaba una cruz monumental, llamada cruz atrial.*

7 *Fresco de Santiago Nurio, Michoacán (detalle). Los cielos pintados (techos) también tenían funciones didácticas.*

Observa y localiza

1 Localiza en el plano del convento los siguientes elementos arquitectónicos:

- Capillas posas
- Capilla abierta
- Cruz atrial
- Convento

2 Responde en tu cuaderno, ¿por qué crees que se construía una muralla alrededor del atrio?

3 Investiga qué significa el término *tequitqui* usado en el arte mexicano.

4 Discute en grupo las dificultades que enfrentaron los frailes en su tarea evangelizadora.

Clero regular y secular

En la primera mitad del siglo XVI la evangelización de los indios estuvo a cargo del clero regular, formado por los frailes franciscanos, agustinos y dominicos que obedecían la regla de su monasterio. Se organizaban territorialmente en provincias y doctrinas bajo la dirección de un provincial que dependía de la autoridad del papa. Estos primeros misioneros promovieron la formación de la República de Indios para que éstos vivieran como los primeros cristianos.

El clero secular estaba formado por párrocos, obispos, arzobispos y cardenales organizados territorialmente en diócesis que dependían del virrey y del rey, quienes podían nombrar obispos y fundar monasterios y diócesis. Los miembros del clero secular llegaron principalmente para atender las necesidades espirituales de los españoles y criollos, y algunos vinieron al nuevo mundo buscando poder y riquezas.

> **¿Sabías que** el nombre de clero secular proviene del latín *saeculum* que significa siglo?
>
> Está constituído por los religiosos ligados a la sociedad civil. El término clero regular proviene del latín *regularis* que significa regla o norma y lo forman los religiosos que deben obedecer la regla de su orden.

1 *Blasón y armas del Santo Oficio de la Inquisición, tribunal traído a Nueva España por los dominicos en 1571, para juzgar a quien no cumplía con las disposiciones que dictaba la Iglesia.*

Durante la Colonia, la relación entre el clero regular y secular y entre la Iglesia y el poder virreinal no siempre fue cordial, ya que llegaron a tener serios enfrentamientos. El clero regular gozaba de cierta independencia respecto a la Corona pues rendía cuentas principalmente a Roma, mientras que el clero secular estaba subordinado a las autoridades políticas de España y Nueva España. En América era el rey quien definía las políticas tanto espirituales como gubernamentales ya que el papa lo había nombrado patrono de la Iglesia para las colonias. El virrey, como representante del monarca, tenía el cargo de vicepatrono.

A mediados del siglo XVII los monarcas y obispos fueron limitando el poder de los frailes (clero regular) y los conventos pasaron poco a poco a manos del clero secular.

La Iglesia y el Estado

La relación de la Iglesia con el poder virreinal tampoco fue sencilla y estable. Durante el siglo XVI se apoyaron mutuamente pues la presencia española en América se justificó con la evangelización.

Con las reformas borbónicas del siglo XVIII que establecieron la centralización absoluta del poder en manos del monarca, el gobierno virreinal limitó la fuerza política y económica de la Iglesia y los conflictos entre el Estado y la Iglesia se agudizaron, lo que culminó con la expulsión de los jesuitas en 1767.

La Iglesia acumuló grandes riquezas, provenientes de donaciones, limosnas, **diezmos**, cobro de intereses por préstamos y la administración de ranchos y haciendas, gran parte de las cuales se destinaban a obras sociales como escuelas, asilos, orfanatos y hospitales.

Las iglesias barrocas

El enorme poder económico que alcanzó la Iglesia durante la etapa colonial es evidente si se observan las majestuosas construcciones de estilo barroco que se encuentran por todo el país.

La corriente artística del barroco nació en Italia como parte del movimiento de la contrarreforma religiosa, para exaltar el poder de la Iglesia y de los monarcas, se extendió por Europa y América durante los siglos XVII y XVIII. En la arquitectura se rompió con el sobrio equilibrio del estilo renacentista al decorar los edificios en forma exuberante y al incorporar la escultura a la arquitectura creando un juego de luces y sombras al que se conoce como claroscuro. El barroco es un estilo dramático que intenta exaltar el espíritu del espectador e impresionar a los fieles.

2 *Fachada del sagrario metropolitano.*

3 *Figura de Cristo en la iglesia de Acatzingo, Puebla.*

En Nueva España, este movimiento fue adoptado por los criollos con gran entusiasmo y adquirió características particulares. La mano indígena introdujo formas originales que dieron al arte barroco americano un sabor propio. Las imágenes barrocas fueron un instrumento para transmitir el mensaje religioso a la mayoría de la población que no sabía leer ni escribir. Su aspecto desgarrador tenía como objetivo impactar y conmover a quienes las observaban. Con este estilo se mostraba al mundo la grandeza del virreinato.

Observa y describe

1 Observa la foto del ángel de la iglesia de Tonantzintla y distingue qué elementos indígenas encuentras en él.

2 Observa el Cristo de Acatzingo. Describe con el grupo, en forma oral, la decoración que lo rodea.

3 Observa la fachada del sagrario metropolitano y responde: ¿por qué decimos que el barroco se caracteriza por una exuberante decoración escultórica?

4 Averigua si en tu localidad hay alguna iglesia de estilo barroco. Visítala y haz una descripción de su arquitectura en tu cuaderno.

4 *Ángel. Iglesia de Tonantzintla, Puebla.*

La organización política durante la Colonia

La Corona española consideró los nuevos territorios conquistados como una extensión suya y pretendió regirlos como a los reinos de la península Ibérica. Sin embargo, la realidad americana era distinta y se ensayaron diferentes formas de gobierno.

Después de la caída de Tenochtitlan, Hernán Cortés asumió el control nombrándose capitán y gobernador general de los territorios conquistados, responsabilidad que abandonó para ir a explorar otras regiones. En su lugar quedaron

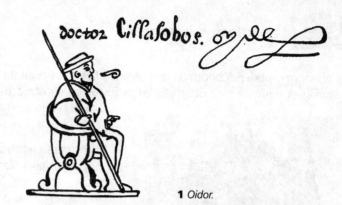

1 Oidor.

2 Don Antonio de Mendoza, primer virrey de la Nueva España.

funcionarios reales sedientos de poder y riqueza, lo que ocasionó conflictos. Entonces la Corona nombró una primera Audiencia para gobernar pero su desempeño fue peor que el de sus antecesores, debido al maltrato que dio a los indígenas y la forma en que afectó los intereses de los colonizadores. Después, mientras se organizaba lo que sería el virreinato, entró en funciones una segunda Audiencia que gobernó con buenos resultados y de la que formaba parte el abogado humanista Vasco de Quiroga.

Fue hasta 1535 que la Corona instauró el gobierno virreinal, nombrando a Antonio de Mendoza primer virrey, quien fungía como representante del rey en Nueva España. A partir de entonces, y durante toda la etapa colonial, la Audiencia fue una institución encargada principalmente de los asuntos judiciales.

La administración pública española y su influencia en Nueva España

3 Felipe II decía: "En mis dominios nunca se pone el sol".

El imperio español era una estructura centralizada, jerárquica y autoritaria. La máxima autoridad para regir los destinos de las tierras americanas era el rey. Desde España intervenía también el Consejo de Indias, creado en 1524 e integrado principalmente por religiosos y juristas. Este consejo tenía funciones legislativas, gubernativas, judiciales y consultivas para todos los asuntos relacionados con América. Su desempeño era lento y burocrático.

El organismo que regulaba desde España todo lo relacionado con el comercio entre la metrópoli y sus colonias era la Casa de Contratación de Sevilla, creada en 1504.

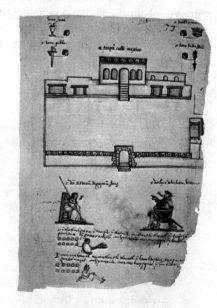

4 Primera sede del gobierno virreinal. Códice Osuna.

División y administración del territorio

Los territorios conquistados se dividieron en dos virreinatos: el de Nueva España y el de Perú.

Nueva España llegó a abarcar todo lo que hoy es México, el sur de los Estados Unidos y casi toda Centroamérica, islas del Caribe y Filipinas.

Se dividió inicialmente en reinos y provincias y en el siglo XVIII se reestructuró para crear las intendencias que son el antecedente de nuestros actuales estados.

LAS ETAPAS HISTÓRICAS DE LA ORGANIZACIÓN POLÍTICA	
Reyes Habsburgo 1521-1700	Reyes Borbones 1700-1821

Durante los primeros dos siglos de la Colonia gobernó en España la casa real de los Habsburgo y a partir de 1700 entró en funciones la casa real de los Borbones que inició una serie de reformas para centralizar el poder del rey y así tener mayores recursos para financiar las constantes guerras en Europa. Estas reformas repercutieron en Nueva España por considerar que no estaba administrada adecuadamente y que no enviaba los recursos económicos requeridos por España. Con el tiempo estas exigencias tensaron considerablemente la relación entre la metrópoli y las colonias.

El territorio novohispano fue dividido en intendencias que, entre otras funciones, facilitarían el cobro de impuestos. Para tener mayor control sobre las posesiones españolas en América se crearon, además de los virreinatos de Nueva España y Perú, el de Nueva Granada y el de Río de la Plata.

5 *División de Nueva España en provincias.*

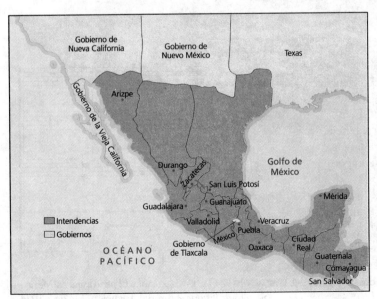

6 *División de Nueva España en intendencias.*

7 *Los virreinatos americanos en el siglo XVIII.*

Crítica en versos

El pueblo de México siempre ha hecho blanco de sus ironías a sus gobernantes y esto sucedió también durante la Colonia.

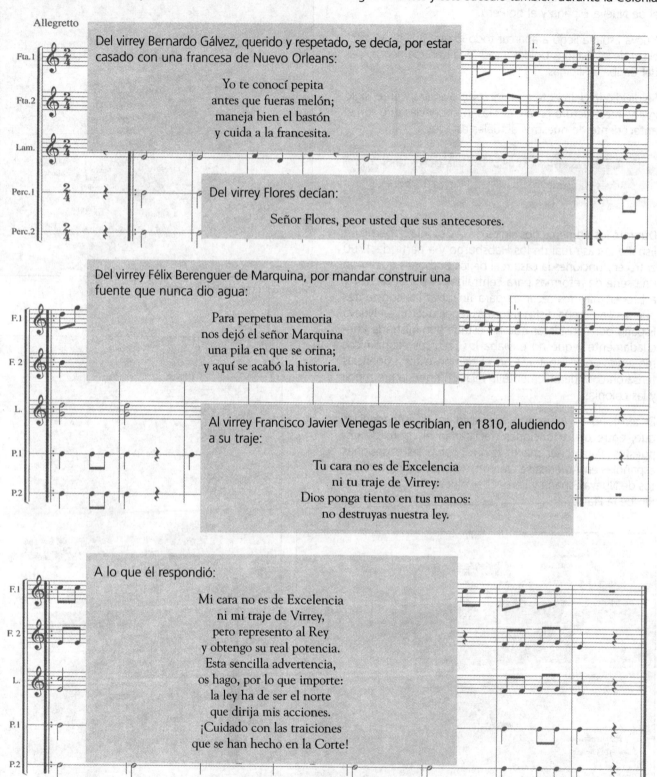

Allegretto

Del virrey Bernardo Gálvez, querido y respetado, se decía, por estar casado con una francesa de Nuevo Orleans:

Yo te conocí pepita
antes que fueras melón;
maneja bien el bastón
y cuida a la francesita.

Del virrey Flores decían:

Señor Flores, peor usted que sus antecesores.

Del virrey Félix Berenguer de Marquina, por mandar construir una fuente que nunca dio agua:

Para perpetua memoria
nos dejó el señor Marquina
una pila en que se orina;
y aquí se acabó la historia.

Al virrey Francisco Javier Venegas le escribían, en 1810, aludiendo a su traje:

Tu cara no es de Excelencia
ni tu traje de Virrey:
Dios ponga tiento en tus manos:
no destruyas nuestra ley.

A lo que él respondió:

Mi cara no es de Excelencia
ni mi traje de Virrey,
pero represento al Rey
y obtengo su real potencia.
Esta sencilla advertencia,
os hago, por lo que importe:
la ley ha de ser el norte
que dirija mis acciones.
¡Cuidado con las traiciones
que se han hecho en la Corte!

Textos tomados de MARÍA DEL CARMEN RUIZ CASTAÑEDA *et al.*, *El periodismo en México.*
450 años de historia, Editorial Tradición, México, 1974.

Las instituciones políticas novohispanas

A la cabeza del gobierno virreinal se encontraba un representante del rey de España, el virrey, quien era gobernador, presidente de la Audiencia (justicia), capitán general (guerra), supervisor de los asuntos hacendarios (hacienda) y vicepatrono de la Iglesia. Su poder no era absoluto, estaba limitado por la Audiencia, los visitadores reales y el Juicio de Residencia.

La Real Audiencia atendía asuntos judiciales y gobernaba en ausencia del virrey. Sus miembros se llamaban oidores porque oían las peticiones del pueblo. Además de la Audiencia de México existían las de Guadalajara, Guatemala, Santo Domingo y Filipinas.

Los visitadores reales venían con órdenes del rey para supervisar al virrey y podían tomar decisiones sobre la administración del virreinato.

El Juicio de Residencia consistía en investigar las quejas contra los funcionarios y reunir las pruebas para emitir un juicio.

Las provincias en que se dividió el territorio fueron regidas por gobernadores y los distritos por alcaldes mayores y corregidores. Éstos tuvieron durante los siglos XVI y XVII el control sobre los pueblos de indios. Las ciudades eran gobernadas por cabildos o ayuntamientos y los pueblos de indios por cabildos indígenas. En el siglo XVIII el territorio se dividió en intendencias que eran gobernadas por los intendentes.

Lee y completa el cuadro

Después de haber leído atentamente la información sobre las instituciones políticas virreinales, completa el siguiente cuadro en tu cuaderno. La información adicional que necesitas se encuentra en las páginas anteriores.

AUTORIDADES QUE GOBERNABAN NUEVA ESPAÑA			
Desde España		**Desde Nueva España**	
Autoridades	Funciones	Autoridades	Funciones
?	Máxima autoridad en España y sus colonias	Virrey	**?**
Consejo de Indias	**?**	**?**	Estaba formada por los oidores, que actuaban como jueces y colaboraban en la administración
?	Se encargaba de regular el comercio entre España y sus colonias	Gobernadores	**?**
		?	Tenían funciones administrativas y judiciales en las alcaldías que comprendían varias ciudades
		Corregidores	**?**
		?	Gobernaban e impartían justicia en las ciudades de españoles
		?	Gobernaban e impartían justicia en los pueblos de indios

BVENGOBIERNO
PRICIDENTEIOIDO

8 *Representación de la Real Audiencia.*

La encomienda

Para recompensar a los conquistadores y colonos por sus servicios a la Corona, se instituyó la encomienda. Consistía en repartir a los españoles un determinado número de indios, mas no sus tierras, para que le trabajaran sus campos de labranza y minas y les entregaran tributos. A cambio de ello los indígenas serían evangelizados.

Para distribuir las encomiendas los españoles aprovecharon el eficiente sistema tributario que los mexicas habían implantado en sus dominios: los indios, que en la época prehispánica entregaban tributo al *tlatoani* a través de los *calpixques* (recaudadores), ahora los enviaban al encomendero.

La encomienda sufrió modificaciones a lo largo de la Colonia y finalmente fue sustituida por los "repartimientos", mediante los que se obligaba a los indios a trabajar en las propiedades de los españoles a cambio de un salario.

Las autoridades coloniales terminaron con la encomienda por temor a que los encomenderos adquirieran un poder tan grande que pusiera en peligro los intereses de la Corona.

Nuevas formas de explotación de la tierra. La gran propiedad

Los españoles también fueron recompensados con tierras que podían dedicarse a la agricultura y a la ganadería.

Los pueblos indígenas no conocían las bestias de carga y tiro y además de caballos, los europeos trajeron reses, gallinas, y otros animales domésticos que no se conocían en América. La introducción de la ganadería afectó las siembras de los indios.

Los españoles fueron apropiándose de los mejores terrenos e introdujeron cultivos de productos que no se conocían en América como trigo y caña de azúcar.

Poco a poco las tierras dedicadas a la agricultura y a la ganadería se transformaron en haciendas que poseían grandes extensiones de tierra, aguas de regadío, viviendas, bodegas y una capilla, y se especializaban en los productos demandados en las ciudades cercanas.

La agricultura en las comunidades indígenas

En muchos casos los indígenas fueron concentrados en territorios más pequeños, llamados pueblos de indios, para ser adoctrinados y prestar sus servicios a los españoles. Continuaron trabajando la tierra en forma colectiva (propiedad comunal) y cultivando las plantas que habían sido la base de la agricultura mesoamericana (maíz, frijol, chile y calabaza) pero incorporaron las técnicas e instrumentos de labranza europeos con los que lograron cosechas más productivas.

1 *Español haciendo un recuento de sus bienes.* Códice Osuna.

2 *Indígenas trabajando las tierras de una hacienda, donde se observa el uso de herramientas de labranza indígenas y españolas.* Códice Osuna.

La minería y sus efectos económicos y demográficos

La búsqueda de oro y plata se convirtió en uno de los principales objetivos de los españoles, pues con estos metales financiaban sus guerras y podían comprar manufacturas a otros países.

Durante el siglo XVI se descubrieron minas de plata en Zacatecas, Guanajuato, Pachuca (Hidalgo) y Taxco (Guerrero), alrededor de las cuales se establecieron ciudades y haciendas que producían alimentos y enseres necesarios para la actividad. Legalmente las minas eran propiedad de la Corona pero se otorgaban en concesión a los particulares a cambio del pago del "quinto real", es decir, la quinta parte de las ganancias obtenidas.

¿Sabías que la población negra en Nueva España no fue muy numerosa pues su compra y mantenimiento eran muy caros?

La actividad minera, aunada a las epidemias, aceleró el descenso de la población indígena. La minería tuvo sus altibajos, pero en el siglo XVIII, Nueva España se convirtió en el mayor productor de plata a nivel mundial.

El comercio: los grandes monopolios

A través del comercio exterior Nueva España recibía telas, diversas manufacturas, aceite, papel, mercurio, hierro, acero y muchas otras mercancías que entraban por el puerto de Veracruz.

Al principio, Sevilla era el único puerto español que podía comerciar con América y después se amplió esta concesión al puerto de Cádiz.

También por el Pacífico se desarrolló un intenso comercio, cuya sede en Nueva España fue el puerto de Acapulco. De China, India y las Filipinas se traían papel, sedas, cerámica y especies.

A su vez, Nueva España exportaba a Europa y Asia productos como grana cochinilla, añil, vainilla, pieles y loza, pero los principales productos de exportación fueron la plata y el oro.

Los comerciantes de Sevilla y Cádiz y los de la ciudad de México tenían el **monopolio** de todas las mercancías que salían y entraban a Nueva España y este control les reportaba enormes beneficios económicos.

España mantenía el monopolio de ciertos productos como el vino, el aceite de oliva y la seda, cuya producción se prohibió durante un tiempo en Nueva España.

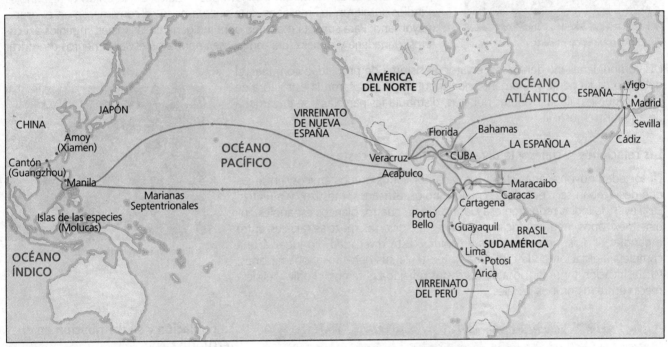

3 Principales rutas comerciales durante la Colonia.

Todas estas mercancías se transportaban en naves que constantemente eran saqueadas por piratas ingleses o se hundían por las tormentas. Para protegerlas, la Corona española determinó que viajaran siempre en flotas de 10 a 40 naves y fueran custodiadas por galeones armados que pagaban los propios comerciantes. A pesar de todo ello fueron cientos las naves saqueadas y hundidas. Actualmente la arqueología submarina se dedica a buscar esos tesoros.

Analiza y responde

1 ¿Qué puntos tocaban las naves en las rutas comerciales del Atlántico?

2 ¿Qué puntos tocaban las naves en las rutas comerciales del Pacífico?

3 ¿Qué productos importó América de Europa?

4 ¿Qué productos exportó la Nueva España a Europa?

5 ¿Qué productos vendía y compraba España al resto de los países europeos?

6 Busca en un diccionario la diferencia entre corsario y pirata.

La población indígena. La "catástrofe demográfica"

Una de las consecuencias más graves que tuvo la llegada de los europeos a América fue el notable descenso de la población indígena. Esta disminución se debió, en primer lugar, a las epidemias traídas por los españoles como la viruela (los indios no tenían defensas contra ésta) y, en segundo lugar, a la explotación y malos tratos que sufrieron los nativos. Se considera que en 1519 vivían en territorio mesoamericano entre seis y siete millones de habitantes, pero a fines del siglo XVI esa población quedó reducida a casi dos millones.

1 *Español con india: mestizo.*

2 *Español con negra: mulato.*

La situación de los pueblos indios

Para facilitar el gobierno y control de la población, la Corona decidió establecer dos repúblicas, una de indios y otra de españoles, regida la primera por las Leyes de Indias y la segunda por las Leyes de Castilla. Pero la realidad americana resultó más compleja de lo que los españoles imaginaron, ya que junto a esos dos sectores se conformaron otros grupos sociales. De la unión de españoles e indios surgieron los mestizos, que poco a poco se convirtieron en el grupo mayoritario. Para suplir la mano de obra indígena en las minas, ingenios azucareros, ganadería y trabajos del campo, se importaron esclavos negros de África.

Las comunidades indígenas conservaron el sistema de propiedad comunal, el gobierno de su gente y la organización tributaria, y adoptaron la estructura de cabildo que regulaba las obras públicas, distribuía las parcelas y se encargaba de administrar justicia.

Las relaciones sociales y la diversidad étnica. Las castas

La sociedad novohispana estaba formada por varios grupos étnicos, entre los que destacaban seis: europeos, criollos, indios, africanos, mestizos y mulatos. Las Leyes de Indias redujeron esa clasificación a cuatro: blancos españoles, indios mexicanos, negros africanos y las castas, diversas mezclas raciales entre españoles, indios, negros, chinos y filipinos. Esta diversidad dio lugar a una compleja legislación en la que cada grupo tenía sus derechos y obligaciones. La clasificación tan minuciosa de las castas reflejaba el temor, el odio y el desprecio entre los grupos raciales.

3 *Tente en el aire y mulata: albarazado.*

Las "castas", denominación burocrática en la Nueva España del siglo XVIII					
De	con	Grupo	De	con	Grupo
español	india	mestizo	indio	mulato	lobo
mestizo	española	castizo	indio	lobo	cambujo
castizo	española	español	indio	china	albarazado
español	mora	mulato	albarazado	negra	cambujo
español	morisca	albina	cambujo	india	sambaigo
español	albino	tornatrás	cambujo	mulato	albarazado
español	tornatrás	tente en el aire	sambaigo	loba	calpamulato
mulato	española	morisco	calpamulato	cambuja	tente en el aire
morisco	española	chino	tente en el aire	mulata	no te entiendo
chino	india	salta atrás	no te entiendo	india	tornatrás
salta atrás	mulata	lobo	indio	negra	sambaigo
lobo	china	gíbaro	indio	mestizo	coyote
gíbaro	mulata	albarazado	indio	coyote	indio

Fuente: *Gran Historia de México Ilustrada, cronogramas, México y el mundo, de 1492 a 1750,* Planeta De Agostini-Conaculta-INAH, México, 2001.

La población y su distribución en el territorio

Para fines del siglo XVII la población comenzó a recuperarse y a fines del XVIII había cerca de cinco millones de habitantes en Nueva España, de los cuales aproximadamente 60 000 eran españoles peninsulares, 1 025 000 criollos, 2 500 000 indios, 6 100 africanos y el resto castas.

Los grupos sociales se encontraban distribuidos irregularmente en un territorio de más de cuatro millones de kilómetros cuadrados. La mayor parte de la población se encontraba en lo que había sido Mesoamérica y en las regiones mineras. El norte del territorio novohispano estaba prácticamente deshabitado.

La sociedad novohispana

La sociedad novohispana estaba dividida en estamentos o grupos sociales. Las diferencias entre estos grupos eran muy notorias. El más privilegiado era el de los españoles peninsulares. Éstos ocupaban los principales cargos administrativos, políticos, religiosos y comerciales. Los criollos, hijos de españoles nacidos en América, gozaban también de muchos privilegios. Eran dueños de haciendas y minas pero fueron muy afectados por las reformas borbónicas que limitaron sus actividades, y se les impidió ocupar los principales puestos por lo que empezaron a ver a los peninsulares como sus enemigos. Los criollos constituían el sector más culto de la sociedad; tenían acceso a la universidad y eran educados por los jesuitas. Esta orden religiosa jugó un papel muy importante en la difusión de las corrientes del pensamiento europeo en Nueva España.

Tanto peninsulares como criollos vestían al estilo europeo. Las mujeres criollas ostentaban su condición social llevando ricos atuendos y joyas, más aún que las peninsulares.

Los mestizos, los mulatos y las demás castas, eran los grupos más productivos de la Colonia. Se dedicaban a la agricultura, al pequeño comercio, a la artesanía, al transporte, al servicio doméstico y a la milicia. Sin embargo eran también los grupos más discriminados. Vestían sencillos trajes de algodón que mezclaban la moda europea con el estilo indígena.

Los indios trabajaban en haciendas y minas y en muchos casos, en su propiedad comunal. Conservaron también su lengua, costumbres e indumentaria. Las mujeres indígenas vestían con *huipil* que adornaban con joyería hecha de cuentas de vidrio.

4 *Biombo que representa los diversos grupos sociales de Nueva España.*

Los negros, que fueron traídos como esclavos para realizar las labores más pesadas en las minas y los campos de caña, eran considerados objetos, propiedad de sus dueños que podían disponer de ellos a su antojo. Los que trabajaban en las minas iban prácticamente desnudos pero los esclavos domésticos eran ricamente vestidos por sus dueños para demostrar su poderío económico.

Observa e identifica

1 Distingue por su atuendo las diferentes clases sociales que aparecen en el biombo. Descríbelas en tu cuaderno.

La cultura

Los 300 años de vida colonial se caracterizaron tanto por encuentros como desencuentros entre las culturas indígena y española.

Como los frailes fueron los encargados de transmitir los valores y conocimientos europeos, predominaron las manifestaciones culturales de tipo moral y religioso. En el afán de convertir a los indígenas al catolicismo, los misioneros crearon instituciones y métodos de conocimiento originales, es decir, no desarrollados en Occidente, ya que estaban basados en la observación y estudio del mundo indígena. Ejemplo de ello fueron las pastorelas y todo tipo de fiestas religiosas (posadas, día de reyes, celebraciones de los santos patronos de pueblos y ciudades y el día de muertos). Los frailes describieron las costumbres y prácticas religiosas indígenas, lo que después impulsó importantes estudios etnográficos.

La Real y Pontificia Universidad

Una muestra de la importancia que adquirió la cultura en el virreinato fue la temprana introducción de la imprenta en 1539 y la fundación en 1551 de la Real y Pontificia Universidad, la primera en América, para que estudiaran los indígenas y los hijos de españoles. Ahí, los hombres de ciencia más destacados de la época impartían las cátedras de teología, derecho canónico y civil, artes, retórica, gramática, filosofía, medicina y lenguas indígenas.

1 *Carlos de Sigüenza y Góngora. Poeta, matemático, historiador, astrónomo y geógrafo. Nació en la ciudad de México y se educó con los jesuitas. Como criollo ilustrado estudió el pasado indígena al que comparó con la cultura grecorromana. Fue tanta su pasión por la historia que arriesgó su vida en un incendio para rescatar documentos del cabildo de la ciudad de México.*

La ciudad colonial y la arquitectura

La época colonial puede ser considerada como edificadora, ya que se construyeron iglesias, conventos, monasterios, hospitales y ciudades.

Las ciudades europeas medievales habían surgido sin planeación, por lo que lucían desordenadas. Las americanas, por el contrario, fueron planeadas como un tablero de ajedrez tomando en cuenta el orden que tenían algunas de las ciudades prehispánicas y siguiendo las ideas renacentistas sobre "la ciudad ideal" de traza reticular. La plaza central daba origen a las calles hacia los cuatro puntos cardinales y alrededor se edificaban las casas reales, la iglesia y los portales de los mercaderes.

2 *Vista de la ciudad de México. Biombo del siglo XVII.*

Literatos y eruditos

La corte virreinal impulsó las artes y la educación. En el campo de las matemáticas y la astronomía, destacó Carlos de Sigüenza y Góngora (1645-1700), superando a muchos de los estudiosos europeos de su época. En literatura, destacaron Bernardo de Balbuena (1568-1627), Juan Ruiz de Alarcón (1580-1639) y Sor Juana Inés de la Cruz (1648-1695).

Durante la Colonia, el papel de las mujeres fue marginal y su participación en la vida pública era inconcebible. Desde que nacían se les educaba para elegir entre el matrimonio o el convento. Su injerencia en la vida cultural también estaba restringida. Por ello es notable el extraordinario desenvolvimiento de Sor Juana Inés de la Cruz en el campo de las letras, pese a críticas y amonestaciones por parte de la Iglesia y la sociedad. Constantemente respondió a ellas con gran ingenio, como en el siguiente ejemplo, en el que usa el *pseudónimo* con que el obispo de Puebla la amonestaba diciéndole que el estudio fomentaba la vanidad:

3 *Sor Juana Inés de la Cruz nació en San Miguel Nepantla y desde muy pequeña destacó por sus conocimientos y sabiduría. Ingresó a la vida religiosa para poder dedicarse al estudio y destacó principalmente en poesía. Es una de las más importantes figuras de la literatura mexicana.*

En este villancico, Sor Juana trató el tema de la degradación de la mujer a los ojos del hombre:

Érase una niña,
como digo a usté,
cuyos años eran
ocho sobre diez.
Esperen, aguarden,
que yo lo diré.

Esta (¿qué sé yo
cómo pudo ser?)
dizque supo mucho
aunque era mujer.

Porque, como dizque
dice no sé quién,
ellas sólo saben,
hilar y coser.

Sor Juana Inés de la Cruz, "Villancico a Santa Catarina", en *Historia de México*, Salvat, núm. 75, México, 1978.

Respuesta de Sor Filotea

El escribir nunca ha sido dictamen propio, sino fuerza ajena [...] Lo que sí es verdad que no negaré [...] que desde que me rayó la primera luz de la razón, fue tan vehemente y poderosa la inclinación a las letras, que ni ajenas reprensiones —que he tenido muchas—, ni propias reflejas —que he hecho no pocas—, han bastado a que deje de seguir este natural impulso que Dios puso en mí: Su Majestad sabe porqué y para qué; y sabe que le he pedido que apague la luz de mi entendimiento dejando sólo lo que baste para guardar su Ley, pues lo demás sobra, según algunos, en una mujer; y aun hay quien diga que daña.

Sor Juana Inés de la Cruz, *Respuesta a sor Filotea*, en María del Carmen Millán, *Literatura mexicana*, Esfinge, México, 1962.

Lee y analiza

1 Vuelve a leer con atención los textos anteriores y en grupo reflexiona sobre el papel que desempeñaba la mujer durante la Colonia.

2 Explica con tus palabras el significado de los dos textos de Sor Juana.

3 Responde, ¿crees que las mujeres de todos los sectores sociales se dedicaban a las mismas actividades? Explica en tu cuaderno qué labores realizaban una esclava negra, una india y una criolla.

4 Compara la situación de la mujer durante la Colonia con la de la mujer actual.

5 Busca en una biblioteca otros poemas de Sor Juana y léelos.

La empatía

El término empatía significa intentar experimentar el sentimiento de otro y tratar de participar afectivamente en una realidad diferente a la nuestra, lo que permite comprender la "otredad" y explicar los sucesos sin juzgarlos.

La empatía puede ayudarte a comprender el pasado histórico si juegas a ser un personaje de otra época.

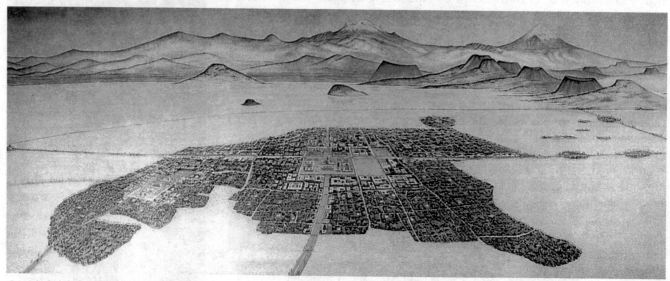

1 *La ciudad de México-Tenochtitlan como la vieron los españoles. Óleo de Luis Covarrubias.*

El historiador no solamente debe limitarse a describir y ordenar los hechos sino que debe intentar entenderlos y explicarlos. Puede lograrlo con mayor objetividad si tiene la capacidad de penetrar en los sentimientos y las creencias, mentalidad, costumbres y motivaciones de las personas que vivieron en momentos y lugares diferentes al suyo. Sin embargo, debe estar siempre consciente de que su propia realidad cultural influirá, en alguna medida, en su visión del pasado.

1 Realiza un viaje al pasado e identifícate con algún personaje. Lo primero que debes hacer es elegir la época en la que te gustaría situarte, después investiga:

- Cómo se vivía entonces.
- Qué creencias e ideas dominaban en la sociedad.
- Cuáles eran las principales actividades a que se dedicaban las personas.
- Qué comían y cómo vestían.
- Cómo se divertían.
- Cómo era su medio geográfico.
- Cuál era la forma de gobierno y la relación entre los grupos sociales.

2 Intenta detectar qué aspectos de la época del personaje que elegiste son más extraños a tu realidad. Debes investigar para poder explicarlos.

3 Redacta en primera persona, como si fueras ese personaje del pasado, y explica tus vivencias y motivaciones tratando de pensar como él y argumentando como él lo haría.

Sugerencia: Piensa que todos los seres humanos tenemos los mismos instintos, sentimientos y emociones pero que se expresan en forma diferente y en contextos distintos.

Un testimonio de la época

En el siguiente fragmento, Bernal Díaz del Castillo, soldado de Cortés, narra la visita que Moctezuma permitió hacer a Cortés y algunos de sus hombres al templo mayor. Su lectura cuidadosa te ayudará a entender su punto de vista y ponerte en su lugar.

Y luego nuestro Cortés dijo al Montezuma, con doña Marina, la lengua: "Muy gran señor es Vuestra Majestad, y de mucho más es merecedor; hemos holgado de ver vuestras ciudades; lo que os pido por merced, que, pues questamos aquí, en este vuestro templo, que nos mostréis vuestros dioses y teules". Y el Montezuma dijo que primero hablaría con sus grandes papas*. Y luego que con ellos hobo hablado dijo que entrásemos en una torrecilla [...] donde estaban dos como altares [...] e en cada altar estaban dos bultos, como de gigante, de muy altos cuerpos y muy gordos, y el

AHORA HAZLO TÚ

2 Cortés *por Miguel Covarrubias.*

Ponte en los zapatos de un soldado de Hernán Cortés

Imagina que eres un soldado de Cortés en Tenochtitlan. Muchos de los hombres de Cortés eran personas ignorantes y supersticiosas que venían a América con la esperanza de enriquecerse. No sabían con qué se iban a encontrar. Sentían al igual que nosotros, temor, miedo, dolor, envidia, compasión, lealtad, solidaridad, soledad y amor.

A partir de la información que te proporciona esta unidad sobre la conquista de México, redacta un texto en primera persona de dos cuartillas en la que describas un día completo, desde que te despiertas hasta que te acuestas, explicando tus sentimientos y vivencias.

3 *Entrada del ejército de Cortés al valle de México.* Códice Florentino.

Para hacer tu narración toma en cuenta los siguientes aspectos:

- La certeza de los conquistadores de que fueron enviados a América para traer la verdadera religión.
- La ambición y el deseo de enriquecimiento.
- El sentimiento de superioridad respecto a los nativos.
- El saber que estaban obligados a rendir cuentas de sus actos a la Corona y darles legalidad.
- El haberse visto obligados a caminar por territorios desconocidos, a altitudes a las que no estaban acostumbrados y encontrar flora y fauna extraños para ellos.

---

primero [...] decían que era el de Vichilobos, su dios de la guerra [...] y [tenía] ceñido el cuerpo unas a manera de grandes culebras hechas de oro e pedrería [...] el otro gran bulto [...] Tezcatepuca era el dios de los infiernos [...] E allí le tenían presentado cinco corazones de aquel día sacrificados [...] y todo estaba lleno de sangre, así paredes como altar, y era tanto el hedor, que no víamos la hora de salirnos afuera [...] Y nuestro capitán dijo a Montezuma [...] "no sé yo cómo un tan gran e sabio varón, como Vuestra Majestad es, no haya colegido en su pensamiento cómo no son estos vuestros ídolos dioses, sino cosas malas, que se llaman diablos, y para que Vuestra Majestad lo

conozca [...] haceme una merced: que hayáis por bien que en lo alto de esta torre pongamos una cruz, e en una parte destos adoratorios, donde están vuestros Vichilobos e Tezcatepuca, haremos un apartado donde pongamos una imagen de Nuestra Señora [...] y veréis el temor que dello tienen esos ídolos que os tienen engañados". Y el Montezuma [...] dijo: "Señor Malinche: si tal deshonor como has dicho creyera que habías de decir, no te mostrara mis dioses. Aquéstos tenemos por muy buenos, y ellos nos dan salud y aguas y buenas sementeras e temporales y vitorias cuantas queremos, e tenémoslos de adorar y sacrificar; lo que os ruego es que no se diga otras palabras en su deshonor".

*Papas. Muchos cronistas españoles se refieren así a los sumos sacerdotes prehispánicos.

BERNAL DÍAZ DEL CASTILLO, *Historia verdadera de la conquista de la Nueva España*, Plaza & Janés, España, 1998.

DESCUBRIMIENTO Y COLONIA

América

Culturas Mesoamericanas del posclásico
(Predominio mexica)

Europa

➤ Reconquista
➤ Renacimiento
➤ Búsqueda de rutas comerciales

1492 Descubrimiento

Gobierno

Imposición en América de la forma de gobierno europea:

➤ Monarquía absoluta
➤ A través del rey
➤ Consejo de Indias
➤ Casa de contratación de Sevilla
➤ En América, a través del virrey y la Audiencia

Conquista

Encuentro de dos culturas:
Nueva España

Economía

Basada en la explotación de los recursos humanos:

➤ Encomienda
➤ Esclavitud
➤ Repartimiento, entre otros

Y de recursos naturales:

➤ Minería
➤ Haciendas agrícolas y ganaderas

Sociedad

➤ Desigual y multiétnica debido al mestizaje
➤ Clases privilegiadas: peninsulares y criollos (españoles).
➤ Clases dominadas: Indios, negros, castas (mestizos)

Religión

➤ Imposición de la religión católica a los indígenas
➤ Las órdenes religiosas evangelizan y castellanizan a los nativos
➤ Persistencia de algunas prácticas religiosas prehispánicas que dieron lugar al sincretismo
➤ La Iglesia se convierte en una institución con poder político y económico

Cultura

➤ Principales centros de cultura: monasterios, corte virreinal y Real y Pontificia Universidad
➤ Se importan las tendencias culturales europeas (renacentistas, barrocas y neoclásicas) que se manifiestan en la literatura, pintura, escultura, música y arquitectura

Actividades

1 Lee con detenimiento esta Unidad y busca los personajes históricos que participaron en los acontecimientos marcados en el esquema. Investiga su fecha de nacimiento y calcula la edad que tenían en el momento de participar en esos importantes hechos históricos.

Todos estos aspectos sentaron las bases para la formación de una nueva cultura mestiza, unida por el idioma español y la religión católica, que dieron origen a nuestra actual nación.

Fichas de trabajo

Como sabes, la bibliografía es el conjunto de libros, enciclopedias, revistas, documentos, y otras fuentes de información que se consultan cuando se realiza una investigación sobre cualquier tema.

Los datos que debe contener una ficha bibliográfica los conoces desde cursos anteriores. Si quieres ver detalles los puedes encontrar en la sección Técnicas de trabajo de la Unidad 3.

Al buscar información para un trabajo de investigación, conviene ir de lo general a lo particular y redactar fichas de trabajo. Si el tema es, por ejemplo, "La encomienda en la Nueva España", se sugiere:

- Buscar primero el significado del concepto **encomienda** en una enciclopedia general y añadirla al glosario.

- Ya que se conoce el significado, se puede investigar el mismo concepto en un diccionario o enciclopedia especializados en historia. Allí se obtienen datos más específicos sobre el tema, por ejemplo, dónde se inició la encomienda y qué características adquirió en los diferentes territorios americanos.

- Para profundizar sobre el tema, se busca en libros especializados en la etapa colonial novohispana, en los capítulos que específicamente traten sobre la encomienda.

- Por último, se elabora una ficha de trabajo por cada aspecto del tema, que se está investigando. El siguiente es un ejemplo:

Autor: Silvio Zavala
Título: La colonización española en América
Tema: La encomienda
Definición: Grupo de indígenas que se le repartían a un conquistador español para que le ayudaran en sus haciendas y minas y más tarde le entregaran un tributo, a cambio de que éste los evangelizara
Época: La Colonia
Localización geográfica: Nueva España
Características: Aunque estamos acostumbrados a creer que la encomienda incluía la posesión de las tierras, no era así. La encomienda (reparto de indios) y las mercedes de tierras (reparto de tierras) eran dos instituciones distintas
Comentarios personales: Los primeros conquistadores fueron recompensados con la fuerza de trabajo de los indios, principal riqueza de la Nueva España

Ahora intenta hacerlo tú. Consulta en la biblioteca de tu escuela o localidad sobre el tema de pueblos indios siguiendo los pasos propuestos. Elabora tantas fichas como sean necesarias, organízalas y finalmente escribe una pequeña redacción basándote en ellas.

Glosario

Cabildo o Ayuntamiento: Institución de gobierno compuesta por un alcalde y varios concejales que dirigen y administran un término municipal. Los cabildos crearon ordenanzas, bandos y normas para el uso de bienes comunales. Controlaban todo lo relacionado con la vida diaria de la comunidad. En Nueva España hubo cabildos indígenas y cabildos de españoles.

Capitulación: Pacto o convenio hecho entre dos o más personas. Las capitulaciones se hacían entre el monarca o sus representantes y un particular que se encargaría de llevar a cabo una expedición de descubrimiento, conquista, poblamiento, tratas de negros esclavos o explotación económica a su costa y riesgo.

Diezmo: Parte de la cosecha, los frutos, las ganancias y los salarios, generalmente la décima que pagaban los fieles a la Iglesia.

Monopolio: Concesión otorgada por una autoridad competente a una empresa para que ésta tenga la exclusividad en la fabricación o comercialización de un producto o en la prestación de un servicio.

Sincretismo: Sistema filosófico o religioso que pretende conciliar varias doctrinas diferentes.

Para saber más

Había un navío cargado de....

Dibuja en tu cuaderno dos carabelas, una llamada "La Española" y otra "La Americana". Lee con atención la lista de productos que está a continuación y escribe debajo de la primera carabela los productos que llegaron de Europa y Asia y abajo de la segunda, los productos que América dio al mundo. ¡Cuidado!, algunos son engañosos, investiga primero.

- gallina
- vaca
- guajolote
- caballo
- borrego
- arroz
- maíz

- frijol
- naranja
- jitomate
- papa
- vid
- ajo
- plátano

- membrillo
- nochebuena
- chile
- cacahuate
- papaya
- café
- chocolate

- tabaco
- aguacate
- amaranto
- rosa
- clavel
- zapote
- manzana

- mamey
- lenteja
- garbanzo
- henequén
- cebolla
- guanábana
- caña de azúcar

LA VERACRUZ, VUE du CHATEAU de S: JEAN de ULUA.

1 *El puerto de Veracruz.*
Fuente: *México en el tiempo,* núm. 25, INAH.

Adivinanza

Lee atentamente la descripción que hace Fernández de Oviedo de un animal americano desconocido para él. Dibújalo e intenta adivinar de qué animal se trata.

Comen [los nativos] asimismo una manera de sierpes que a la vista son muy fieras y espantables, pero no hacen mal, ni está averiguado si son animal o pescado, porque ellas andan en el agua y en los árboles y por tierra, y tienen cuatro pies, y son mayores que conejos, y tienen la cola como lagarto, y la piel toda pintada, y de aquella manera de pellejo, aunque diverso y apartado en la pintura, y por el cerro o espinazo unas espinas levantadas, y agudos dientes y colmillos, y un papo muy largo y ancho, que le cuelga desde la barba al pecho, de la misma tez o suerte del otro cuero, y callada, que ni gime ni grita ni suena, y estáse atada a un pie de un arca, o donde quiera que la aten, sin hacer mal alguno ni ruido, diez y quince y veinte días, sin comer ni beber cosa alguna.

GONZALO FERNÁNDEZ DE OVIEDO, *Sumario de la natural historia de las Indias*, en Felipe Garrido (comp.), *Crónica de los prodigios*, SEP-Asociación Nacional de Libreros-Caniem, México, 1990.

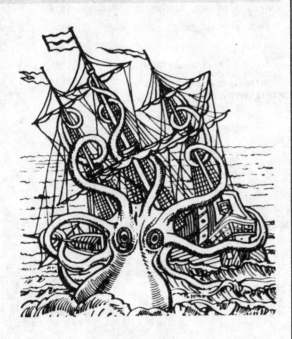

2 *Los marineros del siglo XVI pensaban que los océanos estaban poblados por grandes monstruos.*

Describe de manera similar a como lo hizo Fernández de Oviedo, uno de los monstruos que aparecen en las ilustraciones.

Para recordar grandes personajes

Elige un personaje indígena y uno español de la siguiente lista, investiga sobre sus vidas y redacta una pequeña biografía de cada uno de ellos.

- Moctezuma Xocoyotzin
- Malinche
- Cuauhtémoc
- Tanganxoán II
- Juan de Grijalva

- Bernal Díaz del Castillo
- Fray Bartolomé de las Casas
- Vasco de Quiroga
- Antonio de Mendoza
- Sor Juana Inés de la Cruz.

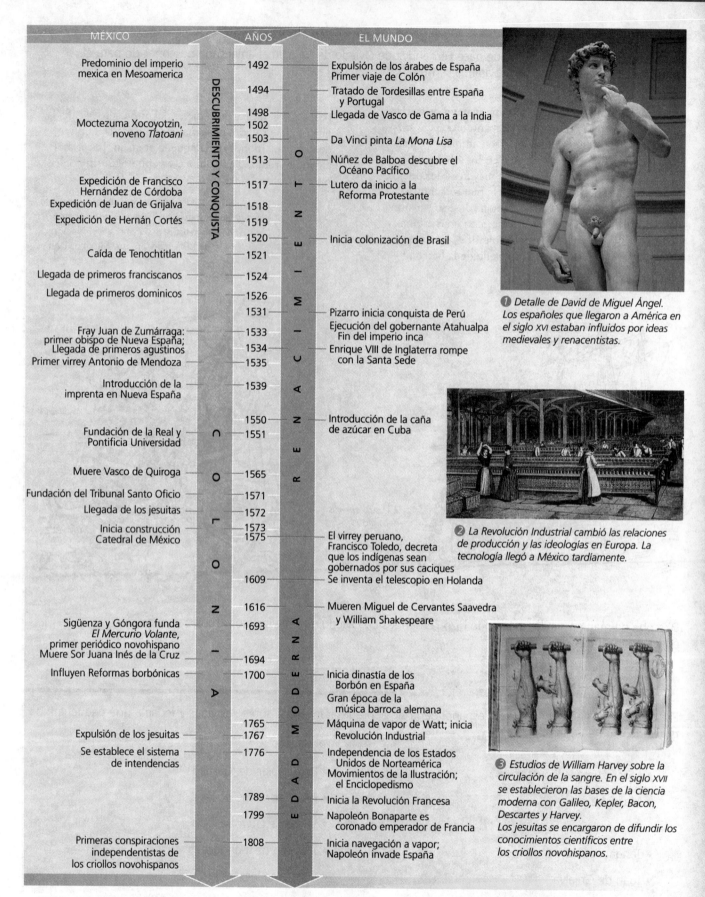

MÉXICO	AÑOS	EL MUNDO
Predominio del imperio mexica en Mesoamerica	1492	Expulsión de los árabes de España / Primer viaje de Colón
	1494	Tratado de Tordesillas entre España y Portugal
	1498	Llegada de Vasco de Gama a la India
Moctezuma Xocoyotzin, noveno *Tlatoani*	1502	
	1503	Da Vinci pinta *La Mona Lisa*
	1513	Núñez de Balboa descubre el Océano Pacífico
Expedición de Francisco Hernández de Córdoba	1517	Lutero da inicio a la Reforma Protestante
Expedición de Juan de Grijalva	1518	
Expedición de Hernán Cortés	1519	
	1520	Inicia colonización de Brasil
Caída de Tenochtitlan	1521	
Llegada de primeros franciscanos	1524	
Llegada de primeros dominicos	1526	
	1531	Pizarro inicia conquista de Perú
Fray Juan de Zumárraga: primer obispo de Nueva España; Llegada de primeros agustinos	1533	Ejecución del gobernante Atahualpa / Fin del imperio inca
Primer virrey Antonio de Mendoza	1534 / 1535	Enrique VIII de Inglaterra rompe con la Santa Sede
Introducción de la imprenta en Nueva España	1539	
	1550	Introducción de la caña de azúcar en Cuba
Fundación de la Real y Pontificia Universidad	1551	
Muere Vasco de Quiroga	1565	
Fundación del Tribunal Santo Oficio	1571	
Llegada de los jesuitas	1572	
Inicia construcción Catedral de México	1573 / 1575	El virrey peruano, Francisco Toledo, decreta que los indígenas sean gobernados por sus caciques
	1609	Se inventa el telescopio en Holanda
	1616	Mueren Miguel de Cervantes Saavedra y William Shakespeare
Sigüenza y Góngora funda *El Mercurio Volante*, primer periódico novohispano	1693	
Muere Sor Juana Inés de la Cruz	1694	
Influyen Reformas borbónicas	1700	Inicia dinastía de los Borbón en España / Gran época de la música barroca alemana
Expulsión de los jesuitas	1765 / 1767	Máquina de vapor de Watt; inicia Revolución Industrial
Se establece el sistema de intendencias	1776	Independencia de los Estados Unidos de Norteamérica / Movimientos de la Ilustración; el Enciclopedismo
	1789	Inicia la Revolución Francesa
	1799	Napoleón Bonaparte es coronado emperador de Francia
Primeras conspiraciones independentistas de los criollos novohispanos	1808	Inicia navegación a vapor; Napoleón invade España

DESCUBRIMIENTO Y CONQUISTA — COLONIA
RENACIMIENTO — EDAD MODERNA

❶ Detalle de David de Miguel Ángel. Los españoles que llegaron a América en el siglo XVI estaban influidos por ideas medievales y renacentistas.

❷ La Revolución Industrial cambió las relaciones de producción y las ideologías en Europa. La tecnología llegó a México tardíamente.

❸ Estudios de William Harvey sobre la circulación de la sangre. En el siglo XVII se establecieron las bases de la ciencia moderna con Galileo, Kepler, Bacon, Descartes y Harvey. Los jesuitas se encargaron de difundir los conocimientos científicos entre los criollos novohispanos.

¿SABES POR QUÉ NUESTRO PESO SE LLAMA ASÍ?

Una vez consumada la conquista, las monedas españolas no eran suficientes para llevar a cabo todas las transacciones comerciales y se continuaron usando los granos de cacao y las canutillas de plumas rellenas de oro como moneda. Poco tiempo después los oficiales reales hicieron circular pequeños tejes de metal sellado, irregulares pero con un peso determinado, a los que se les llamaba pesos. De ahí surgió el nombre de peso.

Monedas emitidas durante la época colonial.

NAVIDAD A LA MEXICANA

Una de las tradiciones mexicanas más arraigadas es la celebración de las nueve posadas, del 16 al 24 de diciembre. Este novenario se inició durante la Colonia, con las misas de aguinaldo que celebraban los agustinos dentro de los conventos para esperar el advenimiento de Jesús y la petición de abrigo y calor humano que María y José hicieron hace dos mil años. La costumbre pasó después a las haciendas y rancherías, a las mansiones de los potentados y a las vecindades. A principios del siglo XIX adquirieron sus características actuales. Algunos estudiosos afirman que las posadas tuvieron un arraigo tan grande entre los pueblos indígenas porque coincidían con la celebración del dios Huitzilopochtli, durante la que se obsequiaba a los invitados abundante comida y figuras pequeñas preparadas con pasta de maíz azul, tostado, molido y mezclado con miel negra de maguey.

Nacimiento mexicano.

COHETES Y MÁS COHETES

Nuestra costumbre de hacer estallar cohetes durante las fiestas se remonta a la época colonial. Se dice que el rey Fernando VII de España preguntó a un cortesano que acababa de llegar de México: "¿Qué estarán haciendo los mexicanos?", a lo que el cortesano respondió inmediatamente: "Seguramente están quemando cohetes, Majestad". El monarca repitió la misma pregunta esa noche y, para asombro del rey, el cortesano volvió a contestar: "Seguramente están quemando cohetes los mexicanos, Majestad".

"Lo mismo me dijo usted por la mañana", reclamó Fernando VII, a lo que el hombre repuso: "Los mexicanos siempre están quemando cohetes, Majestad, en una fiesta o en otra".

Fuegos artificiales.

3 La Independencia de México

Todos los grupos sociales que conformaban Nueva España: criollos, indios, castas e incluso los peninsulares y criollos aristócratas, se identificaban con la idea de independizarse de la Corona Española. Para conseguirlo, todos se incorporaron a la contienda armada en momentos distintos, por motivos y razones diferentes.

Los once años de guerra (1810-1821) que vivió México para nacer a la vida independiente no resolvieron los severos problemas que existían, pero unieron a la población en un anhelo común: liberarse del dominio español con la seguridad de que esto era posible.

Punto de partida

Miguel Hidalgo

1 ¿Cómo se formó el sentimiento nacionalista?

2 ¿Por qué se agudizó el conflicto social?

Fray Servando Teresa de Mier

José María Morelos y Pavón

3 ¿Qué factores externos influyeron para que estallara la rebelión en Nueva España?

4 ¿Por qué inició Hidalgo la lucha por la Independencia?

5 ¿Cómo participó Hidalgo en la insurrección armada?

Josefa Ortiz de Domínguez

Agustín de Iturbide

6 ¿Era Morelos un gran estratega político y militar?

7 ¿Buscaba Morelos una sociedad más justa?

Mariano Matamoros

Francisco Xavier Clavijero

8 ¿Qué factores influyeron en la consumación de la Independencia?

Vicente Guerrero

Francisco Javier Mina

Las Reformas borbónicas y el sentido de identidad novohispana

En el siglo XVIII los Borbones, quienes regían en España y sus colonias, realizaron profundas transformaciones económicas, políticas, sociales y culturales en todos sus dominios con la finalidad de centralizar el poder del rey y tener total control de las instituciones y los diferentes grupos sociales. Con ello, los Borbones intentaban modernizar la administración pública para obtener mayores recursos económicos y poder hacer frente a las constantes guerras que sostenían con otros países europeos. En Nueva España, dichas reformas limitaron la autonomía de la Iglesia, de los cabildos indígenas, de los comerciantes de la ciudad de México y del mismo virrey y sus funcionarios, al ser sometidos todos ellos a una estrecha vigilancia por parte de la Corona.

A estas medidas, que intensificaron el sometimiento de las colonias a España, se sumó la exclusión de los criollos de los principales cargos públicos para ser ocupados por los peninsulares. Estos cambios originaron entre los americanos un resentimiento contra España y un sentimiento de orgullo e identidad con América y su gente, sus costumbres y sus tradiciones.

1 *Francisco Javier Clavijero, jesuita científico y literato novohispano que fomentó el sentimiento nacionalista.*

El nacionalismo criollo

Algunos pensadores europeos consideraban que los americanos eran seres inferiores. Contra esos prejuicios protestaron los criollos y defendieron con pasión sus orígenes.

En la defensa de lo americano jugaron un papel decisivo los jesuitas, dedicados a la educación de la juventud en numerosos colegios donde estimulaban el arraigo a la patria; en 1767 fueron expulsados de España y sus colonias como una de las medidas reformistas borbónicas y desde el exilio contaron las grandezas de las tierras novohispanas y reconstruyeron el pasado indígena.

Dos destacados defensores de lo americano fueron el criollo nacionalista Juan José Eguiara y Eguren que en 1755 dirigió una obra llamada *Biblioteca Mexicana*, en la que daba a conocer los avances científicos y artísticos de Nueva España; y el jesuita Francisco Javier Clavijero que en su obra *Historia Antigua de México* narró la historia de México desde la peregrinación mexica. En ella defendía a los mexicanos haciendo una descripción de su constitución física, moral, cultural y religiosa.

El guadalupanismo

Otro factor decisivo en el amor a la patria fue la veneración a la virgen de Guadalupe, difundida desde el siglo XVI y arraigada profundamente entre toda la población novohispana.

Según la creencia, en 1531, recién conquistado el territorio mexicano, la virgen Morena se manifestó en el cerro del Tepeyac, donde en la época prehispánica se rendía culto a la diosa Tonatzin llamada por los indígenas "nuestra madre". Esto dio origen a un sincretismo religioso que generó un fuerte sentido de identidad entre criollos, indios y mestizos.

El guadalupanismo inspiró a los artistas novohispanos que plasmaron la imagen de la virgen en retablos, altares, capillas e iglesias, y alcanzó su mayor difusión en el siglo XVIII. En 1737 fue reconocido su patronato sobre la ciudad de México y en 1746 sobre Nueva España. La Guadalupana adquirió características de símbolo nacional.

¿Sabías que en la provincia de Cáceres, Extremadura, España, en un pequeño poblado llamado Guadalupe, los españoles veneran desde la Edad Media a una virgen de tez negra llamada también Guadalupe?

Durante la Conquista, los extremeños trajeron su culto. El nombre Guadalupe proviene del árabe *Uad-al-hub*, que significa "río de amor". Se cree que el origen del nombre de la virgen del Tepeyac proviene del náhuatl *Tlecuauhtlacopeu* y que los oyentes hispanos interpretaron como Guadalupe.

2 *Imagen de jura de la virgen de Guadalupe como patrona de la ciudad de México, por José de Ribera y Argomanis.*

La discusión por lo americano

Durante el siglo XVIII los pensadores europeos de la Ilustración cuestionaron el papel de América dentro del desarrollo de la cultura occidental. Algunos de ellos consideraron a los habitantes americanos como "irracionales y bárbaros".

En respuesta a estas críticas hechas a los habitantes de América, algunos criollos eruditos levantaron su voz en resguardo de la civilidad y las riquezas humanas y naturales del nuevo continente.

Lee los siguientes fragmentos sobre la discusión por lo americano:

Algunos sabios europeos acababan de sostener la tesis de la inferioridad de América. Bufon declara inmaduros la flora, la fauna y el indio americano. Raynal pontifica que el nuevo continente era a la vez inmaduro y decrépito. Cornelio de Pauw sostuvo: "Es sin lugar a dudas un espectáculo grandioso y terrible el ver una mitad de este globo [la mitad americana], a tal punto descuidada por la naturaleza, que todo es en ella degenerado y monstruoso".

LUIS GONZÁLEZ, *Once ensayos de tema insurgente*,
El Colegio de Michoacán, Zamora, Mich., 1985.

Clavijero, en respuesta a las críticas de Pauw, señaló:

Cualquiera que lea estas decisiones magistrales de Pauw, se persuadirá sin duda que decide después de haber viajado por toda la América, de haber tratado con todas aquellas naciones y haber examinado todas sus lenguas. Pero no es así. Pauw sin salir de su gabinete de Berlín sabe las cosas de América mejor que los mismos americanos y en el conocimiento de aquellas lenguas excede a los que las hablan. Yo aprendí la lengua mexicana y la oí hablar a los mexicanos muchos años y sin embargo no sabía que fuese tan escasa de voces numerales y de términos significativos de ideas universales hasta que vino Pauw a ilustrarme.

FRANCISCO JAVIER CLAVIJERO, *Antología*,
SEP, Sep Setentas, núm. 249, México, 1976.

En otro momento, Clavijero enfatizó:

[…] no pretendo hacer aparecer que la América es superior al Mundo Antiguo... el alabar apasionadamente el propio país sobre los demás parece más de niños que pelean que de hombres que discuten.

FRANCISCO JAVIER CLAVIJERO, *Antología*,
SEP, Sep Setentas, núm. 249, México, 1976.

3 *Los ilustrados españoles se reunían a discutir sus ideas.*

¿Tú qué piensas?

En los textos anteriores se observa, por una parte, la idea que en Europa se tenía de América y, por otra, el nacionalismo criollo que comenzaba a tomar fuerza en Nueva España.

Analiza con atención las críticas y respuestas relacionadas con América y responde:

1 ¿Por qué se habla de nacionalismo criollo y no solamente de nacionalismo?

2 Escribe una pequeña biografía de Francisco Javier Clavijero en la que, además de anotar sus datos personales, abordes sus ideas y su importancia en la historia de México.

3 Divide los argumentos a favor y en contra de lo americano. Elige una de estas dos posturas y discútela con un compañero o compañera presentando razones convincentes.

4 *Representación de los principales criollos ilustrados de Nueva España. Clavijero y Eguiara y Eguren sostienen documentos.*

Peninsulares y criollos

A principios del siglo XIX las diferencias sociales en Nueva España eran tan grandes que el viajero y estudioso alemán Alejandro de Humboldt señalaba en 1803 que en ninguna parte del mundo había visto "una desigualdad tan tremenda en la distribución de la riqueza, de la civilización, del cultivo de la tierra y de la población". Las Reformas borbónicas habían llevado prosperidad a los peninsulares y a un pequeño sector de criollos privilegiados, dedicados principalmente a la administración pública, a la minería y al comercio con el exterior. Criollos, mestizos, indios y castas fueron marginados de las principales actividades administrativas y económicas.

En 1769, ocho de los doce miembros de la Audiencia de México eran americanos y cuatro peninsulares; diez años después, de sus dieciséis miembros, sólo cuatro eran criollos. En 1808 todos los intendentes, excepto uno, eran peninsulares. Un número muy reducido de criollos alcanzaba el rango social de la clase alta española y el resto se dedicaba a sus haciendas, a los pequeños obrajes, como el textil, y al comercio interno.

Esta paulatina exclusión de los criollos de las actividades políticas y económicas ocasionó en ellos un creciente malestar al ver afectados sus intereses.

Indígenas, castas y esclavos

El pueblo trabajador constituido por indios y castas compartía la miseria. Debido a las constantes crisis agrarias vivían amenazados por hambrunas que asolaban regiones enteras. Entre 1785 y 1786 la pérdida de cosechas ocasionó muchas muertes; se sabe que sólo en Guanajuato murieron alrededor de 85 400 personas. Durante las crisis agrícolas los precios del maíz y el trigo llegaron a aumentar hasta 300 por ciento.

En el campo, la expansión de las haciendas a costa de las tierras comunales indígenas orilló a este grupo a trabajar en tierras ajenas. Además, sobre los indios pesaba la obligación de pagar a la Corona un tributo especial *per capita* en moneda y en especie.

A fines del siglo XVIII las castas representaban 25% de la población total y fueron declaradas por las Leyes de Indias "infames de derechos": los mestizos por "defecto natal" y los mulatos por su origen africano. Esa marca infamante les impedía obtener trabajos, oficios y puestos públicos que sí podían ocupar los españoles y criollos.

Para 1810, en toda Nueva España el número de esclavos negros no llegaba a los 10 000, de los cuales la mayoría trabajaban como sirvientes domésticos.

1 *El barón Alejandro de Humboldt, científico aventurero y viajero alemán que difundió en Europa las riquezas de Nueva España y criticó las desigualdades sociales.*

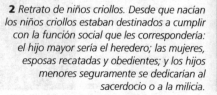

2 *Retrato de niños criollos. Desde que nacían los niños criollos estaban destinados a cumplir con la función social que les correspondería: el hijo mayor sería el heredero; las mujeres, esposas recatadas y obedientes; y los hijos menores seguramente se dedicarían al sacerdocio o a la milicia.*

Criollos contra peninsulares

Alrededor de 1808 la desconfianza y el odio entre criollos y peninsulares se manifestó en **pasquines** que amanecían pegados en las paredes de los edificios de las principales ciudades de Nueva España.

En la lengua portuguesa
al ojo le llaman **cri**,
y aquel que pronuncia así
aquesta lengua profesa.
En la nación holandesa
ollo le llaman al c...
y así con gran disimulo,
juntando el **cri** con el **ollo**
lo mismo es decir **criollo**
que decir ojo de c...

A lo que los criollos
contestaron:
Gachu en arábigo hablar
es en castellano **mula**:
Pin la Guinea articula
y en su lengua dice **dar**.
De donde vengo a sacar
que este nombre gachupín
es un muladar sin fin,
donde el criollo siendo c...
bien puede sin disimulo
ca... en cosa tan ruin.

MARÍA DEL CARMEN RUIZ CASTAÑEDA et al.,
El periodismo en México,
Editorial Tradición, México,1974.

Alejandro de Humboldt señalaba, citando al obispo de Michoacán, fray Antonio de San Miguel, a quien conoció personalmente:

La población de la Nueva España, dice el obispo al fin de su memoria, se compone de tres clases de hombres, a saber: de blancos ó españoles, de indios y de castas. Yo considero que los españoles componen la décima parte de la masa total. Casi todas las propiedades y riquezas del reino están en sus manos. Los indios y las *castas* cultivan la tierra; sirven a la gente acomodada, y sólo viven del trabajo de sus brazos. De ello resulta entre los indios y los blancos esta oposición de intereses, este odio recíproco, que tan fácilmente nace entre los que lo poseen todo y los que nada tienen, entre los dueños y los esclavos [...] No ignoro que estos males nacen en todas partes de la grande desigualdad de condiciones. Pero en América son todavía más espantosos porque no hay estado intermedio; es uno rico o miserable, noble ó infame de derecho y de hecho.

ALEJANDRO DE HUMBOLDT,
Ensayo político sobre el reino de la Nueva España,
Porrúa (Sepan Cuantos 39), México, 1973.

Analizamos e investigamos

En los textos anteriores podemos observar algunas de las causas que desencadenaron la guerra de **Independencia**.

1. En los dos primeros textos populares encontramos plasmado el conflicto entre criollos y peninsulares. Explica con tus palabras este conflicto.

2. Humboldt cita al obispo de Michoacán fray Antonio de San Miguel, que relata la situación de Nueva España. ¿Cómo veía este fraile a los diferentes grupos sociales?

3. Retoma lo que has visto a lo largo de la Unidad y redacta en una cuartilla un ensayo sobre la desigualdad social en Nueva España de principios del siglo XIX.

4 *Carlos III, monarca español representante del Despotismo Ilustrado, fue el principal responsable de las Reformas borbónicas.*

3 *Durante el virreinato del marqués de Croix se expulsó a los jesuitas de Nueva España. De Croix señaló: "De una vez para lo venidero deben saber los súbditos del gran monarca que ocupa el trono de España que nacieron para callar y obedecer, y no para discurrir ni opinar en los altos asuntos del gobierno."*

5 *Dentro de las minas trabajaban, en condiciones infrahumanas, indios, negros y castas.*

El siglo de las luces

La Ilustración fue un movimiento filosófico que se desarrolló en Europa durante el siglo XVIII y que, ante los avances de la ciencia y de la técnica, confiaba en la razón humana y en su capacidad para mejorar la sociedad y lograr el progreso.

Los monarcas ilustrados como Carlos III se propusieron reformar sus países al fomentar el desarrollo y educar al pueblo pero sin que éste cuestionara el derecho divino de los gobernantes. Los pensadores ilustrados liberales consideraban que era posible organizar una sociedad más justa y libre, basada en la igualdad de derechos de todos los hombres y en la existencia de leyes únicas para todos los grupos sociales.

1 Familia de Carlos IV, *obra del pintor español Francisco de Goya.*

La independencia de las 13 colonias

Los primeros en aplicar los principios ilustrados y liberales fueron los habitantes de las colonias inglesas de América del norte. En 1775 los colonos de esa región iniciaron una revuelta contra el dominio inglés y tras una ardua lucha triunfaron. Thomas Jefferson redactó la declaración de independencia de las 13 colonias en 1776, pero fue hasta 1783 que George Washington, Benjamin Franklin y Alexander Hamilton redactaron una constitución que dio a los Estados Unidos de América unidad y estructura política como república federal, dividida en tres poderes: ejecutivo, legislativo y judicial.

La Revolución Francesa

A partir de 1789, Francia pasó del cambio pacífico que proponía el movimiento ilustrado a una revolución violenta que destruyó el sistema político monárquico. Esto dio lugar a uno nuevo basado en la igualdad ante la ley de todos los ciudadanos y puso fin a los privilegios de nacimiento. Estos principios quedaron plasmados en la *Declaración de los derechos del hombre y del ciudadano,* con el lema "libertad, igualdad y fraternidad" y su publicación en 1789 tuvo una enorme repercusión en el resto del mundo.

Las guerras europeas y los conflictos políticos en España

Toda Europa quedó convulsionada por la Revolución Francesa, y las monarquías, temerosas de que en sus Estados estallara una revuelta, se enfrascaron en alianzas y disputas. En 1799 Francia quedó bajo el gobierno del emperador Napoleón Bonaparte y en 1807 éste decidió invadir Portugal que se había aliado a Gran Bretaña, rival tradicional de los franceses. Para ello atravesó por el territorio español y en 1808 lo incorporó a sus dominios. Carlos IV, rey de España, ante la invasión francesa cedió el trono a su hijo Fernando VII, quien a su vez lo entregó a Napoleón Bonaparte. Éste designó a su hermano José como monarca de España.

Como consecuencia, el pueblo español se levantó en armas contra el ejército francés y exigió el regreso al trono de Fernando VII y el establecimiento de una monarquía constitucional liberal. En todo el territorio español se establecieron juntas que asumieron la **soberanía**. En 1812 se reunieron las Cortes en la ciudad de Cádiz con el fin de elaborar una constitución liberal.

2 *Napoleón Bonaparte (1767-1820).*

Nueva España sin monarca

En busca de un rey

Mientras Napoleón Bonaparte dominaba España y parte de Europa, en Nueva España se preguntaban a quién debían obediencia, ya que su monarca había abdicado a favor de un invasor. Frente a ello se formaron dos grupos con diferentes posturas, uno de ellos estaba representado por el Ayuntamiento de la ciudad de México y lo conformaban criollos letrados y acaudalados como Francisco Primo de Verdad y Francisco Azcárate, quienes proponían que el virrey Iturrigaray convocara a una junta de ciudadanos que gobernara en el **interregno** y aguardara el regreso de Fernando VII. Manejaban la idea de que la soberanía le había sido otorgada al rey, pero al estar éste preso, regresaba a la nación.

El otro grupo estaba representado por la Audiencia e integrado en su mayoría por peninsulares que opinaban que la sociedad tenía al virrey y a la Audiencia como los representantes legítimos de la Corona, mientras el rey volvía a ocupar el trono. Este grupo, apoyado por un rico comerciante, Gabriel de Yermo, dio un golpe de Estado encarcelando a los principales líderes criollos y al virrey Iturrigaray que fue sustituido por el mariscal Godoy.

Independencias de las colonias españolas en América

TEXAS 1826-1845

OCÉANO ATLÁNTICO

MÉXICO 1821

Golfo de México

REPÚBLICA DOMINICANA 1865

CUBA 1898

PUERTO RICO 1898

HAITÍ 1804

JAMAICA

VENEZUELA 1830

GUATEMALA 1838

NICARAGUA 1838

EL SALVADOR 1838

COSTA RICA 1838

PANAMÁ 1903

GUAYANAS

OCÉANO PACÍFICO

COLOMBIA 1830

ECUADOR 1830

BRASIL 1822

1811 Año de Independencia

— Límites del Imperio español a fines del XVIII

PERÚ 1821

BOLIVIA 1825

Territorio controlado por tropas de Morelos

◄— Itinerario de San Martín

◄— Itinerario de Bolívar

◄— Itinerario de Sucre

— Zona controlada por Bolívar

△ Congresos

República Federal de América Central (1824-1839)

República de Gran Colombia (1819-1830)

Confederación de Bolivia y Perú (1836-1839)

CHILE 1818

PARAGUAY 1811

URUGUAY 1828

ARGENTINA 1816

3 La invasión napoleónica a España fue una de las causas externas que permitieron la gestación de movimientos de independencia de las colonias españolas en América.

4 Litografía de Gualdi que representa los edificios de El Parián (izquierda) y del Ayuntamiento (derecha) en la ciudad de México.

Lee, observa y analiza

Utiliza la información que has visto hasta ahora y la que te proporciona el mapa para responder en tu cuaderno.

1 ¿Cómo influyó en Nueva España la abdicación de Carlos IV y Fernando VII a favor de Napoleón?

2 En España se dio una revolución nacionalista, ¿por qué se le llamó así?

3 ¿Qué país proclamó la *Declaración de los derechos del hombre y del ciudadano* y cómo influyó dicho documento en las ideas independentistas de los criollos novohispanos?

4 Ordena cronológicamente, en una lista, las fechas en que se independizaron los países de América y de qué país europeo fueron colonia.

5 Forma un equipo y elabora un cuadro sinóptico en el que organices los factores externos que dieron origen a la guerra de Independencia.

Formación en San Nicolás

Miguel Hidalgo y Costilla nació en el seno de una familia criolla de hacendados del Bajío que había venido a menos. A los 14 años se marchó a estudiar al Colegio de San Nicolás en Valladolid, en donde muy pronto llegó a impartir clases de Latín y Filosofía. Se ordenó sacerdote en 1778 a los 25 años, convirtiéndose en un importante teólogo de Michoacán. Fue tesorero y rector del Colegio de San Nicolás. En 1792 fue nombrado párroco de Colima y más tarde de San Felipe y Dolores. Era un hombre ilustrado, apreciado y querido por sus superiores y por sus feligreses.

Hidalgo frente a la invasión napoleónica

Desde 1808, Hidalgo frecuentaba al capitán Ignacio Allende, al teniente Mariano Abasolo, al matrimonio de Miguel Domínguez y Josefa Ortiz y al obispo de Michoacán Manuel Abad y Queipo. Con ellos, argumentaba que la invasión napoleónica en España y la abdicación y cautiverio de Fernando VII, justificaban que las colonias americanas desearan independizarse.

Su inconformidad ante las Reformas borbónicas

Sus ideas independentistas eran resultado de la lectura de la doctrina tradicional de la Iglesia católica sobre el bien común, la tiranía y la legitimidad. Su participación en la lucha por la independencia fue también producto de su reacción a las Reformas borbónicas, porque como criollo sentía la necesidad de defender los intereses políticos y económicos del sector social al que pertenecía, y como sacerdote cuestionaba la aplicación de la real cédula sobre enajenación de bienes raíces y consolidación de vales reales, que afectaba directamente los intereses económicos de la Iglesia al exigir a ésta, como préstamo, la entrega a la Corona de una parte importante de los recursos que se obtuvieran de la venta de bienes raíces y del capital circulante.

Además, Hidalgo manifestaba preocupación por los problemas sociales de Nueva España. Esta inquietud se hizo evidente durante la guerra de independencia a través de diversas proclamas y decretos, como los que publicó en Guadalajara y en los cuales abolió la esclavitud, derogó los tributos impuestos a los indios y castas, y prohibió el uso del papel sellado. También expidió otro bando de carácter agrarista en el que ordenaba que las tierras que habían pertenecido a los naturales se les devolvieran:

> [...] se entreguen a los Naturales las tierras para su cultivo, para que en lo sucesivo (no) puedan arrendarse, pues es mi voluntad que su goce sea únicamente de los Naturales en sus respectivos pueblos.
>
> Luis Castillo Ledón, *Hidalgo. La vida del héroe*, Centro de Estudios sobre la Cultura Nicolaíta, UMSNH, México, 1993.

Hasta el final de sus días Hidalgo protestó fidelidad a la Iglesia católica y rechazó las acusaciones de herejía. Nunca se arrepintió de la decisión política que tomó, pero sí lamentó el modo en que había llevado a cabo la lucha insurgente durante la cual ordenó asesinar a muchos españoles. El jefe insurgente pasó sus últimos días orando, leyendo y escribiendo.

1 *Antiguo Colegio de San Nicolás, en Valladolid, del que Hidalgo fue alumno y rector.*

2 *Estandarte de la virgen de Guadalupe. Hidalgo se mantuvo siempre fiel a sus principios.*

¡Viva México!

Don Miguel Hidalgo, conocido y apreciado en todo el Bajío, asumió el liderazgo del movimiento por la Independencia y convocó a sus feligreses a unirse a la lucha armada al grito de "¡Viva nuestra señora la virgen de Guadalupe! ¡Viva nuestro rey Fernando VII! ¡Muera el mal gobierno!"

Este llamado para levantarse en armas que hizo el cura Hidalgo en Dolores el 16 de septiembre de 1810 se convirtió muy pronto en festejo tradicional. Posiblemente fue Ignacio López Rayón quien lo celebró por primera vez en 1812 en Huichapan, Hidalgo.

José María Morelos y Pavón propuso que esa fecha fuera solemnizada "como el aniversario en que se levantó la voz de la independencia", pero fue hasta el 27 de noviembre de 1824 que el Congreso Constituyente lo declaró día de fiesta nacional.

El primer presidente que gritó personalmente los vítores a los héroes de la Independencia fue Benito Juárez en 1864.

3 *En la cripta del monumento "El Ángel de la Independencia" reposan los restos de Hidalgo, Allende, Aldama, Jiménez, Bravo, y Matamoros.*

Lee estos relatos que ilustran cómo ha sido festejado este aniversario:

En 1864 llegó a México, como parte del séquito de Carlota, la condesa Paula Kolonitz. Ella relató:

Durante los primeros días de septiembre, se celebraron las fiestas de la Independencia mexicana. El emperador estaba ausente y la emperatriz las presidió. Se cantó un *Te deum*, hubo banquete en la corte y representaciones en el teatro. Sin embargo, se respiraba en torno de toda aquella festividad, de toda aquella alegría, un aire de descontento y de desánimo.

[…] Con mucha razón había hombres que no sentían el deseo de tomar parte en ellas. Sus padres habían sido asesinados o sus tierras saqueadas. No era de extrañar que el teatro donde fuimos martirizados con una representación que no tenía fin, con arengas, discursos y demostraciones patrióticas, que el teatro, digo, estuviese casi vacío.

[…] Al día siguiente hubo fuegos de artificio en la Plaza Mayor. La iluminación era general y la plaza, ya bella de por sí, ofrecía aquella noche un gran encanto.

CONDESA PAULA KOLONITZ, *Un viaje a México en 1864*, SEP, Sep Setentas, núm 291, México, 1976.

Esto sucedió en el Centenario del grito, en 1910:

La noche del 15 de septiembre de 1910, los embajadores especiales enviados a las fiestas del Centenario presenciaron desde los balcones iluminados del Palacio Nacional la fiesta de fiestas del calendario cívico mexicano: "el grito de independencia".

[…] Lo importante, como cada año, era ir a la Plaza Mayor a "dar el Grito". Según testigos, el único "grito" verdadero había sido el que lanzaron las huestes de Hidalgo, "¡Viva la Virgen de Guadalupe y mueran los Gachupines!", pero a cien años de distancia, el tiempo y el laicismo habían transformado el ritual de un grito de guerra santa en un grito de santa paz. A las once de la noche en punto de aquel 15 de septiembre de 1910, el presidente Porfirio Díaz tañía una vez más en el balcón principal de Palacio la misma campana que había agitado Hidalgo en Dolores, pronunciando varios "vivas": "¡Vivan los héroes de la patria!", "¡Viva la República!". Abajo, al pie de la catedral, en la majestuosa plaza que por siglos, desde tiempos de los aztecas, ha sido el corazón ceremonial de la nación mexicana, cien mil voces coreaban "¡Viva!". ¿Por qué se daba "el Grito" el 15 en la noche y no el 16 en la madrugada? Por una pequeña licencia histórica: el 15 era día de san Porfirio, cumpleaños del presidente.

El 16 de septiembre de 1910 se celebró doblemente con un desfile militar y con la inauguración de la Columna de la Independencia."

ENRIQUE KRAUZE, *Siglo de caudillos*, TusQuets, México, 1994.

Comentamos textos

1 Responde en grupo: ¿por qué la condesa Paula Kolonitz opina en este texto que en 1864 no todos los hombres estaban felices de festejar "el grito"?

2 Destaca las ideas principales del segundo texto.

3 Contesta en tu cuaderno: ¿crees que actualmente el aniversario de la independencia debe ser motivo de festejo para todos los mexicanos? ¿Por qué?

4 Describe en una cuartilla de qué forma se celebran las fiestas de la independencia en tu comunidad y entre tu familia.

La conspiración de Querétaro

Después del golpe de Estado dado por los peninsulares en contra del virrey Iturrigaray, los criollos inconformes realizaron juntas secretas en las que planeaban una insurrección contra el gobierno virreinal. En Querétaro se llevaron a cabo reuniones en casa del corregidor Domínguez y su esposa Josefa Ortiz. A ellas asistían el cura de Dolores, Miguel Hidalgo y Costilla, y los jóvenes oficiales Allende, Abasolo y Aldama. En septiembre de 1810 estas reuniones fueron denunciadas y los conspiradores, temiendo drásticas represalias y el fin de sus propósitos, se vieron obligados a iniciar la revuelta el día 16 en Dolores, Guanajuato.

El ejército de Hidalgo

Hidalgo y sus seguidores se dirigieron a San Miguel y a Atotonilco en donde tomaron una imagen de la virgen de Guadalupe que conservarían como estandarte durante toda la lucha. A su paso por los distintos pueblos y rancherías del Bajío se les incorporaban trabajadores del campo, de las minas y de los talleres textiles, armados con palos y machetes.

La tropa marchó hacia Guanajuato, donde el intendente Antonio Riaño se negó a entregar la plaza y se encerró en la **alhóndiga** de Granaditas, junto con los españoles y criollos ricos, dejando al pueblo desprotegido y resentido. Hidalgo trató de evitar en Guanajuato una masacre de españoles, pero la multitud desordenada y enardecida entró a la alhóndiga y realizó una matanza incontrolable y un saqueo de la ciudad.

Este acontecimiento cambió la historia de la lucha por la Independencia ya que numerosos criollos que simpatizaban con ese ideal en un principio, vieron con horror la matanza de españoles y se unieron al ejército realista (virreinal).

De Guanajuato, Hidalgo se dirigió a Valladolid, ciudad que encontró abandonada por las autoridades. Allí fue excomulgado por el arzobispo Miguel Abad y Queipo.

1 Retrato del cura Hidalgo que se encuentra en el Museo Nacional de Historia.

El Ejército **Insurgente**, formado por cerca de 80 000 hombres desorganizados y mal armados, libró su primera batalla formal en el Monte de las Cruces y logró que el ejército realista se retirara. Hidalgo tenía de frente a la ciudad de México pero inexplicablemente ordenó la retirada y se dirigió nuevamente a Valladolid, en donde mandó publicar un **bando** que abolía la esclavitud y el pago del tributo. Siguió su marcha hacia Guadalajara, donde reiteró estas disposiciones sociales. Los insurgentes se encaminaron entonces hacia el norte, donde sufrieron varias derrotas. En el Puente de Calderón, Jalisco, fueron vencidos a pesar de que las tropas rebeldes eran diez veces más numerosas que las realistas y esto ocasionó serias discrepancias entre los jefes insurgentes.

El declive

Hidalgo fue depuesto del mando militar. En Saltillo los rebeldes rechazaron una oferta de **indulto** enviada por el virrey Venegas. En Acatita de Baján, Coahuila, fueron hechos prisioneros Allende, Aldama, Jiménez e Hidalgo. Los tres primeros fueron fusilados el 26 de junio de 1811 e Hidalgo, tras un largo juicio que culminó con su degradación eclesiástica, fue ejecutado el 30 de julio.

2 Grabados anónimos de 1812 que representan batallas entre insurgentes y realistas. Archivo General de la Nación.

Estrategia militar

Lee el siguiente texto:

Cerca de la capital, en el Monte de las Cruces, las tropas españolas enviadas de México hacen frente a la turba. Después de sangrienta batalla, los restos de la guarnición europea tienen que huir a México en espera del asalto final. El camino de la capital está abierto. La revolución parece al filo del triunfo. Pero la multitud insurgente ha sufrido grandes pérdidas, está agotada y carece de pertrechos; del norte viene un ejército realista comandado por Félix María Calleja, que podría atacarla en unos días. Sea por estas razones de orden militar, sea por el temor del sacerdote a la violencia y al saqueo de la capital por parte de la plebe, Hidalgo decide no atacarla.

LUIS VILLORO, en *Historia general de México 2*, El Colegio de México, México, 1976.

Sobre esta retirada se ha escrito mucho. La batalla del Cerro de las Cruces fue una de las mayores victorias del ejército insurgente y hay quien cree que si Hidalgo hubiera marchado sobre la ciudad de México en aquel momento, la lucha por la independencia no hubiera durado tantos años.

Existen varias versiones que tratan de explicar esta retirada:

- Hidalgo pensaba que no tenía suficientes armas y municiones para atacar con un ejército agotado una ciudad bien reforzada.
- Temía no encontrar apoyo al intentar sublevar a la población de la capital y de las ciudades vecinas.
- Su indecisión provocó que no continuara hacia la ciudad de México.
- Temía que se repitieran los excesos ocurridos en Guanajuato y que esto desacreditara el movimiento.
- Los realistas ya habían obtenido una victoria psicológica con la publicación de boletines y **panfletos** de propaganda contra los insurgentes.

3 *Hidalgo oficiando misa antes de la batalla del Cerro de las Cruces.*

HIDALGO

El Monte de las Cruces

Por fin, una turba de héroes
desnudos y sin abrigo,
se arroja a las baterías
que lanzan el exterminio:
un clamor universal
y de gozo un alarido
saluda la intrepidez
de aquellos valientes indios.

Ante tamaña osadía
acobárdase Trujillo,
y, sin rubor, tembloroso,
deja el campo, fugitivo.
La derrota empieza entonces,
y, sin jefes, ni caudillo,
todo el ejército hispano
sucumbe bajo el cuchillo [...]

RAFAEL RUIZ RIVERA
en *Romancero de la Guerra de Independencia*.
Antología poética, Libro Mex, México, 1957, (fragmento).

¿Qué piensas tú?

Considera la situación socioeconómica del país, la personalidad de Hidalgo y las características de su ejército para analizar y responder en tu cuaderno:

1. ¿Por qué crees que Hidalgo no entró a la ciudad de México? Discute en equipo las ideas que surjan y escribe las conclusiones a las que llegues.

2. Realiza una investigación sobre el ejército realista que combatió a Hidalgo, cómo estaba conformado y quiénes eran sus dirigentes.

Los ejércitos de Morelos

En 1810 José María Morelos y Pavón, humilde cura del poblado de Carácuaro, Michoacán, se presentó ante Hidalgo para ofrecer sus servicios como capellán, pero el cura de Dolores le dijo que sería más útil como general al mando de la insurgencia en el sur del país.

Morelos, quien conocía muy bien esa región, mostró cualidades de ser un gran dirigente militar y de tener una enorme capacidad para comprender los complejos problemas políticos y sociales que prevalecían en el territorio. Constituyó un ejército poco numeroso pero bien estructurado, disciplinado y eficaz en la guerra de guerrillas contra los españoles. Sus tropas estaban formadas por campesinos que se le unían a su paso, y en menos de un mes contaba con más de 1 000 hombres. Los militares más brillantes de la insurgencia, Hermenegildo Galeana, Nicolás Bravo, Vicente Guerrero, Félix Hernández (quien sería el primer presidente de México, conocido con el seudónimo de Guadalupe Victoria) y Mariano Matamoros, consolidaron las fuerzas de Morelos. También recibió el apoyo de intelectuales criollos como fray Servando Teresa de Mier, que lo apoyaba desde Londres, Andrés Quintana Roo, José María Cos y Joaquín Fernández de Lizardi.

La Junta de Zitácuaro

Antes de morir, Hidalgo comisionó a Ignacio López Rayón para hacerse cargo de la dirección del movimiento independentista. En agosto de 1811, Rayón formó en Zitácuaro la Suprema Junta Nacional Americana para dar legalidad y sustento político al movimiento. Esta Junta reconocía a Fernando VII como legítimo soberano y funcionaba como un tribunal supremo con facultades para definir la política y la economía que debían regir a la nación para impedir la anarquía. Pero Morelos no estaba de acuerdo en continuar bajo el régimen español y pugnaba por el rompimiento total con España.

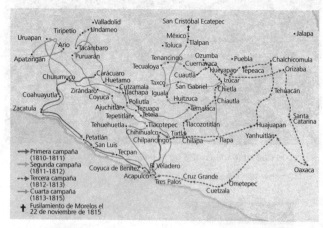

1 *Las campañas de Morelos.*

Las campañas de Morelos

Morelos luchó en los actuales estados de Michoacán, Guerrero, México, Oaxaca y Morelos (nombrado así en su honor). Entre 1811 y 1814 combatió incansablemente contra el ejército realista en cuatro campañas en las que obtuvo grandes éxitos y algunas dolorosas derrotas.

En abril de 1812 logró romper en Villa de Cuautla el cerco que le impuso durante más de dos meses el jefe del ejército realista, Félix María Calleja. Poco después tomó el puerto de Acapulco, lo que dio a su movimiento la posibilidad de obtener recursos para continuar la lucha y privar al virreinato de los ingresos que obtenía con el comercio de oriente.

El Congreso de Chilpancingo

En septiembre de 1813, Morelos convocó en la ciudad de Chilpancingo a un congreso que inmediatamente proclamó la independencia y estableció la República. Su objetivo principal sería dar a la nación estructura, legalidad y un gobierno soberano dividido en tres poderes: ejecutivo, legislativo y judicial. Participaron los principales ideólogos del movimiento independentista así como los dirigentes militares. Durante la sesión inaugural Morelos leyó el documento *Sentimientos de la Nación*, en el que exponía sus ideales políticos y sociales y que sirvió de base para establecer los principios de la Constitución de Apatzingán de 1914. El Congreso de Chilpancingo nombró a Morelos jefe del poder ejecutivo y le confirió el título de "generalísimo" con el tratamiento de "Alteza Serenísima", pero él prefirió que lo llamaran "Siervo de la Nación".

2 *Litografía de un insurgente lazando a un realista.*
Fototeca del Archivo General de la Nación.

Las Cortes de Cádiz

Al mismo tiempo que en Nueva España se desarrollaba la guerra por la independencia, España luchaba contra la ocupación francesa que duró seis años, de 1808 a 1814. En 1812 se reunieron las Cortes en la ciudad de Cádiz y aprobaron una constitución de carácter liberal. En ellas participaron 53 delegados de las colonias americanas que exigieron la abolición de la esclavitud y el otorgamiento de ciudadanía a indios y castas, petición que no fue concedida, pero las Cortes reconocieron la legitimidad de los criollos americanos para gobernar sus territorios. En 1814, Fernando VII fue liberado y asumió nuevamente el poder en España. A su regreso disolvió las Cortes, abolió la Constitución y restituyó el absolutismo.

La Constitución liberal emanada de Cádiz influyó notablemente en la Constitución de Apatzingán promulgada por Morelos y en las constituciones que regirían posteriormente al México independiente.

La Constitución de Cádiz del 19 de marzo de 1812 está dividida en 10 títulos y 384 artículos; enuncia como principios fundamentales los siguientes:

1. La nación española está compuesta por los españoles de ambos hemisferios.

2. La nación es libre e independiente y no puede ser patrimonio de ninguna familia ni persona.

3. La soberanía reside esencialmente en la nación y a ésta pertenece el derecho a establecer sus leyes fundamentales.

4. La religión es y será la católica, y se prohibe el ejercicio de ninguna otra.

5. La nación está obligada a proteger mediante leyes la libertad civil, la propiedad y los derechos legítimos de los individuos que la componen.

6. La felicidad de la de la nación es el objeto del gobierno.

7. Los poderes del Estado son tres: el Legislativo, en las Cortes con el rey; el Ejecutivo, el rey, y el Judicial, con los Tribunales de Justicia.

8. La forma de gobierno es la de una monarquía moderada y hereditaria.

OSCAR CRUZ BARNEY, *Historia del derecho en México*, Oxford University Press, México, 1999.

Morelos tomó las ideas propias de la clase media y las pretensiones del campesino, y las plasmó en sus *Sentimientos de la Nación*, del 14 de septiembre de 1813, en donde se declaró entre otros puntos los siguientes:

1. La América es libre e independiente de España y de toda otra nación.

2. La religión católica es la única, sin tolerancia de otra.

3. La soberanía dimana directamente del pueblo, el que la deposita en sus representantes; los poderes se dividieron en Legislativo, Ejecutivo y Judicial.

4. La esclavitud queda proscrita para siempre y lo mismo la distinción de castas.

5. A cada uno se le guarden sus propiedades y respete en su casa como en asilo sagrado.

6. En la nueva legislación no se admitirá la tortura.

7. Que se quiten los tributos y se fije 5% en sus ganancias y demás efectos u otra carga igual a cada uno, y

8. Que se solemnice el día 16 de septiembre todos los años como el aniversario en que se levantó la voz de la independencia.

OSCAR CRUZ BARNEY, *Historia del derecho en México*, Oxford University Press, México, 1999.

3 *Caricatura de Alejandro Valdés que representa a realistas e insurgentes (1824). Archivo General de la Nación.*

Analiza y responde

1 Compara las dos constituciones y señala los puntos que son comunes, y los que difieren.

2 ¿Cuáles de estas ideas siguen plasmadas en nuestro sistema político?

3 Investiga las biografías de Mariano Matamoros, Nicolás Bravo y Hermenegildo Galeana.

El decaimiento de la lucha armada

En diciembre de 1813 Morelos intentó tomar la ciudad de Valladolid para establecer ahí la sede del Congreso. Sin embargo, sufrió una importante derrota frente a las fuerzas realistas dirigidas por Calleja. Mariano Matamoros, brazo derecho de Morelos, fue aprehendido y fusilado.

En 1814 Morelos fue removido del cargo de jefe militar de las fuerzas insurgentes que le había otorgado el Congreso y a partir de ese momento dedicó casi todo su esfuerzo a la tarea que consideraba más importante: constituir políticamente a la nueva nación.

La Constitución de Apatzingán

Al no poder instalarse en Valladolid, el Congreso se trasladó a la ciudad Apatzingán donde promulgó una Constitución el 22 de octubre de 1814, que definió el nuevo concepto de Estado, los derechos y deberes de los ciudadanos y la forma de organización política de la nación. La Constitución de Apatzingán contenía los ideales de Morelos expresados en los *Sentimientos de la Nación.* En ella se establecía la religión católica como la única tolerada; la soberanía popular y la representación nacional por medio de diputados; la instauración de los poderes ejecutivo, legislativo y judicial; la igualdad de todos los ciudadanos frente a la ley; la educación para todos.

El Congreso, perseguido siempre por las fuerzas realistas, se trasladó a la Hacienda de Puruarán, Michoacán.

1 *Retrato de José María Morelos y Pavón.*

Derrota, juicio y muerte de Morelos

Galeana, Bravo y Guerrero, principales generales insurgentes, fueron reducidos a realizar operaciones de guerrilla pero mantuvieron encendida la llama de la lucha por la independencia. Morelos siempre creyó en alcanzarla y mantuvo la esperanza en el Congreso al que defendió hasta el último instante, escoltándolo en su traslado de Puruarán hacia Tehuacán, Puebla. En el trayecto, el coronel realista Manuel de la Concha tomó prisionero al Siervo de la Nación y lo llevó a la ciudad de México, donde la Inquisición lo degradó en el sacerdocio y el gobierno virreinal lo sentenció a muerte. Fue fusilado en San Cristóbal Ecatepec, Estado de México, el 22 de diciembre de 1815.

El legado de Morelos

Morelos fue el caudillo más importante de la guerra de independencia. Luchó por la igualdad social, la supresión de elementos opresores y esclavizantes como el **latifundio** y el tributo y por la necesidad de entregar las tierras "a los naturales de ellas para su cultivo". Abogó por la idea de que el único medio legítimo para ganarse el sustento es el trabajo y el mayor vicio, el ocio.

Tuvo la intención de formar una nación independiente, libre y soberana cuyos habitantes sólo se diferenciaran por el vicio o la virtud, regida por una Constitución que estableciera límites al poder ejecutivo a través del legislativo y donde el judicial fuera autónomo.

2 *Litografía de Urbano López que representa la prisión de Morelos. Museo Nacional de Historia.*

La fuerza de la pluma

El periodismo fue muy importante en el desarrollo de la guerra. Los medios de comunicación más eficaces durante el movimiento de independencia fueron los pasquines, los panfletos y los periódicos. Muchos intelectuales criollos que no participaron en los campos de batalla pusieron sus ideas al servicio de la insurgencia a través de estos medios impresos.

Hidalgo fundó en 1810, en Guadalajara, *El Despertador Americano* para atraer partidarios a su causa. De este periódico se tiraron 7 números ordinarios y 2 extraordinarios; sólo se conservan los números uno y cuatro. Intentaba persuadir a los criollos de unirse al movimiento insurgente.

Otros periódicos importantes fueron *El Fénix*, *El Ateneo* y *Semanario Político*, este último publicado en 1811 por Andrés Quintana Roo.

El *Ilustrador Nacional* de José María Cos apareció en abril de 1812. Daba a conocer la justicia y objetivos del movimiento así como los pormenores del conflicto.

El *Ilustrador Americano* redactado por Cos, Quintana Roo y López Rayón apareció en mayo de 1812. Contenía planes, proclamas, partes de guerra y relatos de éxitos militares.

José Joaquín Fernández de Lizardi publicó *El Pensador Mexicano* en 1812, donde criticaba severamente a la sociedad colonial, denunciaba los abusos de la autoridad virreinal y los privilegios de ciertas clases.

Morelos mandó publicar en Oaxaca *Sud* y *El Correo Americano del Sur*, dos periódicos que, además de hablar de la justicia y logros de la causa insurgente, informaban sobre la economía nacional.

Francisco Javier Mina fundó en 1817 el *Boletín de la División Ausiliar* [sic] *de la República Mexicana*.

La mayoría de estos periódicos tuvo un tiraje muy limitado y pronto desaparecieron.

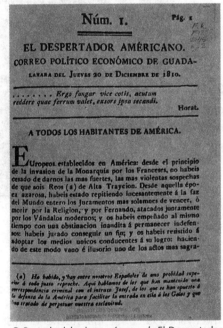

3 *Portada del primer número de El Despertador Americano*

Lee, piensa y contesta

1. ¿Dónde crees que se imprimían estos periódicos?

2. ¿Qué secciones tendría un periódico de esa época? ¿Por qué?

3. ¿Por qué crees que desaparecieron al poco tiempo de haber salido a la circulación?

4. Investiga quiénes fueron los personajes que contribuyeron a la lucha por la independencia a través de sus escritos. ¿Cuál fue la importancia de estos personajes?

5. Redacta en equipos una noticia sobre acontecimientos importantes de la guerra de independencia. Después reúne las noticias de todos los equipos y forma un periódico. Divídelo en secciones de acuerdo a los temas de las noticias: política, finanzas, sociales.

4 *El transporte a principios del siglo xix era lento y difícil.*

La guerra de guerrillas

A la muerte de Morelos el movimiento insurgente se quedó sin un dirigente con carisma que lo encabezara. Dividido y desalentado por la desaparición de los principales jefes revolucionarios y por la implacable represión de Calleja, se debilitó pero se mantuvo activo a través de la guerra de guerrillas.

La disolución del Congreso

El Congreso fue disuelto en Tehuacán en 1815 por Manuel Mier y Terán, destacado jefe de artillería a las órdenes de Morelos, con el argumento de que la nación no necesitaba juristas sino soldados.

Entre 1816 y 1818 muchos generales insurgentes fueron apresados y fusilados o aceptaron el indulto ofrecido por el virrey Ruiz de Apodaca. Sin embargo, Vicente Guerrero, general que había participado a las órdenes de Morelos, permaneció en pie de lucha e invicto hasta la consumación de la Independencia en 1821. Dominaba una extensa región en el sur del país y alcanzó una enorme influencia que nunca pudo contrarrestar el gobierno virreinal. Guerrero se manifestó contra la disolución del Congreso.

1 *Vicente Guerrero.*

La incursión de Francisco Javier Mina

En 1817, Francisco Javier Mina, liberal español, llegó a Soto la Marina, Tamaulipas. Venía a unirse a las fuerzas insurgentes pues creía que luchar por la independencia de las colonias era una forma de combatir la dictadura del rey Fernando VII. Mina había sido perseguido en España por el gobierno absolutista y desterrado a Inglaterra. En Londres conoció a fray Servando Teresa de Mier, clérigo partidario de la independencia de Nueva España y éste lo animó para incorporarse a la lucha novohispana.

La campaña militar de Mina fue breve pero logró dar al movimiento insurgente un importante impulso. Aliado a Pedro Moreno, jefe de una de las guerrillas más importantes del norte, se impuso a la persecución realista y tomó varios poblados. Finalmente el coronel Francisco de Orrantía lo capturó en un rancho llamado El Venadito, cerca de Guanajuato. Fue fusilado en noviembre de 1817.

La situación económica

Al iniciarse la lucha por la independencia, Nueva España seguía enviando a España grandes cantidades de oro y plata para sufragar la guerra contra Francia, pero conforme avanzó la contienda independentista, la minería fue seriamente afectada y para 1820 su producción había decaído a una tercera parte de lo obtenido en los diez años anteriores. Debido a la ocupación francesa de la península Ibérica el comercio con España se redujo. La producción disminuyó porque los campesinos dejaban las tierras para unirse al movimiento.

La Iglesia también sufrió pérdidas ya que el pago del diezmo se redujo considerablemente debido a la crisis.

Sin embargo, entre 1818 y 1820 Nueva España parecía estar nuevamente en paz. Con el regreso de los insurgentes a sus labores y oficios, acogiéndose al indulto ofrecido por Ruiz de Apodaca, la economía repuntó al finalizar la segunda década del siglo XIX.

2 *Los arrieros eran muy valiosos en las filas insurgentes, ya que conocían muy bien los caminos. Vicente Guerrero fue un notable arriero y eso explica en parte sus éxitos militares.*

Inglaterra y los Estados Unidos frente a la guerra de independencia

A Inglaterra le convenía que los territorios españoles en América se independizaran pues eso le permitiría ampliar sus mercados, en franca expansión debido a la revolución industrial. Ello explica que Gran Bretaña apoyara algunas incursiones desde su territorio a Nueva España, como la de Francisco Javier Mina.

Los Estados Unidos, por su parte, también estaban interesados en la independencia de toda América, ya que como primer país independiente del continente, había iniciado una política de expansión, tanto territorial como comercial, dirigida hacia el sur.

3 *Campaña de Francisco Javier Mina.*

Restitución de la Constitución de Cádiz

A principios de 1820, la Constitución de Cádiz entró nuevamente en vigor como consecuencia del levantamiento del coronel Rafael Riego. El monarca español juró esta Constitución y se convocó a elecciones a Cortes a las que asistieron representantes de Nueva España encabezados por Miguel Ramos Arizpe.

Esto provocó en el virreinato novohispano una oposición por parte de la aristocracia criolla y española que veía en esta Constitución ideas liberales opuestas a la tradición monárquica. La Iglesia sintió amenazados sus privilegios y temió que las medidas anticlericales propuestas en dicha legislación se radicalizaran.

Los miembros más prominentes de las altas esferas política y eclesiástica de Nueva España se reunieron en la iglesia de La Profesa para planear la independencia del gobierno virreinal con respecto al gobierno liberal de España y regirse así por las Leyes de Indias.

El virrey Ruiz de Apodaca pensó en la posibilidad de negarse a jurar la nueva Constitución pero fue obligado a ponerla en vigor por grupos de comerciantes, masones y militares liberales.

Agustín de Iturbide, destacado militar criollo que peleó del lado de las tropas realistas y que había participado en las reuniones de La Profesa, fue nombrado comandante del ejército realista por el virrey y se le encomendó terminar con la insurgencia.

4 *Plaza de la Constitución en la ciudad de México. Pocos saben que ostenta este nombre desde 1812, cuando las Cortes de Cádiz decretaron que todas las plazas mayores de España y sus colonias se denominaran "de la Constitución".*

Coincidencias y contradicciones entre Guerrero e Iturbide. El Plan de Iguala

Vicente Guerrero, en su afán por dar fin a la lucha armada, exhortó en repetidas ocasiones a los jefes militares realistas a unirse para lograr juntos la victoria. Iturbide, quien fracasó en su intento por derrotar a Guerrero, también estaba convencido de que la única manera de lograr la independencia era establecer una alianza entre insurgentes y realistas. Ambos dirigentes acordaron unir sus fuerzas.

Iturbide desarrolló en Iguala un plan independentista en el que proponía la formación del Imperio Mexicano regido por una constitución y se invitaría a Fernando VII como emperador. Guerrero aceptó las condiciones del *Plan de Iguala* en la única entrevista que sostuvo con Iturbide y que se cree ocurrió en Acatempan (al parecer se efectuó en Teloloapan). De ahí también el famoso "abrazo de Acatempan" que quizá se dieron ambos personajes.

5 *Pintura que recrea el encuentro entre Guerrero e Iturbide.*

El que Guerrero haya firmado el *Plan de Iguala* ha sido muy cuestionado, ya que aceptó la instauración de una monarquía gobernada por Fernando VII. Fiel a los principios por los que habían luchado Hidalgo y Morelos, Guerrero debió ceder en parte y pactar para hacer realidad la independencia. Algunos historiadores se preguntan si haber firmado el *Plan de Iguala* supuso una traición a los principales ideales de la independencia. Otros piensan que de haberse negado a pactar, la lucha se hubiera prolongado innecesariamente. Once años de guerra habían dejado su huella. La población, exhausta, ansiaba una solución pacífica.

6 *Pintura que representa la entrada triunfal del ejército Trigarante a la ciudad de México. A la derecha observamos la Casa de los Azulejos, que aún existe.*

7 *Al virrey Calleja (1813-1816) lo sucedió el virrey Juan Ruiz de Apodaca (1816-1821). Ambos estaban conscientes y así lo había expresado Calleja, de que el triunfo de la insurgencia llegaría tarde o temprano toda vez que "seis millones de habitantes estaban decididos a la independencia".*

Los Tratados de Córdoba

En agosto de 1821 llegó de España Juan de O'Donojú con el cargo de jefe político superior para sustituir al virrey Ruiz de Apodaca. De ideología liberal, O'Donojú se dio cuenta de inmediato de que casi todo el país había aceptado el *Plan de Iguala*, y firmó con Iturbide en Córdoba, Veracruz, los *Tratados de Córdoba* mediante los cuales aceptaba la independencia del imperio Mexicano.

Iturbide se dirigió con el ejército Trigarante a la ciudad de México y entró triunfal el 27 de septiembre de 1821. Las tres garantías que proclamaba eran la religión católica, la unión y la independencia. Al día siguiente se firmó, en forma definitiva, el *Acta de Independencia del Imperio Mexicano*.

El Plan de Iguala

Los principales puntos del *Plan de Iguala*, proclamado el 24 de febrero de 1821 fueron:

1. La religión Católica Apostólica Romana, sin tolerancia de otra alguna.

2. La absoluta Independencia de este Reino.

3. Gobierno Monárquico, templado por una Constitución análoga al país.

4. Fernando VII y en sus casos los de su dinastía o de otra reinante serán los Emperadores, para hallarnos con un monarca ya hecho y precaver los atentados de ambición.

5. Habrá una junta, **interín**, se reúnen Cortes que hagan efectivo este Plan.

11. Trabajarán luego que se unan, la Constitución del Imperio Mexicano.

12. Todos los habitantes de él, sin otra distinción que su mérito y virtudes, son ciudadanos idóneos para optar cualquier empleo.

13. Sus personas y propiedades, serán respetadas y protegidas.

14. El Clero Secular y Regular, conservado en todos sus fueros y propiedades.

15. Todos los ramos del Estado, y empleados públicos, subsistirán como en el día, y sólo serán removidos los que se opongan a este Plan, y sustituidos por los que más se distingan en su adhesión, virtud y mérito.

16. Se formará un Ejército protector que se denominará de las *Tres Garantías*, y que se sacrificará del primero al último de sus individuos, ante la más ligera infracción de ellas.

20. Interín se reúnen las Cortes se procederá en los delitos con tal arreglo a la Constitución Española.

21. En el de conspiración contra la Independencia se procederá a prisión, sin pasar a otra cosa hasta que las Cortes dicten la pena correspondiente al mayor de los delitos, después del de lesa Majestad Divina.

> Ernesto de la Torre Villar, *et. al.*,
> *Historia Documental de México II*,
> UNAM, México, 1964.

8 *Agustín de Iturbide.*

Aplica tus conocimientos

Lee atentamente los principales puntos del *Plan de Iguala*. Recuerda que Vicente Guerrero fue un seguidor incondicional y admirador de Morelos.

1. ¿Con qué puntos del *Plan de Iguala* crees que estuvo en desacuerdo Guerrero?

2. Si estuvo en desacuerdo con algunos puntos, ¿por qué crees que decidió adherirse al Plan?

3. Discute en equipo las dos preguntas anteriores y expón junto con tus compañeras y compañeros las conclusiones a las que llegaron.

La Historia de México no sólo ha sido narrada por historiadores. Los artistas plásticos han representado un papel fundamental en la difusión e interpretación de la historia mexicana. José Clemente Orozco, uno de los grandes muralistas mexicanos, dice en su autobiografía:

> Uno de los temas que más ha preocupado a los pintores murales ha sido la historia de México. Unos se han afiliado a alguna de las facciones de historiadores y otros han opinado independientemente, pero todos se han vuelto expertos opinadores y comentadores de mucha fuerza y penetración.
>
> JOSÉ CLEMENTE OROZCO, *Autobiografía*,
> Era, México, 1970.

Para observar y entender un mural debes tomar en cuenta los siguientes elementos:

- **El autor** y **la época** en que vivió o vive; esto ayuda a situar su obra en su contexto histórico y sirve para verificar si el tema representado corresponde o no a la época del autor.
- **El tema**; para conocerlo, debes describir la escena representada y ubicarla dentro de su contexto histórico.
- **Los personajes**; identificarás a los personajes principales, su importancia y qué te parece su representación.
- **La estructura**; observarás la composición del mural: cómo se ordenan las figuras; si tiene simetría y cómo se sitúan los planos.
- **El color**; detecta qué colores fueron usados y cómo el autor se apoya en ellos para dar el efecto deseado a su obra.

1 *Mural realizado por Diego Rivera en la escalera principal de Palacio Nacional, llamado* Las tres revoluciones, *en el que aparecen los principales personajes y símbolos de la lucha de Independencia.*

¿Sabías que el personaje que aparece extendiendo una espada en el centro del mural representa el mestizaje? Identifícalo.

Diego Rivera nació en 1886 y murió en 1957. Fue uno de los iniciadores del movimiento muralista mexicano.

Observa este fragmento que representa a los principales personajes que forjaron la independencia de México. Como símbolos aparecen la vid, el gusano de seda, banderas insurgentes, el águila y la serpiente, y rotas las cadenas de la esclavitud.

Hidalgo está al centro, como eje de simetría; a los lados de este eje aparecen de espaldas dos grupos de personajes que dan equilibrio a la composición. Los personajes más importantes están resaltados por el color.

1. El águila y la serpiente.
2. Martín Cortés (1523-?). Hijo de Hernán Cortés y de la Malinche.
3. Gral. Ignacio Allende (1769-1811).
4. Don Miguel Hidalgo y Costilla (1753-1811).
5. Don José Ma. Morelos y Pavón (1765-1815).
6. Hermenegildo Galeana (1762-1814).
7. Mariano Matamoros (1770-1814).
8. Gral. Francisco Javier Mina (1789-1817).
9. Guadalupe Victoria (1786-1843).
10. Nicolás Bravo (1786-1854).
11. José Mariano Jiménez (1781-1811).
12. Juan Aldama (1774-1811).
13. Josefa Ortíz de Domínguez (1768-1829).
14. Gral. Vicente Guerrero (1782-1831).
15. Mariano Abasolo (1784-1816).
16. Bandera de las Tres Garantías.
17. Leona Vicario (1789-1842).
18. Andrés Quintana Roo (1787-1851).
19. Don Manuel Gómez Pedraza (1789-1851).
20. Agustín de Iturbide (1783-1824).
21. Gral. José Antonio de Echavarri.
22. La Vid y el Gusano de Seda.

DIEGO RIVERA, *Catálogo general de obra mural y fotografía personal*, SEP-INBA, pp. 122, 123, 127 y 130.

AHORA HAZLO TÚ

Analiza, siguiendo las indicaciones anteriores, el mural.

Al contemplar una obra artística plantéate las siguientes preguntas:

- ¿Qué impresión me causó la obra?
- ¿Qué dudas me surgieron al observarla?
- ¿Qué mensaje me transmitió?

2 *Alfredo Zalce, Los libertadores. Este mural sobre la independencia de México se encuentra en la escalera del palacio de gobierno de Morelia, Michoacán.*

Lee con atención el siguiente esquema y realiza las actividades.

CAUSAS EXTERNAS

- Ilustración
- Reformas borbónicas
- Independencia de las 13 colonias inglesas en América (1776)
- Revolución Francesa (1789)
- Invasión napoleónica en España y abdicación de Carlos IV y Fernando VII (1808)
- Constitución liberal de Cádiz (1812)
- Restitución del absolutismo con Fernando VII (1814)

DIERON ORIGEN

CAUSAS INTERNAS

- Se impide a criollos ocupar principales cargos políticos y administrativos
- Enorme desigualdad social: inconformidad de indios, negros y castas por el tributo, la esclavitud y la marginación social

GUERRA POR LA INDEPENDENCIA DE MÉXICO 1810-1821

ETAPA DE INICIO

- Hidalgo inicia el movimiento armado junto con Allende, Aldama, Abasolo y Jiménez. Su ejército es numeroso pero desorganizado y mal armado
- Ocupación violenta de ciudades importantes del centro del país, lo que aleja a numerosos criollos del movimiento
- Abolición de la esclavitud y del tributo indígena
- Hidalgo y sus principales hombres son fusilados en 1811

ETAPA DE ORGANIZACIÓN

- Morelos se convierte en el principal dirigente a la muerte de Hidalgo
- Respecto a la soberanía, Morelos difiere con López Rayón
- Ejército poco numeroso pero bien disciplinado, al mando de militares como Bravo, Matamoros, Galeana, Guadalupe Victoria y Vicente Guerrero
- Formación del Congreso de Chilpancingo y **promulgación** de la Constitución de Apatzingán
- Morelos es fusilado en 1815

ETAPA DE RESISTENCIA

- A partir de 1815 decae el movimiento armado. Predomina la guerra de guerrillas
- Vicente Guerrero toma el mando del movimiento en el sur
- El español Francisco Javier Mina se incorpora al movimiento en el norte

FACTORES QUE HICIERON POSIBLE LA CONSUMACIÓN DE LA INDEPENDENCIA

- En 1820 se restituye en España la Constitución de Cádiz que afecta los intereses del clero. Criollos aristócratas y peninsulares pugnan por la independencia de Nueva España
- Vicente Guerrero invita a los realistas a unirse a sus fuerzas para lograr la independencia
- Agustín de Iturbide redacta el *Plan de Iguala*. Vicente Guerrero firma el Plan y pacta con Iturbide el fin de la lucha armada
- Mediante la firma de los *Tratados de Córdoba* entre Juan O'Donojú, último virrey, e Iturbide se consuma la independencia de México

CONSUMACIÓN DE LA INDEPENDENCIA

Actividades

1 Con los sucesos históricos del esquema elabora un resumen que explique el desarrollo de la guerra de independencia.

2 En equipo relaciona las tres etapas del desarrollo de independencia con el mural de Diego Rivera de la sección INVESTIGUEMOS (p.108).

Para elaborar fichas biográficas y bibliográficas

Mujeres en acción

Dentro del movimiento de independencia hubo mujeres que destacaron por su participación activa: Leona Vicario, Josefa Ortiz de Domínguez, Gertrudis Bocanegra, Ana María y Trinidad Ortega, Rosa Patiño, Micaela y Ramona Bustamante, María Andrea Martínez, Manuela Medina, entre otras.

Busca en la biblioteca de tu localidad datos sobre la vida de alguna de ellas y elabora una ficha biográfica.

Datos que debe contener una ficha biográfica

- Nombre completo del personaje.
- Fecha de su nacimiento y muerte.
- Datos importantes de su vida.
- Datos curiosos que te hayan llamado la atención.

Manuela Medina (?-1822). Indígena originaria de Taxco, Guerrero. Peleó al lado de la insurgencia al mando del general Morelos. La Suprema Junta Nacional le otorgó el grado de capitana, sobrenombre con el cual fue conocida por sus acciones en el campo de batalla. Murió víctima de dos heridas de lanza que recibió en un combate.

Dato curioso:

Viajó más de 100 leguas para conocer al general Morelos. Después de haberlo visto dijo que ya moría con ese gusto aunque la despedazara una bomba de Acapulco.

Enciclopedia de México.
Edición especial para Encyclopaedia Britannica de México,
México, 1993, t. 9.

Más datos que debe contener una ficha biográfica

Es importante que cada ficha biográfica contenga la fuente de donde obtuviste la información, es decir, la referencia bibliográfica:

Autor o autores. Cuando hay un solo autor se menciona el apellido paterno y el nombre, cuando son dos o más autores, después del primero se comienza por el nombre de pila y después el apellido. Cuando son más de tres, se registra el primero y después el latinismo *et al.*, que significa "y otros", **Título del libro.** Se escribe en letra cursiva o se subraya, **Editorial.** Nombre completo, en el caso de instituciones se usan sus siglas, **Colección o serie** y número de éstas, **Ciudad** donde se editó, **Año** de la edición, **Número de volumen o tomo** (si lo hay); todos los elementos de las fichas bibliográficas se separan con comas y sólo al final se pone punto.

1 *Gertrudis Bocanegra participó activamente en la lucha por la independencia. Era espía del ejército insurgente, por lo que fue fusilada en la plaza principal de Pátzcuaro. Mural de Juan O'Gorman, Biblioteca Pública de Pátzcuaro.*

Glosario

Alhóndiga: Edificio público en el que se comerciaba con trigo y otros cereales.

Bando: Comunicado oficial de una autoridad, especialmente si se lee en pregón o si se fija en lugares públicos.

Independencia: Condición de un Estado que se gobierna autónomamente y no está sometido por otro.

Indulto: Perdón total o parcial de una pena, o conmutación de la misma, que la autoridad competente concede a una persona.

Insurgente: Que se subleva o se rebela.

Interín: Intervalo de tiempo que transcurre entre dos hechos. Tiempo que dura el desempeño de un cargo, sustituyendo al titular.

Interregno: Espacio de tiempo en que un estado no tiene soberano.

Latifundio: Finca agraria de gran extensión, propiedad de un solo dueño.

Panfleto: Papel o folleto que contiene propaganda política.

Pasquines: Escritos anónimos que se fijan en un sitio público y que contienen expresiones satíricas o acusaciones.

Promulgación: Publicación en forma solemne o formal de algo, especialmente de una disposición de la autoridad, para que sea cumplida obligatoriamente.

Soberanía: Autoridad suprema del poder público. Independencia y autodeterminación de una nación para gobernarse a sí misma.

Formación de una identidad propia

Aquí te presentamos algunos de los estandartes y banderas utilizados por los insurgentes. Investiga a qué ejército perteneció cada uno de ellos.

Responde y resuelve en tu cuaderno:

- Busca el significado del concepto de identidad.

- ¿Por qué las banderas son un símbolo de identidad?

- ¿Qué factores otorgaron identidad a México al consumarse la independencia?

- Describe en una cuartilla tus costumbres, tradiciones, pasatiempos, etc. Todo ello forma lo que llamamos sentido de identidad, ¿cuáles crees que heredaste de la época de la independencia?

Relaciona las dos columnas

Hidalgo	*Tratados de Córdoba*
Morelos	Constitución de Cádiz
Don Juan de O'Donojú	Bandos de abolición de la esclavitud y de los tributos
Miguel Ramos Arizpe	Constitución de Apatzingán
Vicente Guerrero	*Plan de Iguala*

1 *Litografía del interior del templo de La Profesa.*

Reuniones secretas

Durante la guerra de Independencia hubo varios movimientos "clandestinos" llamados conspiraciones.

Las más conocidas fueron la de Querétaro y la de la iglesia de la Profesa. Investiga sobre ellas y completa el cuadro.

	Conspiración de Querétaro	Conspiración de La Profesa
Dónde		
Cuándo		
Por qué		
Cómo		
Para qué		

Poesía e historia

Aquí te presentamos un romance que narra el encuentro de Guerrero e Iturbide. Investiga la vida del autor.

Acatempan

Escuchan de pie los montes,
de lejos miran los valles,
y la plaza de Acatempan
mece en el viento sus árboles,
para cubrir con su sombra
a los bravos militares
de Iturbide valeroso
y de Guerrero indomable.
Ellos están frente a frente,
sin rencor y sin dañarse,
mirando limpios los cielos
y sin trascender a sangre.
Los de Iturbide ¡qué guapos!
¡Qué galones y alamares!
Sombreros de ricas plumas
y de acero corvos sables:
¡Qué cañones tan lucientes!
¡Qué escuadrones tan marciales!
Los infantes de Celaya

¡qué tallas tan arrogantes!
Los soldados de Guerrero
forman en todo contraste,
porque el que tiene sombrero,
las espaldas lleva al aire:
unos ostentan fusiles
afirmados con "mecates";
los otros llevan sus "jierros"
sin tener dónde colgarse;
pero ¡cuánto noble orgullo
en el conjunto salvaje,
y cuánta noble fiereza
en posturas y ademanes!
Todos están en espera
de sus jefes, todos saben
que Iturbide y que Guerrero,
fieros enemigos antes,
se citan en aquel punto
para amigos saludarse[...]

GUILLERMO PRIETO, en *Romancero de la guerra de Independencia, Antología poética*, Libro Mex, México, 1957, (fragmento).

- ¿Qué datos históricos encuentras en el poema?
- Cambia el poema a prosa describiendo el encuentro entre Iturbide y Guerrero.
- Escoge algún hecho de la guerra de Independencia como el grito de Dolores, la toma del estandarte de la virgen de Guadalupe, la batalla del Cerro de las Cruces, la llegada de Mina, Morelos y la toma de Acapulco, el sitio de Cuautla, etc., después escribe un poema sobre ello. Una forma de hacerlo es escribir primero en prosa tu narración y luego intenta rimarla.

Para pensar y discutir en equipo

- ¿Por qué fue importante redactar documentos políticos y jurídicos durante la lucha por la independencia? ¿Cuál era su importancia?
- ¿Cómo hacían los insurgentes para conseguir movilizar y trasladar en medio de la guerra libros, periódicos, documentos que necesitaban para estudiar y elaborar sus propios documentos jurídicos e informativos?

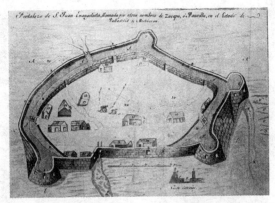

2 *Dibujo del Fuerte de Jaujilla en el que se refugiaron intelectuales insurgentes entre 1816 y 1818. Disponían de una imprenta y de una selecta biblioteca.*

3 *Bando de Morelos.*

La ruta de Hidalgo

En un mapa de la República encuentra los lugares mencionados a continuación y marca con flechas la ruta de Hidalgo. Señala cada lugar con el icono correspondiente. Dibuja los iconos que faltan.

Guadalajara   Cerro de las Cruces   Ciudad de Guanajuato   Valladolid

Ciudad de Chihuahua   Atotonilco   Dolores   Puente de Calderón

MÉXICO	AÑOS	EL MUNDO
Conspiraciones independentistas por parte de los criollos novohispanos	1808	Invasión napoleónica a España; abdican Carlos IV y su hijo Fernando VII
	1809	
Miguel Hidalgo y Costilla inicia movimiento de independencia el 16 de septiembre	1810	
Hidalgo y sus principales hombres son fusilados; José María Morelos y Pavón asume la dirección del movimiento insurgente	1811	Independencia de Paraguay
	1812	Constitución liberal de Cádiz / Napoleón invade Rusia
Congreso de Chilpancingo	1813	Peste bubónica en Europa (último brote)
Constitución de Apatzingán	1814	Fernando VII es liberado / Restitución del absolutismo en España; se deroga la Constitución de Cádiz
Morelos es fusilado	1815	Derrota de Napoleón por los ingleses en Waterloo / Congreso de Viena
Vicente Guerrero encabeza el movimiento en el sur	1816	Independencia de Argentina
Francisco Javier Mina llega a México para unirse al movimiento en el norte. Es fusilado	1817	Independencia de Chile / Movimiento romántico en literatura y música
Guerrero continúa la lucha en el sur a través de la guerra de guerrillas	1818	Inglaterra gobierna la India
	1819	Independencia de Colombia / Estados Unidos compra Florida a España
	1820	Entra nuevamente en vigor la Constitución de Cádiz / Colonos británicos se establecen en las costas de Sudáfrica
Pacto entre Guerrero e Iturbide / Firma del *Plan de Iguala* / *Tratados de Córdoba* / Promulgación de la Independencia de México el 27 de septiembre	1821	

(Columna central: COLONIA — MOVIMIENTO DE INDEPENDENCIA) (ÉPOCA CONTEMPORÁNEA)

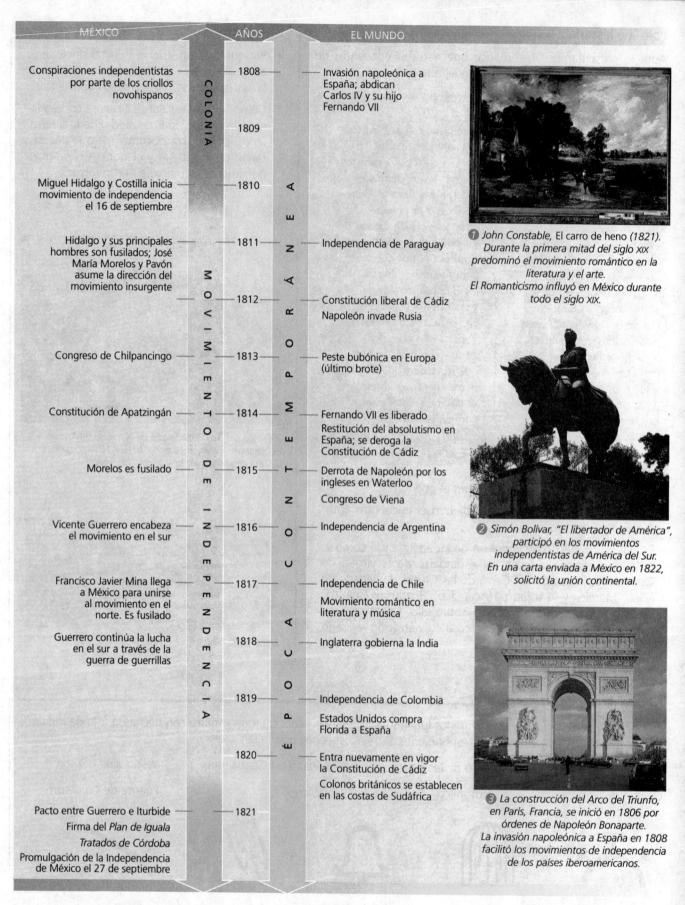

1 *John Constable*, El carro de heno (1821). Durante la primera mitad del siglo XIX predominó el movimiento romántico en la literatura y el arte. El Romanticismo influyó en México durante todo el siglo XIX.

2 *Simón Bolívar, "El libertador de América",* participó en los movimientos independentistas de América del Sur. En una carta enviada a México en 1822, solicitó la unión continental.

3 *La construcción del Arco del Triunfo,* en París, Francia, se inició en 1806 por órdenes de Napoleón Bonaparte. La invasión napoleónica a España en 1808 facilitó los movimientos de independencia de los países iberoamericanos.

EL CAFÉ MEXICANO

El café no es originario de América sino de Etiopía. Hacia 1806 se plantaron los primeros cafetos en el estado de Veracruz aunque hay quien dice que fue en 1812, en plena guerra de independencia, cuando el español don Antonio de Guevara trajo las primeras plantas a la ciudad de Córdoba, Veracruz. Sin embargo, la bebida preferida en México seguía siendo el chocolate como en la época prehispánica. Poco a poco el cultivo del café se extendió de Veracruz a Oaxaca, Chiapas y Michoacán.

Actualmente el café es uno de los principales productos mexicanos de exportación y compite con los mejores del mundo. Además, se ha convertido en una de las bebidas de mayor consumo en el país.

ADIVINANZA

Soy una señora con un solo diente que hago correr a toda la gente. ¿Qué soy?

¡TALÁN TALÁN!

No es cualquier campana la que se toca el día del grito.

La que se encuentra en Palacio Nacional es la misma que hizo sonar Hidalgo en la parroquia de Dolores, fue llevada a la ciudad de México por el presidente Porfirio Díaz en 1896.

Cada ciudad capital del país tiene una copia fiel de la campana que se tocó en 1810. Todas se estrenaron el 15 de septiembre de 1960. Averigua en qué edificio se encuentra la de tu estado.

CHILES EN NOGADA

De camino a la ciudad de México, después de la firma de los *Tratados de Córdoba*, Agustín de Iturbide paró en Puebla donde festejó su Santo. Para homenajearlo, los poblanos simpatizantes con la causa de la independencia le prepararon un banquete que incluía chiles en nogada, platillo novedoso no sólo por su exquisitez culinaria sino porque intentaba recrear los colores de las tres garantías proclamadas por Iturbide: el verde de los chiles, la independencia; el blanco de la salsa de nuez, la pureza de la religión católica; el rojo de la granada, la unión o reconciliación entre mexicanos y españoles.

PASEANDO POR LAS CALLES DE LA CIUDAD

¿Te has dado cuenta de que numerosas avenidas, calles, plazas, sectores y barrios de nuestras ciudades llevan nombres de los personajes que participaron en el movimiento de independencia? ¿Sabes dónde quedan las calles Morelos, Allende, Hidalgo, Insurgentes, Rayón, de tu ciudad? Quizá tu casa o escuela están en una de ellas. Puedes salir a caminar por el centro de la ciudad y ver con cuántos nombres de héroes te topas. ¡Cuidado! También hay personajes de otras épocas.

¿CURA PARA LA MIGRAÑA?

El paliacate, tan común en los mercados de México, fue utilizado por Morelos para curar la migraña que padecía.

Unos dicen que al apretarle la cabeza el paliacate le ayudaba a mitigar el dolor, otros dicen que más bien lo que le ayudaba eran las rodajas de papa que se ponía debajo del paliacate y que éste sólo le ayudaba a detenerlas. Actualmente utilizamos medicamentos para la migraña y al paliacate le hemos encontrado otros usos. ¿Puedes mencionar diez usos diferentes?

BANDERITAS MEXICANAS

Antes de los años cuarenta las banderitas que se venden en septiembre por todo el país eran confeccionadas en grandes cantidades en Japón, pues México no contaba con empresas lo suficientemente grandes para hacer frente a la demanda de este artículo. Pero al romper nuestro país relaciones diplomáticas con Japón a raíz de la Segunda Guerra Mundial, los empresarios mexicanos comenzaron a producirlas.

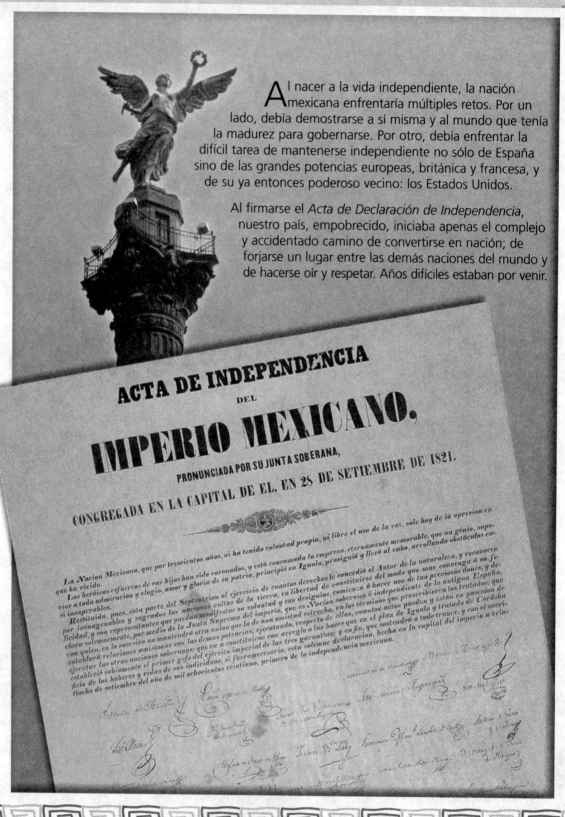

Al nacer a la vida independiente, la nación mexicana enfrentaría múltiples retos. Por un lado, debía demostrarse a sí misma y al mundo que tenía la madurez para gobernarse. Por otro, debía enfrentar la difícil tarea de mantenerse independiente no sólo de España sino de las grandes potencias europeas, británica y francesa, y de su ya entonces poderoso vecino: los Estados Unidos.

Al firmarse el *Acta de Declaración de Independencia*, nuestro país, empobrecido, iniciaba apenas el complejo y accidentado camino de convertirse en nación; de forjarse un lugar entre las demás naciones del mundo y de hacerse oír y respetar. Años difíciles estaban por venir.

Punto de partida

1. ¿Por qué un imperio al consumarse la independencia?

Bandera usada en la batalla del Álamo en 1836, en la defensa de Veracruz en 1838 y en la batalla de Cerro Gordo en 1847.

2. ¿Qué proponía la Constitución de 1824?

Bandera del imperio de Iturbide.

3. ¿Qué dificultades enfrentaron los primeros gobiernos federalistas?

4. ¿Qué personaje dominó la escena política durante los primeros treinta años?

5. ¿Qué condiciones sociales y económicas tenía el país al nacer a la vida independiente?

Estandarte de un regimiento organizado en 1833.

6. ¿Cómo fue recibida la noticia de la independencia de México por otros países?

Banderas de batallones formados después de la caída de Iturbide.

7. ¿Qué conflictos internacionales debió enfrentar la nueva nación mexicana?

8. ¿Qué consecuencias tuvo para nuestro país la intervención norteamericana de 1846-1848?

Bandera usada durante la intervención norteamericana, 1846-1848.

Bandera usada durante la intervención norteamericana, 1846-1848.

La formación del primer imperio

Después de firmados los *Tratados de Córdoba* el poder ejecutivo de la joven nación mexicana recayó en una Junta Provisional Gubernativa. El 28 de septiembre de 1821 se firmó la *Declaración de Independencia del Imperio Mexicano* que, en un tono muy distinto al del *Plan de Iguala*, declaraba que la nación mexicana salía de la opresión en la que había vivido por 300 años.

Reflexiona

Actualmente el concepto de ciudadano se usa con mucha frecuencia. Trata de escuchar con atención si esta palabra es utilizada por alguna persona en tu casa, en la escuela, en la calle o en los medios de comunicación y responde en tu cuaderno: ¿a quiénes se refieren cuando la usan?, ¿tus familiares, amigos, conocidos y tú mismo, son ciudadanos?

La Junta Provisional nombró una Regencia formada por cinco personas, entre ellas Juan O'Donojú y Agustín de Iturbide, a quien se designó presidente. De esta forma la Regencia quedó como titular del poder ejecutivo y la Junta Provisional del legislativo. En ninguna de estas organizaciones políticas fueron incluidos los antiguos insurgentes, lo que ocasionó desavenencias y resentimientos.

Muchas instituciones de la época colonial, como la Audiencia de México, siguieron funcionando durante los primeros años de vida independiente pero con cambios en algunas áreas. Se abolieron las castas y se declaró la igualdad de todos los ciudadanos. Sin embargo, en realidad la mayoría de la población continuó marginada ya que el concepto de *ciudadano* que entonces se tenía no era igual al que se tiene hoy; en términos generales se consideraban *ciudadanos* a las personas que poseían bienes y educación.

Los primeros pasos que dio el nuevo gobierno no fueron fáciles ya que, entre otras razones, quienes eran partidarios de establecer como forma de gobierno la república, hacían severas críticas a Iturbide, partidario de la monarquía.

Agustín de Iturbide

A principios de 1822 se reunió un primer Congreso para elaborar la Constitución que regiría al país. Éste declaró que la única religión tolerada sería la católica y que se adoptaría como forma de gobierno una monarquía constitucional moderada, es decir, un gobierno al frente del cual estaría un emperador cuyo poder estaría restringido por una Constitución y por los poderes legislativo y judicial. Ese mismo año algunos militares proclamaron emperador a Iturbide y el Congreso lo confirmó, ya que el *Plan de Iguala* y los *Tratados de Córdoba* habían sido anulados ante la negativa de reconocimiento por parte de España. Agustín de Iturbide se convirtió así en el primer gobernante de un inmenso imperio que se extendía desde California hasta Panamá.

1 Al ser coronado Iturbide se compusieron numerosos versos y canciones en su honor.

El fracaso del imperio

Desde un principio las relaciones entre el Congreso y el emperador fueron tensas y difíciles y éste acabó por disolverlo. Ante esto, los reclamos no se hicieron esperar: en Veracruz se levantó en armas el caudillo militar Antonio López de Santa Anna, con lo que se inició una serie de golpes militares que caracterizarían el siglo XIX mexicano.

Santa Anna proclamó un gobierno republicano con el *Plan de Veracruz*, al que se unieron los antiguos jefes insurgentes Vicente Guerrero y Nicolás Bravo. Iturbide envió un destacamento para sofocar el movimiento rebelde pero éste también se levantó contra el emperador al proclamar el *Plan de Casamata* que exigía la elección de un nuevo Congreso. Ante estos acontecimientos, Iturbide no tuvo más remedio que reinstalar a los diputados y **abdicar**. Salió del país pero regresó en 1824 sin saber que el Congreso lo había declarado "fuera de la ley" si pisaba el territorio mexicano. Fue fusilado en Tamaulipas el 19 de julio de ese año. De esta manera se cerraba el primer episodio de la joven nación.

2 La coronación de Iturbide.

José Joaquín Fernández de Lizardi: un crítico propositivo

Durante los años de Imperio de Iturbide los intelectuales se mantuvieron atentos al desarrollo de los acontecimientos. Algunos apoyaban a la monarquía de Iturbide y argumentaban que la población no estaba madura para gobernarse a sí misma; otros, partidarios de la República, hacían severas críticas al imperio. Entre ellos destacó José Joaquín Fernández de Lizardi, importante periodista y literato conocido como el "Pensador Mexicano", quién vivió la transición entre la Colonia y la vida independiente y participó activamente como incansable crítico, primero de las autoridades virreinales y después del Imperio de Iturbide.

Fue precursor del Romanticismo en México y es considerado el primer novelista hispanoamericano.

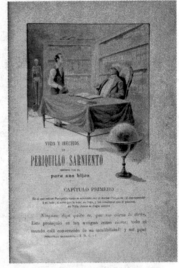

3 Portada de uno de los libros más importantes del Pensador Mexicano.

> Sin Fernández de Lizardi —dicen algunos—, no se explican ni la guerra de independencia ni las luchas de Reforma [...] es verdad [...] pero no por su obra máxima [*El Periquillo Sarniento*] sino por sus numerosos escritos como periodista, panfletista y polemista; infinidad de artículos, folletos y hojas sueltas de las que hoy nadie se ocupa [...] El gobierno español vio con claridad que bajo la austera capa de aquel maestro de escuela y moralista, se ocultaba un audaz reformador, y con justificación, en defensa propia, lo persiguió y aun lo encarceló.
>
> MARIANO AZUELA, *Cien años de la novela mexicana*, Ediciones Botas, México, 1947.

Lizardi escribió, cuando estuvo encarcelado, una constitución imaginaria que publicó en 1825 y en la que establecía:

Art. 31. Debiendo ser las cárceles no unos depósitos de perdidos, semilleros de vicios y lugares para atormentar la humanidad, como por desgracia lo son las nuestras, sino unas casas correccionales de donde los hombres salgan menos viciosos que lo que han entrado, se dispondrán en lo que adelante en edificios seguros; pero capaces, sanos y bien ventilados.

Art. 32. En todas ellas habrá departamentos de oficios y artes mecánicas, dirigidos por profesores hábiles, no delincuentes.

Art. 33. Si el preso tuviere algún oficio, como sastre, zapatero, etc., se pondrá con el respectivo maestro, quien lo hará trabajar diariamente, y de lo que gane el preso se harán dos partes, una para el fondo de la misma cárcel y otra para él, para que pueda socorrer a su familia si la tuviere.

Art. 34. Si el preso no tuviere ningún oficio, se le dejará a su elección que aprenda el que quisiere; y puesto con el maestro respectivo, no saldrá de la cárcel hasta no estar examinado de oficial; y esto aun cuando haya purgado el delito por el que entró.

Art. 35. Por ningún motivo se permitirán en las cárceles naipes, dados, licores, ni armas cortas; siendo de la responsabilidad de los directores de oficios el recoger y guardar diariamente todos los instrumentos de éstos...

ERNESTO DE LA TORRE VILLAR *et al.*, *Historia documental de México*, UNAM, México, 1964.

Lee y reflexiona

Después de analizar los textos de los recuadros, responde brevemente en tu cuaderno a las siguientes preguntas:

1 ¿Por qué dice Mariano Azuela que el gobierno español persiguió *justificadamente* a Lizardi? Explica.

2 ¿Cómo te imaginas la vida en una cárcel durante el Imperio de Iturbide? Discute con el grupo.

3 ¿Sabes cómo es la vida en las cárceles hoy en día? Comenta con tus compañeros.

4 ¿Crees que las propuestas de Lizardi para mejorar el sistema penitenciario se aplican en la actualidad? Justifica tu respuesta.

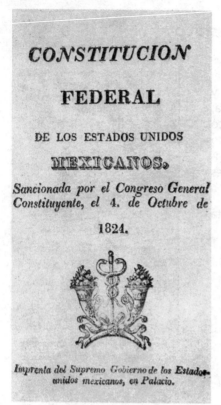

1 Portada de la Constitución de 1824.

La desorganización política

Al abdicar Iturbide, el Supremo Poder Ejecutivo recayó en tres generales: Pedro Celestino Negrete, Guadalupe Victoria y Nicolás Bravo.

A mediados de 1823 Centroamérica votó su separación de México; Chiapas hizo lo mismo y Yucatán puso como condición que se adoptara el **federalismo** para no separarse.

Dos proyectos de nación

A fines de 1823 entró en funciones un Congreso Constituyente para elaborar la Carta Magna que regiría al país. Este Congreso planteó qué tipo de república debería adoptarse. Federalistas y centralistas discutieron sus proyectos. Los primeros querían una república dividida en estados libres y soberanos donde sus gobernadores fueran electos, con un congreso y una constitución locales, además de la Carta Magna federal que regiría a toda la República.

Los centralistas, por su parte, proponían que México se constituyera como una república central regida por una constitución única para todo el territorio nacional; éste quedaría dividido en departamentos; los gobernadores serían nombrados por el gobierno central y no habría congresos ni constituciones locales.

Miguel Ramos Arizpe, quien había sido diputado en las Cortes de Cádiz, y Lorenzo de Zavala fueron los dirigentes más importantes de los federalistas. Entre los principales representantes del **centralismo** estaban Carlos María de Bustamante y Nicolás Bravo.

Características de la Constitución de 1824

Finalmente el Congreso se pronunció por el federalismo y el 4 de octubre de 1824 se promulgó la primera Constitución Federal de México, que siguió los modelos de la Constitución de Cádiz de 1812 y de la Carta Magna de los Estados Unidos.

La Constitución de 1824 pugnó por una república representativa popular y federal, dividida en 19 estados y 4 territorios (un mes después se creó el Distrito Federal). Puso énfasis en que la única religión tolerada sería la católica; en la autonomía de los estados y en la supremacía del poder legislativo (integrado por una cámara de diputados y otra de senadores), sobre el ejecutivo y el judicial.

Los primeros descalabros

A pesar de las buenas intenciones, la nueva Constitución tuvo errores importantes como la omisión de un apartado para derechos humanos y la forma de designar al vicepresidente de la República, ya que señalaba que el ganador de las elecciones sería el presidente y el candidato opositor ocuparía la vicepresidencia. De esta manera compartirían el poder ejecutivo dos personas con distintos proyectos de nación. Este mecanismo ocasionó, durante los primeros años de vida independiente, múltiples **asonadas** militares del vicepresidente contra el poder ejecutivo que obstaculizaron la labor de gobierno.

Las imperfecciones del sistema político de la nueva nación eran producto de su inexperiencia para gobernarse. Después de vivir trescientos años bajo la tutela de la monarquía española era muy difícil establecer con claridad qué forma de gobierno convenía más al país y resultaba muy complicado conciliar los intereses de los grupos políticos en pugna.

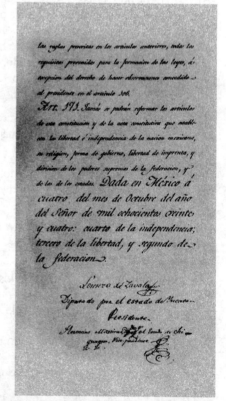

2 Hoja final de la Constitución de 1824.

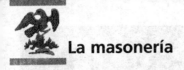

La masonería

Lee la siguiente definición de la masonería y si encuentras algunas palabras que no entiendas, dedúcelas por el contexto junto con tus compañeros y compañeras o búscalas en el diccionario:

> La francmasonería es una institución filantrópica, filosófica y progresiva que tiene por objeto el ejercicio de la beneficencia, el estudio de la moral universal, de las ciencias y de las artes y la práctica de todas las virtudes. Su divisa es libertad, igualdad y fraternidad.
>
> LUIS UMBERT SANTOS, *Manual del francmasón*, Pax, México, 1989.

Algunos investigadores suponen que la masonería comenzó en el siglo XIII cuando grupos de albañiles, en francés *maçons*, que pretendían guardar los secretos técnicos de las construcciones góticas, formaron gremios libres que se reunían en logias, templos o talleres.

A principios del siglo XIV nació en Alemania la primera gran fraternidad. Algunos maestros alemanes fueron a Inglaterra a construir catedrales y los ingleses formaron la logia de York y posteriormente la logia Escocesa. Ambas tuvieron gran influencia en el México independiente.

En 1728 la masonería pasó a España y en 1786 Federico de Prusia la reorganizó, reglamentó su funcionamiento y estructuró sus grados, siempre relacionados con la construcción: aprendiz, compañero, maestro o maestre.

La masonería entró a Nueva España durante el gobierno del segundo virrey, conde de Revillagigedo, por medio de súbditos franceses y a través del ejército español. Se dice que a la primera logia formal pertenecieron Miguel Hidalgo y Costilla, Miguel Domínguez e Ignacio Allende.

Entre los años de 1814 y 1825 se fundaron en México varias logias masónicas que congregaban a grupos de políticos y militares, quienes discutían los proyectos de país.

Dos grandes logias dieron reconocimiento a las que se formaron en México, la Escocesa y la de York. Los miembros de la logia Escocesa, fundada en México en 1815, eran pro-británicos, moderados, centralistas y conservadores. Los de la logia de York, fundada en México en 1825, eran antiespañoles, radicales, pro-norteamericanos, federalistas y liberales. Ambas logias estuvieron en pugna constante apoyando a los diferentes gobernantes, según sus ideas políticas.

Aunque no existían partidos políticos, las logias masónicas actuaron como tales. La masonería se había introducido en México a principios del siglo XIX y durante la guerra de independencia los principales jefes insurgentes discutieron sus ideas y principios políticos dentro de ellas.

3 *Estandartes masónicos.*

Sintetiza

Lee con atención los temas sobre la Constitución de 1824 y la masoneria y resuelve:

1 Elabora en tu cuaderno un cuadro sinóptico en el que señales las principales características de la primera Constitución del México independiente.

2 Elabora un cuadro comparativo en el que señales las principales ideas políticas de los masones yorkinos y escoceses.

Masones mexicanos

José María Morelos y Pavón

Vicente Guerrero

Guadalupe Victoria

Nicolás Bravo

Miguel Ramos Arizpe

Manuel Gómez Pedraza

Lorenzo de Zavala

Valentín Gómez Farías

El primer presidente constitucional

Después de la promulgación de la Constitución de 1824 se convocó a elecciones de las que salieron triunfantes el federalista Guadalupe Victoria como presidente y el centralista Nicolás Bravo como vicepresidente.

Victoria trató de pacificar al país y para ello intentó conciliar los intereses de las diferentes fuerzas políticas que luchaban por el poder. Sin embargo Nicolás Bravo se levantó en armas contra el presidente y éste encargó al antiguo caudillo insurgente Vicente Guerrero el sometimiento del rebelde. Después de ser derrotados, Bravo y sus seguidores fueron exiliados.

Pugnas entre federalistas

En 1828 se convocó a elecciones para el segundo periodo presidencial. Los candidatos fueron Manuel Gómez Pedraza, Ministro de Guerra de Guadalupe Victoria, y Vicente Guerrero, ambos federalistas. La votación favoreció al primero y Guerrero, desconociendo el resultado, dio un golpe de Estado para asumir la presidencia en 1829. Esta violación a la legalidad hizo que el federalismo perdiera credibilidad pues hacía a un lado las elecciones y el golpe militar parecía una forma aceptable de acceder al poder.

Durante el gobierno de Guerrero se intensificó la expulsión de españoles de territorio mexicano que había iniciado Guadalupe Victoria ante el malestar que ocasionaba el hecho de que muchos españoles todavía ocuparan cargos importantes. Guerrero, combatió y logró vencer un intento de reconquista por parte de España, encabezado por Isidro Barradas en 1829. Sin embargo, esta defensa de la soberanía no aminoró las críticas que se hacían sobre su persona por su origen rural y su falta de educación y experiencia para enfrentar los graves problemas nacionales.

El Congreso declaró a Guerrero imposibilitado para gobernar y nombró al vicepresidente Anastasio Bustamante, presidente de la República. Guerrero, víctima de una traición atribuida a Bustamante, fue hecho prisionero y fusilado en febrero de 1831 en Cuilapan, Oaxaca.

Poco tiempo después de la muerte de Guerrero, Bustamante renunció y terminó ese periodo presidencial Manuel Gómez Pedraza, quien convocó a elecciones.

1 No existe acuerdo acerca de si el verdadero nombre del primer presidente de México fue Manuel o Miguel Félix Fernández. Adoptó el seudónimo de Guadalupe Victoria cuando luchaba en las filas de Morelos: "Guadalupe" por la patrona de los independentistas y "Victoria" por la esperanza del triunfo de la causa insurgente.

¿Sabías que las reformas liberales de 1833 propuestas por Valentín Gómez Farías en contra del poder de la Iglesia fueron un antecedente muy importante de la *Ley Juárez* (1855), *Ley Lerdo* (1856), *Ley Iglesias* (1857) e incluso de la Constitución Federal de 1857 y de las *Leyes de Reforma* promulgadas entre 1859 y 1863?

La primera reforma liberal

Para el siguiente periodo que inició en abril de 1833, resultaron electos Santa Anna como presidente y Valentín Gómez Farías como vicepresidente. En la práctica, éste último ejerció el poder y llevó a cabo una importante reforma liberal que pretendía reducir el enorme poder económico y político que tenía la Iglesia: suspendió la **coacción** civil para exigir el pago de diezmos y votos religiosos y promovió la retirada del clero de la educación pública.

Las protestas ante estas medidas no se hicieron esperar. Santa Anna, que se encontraba descansando en su hacienda en Veracruz, tuvo que regresar y retirar a su polémico vicepresidente, **abrogando** la legislación que éste había aprobado.

Leyes federalistas y centralistas

Tanto federalistas como centralistas plasmaron en diferentes documentos legales su concepción de Estado.

Los primeros en poner en vigor su propuesta legislativa fueron los federalistas que en la Constitución federal de 1824 señalaron:

1. La nación mexicana es para siempre libre e independiente del gobierno español y de cualquiera otra potencia.

3. La religión de la nación mexicana es y será perpetuamente la católica, apostólica, romana. La nación la proteje por leyes sabias y justas, y prohibe el ejercicio de cualquiera otra.

4. La nación mexicana adopta para su gobierno la forma de república representativa popular federal.

6. Se divide el supremo poder de la federación para su ejercicio, en legislativo, ejecutivo y judicial.

7. Se deposita el poder legislativo de la federación en un congreso general. Éste se divide en dos cámaras, una de diputados y otra de senadores.

74. Se deposita el supremo poder ejecutivo de la federación en un solo individuo, que se denominará presidente de los Estados Unidos Mexicanos.

75. Habrá también un vicepresidente, en quien recaerán, en caso de imposibilidad física o moral del presidente, todas las facultades y prerrogativas de éste.

123. El poder judicial de la federación residirá en una Corte Suprema de Justicia, en los tribunales de circuito y en los juzgados de distrito.

157. El poder legislativo de cada estado residirá para su ejercicio en los tres poderes, legislativo, ejecutivo y judicial; y nunca podrán unirse dos o más de ellos en una corporación o persona, ni el legislativo depositarse en un solo individuo.

Por su parte, los centralistas expidieron en 1836 Siete Leyes Constitucionales que incluyeron por primera vez una sección con los derechos del ciudadano. Entre ellas:

Primera

2. Son derechos del mexicano:

I. No poder ser preso sino por mandamiento de juez competente dado por escrito y firmado [...]

III. No poder ser privado de su propiedad [...]

VII. Poder imprimir y circular, sin necesidad de previa censura, sus ideas políticas [...]

3. Son obligaciones del mexicano:

I. Profesar la religión de su patria, observar la Constitución y leyes, obedecer a las autoridades.

Segunda

Organización de un supremo poder conservador.

17. Este supremo poder no es responsable de sus operaciones más que a Dios y a la opinión pública, y sus individuos en ningún caso podrán ser juzgados ni reconvenidos por sus opiniones.

Tercera

Art. 1. El ejercicio del poder legislativo, se deposita en el congreso general de la nación, el cual se compondrá de dos cámaras.

Cuarta

Art. 1. El ejercicio del poder ejecutivo se deposita en un supremo magistrado, que se denominará presidente de la República, durará ocho años.

Quinta

Art. 1. El poder judicial de la República, se ejercerá por una Corte Suprema de Justicia, por los tribunales superiores de los Departamentos, por los de Hacienda que establecerá la ley de la materia y por los juzgados de primera instancia.

Sexta

Art. 1. La República se dividirá en Departamentos [...]

4. El gobierno interior de los Departamentos estará a cargo de los gobernadores, con sujeción al gobierno general.

ERNESTO DE LA TORRE VILLAR *et al.*,
Historia documental de México, t. II, UNAM, México, 1964.

Lee y compara

Busca las semejanzas o diferencias entre las dos Constituciones.

1. ¿Qué se señalaba en ambas constituciones respecto a la religión católica?

2. ¿Cómo estaban conformados los tres poderes (ejecutivo, legislativo y judicial) en cada una de ellas?

3. ¿Qué elementos de ambas constituciones están vigentes en nuestra actual Constitución?

Antonio López de Santa Anna

Después del fracaso de la República federal, el país adoptó el centralismo como forma de gobierno de 1835 a 1847, después se regresaría al federalismo. Los centralistas eran partidarios de un gobierno fuerte que conservara algunas de las estructuras coloniales como era el sometimiento de todo el territorio a un poder central.

Dos denominadores comunes caracterizaron el panorama político de la primera mitad del siglo XIX: la inestabilidad y la presencia de Antonio López de Santa Anna.

A Santa Anna le gustaba el juego de azar con naipes, las peleas de gallos, las mujeres y recibir lisonjas y halagos. Contradictorio e inconsecuente en sus acciones políticas, defendía los principios que más convenían a sus intereses: fue monárquico, federalista y centralista.

Inició su carrera en el ejército realista apoyando a Iturbide, a quien más tarde derrocó. Aparecía detrás de cada levantamiento militar, como en el caso de la revuelta de Guerrero contra Gómez Pedraza.

En 1829, durante la expedición española de reconquista encabezada por Isidro Barradas, jugó un papel importante en la defensa de la ciudad de Tampico y fue ascendido a general. En 1833 ocupó por vez primera la presidencia de la República, pero la administración pública le aburría y con cualquier pretexto dejaba el gobierno en terceras manos para retirarse a sus haciendas El Encero y Manga de Clavo, en Veracruz.

1 La figura de Santa Anna fue objeto de múltiples caricaturas y burlas.

Al iniciarse el gobierno centralista, Yucatán y Texas anunciaron su separación de la República. Santa Anna marchó a someter a los rebeldes texanos pero fue hecho prisionero y se vio obligado a firmar un tratado que propiciaba la independencia de Texas. Este hecho lo hizo muy impopular.

Años después, la invasión francesa de 1838 le dio la oportunidad de salvar su honor y congraciarse con la gente pues perdió una pierna durante la defensa del puerto de Veracruz, y la enterró con honores militares.

En 1841 gobernó con facultades extraordinarias y sin rendir cuentas al Congreso por lo que fue desterrado. El pueblo, indignado, destruyó su estatua y profanó su pierna.

En los siguientes seis años ocupó la presidencia en tres ocasiones y se hizo llamar "Alteza Serenísima". En 1847 luchó contra los norteamericanos.

En 1848, cuando el ejército invasor tomó la ciudad de México, Santa Anna, acusado de traidor, abandonó el país. Regresó en 1853 a gobernar por última vez como dictador. Murió en 1876, olvidado por el pueblo que antes lo había aclamado.

¿Sabías que durante las tres primeras décadas del siglo XIX, más de 40 presidentes intentaron gobernar la joven nación? Santa Anna ocupó la presidencia de la República en 11 ocasiones, unas veces del lado de los federalistas y otras de los centralistas. Decía Lucas Alamán, político e ideólogo centralista:

La historia de México desde 1822 [...] pudiera llamarse con propiedad la historia de las revoluciones de Santa Anna.

La carrera de las armas

2 *La primera mitad del siglo XIX se caracterizó por la inestabilidad política. La clase militar adquirió grandes privilegios y concesiones: se convirtió en la fuerza dominante que decidía el rumbo político del país y consumía más del 50% de los gastos del Estado.*

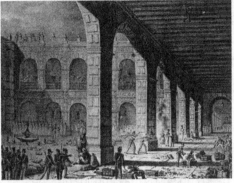

3 *La importancia del ejército no estaba tanto en el campo de batalla como en el terreno de la política. José María Luis Mora, uno de los principales pensadores liberales, describía a los militares diciendo: "han adquirido un hábito de pronunciarse contra el gobierno en todo sentido". Los militares de alto rango quitaban y ponían gobernantes obteniendo nuevos privilegios con cada pronunciamiento.*
El Palacio Nacional ocupado por los federalistas.
M.N.H.

4 *Con el aumento de luchas internas, motines, levantamientos, golpes de Estado e invasiones extranjeras, el ejército necesitaba más gente. Para ello se recurría a la leva, que consistía en reclutar a la fuerza a trabajadores humildes de las ciudades y el campo, escogiendo a los más jóvenes y vigorosos para convertirlos en "carne de cañón", ya que ellos eran los primeros en ser lanzados a la batalla. Utilizada desde la época de la colonia, la leva caracterizó también al siglo XIX y más tarde se retomó en la época de la Revolución.*
Los campesinos que iban a las grandes ciudades a vender su mercancía dejaron de hacerlo por temor a la leva, afectando el abasto de alimentos frescos a los grandes centros urbanos.

5 *Los comerciantes extranjeros favorecieron las luchas internas, ya que obtenían beneficios con la venta de armas, uniformes y provisiones al ejército. Los nacionales también aprovecharon la situación para enriquecerse.*

6 *En esta época se fundó el Colegio Militar para profesionalizar al ejército. Sus miembros participaron activamente contra las invasiones extranjeras.*

7 *Algunos de los soldados reclutados por la fuerza, desertaban y se convertían en bandoleros que asolaban la zona centro del país.*

Qué piensas tú

1 ¿Por qué el ejército tuvo tanta importancia durante los primeros años del México independiente? ¿Cuál es la función del Ejército Mexicano hoy en día?

2 Actualmente el servicio militar es obligatorio en nuestro país para los jóvenes mayores de 18 años. ¿Cuál es la diferencia de éste con la leva?

3 Investiga sobre algún militar de tu localidad que haya sobresalido durante los primeros años después de la lucha de independencia.

5 ¿QUÉ CONDICIONES SOCIALES Y ECONÓMICAS TENÍA EL PAÍS AL NACER A LA VIDA INDEPENDIENTE?

La extensión territorial y la distribución de la población

Al iniciar su vida independiente, México tenía una extensión territorial de más de 4 000 000 km². Abarcaba, de oeste a este, desde la costa del Pacífico hasta la del Golfo de México y de norte a sur desde el río Arkansas y la Alta California hasta la mayor parte de Centroamérica, región que en 1823 se separó de México y se fragmentó en varias repúblicas.

Este vasto territorio encerraba grandes riquezas. Sin embargo, la gran mayoría de la población se concentraba en el centro del país. De los 6 o 7 millones de habitantes que tenía México en la segunda década del siglo XIX, 90% vivía en el campo y sólo 10% en las principales ciudades: México (la más poblada), Guanajuato, Guadalajara, Querétaro, Puebla.

Las condiciones sociales

La independencia no pudo satisfacer uno de los objetivos más importantes de la lucha armada: eliminar la opresión. La mayor parte de la población seguía viviendo en condiciones de pobreza y explotación.

Los sectores privilegiados estaban constituidos por hacendados, propietarios de minas, ricos comerciantes y altos dignatarios de la Iglesia; las capas medias por intelectuales, letrados, escritores, abogados y bajo clero.

Estos grupos sociales altos y medios fueron considerados por el Congreso Constituyente de 1824 como los *ciudadanos responsables*, es decir, aquellos con facultades para participar en la vida política del país. Estaban excluidos de la participación política las mujeres, los indígenas y los grupos trabajadores pobres, tanto urbanos como rurales (constituidos por los mestizos y las castas) que, aunque jurídicamente no fueron considerados por la Constitución como grupos inferiores, en la realidad seguían siendo discriminados.

Una nación en quiebra

El México independiente vivió profundas crisis internas e invasiones extranjeras que causaron al país un costo muy elevado para adquirir la estructura de nación. La inestabilidad política, las luchas intestinas y los conflictos con el extranjero hicieron prácticamente imposible que la economía nacional saliera a flote.

Distribución de la población en las principales ciudades del país entre 1803 y 1859		
Ciudades	**1803**	**1859**
México	140 000	200 000
Toluca	-	12 000
Acapulco	9000	-
Querétaro	35 000	47 570
Puebla	67 800	75 000
Tlaxcala	3400	3463
Tehuacán	-	2679
Atlixco	-	4920
Guanajuato	41 000	63 398
Celaya		37 455
León		80 000
Morelia	18 000	25 000
Pátzcuaro	6000	-
Guadalajara	19 500	68 000
Aguascalientes	-	20 000
Colima	-	31 774
Zacatecas	33 000	15 427
Oaxaca	6000	25 000
Mérida	10 000	23 575
Campeche	6000	15 000
Valladolid	-	2389
Veracruz	16 000	9647
Jalapa	13 000	10 628
Córdoba	-	6098
San Luis Potosí	12 000	33 581
Monterrey	-	13 534
Durango	12 000	12 449
Chihuahua	11 600	12 000
Saltillo	6000	8105
Ures	-	7000
Culiacán	10 800	10 000
Arizpe	7 600	1498
Sinaloa	9500	-
La Paz	-	500
San Cristóbal	-	7659

Fuente: Alejandro de Humboldt, *Ensayo político sobre el reino de la Nueva España*, Porrúa, México, 1985.

Al consumarse la independencia las expectativas sobre la legendaria riqueza del país eran enormes; ya Humboldt había señalado en su *Ensayo político sobre el reino de la Nueva España* que:

> [...] el vasto reino de la Nueva España, bien cultivado, produciría por sí solo todo lo que el comercio va a buscar en el resto del mundo.

1 *Litografía acuarelada de Pierre Frèdèric Lehnert que representa hacendados de la ciudad minera de Zacatecas.*

La realidad era que, después de diez años de guerra, el **erario** estaba seriamente afectado; las minas prácticamente destruidas, las haciendas y el campo destrozados, los caminos intransitables y la precaria industria parada. Además, durante los años de contienda, el país sufrió un oneroso proceso de descapitalización, ya que los españoles acaudalados que emigraron se llevaron más de 100 millones de pesos.

2 Un peso de papel de 1823.

La propiedad de la tierra

El problema de la tenencia de la tierra era muy serio pues las enormes diferencias sociales se reflejaban también en este aspecto. El ejido había desaparecido por decreto de la Constitución de Cádiz y al consumarse la independencia muchos agricultores reclamaron que se restableciera y promovieron el reparto, esto alarmó a los grandes terratenientes y ocasionó conflictos. La institución que mayor cantidad de tierras acumulaba era la Iglesia.

El comercio

Durante la etapa colonial el comercio con el exterior se había llevado a cabo sólo con España y algunas de sus colonias. La difícil situación financiera que enfrentó el país durante los primeros años de independencia obligó a México al comercio y la inversión extranjeras, principalmente con Inglaterra, Francia, los Estados Unidos y Alemania. Esta política económica de libre comercio fue implantada principalmente por los gobiernos federalistas; los centralistas, en especial Lucas Alamán, proponían un desarrollo basado en el impulso de una industria propia.

3 La productividad de las haciendas dependía del arduo trabajo de los peones y de la posibilidad de comprar y vender productos en las cercanías.

4 Mientras estuvo ocupado San Juan de Ulúa por los españoles, Tampico fue el principal puerto comercial de nuestro país. Litografía acuarelada de Carl Nebel, arquitecto y pintor alemán que residió en México de 1829 a 1848.

La ocupación española del fuerte de San Juan de Ulúa, que se mantuvo hasta 1827, entorpeció el comercio exterior durante los primeros años de independencia ya que Veracruz era el principal puerto para la entrada de mercancías. Al liberarse el puerto, los gobiernos mexicanos mantuvieron un estricto control sobre las aduanas de Tampico y Veracruz para garantizar uno de los ingresos económicos de mayor importancia: las importaciones y exportaciones.

La distribución de las mercaderías en el territorio nacional era muy difícil debido al mal estado y a la inseguridad de los caminos. Muchas haciendas y comunidades indígenas se vieron obligadas a limitarse a una economía de autoconsumo.

La industria

Los primeros gobiernos intentaron fortalecer las finanzas públicas impulsando la apertura de fábricas mediante préstamos gubernamentales. Lucas Alamán, Ministro de Relaciones Exteriores en diferentes periodos, trató de reactivar la industria, sobre todo la textil que se desarrolló de manera importante en Puebla y Veracruz, trayendo maquinaria de los Estados Unidos y Francia, y facilitando la entrada de materias primas al país. Organizó el Banco de Avío e impulsó la fabricación de cristales, cigarros, aceites y la construcción de carruajes y diligencias. Sin embargo, el costo de producción de la incipiente industria mexicana era tan elevado que no podía competir con los precios de las mercancías traídas del exterior.

5 La fábrica de papel de Belem fue una de las primeras que se estableció en México.

La política recaudatoria

Los primeros gobiernos intentaban una recaudación fiscal eficiente mediante la reducción de impuestos y la abolición del quinto real que pagaba la minería, para demostrar a la población que el ser independientes traía consigo grandes ventajas. Sin embargo, únicamente los impuestos sobre la venta de mercancías beneficiaron al erario.

Se estableció la libertad de comercio con un impuesto de importación del 25% que constituyó, por años, la única entrada productiva del gobierno. Sin embargo algunas industrias como la del tabaco, los naipes y la nieve, continuaron operando.

La *alcabala* era un impuesto indirecto que debía pagar el vendedor de cualquier producto. Este sistema tributario heredado de la Colonia constituía el medio más efectivo que tenían los gobiernos estatales para recaudar fondos.

Santa Anna, en su afán por obtener recursos para el gobierno, impuso contribuciones a quien fuera propietario de perros y un impuesto sobre puertas y ventanas exteriores de todas las construcciones del país, lo que ocasionó gran descontento.

6 *Las garitas eran las puertas de entrada a la ciudad de México en las que se pagaban impuestos y alcabalas. Eran ocho: San Cosme, Belén, Niño Perdido, Candelaria, Viga, San Lázaro, Peralvillo y Vallejo. Nonoalco y Coyuya estaban cerradas al comercio.*

La minería

La mayor parte de las minas fueron fuente de enormes riquezas durante el virreinato pero habían quedado inutilizadas debido a la guerra. Para hacerlas funcionar de nuevo se disminuyeron los impuestos y se permitió la libre importación de azogue.

Se pidieron préstamos, sobre todo a empresarios ingleses, para reactivar la producción, principalmente de plata. Sin embargo, como las minas carecían de la estructura necesaria para ser modernizadas, el costo de las inversiones fue muy elevado. Por otro lado, el precio de la plata a escala mundial cayó considerablemente debido al descubrimiento de minas en África. Estos factores determinaron que el rendimiento de las inversiones mineras fuese muy pobre. A pesar de todo esto, la plata mexicana constituyó uno de los principales productos de exportación del siglo XIX.

7 *Durante las tres primeras décadas de vida independiente, la producción minera se redujo considerablemente.*

8 *Retrato anónimo del obispo Joaquín Pérez Martínez.*

La Iglesia

La institución menos afectada por la precaria situación económica del país fue la Iglesia, gracias a sus muchas propiedades y bienes, sus diezmos, legados y **obvenciones**. Los sectores medios y acomodados de la sociedad mexicana exigían que desaparecieran los fueros y privilegios de que gozaba el clero y que los bienes eclesiásticos se sujetaran a las reglas de la vida económica del país.

La Iglesia representó un papel muy importante en esas primeras décadas de independencia, pues financió en muchas ocasiones los movimientos políticos y armados ocurridos durante el siglo XIX, principalmente los de grupos conservadores. También apoyó, ocasionalmente, el pago de deudas del gobierno a otros países.

Viajeros extranjeros en México

9 Camino. *Acuarela del barón de Courcy, quien viajó por México en la primera mitad del siglo xix.*

La falta de recursos económicos y la gran extensión de un territorio muy accidentado dificultaron la construcción de nuevas carreteras, y las heredadas de la Colonia estaban muy deterioradas por no recibir mantenimiento. Además, la proliferación de bandoleros y las frecuentes luchas civiles impedían el uso constante de los caminos.

Numerosos viajeros recorrieron el país en las primeras décadas del siglo xix y dejaron testimonio de sus recorridos. Se transportaban en diligencias, literas, carretas, a lomo de mula o a caballo. Cargaban grandes baúles con sábanas, cobijas, colchones, cubiertos, vajilla y comida. Sólo les faltaban mapas de México, porque no los había.

10 *Acuarela de Juan M. Rugendas que representa al barón de Courcy tomando notas.*

Los viajeros quedaban impactados por la extensión del territorio, sus bellezas naturales y el contraste entre sus paisajes y climas y escribieron sobre ello. Dejaron también registro del mal estado en que se encontraban los caminos y la inseguridad de transitarlos, como se aprecia en los siguientes textos.

En cuanto a los ladrones, estos caballeros de ojo siempre avizor, y los cuales rara vez arriesgan sus preciosas personas sin suficientes motivos [...] debían estar enterados, sin duda, de que [...] nuestro equipaje no podía enriquecer al suyo ni el guardarropa de sus señoras [...] Fuera de eso temen mucho más a los estos honrados, robustos y bien armados sirvientes de las haciendas [...] que a los mismos soldados.

MADAME CALDERÓN DE LA BARCA,
La vida en México, Porrúa, México, 1959.

Alquilé un coche conducido por ocho mulas [...] sin problemas nos encaminamos hacia Jalapa, situada a 22 millas de Veracruz, sobre el camino a México. Tardamos cuatro días en cubrir ese trayecto, que hubiésemos recorrido en Inglaterra, y con una diligencia doblemente llena, en seis o siete horas. [...]

BEULLOCH O BULLOCK, (súbdito británico), en MARGARITA GLANTZ SHAPIRO (sel.), *Viajes en México: crónicas extranjeras*, Secretaría de Obras Públicas, México, 1964.

El día 9 llegamos a Río Frío. Esta jornada de veinticinco millas cruza un país salvaje y desigual, de cerros pedregosos y caminos accidentados que apenas si pueden pasar las mulas. [...]

BELTRAMI, J.C. (italiano jacobino), en MARGARITA GLANTZ SHAPIRO (sel.), *Viajes en México: crónicas extranjeras*, Secretaría de Obras Públicas, México, 1964.

Lee, reflexiona y responde

Después de analizar los textos de los viajeros, responde:

1 ¿Qué problemas enfrentaban los viajeros que recorrían en el siglo xix los caminos de México?

2 ¿Qué obstáculos presenta la orografía mexicana para la construcción de los caminos?

3 ¿Cómo influyó el estado de los caminos en el desarrollo del país?

4 ¿Qué tipo de transporte se utilizaba en aquella época?

11 *Plano que muestra el recorrido de Beltrami.*

1 *Joel R. Poinsett, maestre de la logia de York, tuvo gran influencia sobre los federalistas.*

Los primeros reconocimientos

Los países que primero reconocieron la independencia de México fueron Chile, Colombia y Perú, que recién se habían independizado. Los Estados Unidos también manifestaron muy pronto su beneplácito y a fines de 1822 enviaron a Joel R. Poinsett para estudiar la situación de México. En enero de 1823, reconocieron oficialmente la independencia de México pero no fue sino hasta 1825 que Poinsett fue nombrado embajador de los Estados Unidos en México.

La Santa Alianza

El inicio de las relaciones diplomáticas con los países europeos tuvo serios tropiezos. La Santa Alianza que había sido creada en 1815 para promover la paz entre las naciones europeas y que agrupaba a Inglaterra, Prusia, Austria, Rusia y Francia, apoyó a Fernando VII para que éste pudiera restablecer su poder en España. Esto empañó la esperanza de México de ser reconocido como país independiente por España e incrementó el temor de que ésta pudiese reconquistar sus colonias.

Inglaterra y Francia

Inglaterra y Francia veían en México un importante mercado para su creciente producción industrial y acordaron que una posible reconquista española sobre México, promovida por la Santa Alianza sólo correspondía a España. En 1825 Inglaterra reconoció a México como país independiente. Los empresarios ingleses aprovecharon la apertura de México para invertir en el país y otorgaron préstamos principalmente para reactivar la minería.

Francia, por su parte, desde el inicio estableció relaciones informales con México pero lo reconoció como país independiente hasta 1830. Durante mucho tiempo reclamó el pago a los franceses residentes en México por los daños que sufrieron durante la guerra de independencia y las revueltas posteriores. El conflicto culminó en 1838 con la llamada guerra de los pasteles.

2 *Los empresarios londinenses hicieron importantes préstamos e inversiones en México.*

El reconocimiento de España

España no reconoció la independencia de México sino hasta 1836, después de la muerte Fernando VII. En 1829 intentó reconquistar el territorio mexicano pero la expedición al mando de Isidro Barradas fracasó. Otras conspiraciones de menor importancia tuvieron lugar durante las dos primeras décadas de la vida independiente pero tampoco fueron exitosas. Finalmente, en 1839 llegó a México el primer embajador enviado por España.

La Santa Sede

De igual manera, el Vaticano tardó muchos años en reconocer a México. Sólo los gobiernos centralistas sostuvieron con la Santa Sede una relación informal.

Mientras vivió el rey Fernando VII, el papa apoyó a España en su sueño de reconquistar las colonias americanas. Al morir el monarca español en 1836, tanto España como la Santa Sede reconocieron la independencia de México.

3 *Durante el papado de Gregorio XVI el Vaticano estableció relaciones diplomáticas con México.*

Tres visiones de la Doctrina Monroe

La labor del historiador es narrar el pasado y hacerlo procurando incluir, como ingrediente primordial de su obra, una buena dosis de objetividad. Sin embargo, no es tarea fácil ya que todo investigador reflejará en su obra su ideología, **idiosincrasia**, criterio, contexto, época y país en que le tocó vivir, así como la perspectiva que le da la cercanía o lejanía con respecto al hecho histórico.

Lee con atención los siguientes comentarios acerca de la Doctrina Monroe: dos pertenecen a historiadores mexicanos del siglo xx y el tercero al presidente estadounidense James Polk.

4 *James Monroe, autor de la doctrina que lleva su nombre.*

Juan Brom nos dice en su *Esbozo de Historia de México*, publicado en 1998:

Fernando VII [...] una vez abolida la Constitución liberal de su país, buscó recuperar sus colonias americanas. La Santa Alianza lo apoyó, pero Inglaterra, interesada en las posibilidades que le ofrecían los nuevos estados americanos, se opuso.

George Canning, ministro de Relaciones Exteriores de Gran Bretaña, propuso a los Estados Unidos una declaración conjunta contra el restablecimiento de las colonias europeas en América. James Monroe, entonces presidente de los Estados Unidos, declaró en un mensaje al Congreso de su país que los Estados Unidos no se entrometerían en la política europea y que considerarían una acción inamistosa cualquier intento por establecer o restablecer situaciones coloniales en el continente americano.

La declaración es conocida como "Doctrina Monroe", aunque nunca fue adoptada como resolución por el Congreso de los Estados Unidos ni por América Latina. Durante largos periodos quedó en el olvido y en otros se usó como una "justificación" de la política hegemónica norteamericana sobre el continente.

JUAN BROM, *Esbozo de Historia de México*, Grijalbo, México, 1998.

José Vasconcelos escribió en 1937:

[..] los Estados Unidos proclamaron por boca de Monroe: "Que los Estados Unidos no admitirían ninguna empresa de colonización que en los continentes americanos intente cualquiera de las potencias de Europa." Esta declaración es de fecha 2 de diciembre de 1823. Sólo la mala fe ha podido dejar que corra la especie de que la Doctrina Monroe tenía por mira proteger a las nacionalidades nuevas de las invasiones de Europa. España ya no podía invadirnos, había sido derrotada totalmente en el Sur. Inglaterra también había fracasado en sus intentos de ocupación de territorios. La Doctrina Monroe, en realidad, equivalía a una declaración de la precedencia *yankee* en las cuestiones del Nuevo Mundo. Lo que preocupaba a los Estados Unidos era que Francia o Inglaterra se adelantasen apoderándose de Cuba, que ya se habían reservado para sí.

JOSÉ VASCONCELOS, *Breve Historia de México*, Ediciones Botas, México, 1937.

El presidente Polk, en su Diario 1845-1849 anotaba el 24 de octubre de 1845:

Le dije al Coronel Benton que estaba yo firmemente resuelto a reafirmar la Doctrina Monroe en el sentido de no permitir una colonización extranjera, cuando menos en lo que se refiere a este Continente. La conversación giró entonces sobre California, respecto de la cual hice la observación de que la Gran Bretaña siempre había tenido puestos los ojos en esa comarca y tenía intención de apropiársela si podía [...] El coronel Benton convino en que no deberíamos permitir que ninguna potencia extranjera colonizara a California, así como tampoco a Cuba [...] El coronel Benton expresó la opinión de que *los americanos deberían establecerse en el Río Sacramento, y finalmente adueñarse de la comarca.*

Diario del Presidente Polk (1845-1849), recopilación, traducción, prólogo y notas de LUIS CABRERA, Antigua Librería Robredo, México, 1948.

* Recuerda que en 1845, California todavía pertenecía a México.

Analizamos textos

1. Ponte en el lugar de un historiador y toma en cuenta las lecturas anteriores para escribir tu punto de vista sobre la Doctrina Monroe.

2. ¿Crees que la Doctrina Monroe está vigente en la actualidad? Explica por qué.

La guerra de los pasteles

1 *Santa Anna perdió una pierna defendiendo Veracruz en 1838.*

Durante los primeros treinta años de vida independiente, México enfrentó diversas invasiones por parte de países extranjeros. Después del fallido intento de reconquista por parte de España en 1829, ocurrió la intervención de Francia.

Desde 1828 algunos franceses residentes en México reclamaban el pago por los daños sufridos en sus bienes durante las revueltas posteriores a la guerra de independencia. Una de estas reclamaciones la hacía un pastelero que exigía 60 mil pesos como indemnización por los atropellos de que había sido víctima en 1832. Este incidente llevó a que la voz popular llamara a la invasión francesa de 1838 la guerra de los pasteles.

El gobierno mexicano declinó toda responsabilidad en cuanto a los daños que nacionales o extranjeros hubieran sufrido durante las asonadas revolucionarias. Dicha declaración incomodó al gobierno francés y éste envió una flota para bloquear el puerto de Veracruz, un ultimátum exigiendo el pago de 600 mil pesos por reclamaciones e intereses, y la petición para que los súbditos de aquél país, residentes en México, pudiesen comerciar al menudeo y fuesen exentos de los préstamos forzosos, concesiones que no tenía ningún otro país.

Al no obtener una respuesta satisfactoria por parte de México, el contralmirante Baudin atacó Veracruz en noviembre de 1838. En marzo del año siguiente se firmó la paz con el compromiso de México de pagar la cantidad exigida por Francia.

2 *Batalla durante la guerra de los pasteles.*

La expansión norteamericana

La frontera del norte, colindante con los Estados Unidos, no estaba claramente definida y era habitada principalmente por tribus indias. No había sido colonizada por España porque creyó que en aquellas tierras no había metales preciosos y por ello eran muy pocos los criollos y mestizos que poblaban las inmensidades de Sinaloa, Sonora, las Alta y Baja Californias, Nuevo México, Coahuila y Texas.

Las comunicaciones con aquella extensa región eran sumamente difíciles y lentas pues los únicos medios de transporte eran las carretas de bueyes, los caballos y las mulas.

Desde su independencia, el gobierno estadounidense inició una política expansionista para extender sus dominios de la estrecha franja costera del Atlántico que habían ocupado las trece colonias inglesas, al sur, al oeste y al norte.

En 1803, los Estados Unidos compraron a Francia el territorio de la Louisiana con lo que obtuvo una salida al Golfo de México y el control del río Mississippi.

En 1818 se apoderó de la Florida y amenazó a España con ocupar también Texas, pero la Corona española negoció con el gobierno norteamericano la posibilidad de conservar el territorio texano a cambio de permitir la entrada de colonos angloamericanos en él.

¿Sabías que al consumarse la independencia, México regaló tierras y exentó del pago de impuestos a los colonos?
La colonización se incrementó con los más de diez mil estadounidenses llevados a Texas por Esteban Austin.

3 *Ganaderos que habitaban la región de Texas.*

La declaración de independencia de Texas

Para 1830, el número de inmigrantes angloamericanos en Texas triplicaba al de los antiguos residentes criollos y mestizos. A principios de esa década el ministro Lucas Alamán dio la voz de alarma acerca de la forma en que los Estados Unidos se estaban apropiando del territorio texano, pero ya era demasiado tarde. Muchos de los colonos estadounidenses habían llevado esclavos negros con la intención de expandir sus campos algodoneros y no estaban dispuestos a perderlos.

En 1836 el embajador Poinsett ofreció a México, en nombre de su gobierno, comprar Texas, oferta que fue interpretada como un insulto por el gobierno mexicano. Para frenar el expansionismo estadounidense, México incorporó Texas al estado de Coahuila y prohibió la entrada a nuevos inmigrantes.

Al promulgarse en México las siete leyes centralistas, los habitantes de Texas se negaron a recibir un gobernador enviado desde el centro y vieron la oportunidad de declararse independientes alentados por el gobierno de los Estados Unidos.

México no reconoció dicha independencia y los texanos se levantaron en armas. Fue entonces cuando Santa Anna se dirigió al norte para combatir a los sublevados. Obtuvo algunas victorias como la del Álamo, pero finalmente fue derrotado por el general Houston en San Jacinto y cayó prisionero. Para salvar su vida firmó los *Tratados de Velasco*, mediante los cuales reconocía la independencia de Texas. El Congreso mexicano desconoció dichos tratados.

4 *Esteban Austin impulsó la colonización estadounidense en Texas.*

La anexión de Texas a los Estados Unidos

Durante casi diez años, Texas se comportó como una república independiente, inclusive reconocida así por otros países. Sin embargo, México siempre consideró suyo ese territorio.

En 1845, Texas se anexó a los Estados Unidos. El gobierno mexicano protestó frente a Washington argumentando que el territorio aún estaba bajo su soberanía.

La opinión pública mexicana pedía que se declarara la guerra al vecino país para recuperar el territorio, pero el gobierno de José Joaquín Herrera no sabía qué política seguir: estaba consciente de que el país no se encontraba preparado para enfrentar una guerra contra una nación más poderosa, pero no quería perder la región. Aconsejado por Inglaterra, México prefirió negociar y propuso al gobierno de Texas reconocer su independencia si decidía no anexarse al territorio norteamericano.

En los Estados Unidos también había una fuerte oposición a declarar la guerra a México. Muchos sectores de ese país consideraban que sería una guerra injusta, además de que los estados del norte temían que si Texas pertenecía a los Estados Unidos se fortalecerían los estados sureños esclavistas.

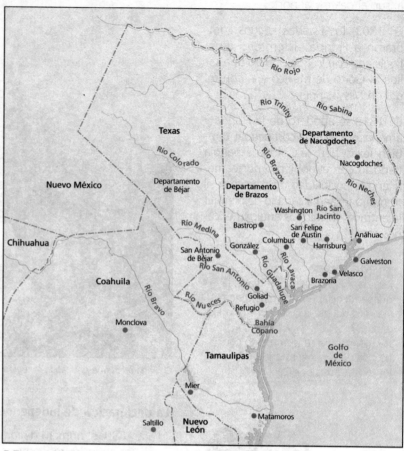

5 *Texas en 1835.*

6 *El único poblado importante en Texas era San Antonio de Béjar.*

El Destino Manifiesto

El presidente norteamericano James Polk se acogió a la política expansionista norteamericana y a la filosofía del Destino Manifiesto para justificar una invasión a México. El Destino Manifiesto era interpretado por el nacionalismo estadounidense como la designación providencial que les daba el derecho a extender su área de influencia y de aprovechar los territorios que otros pueblos no utilizaban, todo ello en favor del progreso y la civilización.

Polk ansiaba la anexión no sólo de Texas sino también de Nuevo México y de la Alta California.

Se reduce el territorio

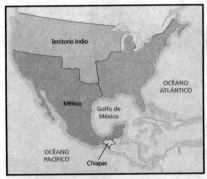

A partir de 1821 las fronteras de la República Mexicana, tanto la norte como la sur, sufrieron diversos cambios hasta quedar delimitadas como lo están actualmente.

7 *Chiapas se anexó a territorio mexicano en 1821. En enero de 1822 se incorporaron las Provincias Unidas de Centro América y se separaron de nuevo en junio de 1823. En 1838 dichas Provincias se constituyeron como las repúblicas independientes de Guatemala, Honduras, El Salvador, Nicaragua y Costa Rica.*

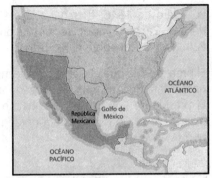

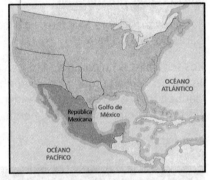

8 *México perdió, durante la primera mitad del siglo xix, una gran parte de sus territorios del norte ante el empuje expansionista de los Estados Unidos. Ahí se crearon los actuales estados de California, Arizona, Nevada, Utah, Nuevo México, Texas, más de la mitad de Colorado y fracciones menores de Oklahoma, Kansas, Nebraska y Wyoming.*

El gran territorio continental de más de 4 000 000 km² se redujo a 1 958 201 km² después de la anexión a los Estados Unidos de los territorios del norte de México.

Investiga, piensa y contesta

1 Observa en los mapas los cambios que sufrió el territorio mexicano durante los primeros años de su vida independiente.

2 Si en 1822 el territorio mexicano tenía 4 500 000 km² y hoy tiene 1 958 201 km² ¿cuántos kilómetros cuadrados se perdieron? Analiza las causas internas y externas que influyeron para que México perdiera esa cantidad de territorio. Después discute en equipo las conclusiones y preséntalas al grupo.

3 ¿Qué países europeos tuvieron colonias en los territorios que actualmente pertenecen a los Estados Unidos?

4 ¿Crees que la política expansionista estadounidense terminó al anexarse los territorios que pertenecían a México? Explica tu respuesta.

La declaración de guerra

La anexión de Texas a los Estados Unidos irritó al gobierno mexicano. El ministro de relaciones exteriores de México en aquél país, Juan Nepomuceno Almonte, retiró sus cartas credenciales y México rompió relaciones diplomáticas con el país vecino.

En enero de 1846, el general de las fuerzas estadounidenses, Zachary Taylor, recibió la orden del presidente Polk de avanzar sobre el Río Bravo.

El pretexto fue que el ejército mexicano, al mando del general Mariano Arista, había atacado al ejército de Taylor. El presidente Polk utilizó este hecho como justificación para pedir al Congreso estadounidense que declarase la guerra a México.

Inicio de las hostilidades

Taylor avanzó sobre Monterrey y el coronel Kearny sobre Santa Fe, Nuevo México.

Los federalistas culparon de la intervención a los centralistas. Santa Anna, que se encontraba en Cuba, regresó para ocupar nuevamente la presidencia y partió hacia el norte para enfrentar personalmente al ejército de Taylor.

1
Juan Nepomuceno Almonte era hijo de José María Morelos y Pavón.

2 *Ametralladora usada por el ejército estadounidense.*

Batalla de la Angostura

En febrero de 1847 ambos ejércitos libraron en Saltillo la cruenta batalla de La Angostura en la que el ejército mexicano luchó heróicamente. Sin embargo, Santa Anna ordenó la retirada, tal vez por falta de abastecimiento y porque tuvo noticia del desembarco, en Veracruz, del general Winfield Scott que abría un nuevo frente.

La defensa de la capital

La población de Veracruz hizo una magnífica defensa de su ciudad pero terminó por rendirse ante la superioridad bélica de Scott. Los invasores avanzaron hacia Jalapa y derrotaron a los nacionales en Cerro Gordo. Después se dirigieron hacia Puebla, que se entregó pacíficamente.

Santa Anna esperaba resistir el ataque estadounidense en el valle de México con un ejército de más de 20 mil hombres. Scott pasó por Tlalpan y avanzó hacia el fuerte de Churubusco. Allí, el batallón de San Patricio se unió a las tropas mexicanas. Estaba formado por irlandeses católicos que habían emigrado a los Estados Unidos debido a la hambruna en su país, y algunos de ellos habían sido colonos de Texas. Al entrar en la ciudad de México, desertaron por considerar que la lucha de los mexicanos contra los Estados Unidos era semejante a la que los irlandeses libraban contra Inglaterra.

3 *Batalla de Churubusco.*

Churubusco cayó el 20 de agosto a pesar de la patriótica defensa de los generales Manuel Rincón y Pedro María Anaya. Entonces México intentó hacer una negociación entre el enviado del presidente Polk, Nicholas Trist, y Santa Anna para pactar la paz. Trist propuso que México cediera Texas, Nuevo México y las Alta y Baja Californias a los Estados Unidos, además de permitirle el libre tránsito por el Istmo de Tehuantepec. México respondió que únicamente estaría dispuesto a ceder Texas. Tan injusta era la exigencia que el propio Trist comentó posteriormente que si él fuese mexicano preferiría morir antes que firmar semejante tratado.

En septiembre se reanudaron las hostilidades y Scott atacó Molino del Rey, donde el esfuerzo para la defensa de México fue muy grande, pero no hubo un general que coordinara las acciones mexicanas.

Los invasores avanzaron sobre el Castillo de Chapultepec, entonces sede del Colegio Militar, cuya defensa estuvo a cargo de los cadetes de ese colegio.

La batalla allí ocurrida el 13 de septiembre fue recordada años después, durante la República Restaurada, cuando se hizo un homenaje a los jóvenes Juan de la Barrera, Juan Escutia, Francisco Márquez, Agustín Melgar, Fernando Montes de Oca y Vicente Suárez.

4 *Mientras el ejército mexicano libraba la batalla de la Angostura, el general Scott desembarcó en Veracruz.*

El 14 de septiembre, las tropas estadounidenses al mando de Scott tomaron la plaza mayor de la ciudad de México e izaron su bandera en Palacio Nacional. El pueblo se alzó furioso contra los agresores y defendió el zócalo con piedras y palos. Scott amenazó con bombardear los edificios y el ayuntamiento exhortó a los capitalinos a deponer las armas.

Santa Anna fue acusado de traición y renunció a la presidencia, partió al **exilio** quedando como presidente Pedro María Anaya quien fue sustituido dos meses después por Manuel de la Peña y Peña.

5 *Esculturas de Vicente Suárez y Francisco Márquez, dos de los cadetes muertos en la defensa del Castillo de Chapultepec.*

El Tratado de Guadalupe-Hidalgo

El objetivo esencial de la invasión estadounidense fue incorporar a su territorio la región norte de México. El presidente Peña y Peña se vio obligado a consentir a dicha exigencia.

El 2 de febrero de 1848 se firmó el *Tratado de Guadalupe-Hidalgo* que ponía fin a la invasión. En él se estableció como límite con Texas el Río Bravo. Por 15 millones de pesos México perdía también los territorios de Nuevo México y la Alta California.

En 1853 Santa Anna regresó del exilio y ocupó la presidencia por última vez. En esta última gestión vendió a los Estados Unidos el territorio de la Mesilla. Gobernó arbitrariamente, lo que colmó la paciencia del pueblo mexicano.

6 *Cruz de Chapultepec otorgada al mérito militar.*

La defensa de la Plaza de la Constitución

Los analistas tanto mexicanos como estadounidenses que han narrado la guerra entre México y los Estados Unidos coinciden en que fue una contienda injusta y desigual en la que los mexicanos, inferiores en tecnología y recursos bélicos, se defendieron valerosamente de la ambición expansionista de los estadounidenses.

Aquí conocerás dos versiones, la mexicana y la estadounidense, sobre la toma de la Plaza de la Constitución de la ciudad de México.

7 *Litografía acuarelada de Carl Nebel que representa la entrada del general Scott a la plaza mayor de la ciudad de México.*

Toma de la Plaza de la Constitución de la ciudad de México

Versión mexicana:

Las seis de la mañana serían cuando entró a la ciudad la columna del general Quitman. Después penetraron las tropas que mandaba el general Worth, y en el resto del día, las demás fuerzas permanentes del ejército enemigo. El general Scott, en un corpulento y hermoso caballo y con una arrogante escolta, verificó su entrada como a las nueve.

La poblacion de México que, en los días anteriores, más que de patriotismo, había dado muestras de indolencia, no pudo resistir el aspecto de los invasores, que orgullosamente tomaban posesión de la ciudad. La gente se reúne: empieza a formar corrillos, a montar en cólera a la vista de la altivez de los norteamericanos; y pronto, despreciando el peligro, deseando provocar una lucha sangrienta, se lanza el grito de guerra, y los vencedores, que ya no contaban con encontrar resistencia, se ven acometidos en plazas y calles con un ímpetu que los alarma.

[…]

La parte del pueblo que combatía, lo hacía en su mayoría sin armas de guerra, a excepción de unos cuantos, que más dichosos que los demás, contaban con una carabina o un fusil, sirviéndose el resto, para ofender al enemigo, de piedras y palos, de lo que resultó que hicieran en los mexicanos un estrago considerable las fuerzas americanas.

RAMÓN ALCARAZ, ALEJO BARREIRO *et al.*, *Apuntes para la historia de la guerra entre México y los Estados Unidos (edición facsimilar de la de 1848)*, Siglo XXI, México, 1970.

Versión del general norteamericano Quitman:

El capitán Roberts, del regimiento de rifleros, que había mandado la cabeza de la columna de asalto en Chapultepec y distinguido en todas las operaciones del 13 [de septiembre] fue designado por mí para enarbolar la bandera, estrellada de nuestro país en el Palacio Nacional. La bandera primera insignia extraña que había ondeado sobre este edificio desde la conquista de Cortés, fue desplegada y saludada con entusiasmo por todas mis tropas.

El teniente de ingenieros Smith dice: "Muchas casas fueron abiertas violentamente por mis soldados con picos y barras; muchas personas sospechosas reducidas a prisión, y algunas muertas." Agrega que el fuego era irregular, pero nocivo, desde las esquinas, puertas, ventanas y azoteas de las casas.

JOSÉ MARÍA ROA BÁRCENA, *Recuerdos de la invasión norteamericana (1846-1848)*, Porrúa, México, 1971.

Observa, compara y reflexiona

1. Después de leer ambas versiones explica en tu libreta cuál fue el comportamiento de los ciudadanos mexicanos según cada una de ellas.

2. ¿Cuál fue la actitud de los soldados estadounidenses durante la toma de la Plaza de la Constitución? ¿Crees que la Doctrina Monroe y la filosofía del Destino Manifiesto influyeron en este comportamiento? Argumenta tus respuestas.

3. ¿La litografía que representa la toma de la plaza mayor nos muestra cómo se sentían los habitantes de la ciudad? ¿Por qué?

Comparemos dos mapas de México: uno de la época del imperio de Iturbide y otro de la actualidad

Al independizarse de España, México sufrió agresiones externas que determinaron que su territorio fuera modificado en su extensión y ensayó diferentes formas de gobierno que hicieron que el territorio cambiara su división política interna.

Durante la etapa colonial la división política se hacía tomando en cuenta las características geográficas e históricas de cada región, mientras que en el México independiente los estados y departamentos se creaban o desaparecían según lo establecían las distintas constituciones.

Para analizar mapas políticos te sugerimos seguir estos pasos:

Observación

- Se observa el mapa y se localizan las fronteras del país o países con que colinda una nación.

- Después se analiza con detenimiento cómo está conformada su división interna (en estados, departamentos, municipios, provincias, etcétera).

- Se observa su extensión territorial, su forma general y la de su división interna.

Comparación

- Ahora se comparan diferentes mapas de un mismo país en distintos momentos de su historia.

- Se señalan las semejanzas y diferencias encontradas en ellos.

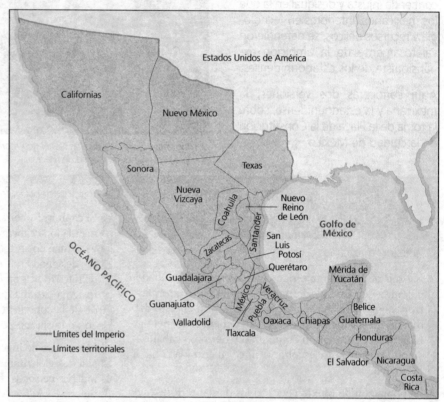

A *México durante el imperio de Iturbide.*

Análisis

- Son muy diversos los factores que influyen en la modificación de las fronteras y las divisiones internas de los países. Se investigan las causas históricas externas e internas que transformaron políticamente el territorio del país analizado.

B *En la actualidad están claramente definidos los límites territoriales y marítimos de México.*

AHORA HAZLO TÚ

Compara un mapa federalista con uno centralista

En los mapas **A** y **B** se observa que hubo importantes cambios en las fronteras y en la división interna de México: en el mapa **A** el territorio de México es mucho más extenso. Recuerda que durante el Imperio de Iturbide México alcanzó su máxima extensión; comprendía territorios que ahora pertenecen a los Estados Unidos (Alta California, Nuevo México y Texas) y a América Central (Belice, Guatemala, El Salvador, Honduras, Nicaragua y Costa Rica).

La mayoría de los territorios internos de nuestro país cambiaron su nombre, su extensión o ambos:

- Algunos nombres desaparecieron, como Nueva Vizcaya, Santander, Valladolid, Nuevo Reino de León.
- Algunos territorios se dividieron posteriormente en varios estados, como Mérida de Yucatán, que se dividió en Yucatán, Quintana Roo, Campeche y Tabasco; Sonora, que se dividió en Sonora y Sinaloa; y el estado de Guerrero que se formó a partir de territorios de Puebla y México.

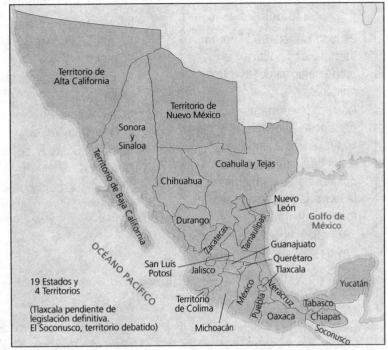

C *La Constitución federal de 1824 dividió al país en 19 estados y cuatro territorios. Tlaxcala quedó pendiente de legislación definitiva y el Soconusco quedó como un territorio en pugna.*

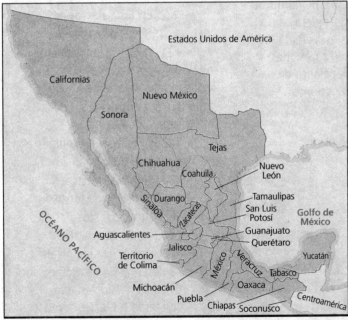

D *Las* Siete Leyes Constitucionales Centralistas *de 1836 dividieron al territorio mexicano en 24 departamentos subdivididos en distritos y éstos a su vez en partidos.*
En 1836 Texas se proclamó independiente pero México no reconoció ese hecho y siguió considerándolo parte de su territorio, aunque perdió toda autoridad sobre ese departamento.

Los gobiernos federalistas y centralistas hicieron sus propias constituciones y en cada una de ellas se determinaba una división política diferente.

- Investiga las diferencias políticas entre estado, departamento, territorio y distrito federal.
- Siguiendo los pasos sugeridos, observa y compara los mapas **C** y **D**.
- Juega a encontrar las diferencias. Observa con mucho cuidado los mapas y, en equipo, platica sobre las diferencias y semejanzas que encuentres entre ambos.
- Localiza en los cuatro mapas el estado en el que vives e investiga cuándo se formó y si han cambiado sus límites con otros estados a través de los años.

MÉXICO 1821-1854

En lo político

- Periodo caracterizado por la inestabilidad política y la predominancia de los grupos militares
- Destacó la constante presencia del general Antonio López de Santa Anna
- Hubo diferentes formas de gobierno que se impusieron, la mayoría de las veces, en forma violenta
- 1821-1823: Imperio de Iturbide
- 1824-1835: República federal
- 1835-1847: República centralista
- 1847-1854: restablecimiento de la República federal

En lo económico

- Infraestructura económica destruida por la guerra de independencia
- Abandono de campo, minas y fábricas
- Caminos intransitables y comercio paralizado
- Difícil recaudación de impuestos
- Endeudamiento con países extranjeros

En lo social

- La mayoría de la población habitaba en el centro y sur del país y 90% era rural y vivía en condiciones de pobreza
- Existía una reducida clase media, crítica de los acontecimientos, formada principalmente por intelectuales y profesionistas
- La clase más privilegiada estaba formada por hacendados, dueños de minas, ricos comerciantes y alto clero

En lo jurídico

- 1824: Constitución federal; primera Constitución del México independiente
- 1833: Valentín Gómez Farías dicta leyes contra privilegios del clero y el ejército
- 1835-1836: Constitución centralista conocida como las Siete Leyes Constitucionales
- 1847: restablecimiento de la Constitución de 1824

Las primeras décadas de México como nación independiente se caracterizaron por grandes tropiezos debidos a la inestabilidad, la inexperiencia y los desacuerdos entre monárquicos y republicanos, federalistas y centralistas así como a las constantes agresiones e intervenciones de otras naciones

En las relaciones con otros países

- 1821-1836: reconocimiento de otras naciones a la independencia de México
- 1823: Centroamérica se separa de México
- 1829: intento de reconquista por parte de España
- 1836: Texas se declara independiente de México
- 1838: guerra de los pasteles
- 1846-1848: guerra de intervención estadounidense
- 1848: firma de los tratados de Guadalupe-Hidalgo que obligaron a México a vender Texas, Nuevo México y Alta California a los Estados Unidos
- 1853: venta de la Mesilla a los Estados Unidos

Para resumir

Resumir consiste en explicar o describir el contenido de un texto utilizando únicamente los elementos y conceptos esenciales, es decir, extraer únicamente lo que nos parece significativo, aunque a veces es difícil pues pensamos que todo es importante.

Existen ciertas recomendaciones para elaborar un buen resumen.

- Leer y releer atentamente la información que vas a resumir.

- Consultar en el diccionario los términos cuyo significado desconozcas.

- Extraer del texto las ideas principales y las secundarias. Para algunas personas es de gran ayuda tomar notas durante la lectura, identificando el tema (idea principal) y los argumentos (ideas secundarias). A otras les es más fácil escribir de memoria lo que recuerdan inmediatamente después de haber leído y comprendido el texto, que generalmente es el tema o idea principal. Prueba estas dos formas de trabajar para ver cuál es la que más se te facilita.

- Trazar la estructura del texto. Debes respetar la continuidad que el autor dio a su escrito.

- Suprimir todo lo que resulta inútil tanto en las ideas como en la redacción.

- Redactar un texto claro y preciso, de preferencia dedicando un párrafo a cada una de las ideas.

- Evitar caer en el abuso de citas textuales; es preferible que uses tus propias palabras y expresiones.

- Escribir con limpieza y letra clara. Emplea márgenes, títulos, signos de puntuación y, sobre todo, cuida mucho tu ortografía.

Elabora un resumen del siguiente texto y toma en cuenta los puntos anteriores:

Guerra de castas en Yucatán

Entre 1847 y 1853 los indios mayas se rebelaron contra la represión militar y la salvaje explotación de la oligarquía local, una de las más atrasadas y corrompidas del país, y llegaron a apoderarse de poblaciones como Valladolid, Ticul, Tekax, Peto y Sotula; se acercaron incluso a Mérida y a Campeche. La oligarquía yucateca, en plena invasión norteamericana a México prefirió ofrecer el territorio de Yucatán a los Estados Unidos a cambio de que la libraran de la rebelión maya.

El gobierno norteamericano rechazó la anexión de Yucatán y fue el propio ejército mexicano, con ayuda de mercenarios norteamericanos y de Cuba, quien finalmente sometió a los indios mayas, con lujo de matanza y salvajismo (se estableció la trata de indios mayas, como si fueran esclavos, para venderlos en las Antillas; a tal grado que todavía una década después de la derrota de los mayas, el presidente Benito Juárez, en 1861, tuvo que emitir un decreto para prohibir que se siguiera traficando con ellos).

La explotación contra los indios mayas continuó hasta el siglo XX; todavía en el Porfiriato hubo episodios de guerra de castas en Yucatán.

LUIS MIGUEL AGUILAR *et al.*, *Historia Gráfica de México*, *núm. 5*, Editorial Patria-INAH, México, 1988.

Generales mayas que intervinieron en la guerra de castas en Yucatán. El Mundo. Semanario Ilustrado, 1896, MHN.

Glosario

Abdicar: Referido principalmente a un cargo o a una dignidad, cederlos o renunciar a ellos.

Abrogar: Referido principalmente a una ley, abolirla.

Asonada: Reunión numerosa de personas para conseguir, mediante tumulto y violencia, algún fin especial, si es de carácter político.

Coacción: Fuerza o violencia física, síquica o moral que se ejerce sobre alguien para obligarlo a realizar o decir algo.

Centralismo: Relativo a la centralización política o administrativa. Sistema de varios estados o departamentos (divisiones territoriales y políticas) que se rigen por una sola Constitución.

Erario: Conjunto de haberes, rentas e impuestos del Estado.

Exilio: Abandono que una persona hace de su patria, generalmente por motivos políticos.

Federalismo: Sistema de gobierno de varios Estados que, rigiéndose cada uno por leyes propias, están sujetos a las decisiones de un gobierno central.

Idiosincrasia: Manera de ser propia y distintiva de un individuo o de una colectividad.

Obvención: Utilidad fija o eventual, además del sueldo que se disfruta.

Definimos conceptos

En este periodo de la historia de México hubo diferentes formas de gobierno. Investiga las diferencias y semejanzas entre ellas; para enriquecer tu trabajo busca en una enciclopedia o en un diccionario las definiciones de los conceptos; compara las explicaciones que sobre ellos contiene la presente Unidad.

- Imperio
- República central
- República federal
- Dictadura

Vamos a analizar

México se enfrentó a múltiples problemas al comenzar su vida independiente.

Forma un equipo y desarrolla los siguientes temas relativos a esta etapa, después exponlos al resto del grupo.

- Reconocimiento internacional
- Conflictos fronterizos
- Distribución de la población
- El ejército como fuerza dominante
- Inexperiencia para gobernar

Para pensar

- ¿Cuáles crees que fueron las razones por las que Chile, Colombia y Perú reconocieron inmediatamente la independencia de México?

- ¿Cómo influyeron los Estados Unidos e Inglaterra en la historia de México en los primeros años de vida independiente?

- La desorganización política y social del gobierno en la primera mitad del siglo xix afectó enormemente a la educación en el país. Ante esta situación surgieron instituciones educativas con ideas nuevas para suplir las carencias. La más importante fue la *Compañía Lancasteriana*, en la que el maestro preparaba a los alumnos mayores y más aventajados para que éstos a su vez enseñaran a los demás alumnos. El profesor se encargaba de la disciplina y de la supervisión. De esta manera se suplía la falta de maestros. ¿Qué opinas de este sistema educativo?

1 *La educación sufrió serios tropiezos durante los primeros años de vida independiente.*

- Si tuvieras que hacer una lista de objetos representativos de la época, por ejemplo una carreta, un uniforme militar o un baúl, ¿cuáles elegirías? ¿Por qué?

2 *Bombonera que perteneció a Iturbide.*

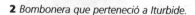

- Sitúate en México entre 1821 y 1854 y responde ¿cuánto tiempo vivió México en paz?, ¿qué consecuencias trajeron al país estos años de luchas internas y guerras con el exterior?

3 *La moda a mediados del siglo xix.*

Para resumir

- Este periodo de la historia de México se caracterizó por su inestabilidad. ¿Por qué?
- Estuvo regido por varias constituciones, ¿cuáles fueron?

Sólo por curiosidad

- Santa Anna nació en.... y murió en....
- ¿Cuántos años tenía cuando estuvo en el poder la primera vez?
- ¿Cuántos años de su vida gobernó a México?

4 *Caricatura de Santa Anna.*

Para investigar

- Los transportes de la época eran diferentes a los que utilizamos hoy. Investiga cómo eran los siguientes transportes y dibújalos:

  - Litera
  - Diligencia
  - Carreta
  - Volante

- España intentó reconquistar los territorios americanos en diversas ocasiones. Investiga sobre las expediciones de Joaquín Arenas e Isidro Barradas.

5 *¿Qué tipo de transporte es?*

Para saber más

Existen en México numerosos edificios construidos durante la época colonial y que han visto pasar ante ellos personajes y hechos importantes de nuestra historia. Un ejemplo es el Palacio de Iturbide en la calle de Madero, en el centro de la ciudad de México, construido entre 1779 y 1784 como residencia de los marqueses de Jaral del Berrio. Más tarde, después del triunfo del ejército trigarante, Agustín de Iturbide estableció en él su residencia, de la que salió para ser coronado y posteriormente para su destierro.

De 1830 a 1834 albergó a los estudiantes de minería; después fue usado como oficinas públicas y en 1847 fue ocupado por el ejército norteamericano.

Entre 1851 y 1855 fue el Hotel de las Diligencias y después cambió de dueño y de nombre siendo conocido como Hotel Iturbide hasta 1928.

A partir de 1966 pertenece a la Fundación Banamex que lo restauró para convertirlo en museo histórico.

- Busca en tu localidad algún edificio en el que hayan sucedido hechos históricos importantes de este periodo.
- Haz una descripción del inmueble: época, estilo, etcétera.
- Ahora imagina que eres una de las ventanas del edificio y escribe una narración de algún suceso histórico ocurrido durante los primeros años de México independiente del que fuiste testigo. Usa tu imaginación pero recuerda que debes apegarte a las costumbres y tradiciones de la época.

6 *Palacio de Iturbide. Ciudad de México.*

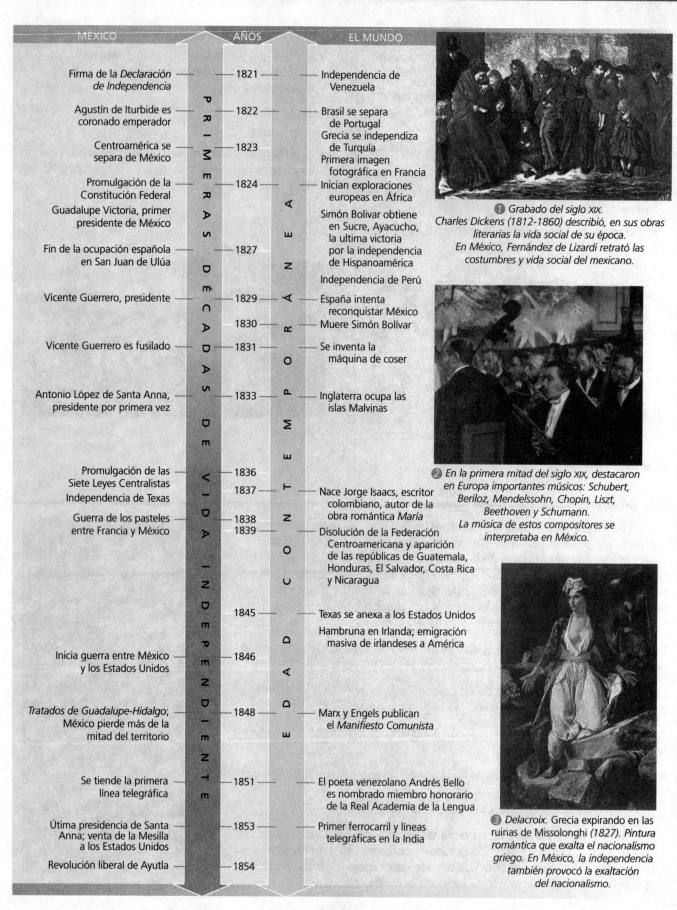

MÉXICO — **AÑOS** — **EL MUNDO**

PRIMERAS DÉCADAS DE VIDA INDEPENDIENTE

EDAD CONTEMPORÁNEA

MÉXICO	AÑOS	EL MUNDO
Firma de la *Declaración de Independencia*	1821	Independencia de Venezuela
Agustín de Iturbide es coronado emperador	1822	Brasil se separa de Portugal
Centroamérica se separa de México	1823	Grecia se independiza de Turquía Primera imagen fotográfica en Francia
Promulgación de la Constitución Federal	1824	Inician exploraciones europeas en África
Guadalupe Victoria, primer presidente de México		Simón Bolívar obtiene en Sucre, Ayacucho, la ultima victoria por la independencia de Hispanoamérica
Fin de la ocupación española en San Juan de Ulúa	1827	Independencia de Perú
Vicente Guerrero, presidente	1829	España intenta reconquistar México
	1830	Muere Simón Bolívar
Vicente Guerrero es fusilado	1831	Se inventa la máquina de coser
Antonio López de Santa Anna, presidente por primera vez	1833	Inglaterra ocupa las islas Malvinas
Promulgación de las Siete Leyes Centralistas	1836	
Independencia de Texas	1837	Nace Jorge Isaacs, escritor colombiano, autor de la obra romántica *María*
Guerra de los pasteles entre Francia y México	1838 1839	Disolución de la Federación Centroamericana y aparición de las repúblicas de Guatemala, Honduras, El Salvador, Costa Rica y Nicaragua
	1845	Texas se anexa a los Estados Unidos Hambruna en Irlanda; emigración masiva de irlandeses a América
Inicia guerra entre México y los Estados Unidos	1846	
Tratados de Guadalupe-Hidalgo; México pierde más de la mitad del territorio	1848	Marx y Engels publican el *Manifiesto Comunista*
Se tiende la primera línea telegráfica	1851	El poeta venezolano Andrés Bello es nombrado miembro honorario de la Real Academia de la Lengua
Última presidencia de Santa Anna; venta de la Mesilla a los Estados Unidos	1853	Primer ferrocarril y líneas telegráficas en la India
Revolución liberal de Ayutla	1854	

① *Grabado del siglo XIX. Charles Dickens (1812-1860) describió, en sus obras literarias la vida social de su época. En México, Fernández de Lizardi retrató las costumbres y vida social del mexicano.*

② *En la primera mitad del siglo XIX, destacaron en Europa importantes músicos: Schubert, Beriloz, Mendelssohn, Chopin, Liszt, Beethoven y Schumann. La música de estos compositores se interpretaba en México.*

③ *Delacroix. Grecia expirando en las ruinas de Missolonghi (1827). Pintura romántica que exalta el nacionalismo griego. En México, la independencia también provocó la exaltación del nacionalismo.*

SÍMBOLO NACIONAL

Durante el convulsionado periodo de la independencia de México se decretó el uso de los colores verde, blanco y rojo para nuestra bandera Pero no se especificaron las características que debía tener el águila, por lo que la encontramos de todas formas y tamaños: de frente y de perfil, con alas abiertas y cerradas, con plumaje tupido, con diferentes motivos, coronas, puentes, nopales, y hasta con una piña.

LA FLOR DE NOCHEBUENA

La flor de nochebuena, originaria de México y cultivada desde la época prehispánica, se ha convertido en símbolo internacional de la navidad.

El embajador de los Estados Unidos en México Joel Robert Poinsett conoció esta flor en su viaje a Taxco en 1823, la envió a los Estados Unidos y más tarde la difundió por toda Europa.

Por esta razón el nombre científico de la nochebuena es *Euphorbia pulcherrima*.

CALENDARIO DEL MÁS ANTIGUO GALVÁN

Este calendario, que apareció por primera vez en 1826 editado por Mariano Galván Rivera, sigue vendiéndose en los puestos de periódicos. Mucha gente lo busca, entre otras cosas, por la información que contiene sobre el santoral, los periodos de siembra y las fases de la Luna. Si puedes consultar uno, hazlo. Resulta muy divertido e interesante.

Caricatura proveniente del calendario Galván.

CHICLES

Cuando Santa Anna se encontraba preso en San Jacinto, el general Tomas Adams lo observó un día sacar de sus bolsillos un pan de chicle y arrancar trocitos de éste y masticarlos.

Adams reconoció el potencial que esta goma podía tener e importó de México 2300 kg de materia prima que convirtió en bolitas; las puso sin envolver en cajas con la leyenda: "Goma Adams de Nueva York, elástica y masticatoria" y las vendió a un centavo la pieza.

Estas bolitas alcanzaron gran popularidad. Más tarde se les añadió sabor y hoy son conocidas en todo el mundo.

ZÓCALO

Al comenzar el siglo XIX frente al Palacio Nacional, había un gran mercado llamado el Parián. Éste fue saqueado en 1828 en un motín. En 1843, Santa Anna despejó la plaza para construir un monumento a la independencia, pero su sueño no se hizo realidad debido a la inestabilidad política de la época. Comenzó los trabajos pero después de levantado el *zócalo* (plataforma que sirve para nivelar el terreno) tuvo que suspender la obra.

Así quedó por muchos años y el pueblo comenzó a llamar a la plaza "Zócalo", como la seguimos llamando hoy en día.

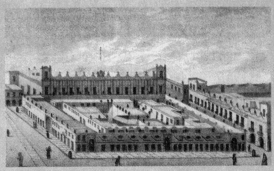

El mercado del Parián.

Después de las dificultades que tuvo México durante las primeras décadas de vida independiente, en las que perdió más de la mitad de su territorio, debió enfrentar aún serias desavenencias entre liberales y conservadores que llevaron al país a una nueva guerra: la de Reforma; a otra intervención extranjera: la francesa; a un gobierno imperial: el de Maximiliano, para desembocar, finalmente, en un periodo de reacomodo y consolidación: la República Restaurada. Bajo el liderazgo de Benito Juárez, los liberales rompieron con la vieja estructura colonial al separar los poderes civil y eclesiástico.

Durante estos conflictivos años se arraigó en los mexicanos un sentimiento nacionalista republicano y se fortaleció el presidencialismo.

1 *Trajes de china poblana y de chinaco.*

Punto de partida

1 ¿Cómo se formaron los primeros partidos políticos?

2 ¿Quiénes hicieron la revolución de Ayutla?

3 ¿Agudizó la Constitución de 1857 las diferencias entre liberales y conservadores?

4 ¿Por qué se inició la guerra de Reforma?

5 ¿Por qué Francia declaró la guerra a México?

6 ¿Cómo se desarrolló la guerra contra Francia?

7 ¿Un emperador liberal impuesto por los conservadores?

8 ¿Cómo defendió el gobierno de Juárez la soberanía del país?

9 ¿A qué se le llama la República Restaurada?

10 ¿Cómo se desarrolló el debate intelectual en la época liberal?

Liberales y conservadores

Desde 1821 los mexicanos se plantearon qué forma de gobierno debería adoptar la nueva nación: monarquía o república, centralismo o federalismo. Sin embargo, aún no se formaban verdaderos partidos políticos y las personas cambiaban de plataforma ideológica con mucha facilidad. A mediados del siglo XIX dos partidos políticos, el de los liberales y el de los conservadores, tomarían forma. Los ejes de discusión entre éstos serían qué tipo de nación construir y los aspectos de las relaciones entre la Iglesia y el Estado.

Ambos partidos estaban formados por intelectuales que veían con horror la pérdida de más de la mitad del territorio nacional y la gran inestabilidad política que vivía el país. Asimismo, buscaban, por caminos diferentes, que México se fortaleciera como nación.

La organización política, la igualdad, la propiedad y la libertad

La mayoría de los liberales pertenecían a la clase media, muchos eran abogados, profesores y periodistas; también había algunos caciques poderosos del centro y norte del país. Creían firmemente en la república y veían en la forma de gobierno de los Estados Unidos un modelo a seguir. Consideraban que todos los mexicanos eran iguales, por lo que las leyes no debían hacer distinciones entre los diferentes grupos sociales. Sostenían que las tierras, que eran propiedad de la Iglesia y de las comunidades indígenas, debían venderse para que muchos mexicanos las trabajaran. Defendían la libertad de cada individuo, principalmente la de profesar su religión y pugnaban por una educación laica.

Por otra parte, muchos conservadores eran personas acaudaladas, terratenientes que tenían fuertes raíces españolas, otros eran destacados profesionistas, ricos comerciantes o pertenecían al clero o al ejército. Consideraban que los males del país se debían a la falta de un gobierno fuerte y que la república no había funcionado en México porque no correspondía a la tradición de gobierno monárquico al que la población estaba acostumbrada. Algunos de ellos proponían una monarquía representativa en la que se respetaran los **fueros** de los diferentes grupos sociales (clero y ejército principalmente) porque pensaban que en un país con tantas diferencias no podía aplicarse la ley por igual a todos. Defendían el respeto a las propiedades, incluidas las de la Iglesia, y consideraban que la religión católica era la única que debía profesarse en México.

José María Luis Mora y Lucas Alamán

José María Luis Mora era el principal ideólogo de los liberales y Lucas Alamán el de los conservadores. Ambos eran criollos y se habían educado en la ciudad de México, Mora en el seminario de San Ildefonso y Alamán en el Colegio de Minería.

El primero señalaba que México debía ser en la práctica lo que ya era en la Constitución: una república representativa y federal que debía romper con su pasado colonial y seguir como modelo de gobierno al de los Estados Unidos. Por su parte, Alamán sostenía que convenía un poder central fuerte y se inclinaba por la monarquía. Consideraba que la raíz de todos los males estaba en las leyes establecidas (Constitución de 1824) por ser contrarias a los usos y costumbres. Sostenía que México debía construirse a partir de su rico pasado colonial, tomando como modelo a Europa.

1 *Los liberales sostenían que el clero tenía que centrarse en la atención de sus fieles y no intervenir en asuntos que correspondían al Estado. Litografía de Casimiro Castro.*

Dos mentes brillantes

Lucas Alamán y José María Luis Mora participaron activamente en la vida intelectual y política de México.

Lee los siguientes dos textos en los que podrás identificar algunas de sus ideas respecto a la forma de gobierno que cada uno consideraba mejor para el país.

En una carta escrita por Lucas Alamán dirigida a Santa Anna, se lee:

Es lo primero conservar la religión católica, porque creemos en ella y porque aun cuando no la tuviéramos por divina, la consideramos como el único lazo común que liga a todos los mexicanos cuando todos los demás han sido rotos y como lo único capaz de sostener a la raza hispanoamericana y que pueda librarla de los grandes peligros a que está expuesta. Entendemos también que es menester sostener el culto con esplendor, y los bienes eclesiásticos, y arreglar todo lo relativo a la administración eclesiástica con el Papa; pero no es cierto, como han dicho algunos periódicos para desacreditarnos, que queremos inquisición, ni persecuciones, aunque sí nos parece que se debe impedir por la autoridad pública la circulación de obras impías e inmorales.

Deseamos que el gobierno tenga la fuerza necesaria para cumplir con sus deberes, aunque sujeto a principios y responsabilidades que eviten los abusos, y que esta responsabilidad pueda hacerse efectiva y no ilusoria.

Estamos decididos contra la federación; contra el sistema representativo por el orden de elecciones que se ha seguido hasta ahora; contra los ayuntamientos electivos y contra todo lo que se llama elección popular, mientras no descanse sobre otras bases. [...]

Contamos con la fuerza moral que da la uniformidad del clero, de los propietarios y de toda la gente sensata que está en el mismo sentido.

2 *Alamán fue también un gran historiador. Escribió* Historia de México *y* Disertaciones *sobre la historia de la República Mexicana.*

En 1833, durante la administración de Valentín Gomez Farías, Mora propuso una reforma política y económica radical:

El programa de la administración Farías es el que abraza los principios siguientes: 1o. libertad absoluta de opiniones, y supresión de las leyes represivas de la prensa; 2o. abolición de los privilegios del clero y de la milicia; 3o. supresión de las instituciones monásticas, y de todas las leyes que atribuyen al clero el conocimiento de negocios civiles, como el contrato de matrimonio [...] 6o. mejora del estado moral de las clases populares, por la destrucción del monopolio del clero en la educación pública, por la difusión de los medios de aprender y la inculcación de los deberes sociales [...] 7o. abolición de la pena capital para todos los delitos políticos, y aquellos que no tuviesen el carácter de un asesinato de hecho pensado [...]

3 *En el exilio, Mora reunió casi todo su pensamiento en la obra* México y sus revoluciones.

Lo que no se quería era, que hubiera clases ni cuerpos privilegiados, cuyos miembros estuviesen exentos de las leyes y obligaciones comunes y de la jurisdicción ordinaria: lo que no se quería era, que hubiese pequeñas sociedades dentro de la general con pretensiones de independencia respecto de ella [...]

Textos tomados de: ERNESTO DE LA TORRE VILLAR *et. al.*, *Historia documental de México*, vol. II, UNAM, México, 1964.

Lee y analiza

1 Investiga cómo participaron Alamán y Mora en la vida pública e intelectual de México y escribe en tu cuaderno los datos principales de tu investigación.

2 Compara ambos textos e identifica las diferencias en las ideas de estos personajes.

3 Después de leer los textos, comenta con alguno de tus compañeros de qué manera estos dos ideólogos influyeron en la política del México de su época.

4 Con tus compañeros de clase discute cuáles de las ideas políticas de Alamán y Mora siguen vigentes hoy en día.

La dictadura de Santa Anna

Después de la pérdida de más de la mitad del territorio, se designó como presidente de México a José Joaquín Herrera (1848-1851), quien tuvo que hacer frente a la gran inestabilidad política y económica que vivía el país. Lo sucedió Mariano Arista quien al poco tiempo dejó el mando del poder ejecutivo.

México no encontraba rumbo y una vez más se pensó que el general Santa Anna resolvería todos los problemas que aquejaban a la recién fragmentada nación. Así, Santa Anna ocupó por última vez la presidencia (1853-1855) y tomó medidas dictatoriales, como exiliar a sus enemigos políticos, lo cual provocó el descontento entre los principales grupos sociales. En marzo de 1854 fue proclamado el *Plan de Ayutla* por los generales liberales Florencio Villareal y Juan Álvarez.

El grupo de los liberales estaba dividido en dos secciones: los "puros" o "radicales" que pretendían una revolución de fondo que modificara las estructuras económicas y políticas del país, y los "moderados", quienes estaban de acuerdo con las medidas reformistas, pero señalaban que éstas podían ser aplicadas respetando los principios religiosos que profesaban la mayoría de los mexicanos.

1 *Juan Álvarez era un importante cacique del sur que había colaborado en el movimiento de independencia al lado del general Morelos.*

La revolución de Ayutla

El Plan de Ayutla pedía la renuncia de Santa Anna y la formación de un Congreso Constituyente que restableciera la república. La rebelión se extendió rápidamente por gran parte del país y al dictador no le quedó más remedio que salir de éste. La era de Santa Anna llegaba a su fin.

La revolución de Ayutla cobró fuerza y culminó con el nombramiento de Juan Álvarez como presidente. Se le unieron intelectuales del partido liberal "puro" que regresaron del exilio, como Melchor Ocampo y Benito Juárez, quienes formaron parte de su gabinete junto con Guillermo Prieto e Ignacio Comonfort. Álvarez permaneció un mes como presidente de la República y fue sustituido por Comonfort (1855-1857). Durante ambas gestiones presidenciales se promulgaron importantes leyes por parte de los liberales radicales:

Ley Juárez (1855), elaborada por Benito Juárez sobre administración de justicia. Esta ley suprimió todos los tribunales especiales, a excepción de los eclesiásticos y militares, pero despojó de fueros a estos grupos en materia civil. Los liberales pretendían que la ley se aplicara a todos los mexicanos por igual y que la justicia se impartiera sin tomar en cuenta la condición social, los méritos o el estado del solicitante.

2 *Caricatura aparecida en el periódico El Gallo Pitagórico en la que se hace burla del dictador Santa Anna.*

Ley Lerdo (1856), elaborada por Miguel Lerdo de Tejada. Dispuso la **desamortización** de fincas rústicas y urbanas que pertenecieran a corporaciones civiles o eclesiásticas y que se dividieran y ofrecieran al arrendatario o al mejor postor. La intención era dividir las grandes propiedades de la Iglesia (llamadas en esa época "bienes de manos muertas") y las de las comunidades indígenas, para venderlas como pequeñas propiedades y hacer un reparto más justo. Sin embargo, sucedió lo contrario porque fueron compradas por gente adinerada que acumuló grandes extensiones de tierras, lo que creó **latifundios**.

Ley Iglesias (1857), elaborada por José María Iglesias. Regulaba los **aranceles** y obvenciones parroquiales en la administración de los sacramentos a los pobres.

Ante estas medidas se desataron movimientos armados en diferentes zonas del país al grito de "religión y fueros".

Piratas territoriales

Durante el siglo XIX México fue escenario de diversas incursiones de piratas territoriales o filibusteros que, con el pretexto de la cacería, se internaron en el norte del país buscando oro e intentando colonizar e independizar esas partes del territorio.

Muchos de estos filibusteros eran ciudadanos estadounidenses apoyados indirectamente por su gobierno, confiados en el desorden reinante en México, en la desorganización del ejército mexicano y en la lejanía de la capital con su frontera norte. Sin embargo, el ejército mexicano los combatió y logró expulsarlos del país.

También hubo filibusteros de otras nacionalidades, uno muy singular y que dio muchos dolores de cabeza al ejército mexicano fue el conde francés Raousset de Boulbón quien trató de independizar el estado de Sonora y ponerlo bajo la protección del gobierno francés.

Durante la dictadura de Santa Anna, este aventurero hizo su última incursión en territorio mexicano.

Antonio García Cubas, quien conoció personalmente a Raousset de Boulbón, relata:

> Como cuerpos de aventureros que ninguna nacionalidad representaban, diversas eran las banderas que los guiaban al combate: unas eran negras con cruz blanca o de tableros negros y blancos, y otras negras con cruz amarilla o blanca con el centro azul […]
>
> Los franceses […] atacaban con brío, mas sus fuerzas se estrellaron ante la heroica resistencia de nuestra escasa fuerza […] Destruido por completo el plan del conde […] Raousset fue fusilado en la plazuela del muelle a las seis de la mañana del día 12 de Agosto de 1854. Murió con valor y, como Maximiliano, sólo pidió que no se le tirase a la cara. […]
>
> ANTONIO GARCÍA CUBAS, *El libro de mis recuerdos*, Colección México en el siglo XIX, Editorial Patria, México, 1950.

3 *Antonio García Cubas plasmó en sus escritos y cartas geográficas el México del siglo XIX.*

Lee, analiza e investiga

Contesta en tu cuaderno lo siguiente:

1 Consulta en un diccionario el significado de *filibustero*.

2 ¿Por qué crees que el norte de México se prestaba tanto a ser invadido por filibusteros?

3 Otros filibusteros de la época fueron William Walker, J. Napoleón Zerman, Henry Crabb. Investiga sobre ellos y sus acciones en México.

4 En una enciclopedia, investiga quién fue Antonio García Cubas y qué importancia tuvo en este periodo.

Debates en el Congreso Constituyente

Entre 1856 y 1857 se reunió en la ciudad de México un Congreso Constituyente compuesto por 155 diputados, la mayoría liberales moderados, aunque había también un grupo de conservadores y otro de liberales "puros" entre los que destacaban Filomeno Mata, Ponciano Arriaga, Melchor Ocampo y Francisco Zarco. Los debates más importantes trataron sobre los derechos individuales de libertad, igualdad, propiedad y seguridad. El tema que provocó discusiones más acaloradas fue el de la libertad de cultos. La mayoría de los diputados se oponía a que dicho tema se incluyera en la Constitución, ya que consideraban que el catolicismo era la única religión del pueblo mexicano. Sin embargo, en la Carta Magna la libertad de cultos quedó tácitamente permitida.

Reflexiona y discute

En el siglo XIX, la lucha por el poder dio origen a enfrentamientos cruentos, entre liberales y conservadores no sólo en México sino en el resto de América Latina. ¿Por qué crees que nuestras historias son similares?

Otro tema fue el de la propiedad, en el que la mayoría de los legisladores consideró incluir la *Ley Lerdo*, que afectaba las propiedades del clero y corporaciones civiles.

Algunos diputados como Ignacio Ramírez y Ponciano Arriaga consideraban necesario hacer reformas de contenido social; sostenían que la Constitución sería letra muerta si la mayor parte de la población seguía viviendo en la **indigencia**, pero estos reclamos no tuvieron eco. La mayoría de los constituyentes concedían más importancia al individuo que al interés colectivo.

La Constitución de 1857

La nueva Constitución estableció una república federal democrática con una sola cámara, la de diputados, pues se suprimió la de senadores por considerar que había funcionado como una élite aristocrática. Aun con una sola cámara, en esta Constitución se concedía más fuerza al poder legislativo que al ejecutivo y al judicial. Se señalaba también que en caso de faltar el representante del poder ejecutivo, sería sustituido por el presidente de la Suprema Corte de Justicia.

La Constitución de 1857 consagró los derechos individuales de libertad, igualdad, propiedad y seguridad. Respecto a la libertad se incluyeron la de enseñanza, trabajo, imprenta, petición, asociación y tránsito, y se apuntó que no podía ser coartada la libertad de ideas. También se incluyó el juicio de amparo, que defiende al ciudadano de la autoridad arbitraria y se incorporaron las leyes *Juárez y Lerdo*.

1 *La Patria y la Constitución, ilustración de* México a través de los siglos, *obra dirigida por Vicente Riva Palacio.*

La Constitución fue promulgada "en el nombre de Dios y con la autoridad del pueblo mexicano", el 5 de febrero de 1857.

¿Sabías que en 1857 también en Colombia se promulgó una Constitución federalista que dio origen a una guerra civil?

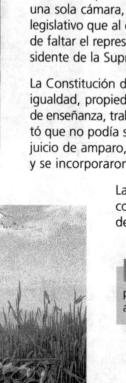

2 *Los constituyentes, al pretender la igualdad de todos los mexicanos ante la ley, dejaron a las comunidades indígenas desprotegidas pues fragmentaron sus propiedades comunales, lo que permitió a grandes latifundistas, muchos de ellos extranjeros, acapararlas.*

Reacciones contra la Constitución de 1857

La nueva Constitución provocó una ola de protestas de diferentes grupos encabezados por la Iglesia católica. Ésta condenaba la legislación por considerar que atacaba su dogma, suprimía sus fueros, le impedía administrar sus bienes raíces, le quitaba el monopolio de la educación y contemplaba la posibilidad de la libertad de cultos. El papa Pío IX también se sumó a esta censura.

En Europa las leyes liberales supeditaban la Iglesia al poder del Estado, pero en las naciones latinoamericanas el papado defendió el último reducto de su poder político pues todavía tenía una gran injerencia en los asuntos gubernamentales.

A raíz de la promulgación de la Constitución de 1857 los poderes civil y eclesiástico se enfrentaron. La Iglesia decidió excomulgar a todos los que no se retractaran de haber jurado la Constitución y el Estado obligó a sus empleados a jurarla so pena de perder sus empleos. Este antagonismo entre los dos poderes desembocaría en una guerra civil.

Clemente de Jesús Munguía, arzobispo de Michoacán, atacó severamente la nueva Carta Magna, lo que le costó el destierro. En el siguiente fragmento, publicado en abril de 1857, el **prelado** señalaba:

> ¿De dónde emana el poder público según la religión, según el dogma? De Dios y nada más. ¿De dónde emana el poder público según la Constitución que acaba de publicarse? Del pueblo y nada más... la voz uniforme del clero; lo que es esta voz para los fieles en el orden religioso y moral; todo, todo manifiesta que la Carta constituyente tal como está, lejos de haber podido ser promulgada en el nombre de Dios y con la autoridad del pueblo, importa una grave ofensa de la divinidad, un violento despojo de los derechos de la religión y una contrariedad manifiesta con los intereses más caros y la voluntad más explícita de la nación mexicana.
>
> [...] conteniendo la Constitución federal de 1857 varios artículos contrarios a la autoridad de los dogmas católicos, a la institución, doctrina y derechos de la santa Iglesia, no puede observarse en esta parte, ni jurarse tampoco lícitamente; porque tal juramento está prohibido severamente por el segundo precepto de la ley de Dios: que esta divina ley es anterior y superior a todas las leyes, y nunca es lícito faltar a ella para obedecer la ley de los hombres.
>
> CLEMENTE DE JESÚS MUNGUÍA, *En defensa de la soberanía, derechos y libertades de la Iglesia, atacados en la Constitución de 1857 y en otros decretos expedidos...*, Tradición (Episodios Nacionales Mexicanos 6), México, 1973.

3 *Aunque la mayoría de los liberales eran católicos, no se consignó explícitamente en la Constitución de 1857 la obligatoriedad de la religión católica. Vista panorámica de México, litografía de Urbano López.*

Lee y reflexiona

1. Para el arzobispo Munguía, ¿de dónde emana el poder público según la religión?

2. ¿De dónde emana el poder público según la Constitución?

3. ¿Por qué consideraba Munguía que la Constitución era una ofensa a la divinidad? ¿Por qué creía que era contraria a los intereses de la nación?

4. ¿Por qué crees que fue desterrado el arzobispo Munguía?

5. En la actualidad, ¿qué asuntos corresponden al poder de la Iglesia? ¿Qué asuntos corresponden al poder civil?

Juárez en la presidencia de la República

Félix Zuloaga, antiguo santannista y opositor a los liberales, se sumó a las severas críticas que provocó la Constitución de 1857 y en diciembre de ese año proclamó el *Plan de Tacubaya* que desconocía la legislación reformista. Reconocía a Comonfort como presidente de la República y pedía un nuevo Congreso Constituyente. Comonfort, convencido de que le era imposible gobernar con la Constitución recién aprobada, se adhirió al *Plan de Tacubaya*.

Con este movimiento se inició la guerra de Reforma, también llamada de los Tres Años porque se prolongó hasta diciembre de 1860.

En enero de 1858 los conservadores desconocieron a Comonfort como presidente debido a sus constantes titubeos e intentos de conciliar a liberales y conservadores. Félix Zuloaga ocupó la presidencia.

Benito Juárez, presidente de la Suprema Corte de Justicia, se trasladó a Guanajuato y ahí manifestó que de acuerdo con la Constitución, le correspondía asumir el cargo de presidente de la República. México tuvo entonces, simultáneamente, dos presidentes: Juárez por parte de los liberales y Zuloaga por los conservadores.

Características de los ejércitos liberal y conservador

El ejército liberal estaba constituido por militares que habían tomado parte en las innumerables revueltas del país y por caciques provenientes del centro y norte del territorio que apoyaban el federalismo.

El ejército conservador en su mayor parte tenía elementos formados en el Colegio Militar. Se adhirieron a ellos caciques indígenas descontentos con la *Ley Lerdo* que ponía a la venta sus propiedades comunales.

La guerra de Reforma tuvo tres etapas:

- Primer año de lucha (1858). El grupo conservador obtuvo importantes victorias.

- 1859. Las dos fuerzas se equilibraron.

- 1860. Se definió el triunfo a favor de los liberales.

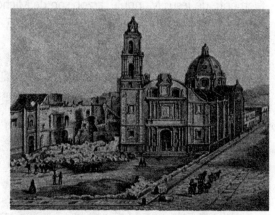

1 *Demolición del convento de Santo Domingo durante la Reforma. En esta guerra muchos edificios religiosos fueron destruidos.*

LA GUERRA DE REFORMA

Dirigentes liberales	Dirigentes conservadores
Anastasio Parrodi	Luis G. Osollo
Santos Degollado	Miguel Miramón
Jesús González Ortega	Leonardo Márquez
Manuel Doblado	Tomás Mejía
José López Uraga	Rómulo Díaz de la Vega
Felipe Beriozábal	Tomás Marín
Ignacio Zaragoza	Vélez, Negrete, Ayesterán,
Leandro Valle	Cobos, Zuloaga, etcétera.

Estados liberales		Estados conservadores	
Querétaro	Guanajuato	México	Puebla
Jalisco	Michoacán	San Luis Potosí	Durango
Nuevo León	Coahuila	Chihuahua	Sonora
Tamaulipas	Colima	Sinaloa	Tlaxcala
Veracruz		Oaxaca	Tabasco
		Yucatán	

Fuente: *Historia Gráfica de México*, siglo XIX, núm. 5, Ed. Patria-INAH, México, 1988

Las Leyes de Reforma

En Veracruz, Juárez promulgó la mayor parte de las *Leyes de Reforma*, que pretendían quitar el poder económico a la Iglesia y someterla al poder civil en los asuntos de Estado:

- Ley de nacionalización de bienes eclesiásticos (1859). Señalaba que los bienes de la Iglesia pasarían a ser propiedad de la nación.

- Ley del matrimonio civil (1859).

- Ley orgánica del registro civil (1859).

- Decreto para **secularizar** cementerios (1859).

- Decreto sobre días festivos y prohibición de asistencia oficial a la Iglesia (1859).

- Ley sobre libertad de cultos (1860).

- Decreto para secularización de hospitales (1861).

- Decreto para la supresión de comunidades religiosas (1863).

La búsqueda de apoyos extranjeros

Durante el segundo año de la guerra de Reforma (1859), liberales y conservadores buscaron apoyo en otros países ante la escasez de recursos económicos con qué obtener la victoria y firmaron tratados que nunca llegaron a ser vigentes.

Tratado Mac Lane-Ocampo

Fue firmado en diciembre 1859 por el representante de los Estados Unidos, Robert Mac Lane y por Melchor Ocampo, representante de los liberales mexicanos. Establecía el derecho de tránsito de los estadounidenses por el territorio mexicano. Este tratado no fue aprobado porque el senado de los Estados Unidos consideró que podría favorecer a los esclavistas del sur.

> **Artículo 1o.** [...] cede la República Mexicana a los Estados Unidos y sus conciudadanos y bienes, en perpetuidad, el derecho de tránsito por el Istmo de Tehuantepec [...]
>
> **Artículo 7o.** La República Mexicana cede por el presente a los Estados Unidos, a perpetuidad, y a sus ciudadanos y propiedades, el derecho de vía o tránsito a través del territorio de la República de México, desde las ciudades de Camargo y Matamoros [...] hasta el puerto de Mazatlán, a la entrada del

> golfo de California, en el Estado de Sinaloa; y desde el rancho de Nogales [...] hasta la ciudad de Guaymas en el golfo de California, en el estado de Sonora [...]
>
> **Artículo 10.** En consideración a las precedentes estipulaciones y por vía de compensación [...] conviene el gobierno de los Estados Unidos en pagar al gobierno de México la suma de 4 000 000 de duros [...]

Tratado Mon-Almonte

Fue firmado en septiembre de 1859 por Alejandro Mon, representante de España y Juan N. Almonte (véase p.136), representante del partido conservador en México y buscaba la protección de España en la lucha contra los liberales.

> **Artículo 2o.** El gobierno de México [...] consiente en indemnizar a los súbditos españoles a quienes corresponda de los daños y perjuicios que se les hayan ocasionado por consecuencia de los crímenes cometidos en las haciendas de San Vicente y Chiconcuac.
>
> **Artículo 3o.** [...] el gobierno mexicano consiente también en indemnizar a los súbditos de S.M.C., de los daños y perjuicios que hayan sufrido por consecuencia de los crímenes cometidos el 15 de septiembre de 1856 en el Mineral de San Dimas, Departamento de Durango. [...]
>
> **Artículo 5o.** Los gobiernos de México y España convienen en que la suma o valor de las indemnizaciones de que tratan los artículos anteriores, se determine de común acuerdo por los gobiernos de Francia y de Inglaterra [...]

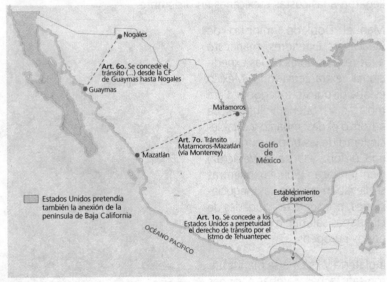

2 *Rutas de libre tránsito propuestas en el Tratado Mac Lane-Ocampo.*

Lee y resume

1 Después de leer ambos fragmentos de los tratados haz un resumen de cada uno de ellos en tu libreta e ilústralos. Puedes hacer un esquema.

2 Escribe las ventajas y desventajas que cada uno de estos tratados acarreaba para México. ¿Qué opinas de cada uno de ellos?

La situación internacional

Las dos naciones colonialistas más importantes de la segunda mitad del siglo XIX fueron Inglaterra y Francia. Los Estados Unidos comenzaban a perfilarse ya como una potencia mundial. De acuerdo con el pensamiento económico liberal imperante en Europa, la actividad mercantil debía regirse por la libre competencia, es decir, los gobiernos no debían ejercer una política proteccionista sino dejar competir libremente a los particulares en la producción e intercambio de productos. Por ello se suprimieron aduanas y se redujeron los impuestos.

Francia e Inglaterra estaban en pleno crecimiento industrial y tenían la necesidad de abrir sus mercados. Para ello, habían iniciado la colonización de Asia y África y en las décadas de 1850 y 1860 contemplaban la posibilidad de intervenir en América para contrarrestar la creciente política expansionista estadounidense. Sin embargo, durante la década de 1860, los Estados Unidos no pudieron intervenir en los asuntos de ningún otro país porque vivían un conflicto interno: la guerra de **secesión**, en la que los estados sureños, que defendían la esclavitud (principal fuerza de trabajo en los campos algodoneros), intentaron separarse de la Unión Americana.

La deuda externa

En 1861, México se enfrentó a otra posible intervención extranjera. Después de la guerra de los Tres Años o guerra de Reforma, la situación económica de México era tan crítica que Juárez propuso al Congreso suspender el pago de la deuda internacional durante dos años.

Ante esto, Francia, España e Inglaterra reaccionaron inmediatamente y se reunieron en Londres. También invitaron a los Estados Unidos, que no participó debido a su conflicto interno. Las tres naciones firmaron la *Convención de Londres* en octubre de 1861, en la que se comprometían a enviar tropas de mar y tierra al Golfo de México para presionar el pago de la deuda. A pesar de que el Congreso mexicano decidió en noviembre reiniciar dicho pago, las flotas de los tres países llegaron a las costas mexicanas en diciembre.

Manuel Doblado, ministro de Relaciones Exteriores, manifestó a los responsables de las expediciones extranjeras que México estaba dispuesto a negociar. Para mostrar su buena voluntad, se autorizó el desembarco y establecimiento de las tropas extranjeras en Córdoba y Orizaba (Veracruz) y en Tehuacán (Puebla), mientras se llevaban a cabo las negociaciones, por ser estas ciudades de clima más saludable para los soldados europeos.

Inglaterra y España se manifestaron satisfechas y ambas naciones se retiraron en abril de 1862. Sin embargo, Francia declaró la guerra a México.

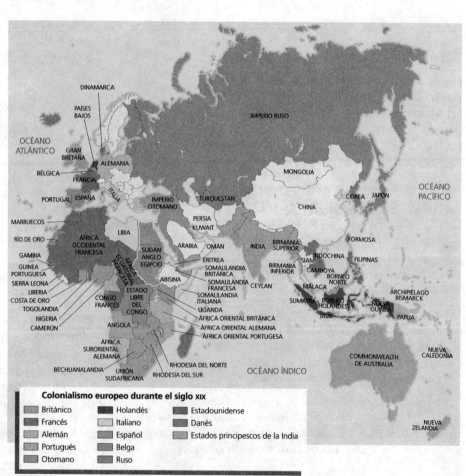

1 *Francia e Inglaterra fueron las principales potencias colonialistas europeas del siglo XIX.*

Colonialismo europeo durante el siglo XIX

- Británico
- Francés
- Alemán
- Portugués
- Otomano
- Holandés
- Italiano
- Español
- Belga
- Ruso
- Estadounidense
- Danés
- Estados principescos de la India

Los planes expansionistas de Francia

En los primeros años de la década de 1860, Francia, gobernada por el emperador Napoleón III, consideró propicia la situación internacional y mexicana para intentar establecer un dominio en América. Su presencia en el nuevo continente le abriría nuevos mercados y le daría una posición estratégicamente ventajosa. Los Estados Unidos, enfrascados en la guerra de secesión, no podrían impedir tal intervención.

En México no era nueva la idea de traer un monarca europeo que terminara con la anarquía que había prevalecido desde la independencia. En 1840, José María Gutiérrez de Estrada sugirió tal posibilidad al entonces presidente Anastasio Bustamante, por lo que fue perseguido y expatriado a París. Años después, apoyado por otros monarquistas mexicanos inició pláticas con la emperatriz Eugenia y su esposo Napoleón III, sugiriéndoles la posibilidad de buscar un candidato entre la nobleza católica europea que se interesara en la "corona mexicana". Gutiérrez de Estrada y Napoleón III pensaron en el archiduque Fernando Maximiliano de Habsburgo, hermano menor del emperador de Austria, Francisco José. Maximiliano se mostró complacido con la propuesta pues sabía que difícilmente heredaría la corona austriaca.

2 *José María Gutiérrez de Estrada proponía "que la nación examinara si la forma monárquica, con un príncipe de estirpe real, no sería más acomodada a las tradiciones, a las necesidades y a los intereses de un pueblo que desde su fundación fue gobernado monárquicamente".*

De esta manera, entre 1862 y 1864, mientras las tropas francesas invadían México e iban tomando posesión de las ciudades más importantes, Napoleón y Maximiliano llevaban a cabo las negociaciones acerca de la ayuda financiera, política y militar que Francia proporcionaría al imperio mexicano, así como los compromisos que México adquiriría para pagar dicha ayuda. Se preparaban, así, las condiciones para la llegada de un monarca extranjero a nuestro país.

3 *Un grupo de mexicanos se presentó en el castillo de Miramar en octubre de 1863 para solicitar al archiduque Maximiliano de Habsburgo que aceptara la corona imperial en México.*

Elabora preguntas que te ayuden a comprender un hecho

1 Después de leer cuidadosamente la información anterior y con los conocimientos que has adquirido previamente, elabora por lo menos cinco preguntas que un historiador se plantearía para entender este momento histórico. Lee los siguientes dos ejemplos:

- Además del cobro de la deuda, ¿qué otros intereses tenía Francia para declarar la guerra a México?
- ¿Podría un monarca europeo solucionar los complicados conflictos internos de México? ¿Por qué?

2 Compara tus preguntas con las de algunos de tus compañeros y compañeras y juntos intenten responderlas.

El inicio de la contienda

En 1862 Francia envió más tropas a México al mando del general Charles Latrille de Lorencez. El ejército invasor inició su avance hacia la capital desde Córdoba y Orizaba.

La primera batalla importante se libró en el límite de Veracruz y Puebla, en el poblado de Acutzingo. Allí los franceses derrotaron a las fuerzas mexicanas y continuaron su marcha hacia la capital.

La batalla del 5 de mayo

El 5 de mayo de 1862, Lorencez intentó tomar la ciudad de Puebla. El ejército mexicano, al mando del general Ignacio Zaragoza, derrotó heroicamente al enemigo. Esta victoria, además de retrasar casi un año el avance francés sobre la ciudad de México, animó el espíritu combativo de los mexicanos, pues demostró que se podía derrotar al ejército invasor y ganar la guerra.

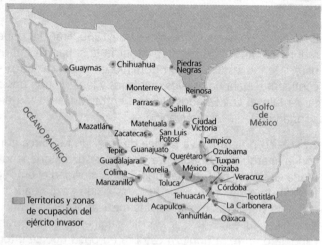

1 *Guerra de intervención francesa (1862-1867): zonas ocupadas por el ejército francés. Las ciudades que opusieron mayor resistencia fueron Puebla y Oaxaca.*

Frente a la derrota, Napoleón III solicitó al Congreso francés autorización y recursos para el envío de más tropas. Un ejército de 30 000 hombres llegó a México, al mando del general Elias Frederic Forey, quien sustituyó a Lorencez.

La ocupación de la capital

En 1863 el ejército francés sitió durante casi dos meses la ciudad de Puebla, ésta cayó y la capital pudo ser tomada en junio.

2 *El general Ignacio Zaragoza (1829-1862), quien salió victorioso en la batalla del 5 de mayo, murió de tifoidea cuatro meses después.*

El gobierno republicano de Juárez se vio obligado a abandonar la ciudad de México y estableció su gobierno primero en San Luis Potosí, después en Saltillo y luego en El Paso (hoy Ciudad Juárez).

Los franceses, aunque eran constantemente asediados por los *chinacos* (guerrilleros populares), para marzo de 1864 habían logrado ocupar Querétaro, Guanajuato, Morelia, Guadalajara y Zacatecas.

Los conservadores y algunos liberales apoyaban a los franceses y confiaban en que Francia no impondría un gobierno no deseado por los mexicanos.

Al día siguiente de tomar la ciudad de México, Forey expidió un decreto para la formación de una Junta Superior de Gobierno que eligiera al poder ejecutivo (Regencia) y a una Asamblea de Notables. Dicha Asamblea dictaminó que:

1 La nación adoptaba la monarquía moderada.

2 El soberano tendría título de emperador.

3 La corona imperial se ofrecería al príncipe Fernando Maximiliano, archiduque de Austria.

La Regencia nombró a la comisión que llevaría a Maximiliano el acuerdo de la Asamblea y el ofrecimiento al trono de México.

3 *Grabado de José Guadalupe Posada en el que satiriza al ejército francés.*

El sentimiento nacionalista y la intervención francesa

La batalla del 5 de mayo despertó el sentimiento nacionalista pues demostró que el ejército mexicano era capaz de vencer a uno de los ejércitos más poderosos del mundo.

El historiador Wigberto Jiménez Moreno explicó, a cien años de la intervención francesa, que durante la guerra contra los Estados Unidos entre 1846 y 1848, algunos estados de la República vieron con indiferencia la intervención norteamericana mientras que, ante la ocupación francesa, se manifestó en gran parte del país un sentimiento de rechazo al ejército invasor:

4 *Durante la batalla del 5 de mayo también se distinguieron los generales Mariano Escobedo y Porfirio Díaz.*

[...] durante la guerra con los Estados Unidos, México estaba dividido, y la nación, como tal, no respondió con eficacia y pleno sentido de responsabilidad a aquel reto que puso en peligro su existencia misma: hubo estados de la República que no ayudaron a la guerra e, inclusive, alguno que se declaró neutral; había todo, menos un sentimiento nacional, excepto en algunas regiones, principalmente del centro del país. En cambio, cuando las huestes napoleónicas se presentaron aquí, las cosas habían cambiado: por todas partes aparecieron guerrillas, los franceses no dominaron más que el territorio que con sus bayonetas ocupaban; por todas partes, en cuanto salían, entraban las huestes de Juárez, por doquiera había una voluntad nacional de oponerse al invasor y Juárez era, en este aspecto, un símbolo [...] porque supo unir en torno suyo esta voluntad, que ya tenía el país, de defenderse contra la invasión extranjera. Pues bien, en este esfuerzo, la victoria del 5 de mayo marca un punto de cambio profundo, porque mientras en el 47 no aparecen, por ninguna parte, estas guerrillas [...] en el caso de Juárez es distinto: él logra, realmente, crear una mística nacional, y lo sigue una muchedumbre de guerrilleros que son los que mantienen tenazmente la resistencia. La victoria del 5 de mayo, deja entre los mexicanos un profundo impacto, al comprobar éstos que han sido capaces de derrotar al ejército considerado como el mejor del mundo [...] México ha logrado inferir un terrible descalabro a los franceses, que no sólo pierden la batalla del 5 de mayo, sino que tienen que retirarse hasta Orizaba [...] podemos afirmar que ese triunfo del 5 de mayo ha ayudado enormemente a madurar nuestra conciencia nacional; desde entonces, los mexicanos ya somos otros: somos un país con un orgullo nacional que no conocíamos antes.

Wigberto Jiménez Moreno, "El significado de la victoria del 5 de Mayo en la recuperación del orgullo nacional", en Arturo Arnaiz y Freg y Calude Bataillon (eds.), *La intervención francesa y el imperio de Maximiliano cien años después*, Asociación Mexicana de Historiadores- Instituto Francés de América Latina, México, 1965.

Reflexiona e investiga

1 ¿Qué entiendes por sentimiento nacionalista?

2 Redacta en tu cuaderno una explicación breve sobre qué significa para ti ser mexicano. De los acontecimientos nacionales que te han tocado vivir, ¿cuáles han influido para forjar en ti ese sentimiento?

3 ¿De qué manera el conocimiento de la historia forja en los individuos y en las comunidades un sentimiento de identidad nacional y de pertenencia a una cultura?

4 Observa el mapa de la página anterior en el que aparecen los territorios de México que fueron ocupados por los franceses. Investiga la postura frente a la invasión francesa que asumió tu localidad o región.

5 *Grabado de José Guadalupe Posada conmemorativo de la batalla del 5 de mayo.*

Las negociaciones

Desde hacía ya tres años se habían establecido pláticas entre los conservadores mexicanos, el emperador francés Napoleón III y Maximiliano, con el fin de traer a México un monarca europeo.

Para aceptar la corona mexicana, Maximiliano debía renunciar al trono de Austria y contar con la venia de su hermano, el emperador Francisco José. Quizá para asegurar un reinado exitoso puso como condición que el pueblo mexicano, mayoritariamente, estuviese de acuerdo con su nombramiento. Carlota, la esposa de Maximiliano e hija del rey de Bélgica, Leopoldo I, influyó en su esposo para que aceptara el nombramiento.

En México, Forey pidió a la ciudadanía que manifestase su apoyo a Maximiliano, petición que se hizo bajo la presión del ejército francés. Posteriormente Forey fue sustituido por Aquiles Bazaine.

1 *El castillo de Miramar frente al mar Adriático fue la residencia de Maximiliano y Carlota.*

El tratado de Miramar

En abril de 1864, Napoleón III y Maximiliano firmaron la *Convención de Miramar* mediante la cual el primero se comprometía a apoyar al nuevo imperio mexicano con soldados, armas y un préstamo importante mientras se formaba un ejército imperial. Maximiliano comprometía a México para pagar dicha deuda al gobierno francés.

El segundo imperio

En mayo arribaron a Veracruz el emperador Maximiliano y su esposa la emperatriz Carlota. La bienvenida en el puerto fue fría, pero en el camino a la ciudad de México y al entrar a ésta fueron aclamados y vitoreados.

2 *El 28 de mayo de 1864 arribó la pareja imperial a las costas de Veracruz en la fragata Novara. Esta misma embarcación llevaría de vuelta a Europa los restos del emperador en 1867.*

La Regencia había nombrado un gabinete de conservadores destacados para que se pusieran a las órdenes del emperador. Éste, sin embargo, educado en la tradición liberal europea formó, a su llegada, un gabinete de liberales moderados.

Maximiliano había invitado previamente a Juárez a colaborar cerca de él pero el presidente de la República respondió que no trabajaría con quien pisoteaba la soberanía de México.

El gobierno de Maximiliano elaboró un *Estatuto Provisional del Imperio Mexicano* que fue rechazado por los conservadores porque ratificaba los principios más importantes de las *Leyes de Reforma*: la tolerancia de cultos, la nacionalización de los bienes del clero y la separación de la Iglesia y el Estado. Pero también fue rechazada por los liberales radicales porque otorgaba al emperador el ejercicio absoluto de la soberanía. Maximiliano quedó sostenido únicamente por el grupo de liberales moderados y por el ejército francés.

¿Sabias que Carlota apoyó a su marido en los momentos difíciles e influyó muchas veces en sus decisiones? Cuando Napoleón III decidió retirar las tropas francesas de México, Maximiliano pensó en abdicar. Carlota se embarcó hacia Europa para pedir al emperador francés que reconsiderara su decisión. Ante la negativa, Carlota visitó al Papa con el fin de que intercediese en el asunto, pero él se negó a hacerlo. Carlota sufrió un colapso nervioso y fue recluida. La emperatriz no regresó a México y vivió hasta 1927 entre periodos de lucidez y locura.

Por otro lado, elaboró leyes que protegían a los indios y trabajadores de maltratos y abusos, por lo que durante el imperio hubo muy pocos levantamientos y múltiples manifestaciones de indios y trabajadores en favor del emperador.

La situación más grave que enfrentó el imperio fue la económica. Maximiliano se encontró con un país empobrecido y endeudado debido a la constante inestabilidad en que había vivido y dicha situación empeoró por la mala administración y porque tuvo que pedir constantes préstamos para solventar los onerosos gastos del ejército francés y los lujos y despilfarros de la corte.

Adiós mamá Carlota... adiós mi tierno amor

Durante la intervención y el imperio, igual que en otras épocas de nuestra historia, se escribieron poesías, corridos y canciones relacionados con esos hechos. Entre ellos destacan las canciones satíricas que tanto liberales como conservadores compusieron para atacarse mutuamente.

3 *Maximiliano y Carlota rodeados de su corte. Detalle del "Mural del teatro de los Insurgentes". Obra de Diego Rivera. En su travesía hacia México, tomaron clases de español e historia de México.*

Los más conocidos e hirientes fueron escritos por los liberales, quizá porque en ese momento la gran mayoría del país se oponía a un gobierno extranjero.

Una de estas canciones, "Los cangrejos", fue escrita por Guillermo Prieto; en ella satirizó al partido conservador por retrógrado. Cuando Maximiliano la escuchó, le gustó tanto que hizo que la tocaran en varios momentos de su gobierno, y algunas veces la tarareaba él mismo o llamaba "cangrejos" a los conservadores.

4 *La caricatura generalmente acompañaba a la canción satírica. Un liberal mantiene a raya a los cangrejos.*

El partido conservador tuvo un personaje singular que fue blanco de estas canciones satíricas: Juan Nepomuceno Almonte. Firmó el Tratado *Mon-Almonte* como representante de los conservadores, participó activamente para traer a Maximiliano a México y formó parte de su gobierno. De las canciones que le compusieron hay dos que fueron muy populares: "El telele" y el "Amo quinequi".

También en honor a Maximiliano y Carlota se compusieron canciones como "El cerro de las campanas" y "Adiós mamá Carlota"

El Telele

Ya Pamuceno murió,
¡Ay, no, no, no, no, no!,
ya lo llevan a enterrar
entre cuatro reaccionarios,
Saligny de sacristán.
[...]
Cuando Almonte vino aquí,
¡ay, sí, sí, sí, sí, sí!,
por el petit Napoleón,
soñaba ser presidente,
¡caramba!,
y mandar a la nación.
Aceptó México el reto,
¡ay, sí, sí, sí, sí, sí!,
y el hábil de Pamuceno
se ha dado un frentazo bueno,
¡ay, sí, sí, sí, sí, sí!,
en el Cerro de Loreto.
Ya Pamuceno murió,
¡ay, no, no, no, no, no!,
ya lo llevan a enterrar;
Cobos le canta el responso,
Zuloaga se echa a llorar.

GUILLERMO PRIETO

Adiós mamá Carlota

Alegre el marinero
con voz pausada canta,
y el ancla ya levanta
con extraño rumor.

La nave va en los mares,
botando cual pelota;
adiós mamá Carlota,
adiós mi tierno amor.

[...]

Acábanse en Palacio
tertulias, juegos, bailes;
agítanse los frailes
en fuerza de dolor.

La chusma de las Cruces
gritando se alborota;
adiós mamá Carlota,
adiós mi tierno amor.

VICENTE RIVA PALACIO

Letras tomadas de: MARIO KURI-ALDANA y VICENTE MENDOZA MARTÍNEZ, *Cancionero popular mexicano*, t. 2, SEP, México, 1987. (fragmentos)

Los cangrejos

Cangrejos, al combate,
cangrejos, al compás;
un paso pa´ delante,
doscientos para atrás.
Casacas y sotanas
dominan dondequiera,
los sabios de montera
felices nos harán.
¡Zuz, ziz, zaz!
¡Viva la libertad!
¿Quieres inquisición?
¡Ja-ja-ja-ja-ja-ja!
Vendrá "Pancho membrillo"
y los azotará.

GUILLERMO PRIETO

Analiza y piensa

1 ¿Qué datos históricos se mencionan en las canciones?

2 ¿De qué forma crees que se difundían estas canciones, cuya letra y música eran conocidas popularmente? Considera que entonces todavía no había medios masivos de comunicación como la radio y la televisión.

3 Escribe una canción satírica sobre la vida de un personaje de la época.

Un gobierno errante

Durante el Imperio de Maximiliano, el gobierno republicano presidido por Benito Juárez siguió constituido y trabajando en el norte del país. Cambiaba constantemente de ciudad sede debido a que era perseguido por las fuerzas invasoras.

Juárez no había aceptado ser integrante del gabinete de Maximiliano pues consideraba al Imperio como un gobierno usurpador. Durante los años que gobernó el Imperio (1864-1867), Juárez continuó al frente del gobierno republicano legitimado por la Constitución de 1857.

1 *Caricatura de Constantino Escalante que representa a Juárez atrincherado simultáneamente en diferentes ciudades del país.*

La retirada francesa

En 1865 Maximiliano emitió una ley mediante la que se condenaba a muerte a toda persona que levantara su voz o sus armas en contra del Imperio. Esta ley provocó una violenta reacción popular en contra del príncipe austriaco.

En 1866, el gobierno francés informó a Maximiliano su decisión de retirar, en el transcurso del siguiente año, las tropas francesas de México. Esto se debió a diversas causas: en los Estados Unidos había finalizado la guerra de secesión y el gobierno de ese país, que había manifestado su simpatía al gobierno de Juárez, finalmente podía apoyar a éste; Prusia amenazaba a Francia y la opinión pública francesa se oponía a continuar manteniendo sus tropas en México.

La noticia de la retirada francesa y el descontento popular permitieron al ejército liberal mexicano, que nunca dejó de combatir al invasor, comenzar a recuperar territorio.

La victoria liberal

Mariano Escobedo dirigía las fuerzas republicanas del norte y Porfirio Díaz las del sur; ambos iban liberando ciudades y acercándose al centro del país. El gobierno de Juárez pudo moverse a San Luis Potosí.

Ante tan difícil situación, Maximiliano pidió apoyo a los conservadores que lo habían traído al país y puso al mando de las fuerzas imperiales a los generales Márquez, Miramón y Mejía.

En 1867 se retiraron de México las últimas tropas francesas. El cerco republicano se iba cerrando y el emperador y los conservadores que lo apoyaban ocupaban únicamente Querétaro, parte de Puebla y la ciudad de México. Maximiliano se dispuso a resistir en la ciudad de Querétaro pero fue sitiada por las tropas de Mariano Escobedo durante 71 días hasta que finalmente cayó. Puebla y la ciudad de México fueron tomadas por Porfirio Díaz.

Maximiliano fue apresado, juzgado y condenado a muerte. A pesar de las peticiones que recibió Juárez por parte de los Estados Unidos y de muchos países europeos de perdonar a Maximiliano, éste fue fusilado el 19 de junio de 1867 en el Cerro de las Campanas, Querétaro, junto con Miramón y Mejía.

Ese fue el fin del imperio. A partir de ese momento, el país comenzaría a consolidarse como nación.

2 *El pintor francés Edouard Manet realizó una serie de óleos sobre la ejecución de Maximiliano, entre 1867 y 1868. Para hacer este cuadro, Manet copió de una fotografía el rostro de Maximiliano y para representar a Miramón y Mejía pidió a dos amigos suyos que posaran para él.*

Hablando en clave

El hombre siempre ha tenido la necesidad de comunicar sucesos importantes a otros seres humanos aunque éstos se encuentren muy lejos. Por eso desde tiempos muy remotos estableció sistemas de comunicación como el envío de señales de humo o con sonidos o señales producidos con tambores y cuernos.

Recuerda que los mexicas tenían sus postas y sus corredores (*paynani*) para poder hacer llegar con rapidez al emperador los resultados de las batallas.

La Revolución Industrial, que comenzó en Europa en el siglo XVIII, trajo consigo grandes avances científicos y tecnológicos que dieron origen a importantes cambios en las comunicaciones.

Samuel Morse inventó en 1832 el telégrafo, sistema basado en un abecedario formado por golpes cortos y largos que permitió el envío de mensajes, a largas distancias, mediante conductores eléctricos.

En 1849 el telégrafo llegó a México y el gobierno otorgó a Juan de la Granja la concesión exclusiva por diez años, para instalar y explotar este servicio en la República Mexicana.

El primer cableado, de 400 km, unió México y Veracruz entre 1851 y 1852. Al año siguiente se tendió la línea México-Guanajuato.

Durante la guerra de Reforma el telégrafo adquirió tal importancia que en 1858 Miramón decretó que el 5% del impuesto sobre las importaciones se utilizara para la construcción de redes telegráficas.

A	• —
B	— • • •
C	— • — •
D	— • •
E	•
F	• • — •
G	— — •
H	• • • •
I	• •
J	• — — —
K	— • —
L	• — • •
M	— —
N	— •
O	— — —
P	• — — •
Q	— — • —
R	• — •
S	• • •
T	—
U	• • —
V	• • • —
W	• — —
X	— • • —
Y	— • — —
Z	— — • •

3 *Los borregos, caricatura aparecida en 1868 en el periódico liberal La Orquesta. No todas las noticias que se recibían a través del telégrafo eran de fiar; algunas llegaban tarde y otras contenían información falsa o dudosa basada en rumores, éstas eran llamadas popularmente "borregos" por el dicho "salió con lana y regresó trasquilado".*

Después de la caída del Imperio de Maximiliano, al iniciarse la etapa de la República Restaurada, había en el país 4189 km de cableado telegráfico en catorce rutas.

En 1878 se creó la Dirección General de Telégrafos y una de sus primeras acciones fue la de establecer comunicación con el extranjero.

Sin embargo, este servicio presentaba problemas debido a la destrucción de redes a causa de las guerras, la intervención y el bandolerismo.

4 *Alfabeto Morse. Los puntos son golpes o señales cortas y las rayas, largas.*

Responde, observa y aplica

1 ¿Por qué crees que el primer cableado telegráfico del país se tendió entre la ciudad de México y el puerto de Veracruz?

2 ¿De qué manera el telégrafo fomentó el progreso de México?

3 ¿Qué tipo de comunicaciones se utilizan hoy con los mismos fines que el telégrafo? ¿Qué fiabilidad tienen?

4 ¿Hay una oficina de telégrafos en tu comunidad o cerca de ella? ¿Cuál es su uso? ¿Sabes cómo funciona?

5 Observa la clave Morse y escribe un breve mensaje relacionado con alguno de los acontecimientos que has estudiado en esta Unidad. Elige a un compañero o compañera para que descifre tu mensaje y tú, a la vez, haz lo mismo con el suyo. Recuerda que este comunicado debe ser corto y claro.

El regreso de Juárez

Un mes después del fusilamiento de Maximiliano en el Cerro de las Campanas, entró en la ciudad de México el gobierno republicano constituido por Benito Juárez, Sebastián Lerdo de Tejada, José María Iglesias e Ignacio Mejía. Inició así una etapa conocida como la **restauración** de la República.

Juárez convocó a elecciones inmediatamente. Los candidatos a la presidencia de la República fueron Porfirio Díaz y el propio Juárez, quien ganó la elección con más de 70% de los votos. Sebastián Lerdo de Tejada ocupó la Suprema Corte de Justicia.

Conflictos militares y sociales

El nuevo gobierno debió resolver importantes conflictos. Por un lado,

1 La Reforma y la caída del Imperio, *mural de José Clemente Orozco que se encuentra en el Museo Nacional de Historia, Castillo de Chapultepec. Se distingue el rostro triunfal de Juárez y el cuerpo amortajado de Maximiliano.*

después del triunfo sobre el imperio, el ejército fue reorganizado y reducido a 20 000 hombres para evitar sublevaciones y levantamientos. Uno de los principales problemas que debió enfrentar Juárez fue la expectativa que tenía el general Porfirio Díaz de ocupar la presidencia de la República. Díaz encabezó dos importantes revueltas armadas contra Juárez y contra Lerdo: *la Noria* y *Tuxtepec*.

Por otro lado proliferaron las revueltas campesinas e indígenas. La situación de desamparo económico y social en que habían vivido estos grupos desde la época colonial fue motivo de debate y discusión durante la República Restaurada. Se intentó mejorar su situación pero, lejos de encontrar solución, como consecuencia de la *Ley Lerdo* de 1856 predominaron caciques y hacendados que hicieron crecer sus propiedades en detrimento de la propiedad indígena.

Muchos indios fueron expulsados de sus comunidades y obligados a trabajar en las grandes haciendas, sujetos a las tiendas de raya, sistema de explotación que predominaría posteriormente durante el porfiriato. Hubo sublevaciones indígenas en Yucatán, Chiapas, Jalisco, Sinaloa, Nayarit y el norte del país, donde llegaban comanches y apaches expulsados por la colonización del oeste norteamericano.

Hacia la consolidación de la legalidad

El gobierno republicano de Juárez tuvo enfrentamientos con el Congreso. Según la Constitución de 1857 la Cámara de Diputados era la máxima autoridad nacional, aun por encima del poder ejecutivo. Sin embargo, dada la situación del país, Juárez pensaba que en ciertas cuestiones el poder ejecutivo debía prevalecer sobre el legislativo para que hubiese gobernabilidad y, en ocasiones, actuó por decreto.

2 *La reducción del ejército benefició las finanzas públicas.*

Juárez sabía que la Constitución debía ser reformada en algunos puntos. Envió al Congreso diversas solicitudes y proyectos de ley, como la de constituir nuevamente la cámara de senadores, pues ello permitiría al ejecutivo tener un control mayor en los asuntos internos de los estados, que exigían total autonomía con respecto al gobierno federal. Solicitó también incluir en la Constitución las *Leyes de Reforma*, pero sus propuestas no prosperaron.

Política económica

La gestión juarista logró reducir casi cinco veces las deudas interna y externa. Tomó importantes medidas que incorporaron el progreso al desarrollo del país: promovió la libertad de exportación; la reactivación de la minería; recuperó, para el Estado, el derecho exclusivo de amonedación, pues existían once casas de moneda, y reanudó la construcción del ferrocarril hacia Puebla y Veracruz, entre otras.

Política educativa

El gobierno de Juárez impulsó la educación pública y laica. El doctor Gabino Barreda inició una reforma educativa que promovió las ideas liberales y la investigación científica. Se fundó la Escuela Nacional Preparatoria y el número de escuelas de instrucción primaria e instituciones de educación superior aumentó considerablemente.

3 *Silla presidencial. Juárez sentó las bases del régimen presidencialista en México.*

4 *Gabino Barreda (1818-1881), se apegó a las ideas del positivista francés Augusto Comte y las instauró en la Escuela Nacional Preparatoria.*

El Plan de la Noria

En las elecciones de 1871 los candidatos fueron Juárez, Lerdo de Tejada y Porfirio Díaz. Juárez ganó por un escaso margen y Porfirio Díaz proclamó el *Plan de la Noria* en el que lo acusaba de reeleccionista. Otras protestas se unieron a las de Díaz en diferentes puntos del país pero fueron acalladas y Juárez asumió nuevamente la presidencia. Sin embargo, a los pocos meses, el 18 de julio de 1872, Benito Juárez murió de un infarto.

El gobierno de Sebastián Lerdo de Tejada

Al morir Juárez en funciones, asumió el poder el presidente de la Suprema Corte de Justicia, Sebastián Lerdo de Tejada.

En términos generales, Lerdo continuó la política de Juárez pero a diferencia de él, contó con el apoyo mayoritario del Congreso. Ello le permitió incorporar las *Leyes de Reforma* a la Constitución, pero esto y su radical actitud anticlerical lo enemistaron con el clero e hicieron impopular su gobierno. Además, restituyó el senado y tuvo que combatir diversas revueltas que se levantaron en su contra; acabó con la "república campesina" de Manuel Lozada, caudillo que actuaba en Nayarit desde la década de 1850.

5 *Indígenas y campesinos vivían en la miseria.*

El Plan de Tuxtepec

En las elecciones de 1876 contendieron el propio Lerdo, Porfirio Díaz y José María Iglesias, pero antes de efectuarse éstas, Porfirio Díaz se levantó en armas proclamando el *Plan de Tuxtepec* en el que acusaba a Lerdo de Tejada de cometer múltiples abusos y condenaba su intención de reelegirse.

Lerdo ganó las nuevas elecciones pero Iglesias y Díaz lo desconocieron por lo que se alejó de la ciudad de México.

Díaz convocó a nuevas elecciones y ganó la presidencia de la República para el periodo 1876-1880. Con ello dio inicio el periodo llamado porfirismo o porfiriato.

El historiador mexicano Luis González considera que:

> La acción de la República Restaurada, si es mirada desde el punto donde partió fue prodigiosa; si se le mira desde las metas que se propuso fue pobre. De cualquier modo, desde otra perspectiva, luce como aurora de un día de la vida de México conocido con los nombres de porfirismo y porfiriato, que fue inicialmente porfirismo por la adhesión popular a Porfirio, y después porfiriato por la adhesión de don Porfirio a la silla presidencial.
>
> *Historia General de México, versión 2000,*
> Centro de Estudios Históricos, El Colegio de México, México, 2000.

6 *Manuel Lozada, conocido como "El tigre de Álica", fue un guerrillero y bandolero que mantuvo durante dos décadas el control de los campesinos de algunas zonas de Zacatecas, Sinaloa, Nayarit y la sierra de Álica, en Jalisco.*

Itinerario de Porfirio Díaz durante el levantamiento de Tuxtepec (1876)

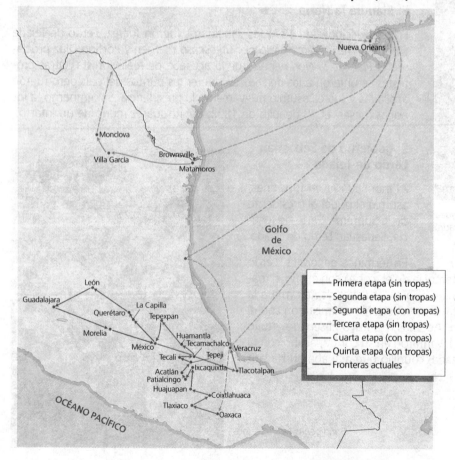

Nueva Orleans

Monclova

Villa García

Brownsville

Matamoros

Golfo de México

León

Guadalajara

La Capilla

Querétaro

Tepexpan

Morelia

México

Huamantla

Tecamachalco

Tecali

Tepeji

Veracruz

Acatlán

Ixcaquixtla

Tlacotalpan

Patialcingo

Huajuapan

Coixtlahuaca

Tlaxiaco

Oaxaca

OCÉANO PACÍFICO

— Primera etapa (sin tropas)
--- Segunda etapa (sin tropas)
— Segunda etapa (con tropas)
--- Tercera etapa (sin tropas)
— Cuarta etapa (con tropas)
— Quinta etapa (con tropas)
— Fronteras actuales

7 *Sebastián Lerdo de Tejada se exilió en los Estados Unidos a pesar de su sentimiento antiestadounidense. Durante su gobierno se dio la posibilidad de construir una vía férrea que uniera a México con ese país pero Lerdo respondió con su famosa frase: "entre la fuerza y la debilidad, el desierto".*

Los grupos olvidados

Durante la segunda mitad del siglo xix, la población en México pasó de 7 500 000 habitantes en 1850 a 9 000 000 en 1880. Casi un 80% vivía en el campo y poco más del 20% en las ciudades. La mayor parte se concentraba en el centro de la República mientras que en el norte, que representa aproximadamente la mitad del territorio nacional, habitaba únicamente una octava parte del total de la población.

Las comunidades indígenas (38% de la población) y los campesinos continuaron sufriendo los estragos de las guerras y asonadas militares durante esta etapa. Sus necesidades fueron ignoradas por liberales y conservadores porque ambos desconocían sus usos y costumbres. Después de la legislación reformista, indios y campesinos tuvieron que vender su fuerza de trabajo a los latifundistas que compraron sus tierras y los mantuvieron en condiciones de explotación y miseria.

Esto llevó a indígenas y campesinos a sublevarse en distintos puntos del país. Dichos levantamientos fueron considerados por los grupos en el poder como actos de bandolerismo o de "indios bárbaros que impedían el progreso del país" y fueron sofocados, sin miramientos, por el ejército.

8 Al finalizar el siglo xix México era un país mayoritariamente rural.

En el corto periodo en que gobernó Maximiliano se dieron pocas revueltas campesinas y la mayoría fueron pro imperialistas y contra los liberales. Esto se debió a la política agraria e indigenista del emperador. Tales fueron los casos de los levantamientos de los indios sonorenses en 1865 y 1866 bajo el mando de los hermanos Tanori; el de Tomás Mejía, en la sierra Gorda de Querétaro y el de Manuel Lozada, en Nayarit y Jalisco. Estos dos últimos continuaron peleando durante la República Restaurada por la restitución de tierras a los campesinos e indígenas.

9 El liberalismo intentó fortalecer el mercado nacional y para ello rompió con la economía de autoconsumo de las comunidades indígenas.

Otras revueltas importantes fueron:

La guerra de castas en Yucatán (que comenzó en 1847) y las guerras de los indios Yaquis, en Sonora. Ambas continuaron hasta principios del siglo xx.

En 1856 hubo **conatos** de levantamiento en los estados de Michoacán, Querétaro, Veracruz, Puebla y Jalisco, así como francas sublevaciones en la Costa Chica de Guerrero y en 1857 en la región indígena de Michoacán.

En 1869 se unieron 40 pueblos en Pachuca para reclamar sus tierras y se dieron otra serie de levantamientos en Michoacán, Guerrero, Veracruz, Puebla, Oaxaca, Hidalgo y Chiapas.

Lee, reflexiona y relaciona

En tu cuaderno contesta lo siguiente:

1 En un mapa actual de la República Mexicana y de acuerdo con la información anterior ubica los estados en los que hubo levantamientos indígenas entre 1850 y 1880.

2 ¿Qué comunidades indígenas viven actualmente en esos estados?

3 ¿Cómo cambiaron las condiciones de vida de las comunidades indígenas y campesinas después de la legislación reformista?

4 ¿Crees que las condiciones de vida de los grupos indígenas han mejorado en la actualidad?

5 ¿Sabes si en la actualidad se han presentado levantamientos indígenas y campesinos mexicanos que reclamen mejores condiciones de vida? ¿En dónde?

El debate parlamentario y la oratoria política

Después de la Revolución de Ayutla, se agudizaron las posiciones políticas de liberales y conservadores y surgieron otras formas de lucha de carácter intelectual: la periodística y la parlamentaria.

En el Congreso Constituyente de 1856 participaron brillantes intelectuales liberales como Melchor Ocampo, Guillermo Prieto, Ponciano Arriaga, José María Mata, Ignacio Ramírez y Francisco Zarco, quienes expresaron sus ideas mediante elocuentes discursos que intentaban convencer a sus adversarios políticos. La oratoria jugó un papel fundamental en el desarrollo de las sesiones del Congreso.

Francisco Zarco recopiló estos memorables discursos en una obra llamada *Crónica del Congreso Constituyente*.

La libertad de prensa

En el campo periodístico se reflejó con claridad la discrepancia ideológica entre liberales y conservadores. Muchos periódicos, editados por uno y otro grupo salieron a la luz. La caricatura, la parodia, la sátira y la alegoría fueron herramientas de lucha, principalmente de los liberales, para ridiculizar y hacer mofa de sus opositores.

Periódicos liberales:

- *El Republicano*
- *El Demócrata*
- *El Monitor Republicano*
- *Las Cosquillas*
- *El Siglo XIX*
- *Acción*

Francisco Zarco fue fundador o editor de los cuatro últimos y, a través de ellos, defendió incansablemente la figura de Juárez.

Periódicos conservadores:

- *El Conservador*
- *El Ómnibus*
- *La Prensa*
- *La Voz de México*

1 *Los fundadores del periódico* La Orquesta *afirmaban que eligieron ese nombre para sensibilizar al gobierno que era "insensible a la tonada y peticiones que se le dirigían" y porque la música "tiene incontestable influencia sobre los animales".*

En la década de 1860 aparecieron mordaces periódicos liberales como *La Orquesta* y *La Chinaca*, en los que la caricatura jugó un papel fundamental. Durante la República Restaurada se publicaron *El Renacimiento*, de Ignacio Manuel Altamirano y *El Observador* de Justo Sierra.

Manifestaciones culturales

Además del periodismo, también influyeron en la vida cultural la literatura, la historiografía, la pintura y la música. Con el Romanticismo surgió la novela costumbrista que promovió el nacionalismo haciendo énfasis en las tradiciones y costumbres del pueblo de México. Destacados escritores fueron Manuel Payno, Guillermo Prieto, Vicente Riva Palacio, Ignacio Ramírez (El Nigromante), José María Roa Bárcena e Ignacio Manuel Altamirano, quien promovió un resurgimiento cultural a través de su revista *El Renacimiento*.

Surgió también un interés en el estudio de la historia de México en el que se manifestaron claramente las tendencias liberal y conservadora. Cada grupo narró el desarrollo histórico del país exaltando a los personajes y hechos que creía relevantes. Los liberales se consideraban herederos de las luchas del pueblo mexicano (independencia, guerra contra los Estados Unidos y contra la intervención francesa), mientras que los conservadores justificaban la colonización española por haber introducido la religión católica, a la que consideraban único lazo de unión entre todos los grupos sociales del país, y la intervención europea como medio para contener al expansionismo estadounidense.

2 *La difusión de la prensa estaba limitada por los altos índices de analfabetismo y costo de producción y distribución. El precio de casi todos los periódicos y revistas era mayor que el salario mínimo de un obrero.*

También había diversión

A pesar de la inestabilidad política y económica que el país vivió durante esta etapa caracterizada por luchas internas, intervenciones y un imperio extranjero, la población continuó con su vida cotidiana, buscando la manera de divertirse.

3 *El lugar preferido por la sociedad capitalina para pasear en las noches era el Paseo de las Cadenas, llamado así por realizarse éste entre las gruesas cadenas del atrio de catedral y el zócalo. Se caminaba, se comentaban los últimos acontecimientos, se forjaban futuros matrimonios. La gente llegaba al zócalo a las 8 p.m., con el "toque de ánimas", y se retiraba a las 10 p.m., a sus casas o a seguir la parranda en algún teatro o café. Litografía de Casimiro Castro.*

4 *Como hoy, los días de campo eran muy populares. Era común embarcarse en los canales de la Viga, Xochimilco e Ixtacalco, en una trajinera o en barco de vapor (¡Sí, había barcos de vapor navegando en la capital y sus alrededores!). También se solía tomar un coche de mulitas o una diligencia para llegar a las afueras de la ciudad (San Ángel, Tacubaya o Tlalpan), para disfrutar del campo y de las peleas de gallos, música, bailes y antojitos que ahí se ofrecían. Litografía de Casimiro Castro.*

5 *También en la provincia los paseos en la plaza principal eran un entretenimiento muy importante para toda la familia. En esa época se comenzaron a construir los kioscos para que tocara la banda de música mientras la gente charlaba y los jóvenes se enamoraban. Viñeta de Francisco Rodríguez Oñate sobre el Kiosco de la Plaza de Armas de Morelia.*

Observa y describe

1. Observa las reproducciones de las litografías de Casimiro Castro e identifica los diferentes grupos sociales que aparecen. Describe en tu cuaderno las diferencias que encuentras entre ellos.

2. Investiga qué es una litografía y cómo se elabora.

3. Escoge alguno de los personajes de las litografías; ponte en su lugar y describe la escena desde su punto de vista.

Dentro de las fuentes primarias (aquellas que se producen al mismo tiempo que sucede un determinado hecho histórico), se encuentra el género epistolar, es decir, las cartas que escribieron los personajes involucrados. Estos personajes dejaron sus impresiones desde su propia perspectiva.

Las cartas, junto con los diarios personales, testamentos y memorias, son invaluables documentos para el historiador, ya que fueron generalmente escritas en forma espontánea, sin la finalidad de ser publicadas.

A través de estas fuentes el historiador puede conocer la psicología de un individuo, el espíritu dominante de la época, los hechos y personajes del momento, detalles de la vida cotidiana, etcétera.

Para analizar un documento epistolar desde un punto de vista histórico, se deben tomar en cuenta los siguientes aspectos:

1 *El Dr. José María Mata, intelectual y liberal radical ocupó diversos puestos políticos durante los gobiernos liberales.*

Tipo de documento. Si la carta es familiar, de negocios, un pésame, etcétera.

Formato de la carta. Fecha, lugar, destinatario, texto o contenido y firma.

Contenido. Ideas principales y su secuencia. Se debe observar el tono en que está escrita, la manera de saludar, de despedirse, etcétera.

Fiabilidad. Se debe analizar qué tipo de hecho narra el documento; si el autor fue testigo o sólo cuenta lo que escuchó o le platicaron y qué tan involucrado se encontraba con lo que narra.

Contexto histórico. En qué lugar, momento histórico y bajo qué circunstancias fue escrito el documento.

Interpretación. Son las conclusiones a las que se llega después de haber analizado la carta.

A partir de la información que proporciona la carta, se debe hacer un trabajo de investigación de los datos que se desconocen y que no están incluidos en el documento.

La comunicación epistolar fue muy importante hasta hace muy pocos años ya que era el medio más usado para mantener contacto con personas que se encontraban lejos, como familiares y amigos, clientes, instituciones, etcétera.

Lee a continuación una carta del Dr. José María Mata dirigida a Melchor Ocampo.

México, Julio 21 de 1856.
Sr. Dn. Melchor Ocampo
Pomoca
Muy apreciable amigo y Sr.

Ayer y anteayer hemos discutido el artículo 15 y distamos mucho todavía de llegar al término.

El ejemplar del "Siglo" que envío á V. le dará idea de la discusión. Aun cuando seamos derrotados en la votación, creo que en la discusión hemos triunfado, y sólo he sentido que V. no esté con nosotros para que nos ayudase.

Acompaño á V. la carta del Sr. Sáyago para el nombramiento de padrinos. Confío en que aliviada Josefita ya no habrá obstáculo que vencer.

El gobierno que tan valiente se ha mostrado en algunas reformas, tiene miedo de que se apruebe el artículo 15 y va á hablar en contra.

Con gran ansiedad espero la llegada del correo para saber como sigue Josefita.

Acabo de salir de la sesión y de recibir la grata de V. de fecha 29. Me causa un inmenso placer la noticia del alivio de Josefita.

Me ocuparé mañana de buscar las pastillas.

La discusión de hoy no ha sido tan brillante como las dos anteriores. Nuestros enemigos, aunque muchos en número, están débiles en...

Ruego á V. corresponda al Sr. Manzo su saludo y me repito de V. afmo, amigo y servidor.

Q. B. S. M. [Que besa su mano]

J. M. Mata

Correspondencia privada del
Dr. José Ma. Mata con Dn. Melchor Ocampo,
Gobierno del Estado de Michoacán, Morelia, 1959.

Análisis de la carta

2 *Margarita Maza de Juárez apoyó siempre las decisiones de su esposo.*

Tipo de documento. Carta dirigida a un amigo y compañero político (posteriormente Ocampo se convirtió en suegro del Dr. Mata pues se casó con Josefita a la que hace referencia en la carta).

Formato. Proporciona los siguientes datos: escrita en la ciudad de México, en julio de 1856, por J. M. Mata al Sr. Melchor Ocampo que se encontraba en Michoacán, en su hacienda de Pomoca (esta última palabra es un anagrama de Ocampo) .

Contenido. Incluye detalles de algunas sesiones del Congreso Constituyente de 1856 como la dificultad para aprobar el artículo 15 que se refería a la libertad de cultos. El ejemplar del "Siglo" a que hace mención se trata del periódico liberal *El Siglo XIX* del que fue director Francisco Zarco. Contiene, además, datos personales y familiares.

Fiabilidad. Mata fue un diputado liberal radical muy activo en las sesiones del Congreso y fue testigo presencial de los hechos que narra en la carta.

Contexto histórico. El documento fue escrito durante las sesiones del Congreso Constituyente en que se discutían y analizaban leyes muy controvertidas como la de la libertad de cultos.

Interpretación. La carta fue escrita por un liberal radical y por tanto, contiene su personal apreciación acerca del triunfo de los liberales puros en la discusión sobre la libertad de cultos, a pesar de su derrota en la votación. En la carta se aprecia también el respeto y afecto que le tenía el Dr. Mata a Melchor Ocampo así como el cariño que profesaba a Josefita, su hija.

AHORA HAZLO TÚ

Analiza la siguiente carta escrita por Benito Juárez a su esposa, Margarita Maza de Juárez, siguiendo los pasos anteriores.

3 *Además de gran político, Benito Juárez fue un hombre afectuoso y cálido.*

Chihuahua, octubre 15 de 1864.

[Señora Margarita Maza de Juárez:]

Mi estimada Margarita: En 23 y 30 de agosto y en 13 de septiembre te escribí por la vía de Matamoros. En 15 del mismo septiembre dije a Romero que te enseñara la que le escribí. En 23 del repetido septiembre y el 3 de este mes, por la vía de Mazatlán, y te pongo ésta por la misma vía participándote que el día 12 del corriente llegué a esta capital sin novedad; pero siempre con el disgusto de no saber de ustedes. Aquí he fijado la residencia del gobierno por ser el lugar en que por la distancia a que se halla el enemigo y por el buen sentido de todos sus habitantes tendré una permanencia tranquila y segura.

Además, por el mal estado en que quedaron los invasores después de su triunfo del día 21 de septiembre en la Majoma, cerca de Durango, no pueden prontamente expedicionar sobre este Estado y tendremos tiempo para prepararnos. En Jalisco y en Oaxaca se sigue la defensa con buen éxito. Por haber andado ambulante en estos últimos meses no he tenido una correspondencia regularizada con el interior de la República y por este motivo nada sé de positivo, de lo que ocurre por México y otros puntos pero una vez que se sepa cuál es el punto de residencia fija del gobierno ya se restablecerán, aunque con dificultades, las comunicaciones, y entonces podré darte más pormenores de la situación de la República.

Dile a Santa que ésta es también para él.

Memorias a las muchachas y a Beno, muchos abrazos al Negrito y a María y tú recibe el corazón de tu esposo que mucho te ama. Benito Juárez.

Epistolario de Benito Juárez,
selección, prólogo y notas de Jorge L. Tamayo,
Fondo de Cultura Económica, México, 1957.

En el periodo 1854-1876:

- ► Se rompen estructuras sociales, políticas y económicas heredadas de la Colonia
- ► Se separan los poderes civil y eclesiástico
- ► Los campesinos y grupos indígenas continúan olvidados y surgen constantes revueltas y levantamientos regionales
- ► Se acentúa el nacionalismo; surge una literatura costumbrista y cobra gran importancia el periodismo político

1854-1876

REVOLUCIÓN DE AYUTLA

dio origen a que los   mientras que los

LIBERALES
impulsaran

- Leyes *Lerdo*, *Juárez* e *Iglesias* contra privilegios del clero
- Constitución de 1857

CONSERVADORES
como reacción a los liberales

- Desconocieron la Constitución de 1857
- Proclamaron el *Plan de Tacubaya*

el desacuerdo llevó a

GUERRA DE REFORMA (1858-1861)
Se enfrentaron liberales contra conservadores

hubo dos gobiernos simultáneos

El liberal errante, encabezado
interinamente por Benito Juárez

El conservador en la ciudad de México
encabezado por Félix Zuloaga y Miguel Miramón

que logró el   al perder

TRIUNFO LIBERAL EN LA GUERRA DE REFORMA

con

Juárez, nombrado presidente constitucional
de México. Suspensión del pago de la deuda extena

Los conservadores hicieron gestiones para traer
un gobierno monárquico europeo a México

provocó

INTERVENCIÓN FRANCESA

El gobierno de Juárez salió nuevamente de la ciudad de
México hacia el norte del país y permaneció en lucha
constante contra los invasores extranjeros

obligando a

IMPERIO DE MAXIMILIANO (1864-1867)

se dio el

Triunfo liberal sobre el imperio de Maximiliano
RESTAURACIÓN DE LA REPÚBLICA
Gobiernos de Juárez y Lerdo de Tejada (1867-1876)

Actividades

1 ¿Qué causas permitieron el triunfo liberal sobre el Imperio de Maximiliano?

2 ¿Por qué se acentuó el sentimiento nacionalista durante esta etapa? En equipo elabora una lista de las causas y discútelas.

Imagen de Rafael Barajas *El Fisgón*.

Presentación de un trabajo escrito

En los capítulos anteriores has visto técnicas para hacer un trabajo de investigación sobre algún tema histórico y cómo recopilar la información y sintetizarla en cuadros, fichas y resúmenes. Ahora verás los pasos que debes seguir para organizar este material y elaborar un trabajo escrito.

Definición del tema. Elige y define el tema sobre el que vas a investigar.

Recopilación de la información. Busca cuáles son las fuentes escritas (bibliográficas, hemerográficas, cibernéticas, etc.) en las que puedes encontrar información sobre el tema. Mientras consultas las fuentes, debes ir elaborando fichas bibliográficas y de trabajo, en las que anotes los datos y las ideas más importantes.

Elaboración del borrador o guión. Relee las fichas de trabajo para organizarlas, ordenarlas y elegir cuáles son más importantes y cuáles te sirven de apoyo. Después redacta una primera versión del trabajo. Al escribir las ideas principales y las secundarias recuerda hacerlo con frases cortas, así te será más fácil redactar tu informe final.

Elaboración final del trabajo. Lee tu borrador para saber si lo que quieres decir está completo y claro. Revisa la redacción y ortografía. Finalmente elabora la versión definitiva de tu trabajo, que debe incluir los siguientes elementos:

- **Portada.** Anota en la primera página el título del trabajo, nombre del alumno, nombre del profesor, nombre de la escuela, año de escolaridad, asignatura y fecha.

- **Índice.** Elabora una lista de los temas y subtemas y las páginas en las que se encuentra cada uno.

- **Introducción.** Redacta una pequeña presentación en la que expliques las ideas principales de tu trabajo para que el lector sepa de qué se trata.

- **Cuerpo o desarrollo.** Ordena la información y redacta de manera clara y precisa los temas y subtemas de tu investigación.

- **Conclusión.** Destaca los aspectos más importantes desde tu punto de vista. Es conveniente que des tu opinión personal acerca del tema desarrollado.

- **Bibliografía.** Elabora una lista de todas las obras escritas que consultaste: enciclopedias, libros, revistas, periódicos, páginas de internet. Es importante que en todo trabajo de investigación consultes más de dos fuentes bibliográficas.

- **Ilustraciones.** Es recomendable incluir ilustraciones y mapas, de preferencia elaborados por ti, para reforzar o aclarar algunos conceptos.

Realiza un trabajo de investigación

En los demás países de América Latina también se libró una lucha entre liberales y conservadores durante la segunda mitad del siglo XIX. Elige alguno de estos países e investiga cómo fue dicha confrontación, siguiendo las pautas arriba mencionadas.

Puntos para recordar
- Cuida tu ortografía y redacción
- Presenta un trabajo limpio
- Utiliza letra clara
- Respeta los márgenes
- Las palabras sencillas y directas son mejores

Glosario

Arancel: Impuesto o tarifa oficial que se ha de pagar por algunos derechos, especialmente por importar productos extranjeros.

Conato: Acción que no llega a realizarse por completo.

Decimonónico: Del siglo XIX o relacionado con él.

Desamortización: Liberación mediante disposiciones legales de un bien que no se podía vender para que pueda ser vendido o traspasado.

Fuero: Conjunto de derechos o privilegios concedidos a un territorio, persona o institución.

Indigencia: Falta de medios para subsistir o situación del que no los tiene.

Itinerante: Que va de un lugar a otro sin establecerse en un lugar fijo.

Latifundio: Finca rústica de gran extensión.

Prelado: Superior eclesiástico.

Restauración: Restablecimiento en un país del régimen político que existía anteriormente y que había sido sustituido por otro.

Secesión: Separación de parte del pueblo y del territorio de una nación, generalmente para independizarse o unirse a otra.

Secularizar: Hacer del poder civil lo que antes era del eclesiástico

Localiza en el tiempo

Ordena cronológicamente los siguientes acontecimientos y haz un dibujo representativo para cada uno:

- Se promulga la Constitución de 1857
- Desembarcan en Veracruz Maximiliano y Carlota
- Triunfa la Revolución de Ayutla
- Maximiliano es fusilado en el Cerro de las Campanas
- Asume Sebastián Lerdo de Tejada la presidencia de la República

- Llega Porfirio Díaz al poder
- Se inicia la guerra de Reforma o de los Tres Años
- Se introduce el telégrafo en México
- Juárez restablece la República

Para investigar

Recuerda que Benito Juárez presidió un gobierno errante en dos ocasiones: durante la guerra de los Tres Años (1858-1861) y durante la intervención francesa y el Imperio de Maximiliano (1863-1867). Este gobierno recibió popularmente curiosos nombres, dos de ellos fueron: "la familia enferma", por viajar siempre en coche con las cortinas corridas y "la República nómada". ¿Por qué crees que se llamó así?

Investiga en qué ciudades del país estableció Juárez su gobierno entre 1863 y 1867 y marca la ruta en un mapa de la República Mexicana.

- ¿Por qué Juárez tuvo que huir de un lado a otro?
- ¿Por qué estableció su gobierno en los lugares que señalaste en el mapa?

1 *En este carruaje se desplazaba Benito Juárez por el país.*

Compara

Durante el Imperio de Maximiliano la división territorial de México volvió a cambiar. Analiza los mapas y compáralos de acuerdo a las pautas establecidas en la sección INVESTIGUEMOS de la Unidad 4. Compara la conformación territorial actual de tu entidad federativa con ambos mapas y observa los cambios. Anótalos en tu libreta.

División política de México según la Constitución de 1857

División política de México durante el Imperio de Maximiliano

Para reflexionar

Muchos de los intelectuales **decimonónicos** participaron activamente en la vida política del país. Algunos de ellos, además de ser destacados escritores, artistas o periodistas, fueron importantes diputados o secretarios de Estado. Por ejemplo, Guillermo Prieto, poeta muy popular de la época que legó obras románticas y costumbristas, fue también un actor fundamental dentro de los gobiernos liberales (véase pp.113 y 163).

- Busca qué otros políticos destacaron en el campo de la literatura en este periodo. Elige a uno de ellos e investiga su vida política y su obra literaria.

- Explica de qué manera estos personajes ayudaron a formar una conciencia nacional en el pueblo de México.

Preguntas clave

Para comprender y analizar un hecho histórico, es necesario responder a las preguntas quién, qué, cómo, dónde, cuándo, por qué.

Para cada uno de los siguientes hechos históricos, plantea y contesta las preguntas anteriores.

- Las *Leyes de Reforma* mermaron el poder económico de la Iglesia.
- Maximiliano fue nombrado emperador de México.
- Porfirio Díaz se levantó en armas con el *Plan de Tuxtepec*.

Para saber más

Sabemos cómo era el aspecto de las personas y de los lugares de México hasta el siglo XIX gracias a la pintura.

En 1839, Luis Daguerre inventó en Francia una técnica para estampar en una placa de plata yodada los objetos transmitidos a través de una cámara oscura y obtener una imagen fiel de los mismos. El novedoso invento llamado daguerrotipo, precursor de la fotografía, llegó a México en la década de 1840.

Poco a poco la fotografía fue supliendo a la pintura y para 1850 se utilizaba ya con fines lucrativos. Muy populares fueron las tarjetas de visita que consistían en retratos fotográficos, impresos en papel, con un potencial ilimitado de ejemplares.

Así surgió un nuevo oficio, el de fotógrafo, y una nueva fuente para la historia, la fotografía.

- Elabora un trabajo de investigación sobre la historia de la fotografía.

- ¿Qué ventajas y desventajas tiene la fotografía sobre la pintura, como documento para el estudio de la historia?

- Imagina que eres un periodista en 1840. Redacta un artículo para tu periódico describiendo el nuevo invento. Recuerda que estamos hablando de los primeros años de la fotografía.

- Imagina que eres un pintor de la misma época. ¿Cómo puedes convencer a tus clientes para que continúen queriendo ser retratados por ti?

2 *Fotografía atribuida a Cruces y Campa, fotógrafos que hicieron una brillante carrera entre 1862 y 1877.*

3 *Juan Cordero, uno de los más grandes pintores de este periodo, retrató a los escultores Pérez y Valero, pintura que es considerada una de las obras maestras del arte mexicano.*

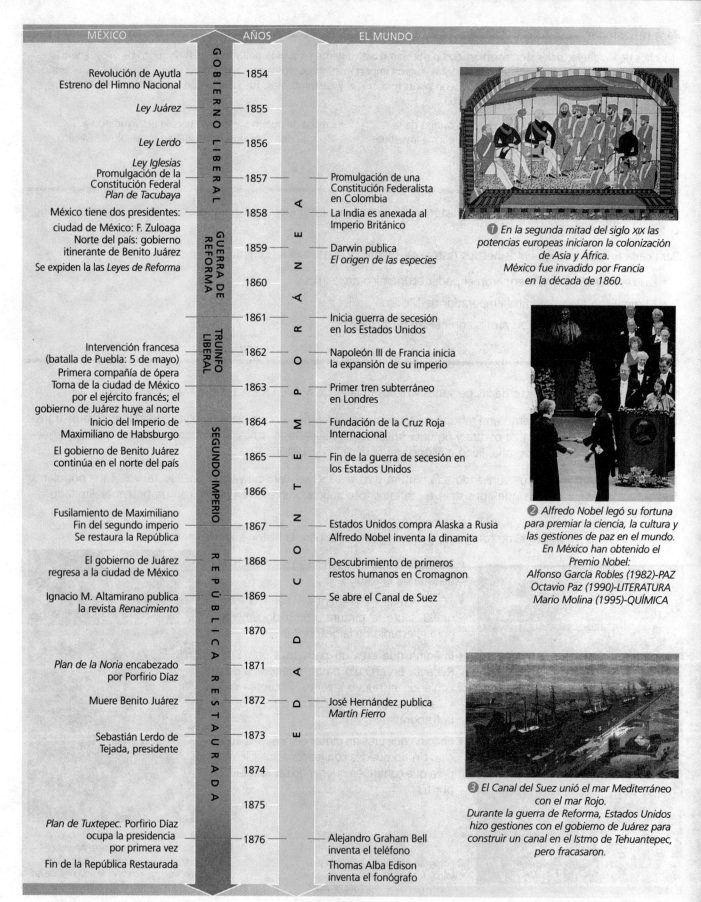

MÉXICO	AÑOS	EL MUNDO
Revolución de Ayutla — Estreno del Himno Nacional	1854	
Ley Juárez	1855	
Ley Lerdo	1856	
Ley Iglesias — Promulgación de la Constitución Federal — Plan de Tacubaya	1857	Promulgación de una Constitución Federalista en Colombia
México tiene dos presidentes: ciudad de México: F. Zuloaga Norte del país: gobierno itinerante de Benito Juárez	1858	La India es anexada al Imperio Británico
Se expiden la las Leyes de Reforma	1859	Darwin publica El origen de las especies
	1860	
	1861	Inicia guerra de secesión en los Estados Unidos
Intervención francesa (batalla de Puebla: 5 de mayo)	1862	Napoleón III de Francia inicia la expansión de su imperio
Primera compañía de ópera Toma de la ciudad de México por el ejército francés; el gobierno de Juárez huye al norte	1863	Primer tren subterráneo en Londres
Inicio del Imperio de Maximiliano de Habsburgo	1864	Fundación de la Cruz Roja Internacional
El gobierno de Benito Juárez continúa en el norte del país	1865	Fin de la guerra de secesión en los Estados Unidos
	1866	
Fusilamiento de Maximiliano Fin del segundo imperio Se restaura la República	1867	Estados Unidos compra Alaska a Rusia Alfredo Nobel inventa la dinamita
El gobierno de Juárez regresa a la ciudad de México	1868	Descubrimiento de primeros restos humanos en Cromagnon
Ignacio M. Altamirano publica la revista Renacimiento	1869	Se abre el Canal de Suez
	1870	
Plan de la Noria encabezado por Porfirio Díaz	1871	
Muere Benito Juárez	1872	José Hernández publica Martín Fierro
Sebastián Lerdo de Tejada, presidente	1873	
	1874	
	1875	
Plan de Tuxtepec. Porfirio Díaz ocupa la presidencia por primera vez Fin de la República Restaurada	1876	Alejandro Graham Bell inventa el teléfono Thomas Alba Edison inventa el fonógrafo

Columna vertical (México): GOBIERNO LIBERAL · GUERRA DE REFORMA · TRIUNFO LIBERAL · SEGUNDO IMPERIO · REPÚBLICA RESTAURADA

Columna vertical (Años): EDAD CONTEMPORÁNEA

① En la segunda mitad del siglo XIX las potencias europeas iniciaron la colonización de Asia y África.
México fue invadido por Francia en la década de 1860.

② Alfredo Nobel legó su fortuna para premiar la ciencia, la cultura y las gestiones de paz en el mundo.
En México han obtenido el Premio Nobel:
Alfonso García Robles (1982)-PAZ
Octavio Paz (1990)-LITERATURA
Mario Molina (1995)-QUÍMICA

③ El Canal del Suez unió el mar Mediterráneo con el mar Rojo.
Durante la guerra de Reforma, Estados Unidos hizo gestiones con el gobierno de Juárez para construir un canal en el Istmo de Tehuantepec, pero fracasaron.

EL HIMNO NACIONAL MEXICANO

En 1853, Santa Anna convocó a poetas y músicos a un certamen para componer el Himno Nacional. Los ganadores fueron: el poeta potosino Francisco González Bocanegra (letra) y el compositor catalán Jaime Nunó (música). El Himno se estrenó el 15 de septiembre de 1854 en el teatro de Santa Anna, después Teatro Nacional.

Nueve años después se tocó durante la batalla del 5 de mayo contra los franceses para dar ánimo a las tropas mexicanas.

Partitura del Himno Nacional Mexicano.

SISTEMA MÉTRICO DECIMAL

Si viajaras en una máquina del tiempo y llegaras a 1850, te encontrarías con serias dificultades para comprar un litro de leche o un metro de tela, ya que estas unidades de medida se empezaron a utilizar en 1857, cuando llegó a México el sistema métrico decimal que había sido adoptado por Francia veinte años atrás.

PARA HABLAR MEJOR...

En 1875, durante el gobierno de Sebastián Lerdo de Tejada fue fundada en México la Academia Mexicana de la Lengua, por iniciativa de la Real Academia Española. A este instituto han pertenecido intelectuales destacados como Antonio Caso, Justino Fernández, Amado Nervo, Carlos Pellicer, Juan Rulfo, María del Carmen Millán.

Una de sus funciones principales es estudiar la lengua española y los modos peculiares de hablarla y escribirla en México.

Patio principal del edificio que ocupaba la Academia Mexicana de la Lengua en la ciudad de México.

PARA LOS AMANTES DE LA FILATELIA

El primer timbre postal mexicano se emitió en 1856, con la imagen de Miguel Hidalgo. Antes de esa fecha la correspondencia llevaba únicamente un sello postal que indicaba el importe del envío.

ADIVINANZA

Es Santa sin ser mujer;
es rey sin cetro real;
es hombre, mas no cabal;
y sultán al parecer,
¿quién es?

NO ES VERDAD ÁNGEL DE AMOR, QUE EN ESTA APARTADA ORILLA...

Todos los años, cuando llega el 2 de noviembre, día de muertos, se pone en escena en diferentes teatros del país la versión original o alguna parodia de la obra de José Zorrilla, *Don Juan Tenorio*.

Lo que pocos saben es que Maximiliano era gran admirador de Zorrilla y que fue ante el emperador que se representó por vez primera esta obra en 1864, en el teatro de Iturbide de la ciudad de México, y que, a partir de entonces, se repite año con año para las festividades de muertos.

Después de casi un siglo de inestabilidad política, económica y social, México clamaba por un periodo de paz y sosiego que, en lo interno, diera tranquilidad y seguridad a sus habitantes para poder desarrollar las diferentes ramas de la economía y, en lo externo, le permitiera competir con el resto del mundo capitalista.

Hacia finales del siglo XIX, un caudillo mestizo y liberal, Porfirio Díaz, prometía alcanzar la anhelada estabilidad política y encauzar al país por la senda del progreso material.

tranquility

channel

Díaz pacificó al país concertando alianzas con los grupos en pugna y reprimiendo a aquellos que levantaron la voz en su contra.

En medio de una "paz" establecida por la fuerza, México entró al mundo del progreso y del desarrollo tecnológico al abrir las puertas de la nación a la inversión extranjera.

La mayor parte de la población permaneció ajena a ese "progreso" y a las decisiones políticas.

Durante más de 30 años de dictadura se gestaron al interior del Porfiriato las contradicciones que lo llevaron a su fin.

Punto de partida

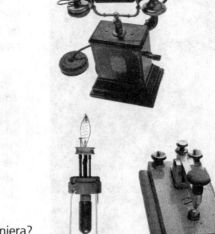

1 ¿Cómo se formó el régimen de Porfirio Díaz?

2 ¿Cómo ejerció Díaz el poder político?

3 ¿Qué abrió las puertas a la inversión extranjera?

4 ¿En qué consistió el desarrollo tecnológico?

5 ¿Cómo se acallaron los conflictos sociales?

6 ¿Qué importancia se le dio al desarrollo cultural?

7 ¿Por qué hizo crisis el régimen porfirista?

Los antecedentes y la personalidad de Porfirio Díaz

Con el triunfo del *Plan de Tuxtepec* proclamado contra la reelección de Sebastián Lerdo de Tejada en 1876, y por aplastante mayoría en las elecciones, Porfirio Díaz asumió constitucionalmente la presidencia de la República el 5 de mayo de 1877, aunque ya desde noviembre del año anterior se había sentado, interinamente, en la silla presidencial.

De origen mestizo, nació en Oaxaca en 1830 y fue, desde su juventud, un militar defensor de la república liberal. Participó activamente en los principales sucesos de las décadas de 1850-1870: ayudó a terminar con la dictadura de Santa Anna; intervino durante la guerra de Reforma; peleó incansablemente contra la intervención francesa y fue un destacado combatiente en la batalla del 5 de mayo; luchó contra el imperio y dirigió los ejércitos que, desde el sur, cerraron el cerco a Maximiliano, para después entregar a Juárez la ciudad de México, tranquila y serena.

Durante los años de la República Restaurada, hubo un importante distanciamiento entre Juárez y Díaz quienes habían luchado siempre por los mismos ideales. Porfirio se postuló como candidato a la presidencia contendiendo contra Juárez en las elecciones de 1867 y 1871 y se levantó contra Lerdo de Tejada, con el *Plan de Tuxtepec*, oponiéndose a la reelección del presidente de la República. Él ambicionaba la presidencia y creía ser merecedor de ella; no en balde, pensaba, había dedicado su vida entera a luchar por el triunfo del liberalismo y el progreso.

1 *Porfirio Díaz era un hombre paternalista, tenaz y reservado, de ideas progresistas y liberales que, con el tiempo, se volvería un hombre adusto, severo e implacable.*

Demandas de estabilidad y seguridad

Al asumir Díaz la presidencia, el país clamaba por paz y estabilidad. El pueblo de México se había cansado de revoluciones, batallas, levantamientos, golpes militares, bandolerismo, revueltas indígenas, intervenciones extranjeras y guerras de castas que durante más de setenta años sembraron entre los habitantes de la nación miseria, atraso, desolación y mucho dolor.

Diversos sectores del país pusieron sus esperanzas en Porfirio Díaz. Durante los primeros años de su mandato su popularidad fue enorme pero debió ganarse la "simpatía" de los enemigos tradicionales de los liberales: la Iglesia y los conservadores.

Llegó a la presidencia apoyado primero por el poder del ejército y después, por la voluntad popular (como lo dijo él mismo a finales de 1907 en una memorable entrevista biográfica que le hizo el periodista estadounidense James Creelman); su primera maniobra política fue la de mantener al ejército fiel a su gobierno. Aquellos dirigentes militares que disentían fueron reprimidos sin clemencia o apaciguados mediante la concesión de importantes privilegios económicos y políticos. Esto le permitió concentrar el poder en sí mismo y fortalecer la figura del ejecutivo sobreponiéndola a los otros poderes o a todas las fuerzas políticas del país.

El principal objetivo de Porfirio Díaz fue sacar a México del rezago tecnológico, científico y cultural en que los años de dominio colonial y el siglo de constantes **luchas intestinas** lo tenían sumido. Pero el progreso únicamente era posible si se mantenía la paz y el orden.

POLÍTICA TUXTEPECANA.

2 *En el* Plan de Tuxtepec *Díaz enarboló la no reelección y después abandonó este principio para perpetuarse en el poder. Caricatura aparecida en el periódico* El Hijo del Ahuizote, *en 1890.*

La coyuntura

MÉXICO (1821-1877)

Características políticas, económicas y sociales que predominaron en los primeros sesenta años de vida independiente

Luchas sociales

Deuda externa

Intervenciones extranjeras

Bandolerismo e inseguridad

Rezago en tecnología e infraestructura

Insuficiencia de ingresos propios

Miseria y opresión de las masas populares

Conflicto entre la Iglesia y el Estado

Pérdidas territoriales

Economía deteriorada

Discriminación e intolerancia religiosa

Golpes de Estado, guerras y asonadas militares

Lucha entre liberales (federalistas) y conservadores (centralistas)

PORFIRIATO

"Paz, orden y progreso"

Características de Porfirio Díaz

Mestizo oaxaqueño	Militar de alto rango	Defensor de la república liberal	Disciplinado, ambicioso, dominante, tenaz	Hábil negociador

Observa, reflexiona y deduce

1 Consulta en el diccionario el significado del término coyuntura.

2 Examina detenidamente los cuadros sinópticos y en tu cuaderno escribe un pequeño ensayo de no más de una cuartilla en el que, usando el término coyuntura, expliques las circunstancias que determinaron que Porfirio Díaz asumiera la presidencia y se mantuviera en el poder.

3 *Tianguis en la plaza principal de la ciudad de Oaxaca a fines del siglo xix.*

Alianzas, pactos políticos y sometimientos

Durante el primer periodo presidencial de Díaz (1877-1881), los partidarios de Lerdo de Tejada y de José María Iglesias continuamente manifestaron su inconformidad contra las maniobras que había realizado Díaz para asumir el poder.

Hábilmente, Díaz logró que sus enemigos políticos se enfrentaran entre sí o les concedió **prerrogativas** para mantenerlos contentos; sostuvo el apoyo a las *Leyes de Reforma* para ganarse a los liberales, pero dio ciertas licencias a la Iglesia para poner fin al conflicto religioso y permitir a la institución eclesiástica recobrar su fuerza espiritual y política, lo que le ganó la simpatía de los conservadores.

Reprimió violentamente a los grupos que no apoyaron sus decisiones y que intentaron sublevarse. De don Porfirio es la famosa orden "mátalos en caliente", dada al gobernador de Veracruz para que acabara con una conspiración lerdista.

Mantuvo la fuerza del ejército con él mediante la concesión de **prebendas** y beneficios a los altos mandos.

También supo validar la fuerza de los principales **caciques** regionales, nombrándolos jefes políticos y otorgándoles enorme poder en sus regiones. Los convirtió, como señala el historiador Krauze, en "pequeños Porfirios de sus respectivos estados".

1 *Manuel González intentó independizarse de la influencia del general Díaz otorgando cargos de importancia a los jefes militares enemigos de aquél. Sin embargo, Díaz realizó una campaña de desprestigio contra González, acusándolo de presidir una administración corrupta.*

2 *Don Justo Sierra (1848-1912) fue también periodista y prolífico escritor de poesía, de ensayos políticos e históricos, de novela y cuento.*

Los trabajadores del campo, indios y jornaleros, recibieron un trato duro y severo. Muchas comunidades indígenas fueron literalmente despojadas de sus propiedades en favor del latifundismo y el crecimiento desmedido de las haciendas. A aquellos grupos indígenas que protestaron contra el régimen se les reprimió sin piedad.

La perpetuación en el poder

En 1877, Díaz había modificado la Constitución prohibiendo la reelección presidencial. Antes de finalizar su primer mandato volvió a modificarla para permitir la reelección alternada y de 1881 a 1884 asumió el poder su compadre Manuel González. Mediante concesiones a inversionistas extranjeros, durante este periodo se reactivó la minería y se construyeron más de 5 000 km de ferrocarril; también se fundó el Banco de México, la única institución que podría emitir moneda.

En las elecciones de 1884, Díaz ganó por sobrada mayoría. A partir de ese momento, no abandonó la silla presidencial y concentró un poder absoluto en su persona. En 1890 el Congreso permitió la reelección indefinida y convocó a elecciones cada cuatro años; cada cuatro años Díaz las ganó. Así, el gobierno porfirista **devino** en dictadura.

Una administración centralista

Díaz mantuvo un control absoluto sobre todo el territorio nacional y sus políticas fueron acatadas por todas las entidades federativas. Los gobernadores y secretarios de Estado fieles a él fueron recompensados conservando sus puestos indefinidamente.

3 *José Ives Limantour (1854-1935), logró el primer **superávit** financiero de la historia del México independiente.*

Durante más de veinte años permanecieron en su gabinete: Manuel Romero, en Gobernación; José Ives Limantour, en Hacienda; Justo Sierra, en Instrucción Pública e Ignacio Mariscal, en Relaciones Exteriores, entre otros.

Relación entre Iglesia y Estado

Las fricciones que tuvo la Iglesia con el Estado a partir de la independencia se dieron, principalmente, en el campo de lo económico y lo educativo. Al iniciar el Porfiriato dichas relaciones se encontraban sumamente tirantes debido, fundamentalmente, a las *Leyes de Reforma* y su aplicación.

La política de Porfirio Díaz fue más bien conciliadora, necesitaba mantener tranquilos a todos los grupos sociales, incluida la Iglesia, para que con ello llegara el orden y el progreso.

Díaz no emprendió ninguna acción directa contra la Iglesia pero tampoco modificó las *Leyes de Reforma* con la finalidad de tenerlas a la mano en caso de necesitar su aplicación y dio libertad a los gobernadores para hacerlas cumplir en sus estados, en caso necesario.

Esta política dio como resultado que la Iglesia recobrara poco a poco su poder económico: creció el número de parroquias y seminarios, recuperó algunos colegios y creó nuevas diócesis. Sin embargo, el gobierno no restableció relaciones diplomáticas con el Vaticano (rotas durante el Imperio de Maximiliano) y no permitió que la Iglesia volviera a tener el monopolio de la educación. Joaquín Baranda, ministro de Justicia e Instrucción Pública fundó la Escuela Normal para Maestros y estableció textos obligatorios de instrucción primaria para tener mayor control sobre la educación y sus contenidos. Durante el porfirismo se introdujo en la educación la filosofía positivista del francés Augusto Comte que señalaba que era necesaria la fuerza para imponer el orden y lograr que el progreso llegara a todos. El positivismo dio gran importancia a la ciencia.

4 *Su tolerancia hacia la Iglesia le acarreó a Díaz severas críticas por parte de los liberales.*

El porfirismo permitió la libertad de culto con fines políticos y económicos; muchos de los inversionistas y emigrantes extranjeros que llegaron a México durante este periodo, acogiéndose a la política de apertura migratoria y de concesiones empresariales de Díaz, profesaban una religión diferente a la católica.

Lee y resume

1 De la información anterior, extrae las ideas principales y con ellas elabora una lista.

2 Retoma lo que aprendiste en las unidades anteriores y explica brevemente cómo fue la relación Iglesia-Estado en la época colonial, durante los primeros años de vida independiente y después de la promulgación de la Constitución de 1857. Añade a tu resumen las ideas listadas en el inciso anterior.

3 ¿Por qué crees que es importante que en un país exista libertad de culto?

4 ¿Consideras que la educación y la ciencia tienen relación con el progreso? Argumenta tu respuesta.

5 *Durante el porfirismo llegaron, entre otros, protestantes, luteranos, bautistas y metodistas a unirse a los pocos no católicos que había en el país.*

¿QUÉ ABRIÓ LAS PUERTAS A LA INVERSIÓN EXTRANJERA?

1 *Fue muy importante el papel crítico de la prensa que también fue reprimida por el régimen de Díaz. Caricatura aparecida en el periódico* El Ahuizote.

Relaciones diplomáticas

Las relaciones diplomáticas de México con el extranjero mejoraron notablemente durante la era porfiriana. En 1878, Díaz logró el reconocimiento del gobierno estadounidense al cumplir con las obligaciones que éste le imponía de saldar los reclamos de sus ciudadanos por los daños sufridos durante los episodios bélicos anteriores. Además se establecieron límites a la expansión territorial, definiendo claramente las fronteras norte y sur, lo que evitó conflictos con Guatemala.

La inversión extranjera

Siendo México un país pródigo y rico en recursos naturales, se necesitaba perentoriamente de la tecnología para poder explotarlos adecuadamente.

Al iniciar el régimen porfirista, México estaba, sin duda, rezagado con respecto a los adelantos científicos y técnicos que habían alcanzado algunos países como Inglaterra, Francia, Alemania, Japón y Estados Unidos. Éstos buscaban materias primas baratas, mercados para sus productos manufacturados y espacios y actividades para invertir sus capitales, en el marco de la segunda revolución industrial, cuando se desarrollaron sectores nuevos como el químico, el eléctrico y el petrolero.

Bajo el lema de "mucha administración y poca política" Díaz anhelaba traer al país el progreso y el desarrollo económico. Por eso, su gobierno alentó la inversión extranjera e hizo concesiones muy jugosas a compañías inglesas y norteamericanas principalmente.

De esta manera fluyeron capitales del exterior para la construcción de líneas de ferrocarril, explotación petrolera, reactivación de la minería, crecimiento de los sistemas modernos de telecomunicaciones (correo, telégrafo y teléfono), modernización de la agricultura de exportación (café, chicle, henequén), así como para la electrificación de las ciudades más importantes, lo que dio un gran impulso a la industria y el comercio.

En fin, se inyectó capital extranjero en los principales rubros de la economía nacional y México inició su incorporación al desarrollo capitalista internacional.

En cambio, el capital nacional no se arriesgó en estas complejas empresas y se invirtió fundamentalmente en las grandes haciendas.

¿Sabías que las relaciones con los países europeos también fueron cordiales y ello sirvió de contrapeso para equilibrar la creciente influencia del vecino país del norte?

Crecimiento industrial y comercial

La introducción de la energía eléctrica propició el desarrollo de la industria. De Europa y Estados Unidos llegaron tanto maquinaria moderna, como ingenieros, técnicos y operarios, quienes gozaron de grandes privilegios. Con ello se actualizó la tradicional industria textil, se construyeron fábricas de tabaco, papel, cerveza, bebidas alcohólicas y vidrio, entre otras, y surgió la industria siderúrgica.

Como consecuencia, el comercio amplió sus mercados para lo cual se remodelaron los principales puertos del país (Veracruz, Tampico, Salina Cruz, Acapulco) y se construyeron miles de kilómetros de vías férreas.

2 *Subestación eléctrica. Hacia 1897 la* Mexican Gas & Electric Company *había instalado casi 500 focos en la ciudad de México.*

La inversión extranjera en gráficas

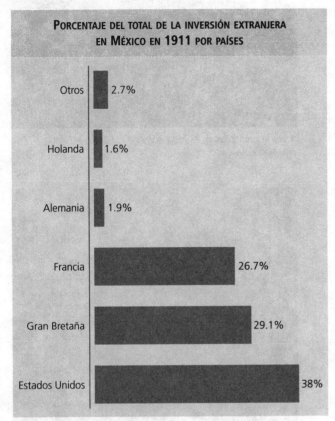

PORCENTAJE DEL TOTAL DE LA INVERSIÓN EXTRANJERA EN MÉXICO EN 1911 POR PAÍSES

- Otros — 2.7%
- Holanda — 1.6%
- Alemania — 1.9%
- Francia — 26.7%
- Gran Bretaña — 29.1%
- Estados Unidos — 38%

3 *Porcentajes de la inversión extranjera en México, por países, hacia finales del Porfiriato.*
Fuente: *México y su historia*, vol. 9, UTEHA, México, 1984.

La administración económica de Porfirio Díaz tuvo el cuidado de alentar casi en la misma proporción la inversión extranjera europea y norteamericana para frenar el creciente expansionismo económico de Estados Unidos. A don Porfirio se le atribuye la frase: "pobre México, tan lejos de Dios y tan cerca de los Estados Unidos".

Las dos gráficas te muestran las proporciones de la inversión extranjera al término del Porfiriato.

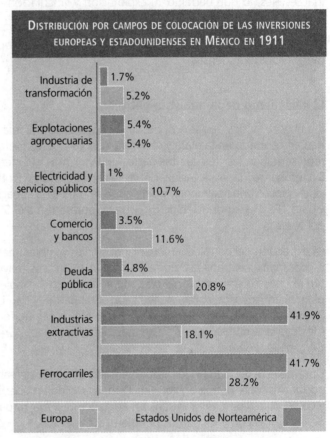

DISTRIBUCIÓN POR CAMPOS DE COLOCACIÓN DE LAS INVERSIONES EUROPEAS Y ESTADOUNIDENSES EN MÉXICO EN 1911

- Industria de transformación — 1.7% / 5.2%
- Explotaciones agropecuarias — 5.4% / 5.4%
- Electricidad y servicios públicos — 1% / 10.7%
- Comercio y bancos — 3.5% / 11.6%
- Deuda pública — 4.8% / 20.8%
- Industrias extractivas — 41.9% / 18.1%
- Ferrocarriles — 41.7% / 28.2%

Europa ☐   Estados Unidos de Norteamérica ■

4 *Porcentajes de inversiones europeas y estadounidenses por ramos de actividades, hacia finales del Porfiriato.*

Observa y responde

En tu cuaderno contesta las siguientes preguntas:

1. Señala los tres países que más invirtieron en México durante el Porfiriato.

2. De acuerdo con las gráficas, ¿en qué proporción fue mayor la inversión europea que la estadounidense?

3. ¿Cuáles fueron las actividades económicas en las que se invirtió principalmente capital estadounidense?

4. ¿Cuáles fueron las actividades económicas en las que se invirtió principalmente capital europeo?

5. Compara las gráficas y calcula cuál fue, dentro del total de las inversiónes extranjeras (estadounidense y europea), el porcentaje destinado a ferrocarriles. Apóyate en tus textos de matemáticas.

6. En la actualidad México promueve la inversión extranjera en muchas áreas de la economía. Investiga tres que sean importantes.

El sistema ferroviario

La élite porfirista se erigió, desde un principio, como la constructora del México moderno. El avance tecnológico más sorprendente del régimen se centró en la construcción de las vías férreas. En 1870 nuestro vecino del norte tenía 8 000 km de líneas ferroviarias, mientras que México apenas llegaba a los 640 km que cubrían el tramo México-Veracruz y unían algunos puntos del valle de México. Para 1910 se habían construido en todo el país más de 5 000 km de vías férreas.

Los ferrocarriles transformaron la estructura económica del país al comunicar regiones mineras y agrícolas hasta entonces inaccesibles, lo que permitió su explotación y vinculación con centros de consumo y puertos de embarque.

Las compañías constructoras de ferrocarriles eran principalmente estadounidenses.

El nacimiento de la industria petrolera

Las exportaciones de México, desde la época de la Colonia, se habían centrado en la plata y el oro y hacia 1877 esos metales representaban las tres cuartas partes de las ventas al exterior. Sin embargo, la explotación de metales industriales (cobre, zinc y plomo principalmente) y del petróleo, cambió la situación y para 1910 la exportación de oro y plata representaba el 50% del total.

La extracción del petróleo y metales industriales también recayó en compañías extranjeras, norteamericanas e inglesas mayoritariamente. *La American Smelting and Refining Co.*, estableció plantas en Aguascalientes, Nuevo León, Chihuahua y San Luis Potosí; la empresa inglesa *Mexican Eagle Oil*, en el Golfo de México; la empresa minera estadounidense *Cananea Green Copper*, en Sonora.

Durante este periodo la legislación permitió transferir derechos nacionales sobre petróleo y carbón al propietario de la superficie y con ello, las compañías extranjeras adquirieron la mayor parte de las tierras con yacimientos petroleros y mineros.

Grandes innovaciones tecnológicas

En la segunda mitad del siglo xix el ingenio creador del hombre revolucionó el mundo. Los países industrializados hicieron realidad grandes innovaciones tecnológicas, como la electricidad, el teléfono, el fonógrafo, el cinematógrafo, el aeroplano, la bicicleta y el automóvil que utilizaba como combustible un derivado del petróleo.

Rápidamente llegaron a nuestro país estos nuevos inventos. El teléfono y el fonógrafo en 1878; ese año se construyó en León, Guanajuato, la primera planta eléctrica de la República Mexicana y la electricidad se instaló como servicio público en la ciudad de México en 1881; en 1896 se introdujo el cine, y

1 *Hacia principios de siglo xx comenzó la explotación de petróleo en México.*

2 *Los automóviles circulaban al mismo tiempo que las carretelas y los tranvías de mulas.*

¿Sabías que la energía del vapor, que fue fundamental durante la primera revolución industrial, fue sustituida por el petróleo y la electricidad?

por esos años se inició el uso de tranvías eléctricos en la capital; a principios del siglo xx llegaron los primeros automóviles, movidos por un motor de combustión interna y las familias adineradas pudieron comprar autos Ford modelo "T"; para 1908 algunos hacendados mexicanos ya tenían aeroplanos particulares.

¡Que no se te vaya el tren...!

Antes de que existiera el ferrocarril la gente y las mercancías se transportaban por caminos inseguros que generalmente estaban en malas condiciones. Los medios que se utilizaban eran diligencia, carruaje, litera, burro o caballo y a pie, con lo cual se restringía la posibilidad de movilizar grandes cargas de un lado a otro del país.

La primera concesión para la construcción de un "camino de hierro" fue otorgada a Francisco de Arciniega en 1837 para unir la ciudad de México con el puerto de Veracruz. El primer tramo de esta obra fue inaugurado en 1850.

Cuando Díaz asumió la presidencia, el país contaba con 640 km de vías férreas y en 114 km de ellas se utilizaban mulas en lugar de máquinas de vapor como fuerza motriz.

La construcción de vías de ferrocarril fue prioritaria durante el porfiriato y para poder hacerlo a gran escala se otorgaron concesiones a empresas particulares nacionales y extranjeras, fundamentalmente estadounidenses, lo que causó gran polémica en la Cámara de Diputados por temor a la política intervencionista de Estados Unidos.

3 *Vicente Riva Palacio dio contratos a los gobiernos de los estados para que éstos interesaran a los capitalistas locales en la construcción de vías férreas; durante cuatro años se otorgaron 28 concesiones que demostraron ser efectivas, siendo la primera para el estado de Guanajuato.*
La estación de Cortázar, Guanajuato, conserva aún su aire porfiriano.

Para 1891 el desarrollo de los ferrocarriles había sido tan vertiginoso que se creó una secretaría responsable de comunicaciones y obras públicas.

Entre 1903 y 1910 el gobierno comenzó a comprar acciones para tener un mayor control sobre las compañías ferroviarias del país y en 1907 se formó la compañía Ferrocarriles Nacionales de México, encargada de las líneas mexicanizadas que ya para entonces constituían las dos terceras partes. En 1937 se **nacionalizó** esta empresa.

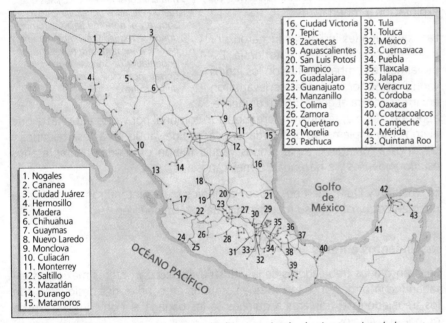

16. Ciudad Victoria	30. Tula
17. Tepic	31. Toluca
18. Zacatecas	32. México
19. Aguascalientes	33. Cuernavaca
20. San Luis Potosí	34. Puebla
21. Tampico	35. Tlaxcala
22. Guadalajara	36. Jalapa
23. Guanajuato	37. Veracruz
24. Manzanillo	38. Córdoba
25. Colima	39. Oaxaca
26. Zamora	40. Coatzacoalcos
27. Querétaro	41. Campeche
28. Morelia	42. Mérida
29. Pachuca	43. Quintana Roo

1. Nogales
2. Cananea
3. Ciudad Juárez
4. Hermosillo
5. Madera
6. Chihuahua
7. Guaymas
8. Nuevo Laredo
9. Monclova
10. Culiacán
11. Monterrey
12. Saltillo
13. Mazatlán
14. Durango
15. Matamoros

Golfo de México

OCÉANO PACÍFICO

4 *Entre 1880 y 1910 la red ferroviaria se extendió por casi todo el país comunicando los principales centros mineros y agrícolas.*

¡Váaaamonos!

1 Conoce el vocabulario de un rielero. Investiga el significado de los términos: vía ancha, riel, durmiente, troncal, ramal, convoy, furgón, vagón, cabús, enganchador, andén, locomotora.

2 ¿Qué nuevas carreras y oficios surgieron con el ferrocarril?

3 Observa un mapa orográfico e hidrográfico de la República Mexicana y compáralo con el de ferrocarriles de esta página. ¿Qué dificultades geográficas enfrentaron los constructores?

4 ¿Qué importancia tiene un buen sistema de comunicaciones para el desarrollo de un país?

La población

Durante el periodo presidido por Porfirio Díaz la población de México creció de 10 a 15 millones. En el norte del país se incrementó el número de habitantes debido, principalmente, al desarrollo de las haciendas y a la importancia que adquirieron la minería y la industria. También la vida rural del centro y sur del país se concentró en las grandes haciendas.

La concentración de la propiedad territorial

La política de **deslindes** implementada por Díaz mediante la *Ley de tierras y enajenación de baldíos* permitió a particulares adquirir, sin límite de extensión, miles o cientos de miles de hectáreas. Esto, aunado a los efectos que había tenido la *Ley Lerdo*, ocasionó que muchos indígenas fueran despojados de sus tierras comunales. Poco menos de 900 ricos hacendados, entre mexicanos y extranjeros, se adueñaron del territorio nacional.

1 *Díaz alentó la inmigración extranjera, en parte con la esperanza de fomentar un mestizaje para "mejorar" la raza mexicana y hacerla "más trabajadora". Aunque esta política fracasó, ingresaron al país un número considerable de chinos que fueron enviados principalmente a Sonora y al norte de Baja California donde se requería mano de obra muy barata. Caricatura que representa al gobernador de Sonora, Ramón Corral, incansable perseguidor de los chinos.*

¿Sabías que a cada hacienda le pertenecían las tierras y aguas de un extenso territorio, así como la población que vivía dentro de éste?

Los peones de las haciendas eran tratados como esclavos; podían ser "libres" o "acasillados". Los primeros trabajaban a cambio de un jornal miserable que apenas les alcanzaba para lo indispensable. Los "acasillados" recibían su escaso pago en vales que sólo podían cambiar por alimentos y mantas en las "tiendas de raya", pertenecientes a la misma hacienda.

Movimientos indígenas y campesinos

Durante el porfiriato hubo levantamientos de los peones y jornaleros del campo, trabajadores de las grandes haciendas que eran mantenidos en condiciones de explotación y miseria.

Las comunidades indígenas lucharon por mantener sus tierras y su autonomía. Especialmente combativos fueron los indios yaquis de Sonora, quienes se levantaron en armas contra el gobierno; su dirigente, apodado *Cajeme*, mantuvo la organización comunal por varios años hasta que el gobierno implementó una verdadera cacería de yaquis para desarraigarlos y enviarlos a Yucatán. Los territorios yaquis fueron otorgados a empresarios estadounidenses y a hacendados mexicanos.

En Yucatán y Quintana Roo, grupos de indios mayas intentaron mantener su régimen comunal pero su movimiento fue exterminado en 1901.

Movimientos obreros

En cuanto a los trabajadores de la industria, técnicos y obreros mexicanos estaban inconformes pues tenían que competir, en condiciones desiguales, con los trabajadores extranjeros a quienes se les pagaba el doble y gozaban de grandes privilegios.

Por no existir una ley que rigiera las relaciones de trabajo, los patrones establecían arbitrariamente las condiciones laborales que a ellos más convenía.

Dos movimientos obreros son representativos del régimen de Díaz: Cananea (Sonora) y Río Blanco (Veracruz). En 1906, los obreros de la mina de Cananea se pusieron en huelga exigiendo mejoras salariales e igualdad. El movimiento fue sangrientamente reprimido con ayuda del ejército estadounidense. Ese año hubo otra huelga en las industrias textiles de Puebla, Tlaxcala y Veracruz. El presidente Díaz falló en favor de los empresarios y los obreros de la fábrica de Río Blanco se negaron a levantar la huelga por lo que fueron reprimidos con lujo de violencia.

2 *Grupos apaches de Chihuahua también fueron combatidos constantemente y desalojados de sus territorios que se convirtieron en grandes haciendas.*

Desde el Cerro de la Silla

Con el desarrollo de la industria, crecieron notablemente durante el porfiriato las ciudades de México, Guadalajara y Monterrey.

Desde el año de 1596 se había fundado al noroeste del país la Ciudad Metropolitana de Nuestra Señora de Monterrey, con una población inicial de sólo 34 personas, contando mujeres y niños, que vivían en condiciones de extrema pobreza.

La vocación de esta ciudad durante la Colonia y los primeros años de vida independiente fue agrícola y ganadera; se cultivaba maíz, trigo, frijol, algodón, ixtle e índigo y se criaba ganado vacuno, asnar, caprino, bovino y porcino. Los pastizales de la región, rica en sales y aguas, ayudaron a que el ganado produjera lana y carne de calidad superior. Con el auge de la ganadería surgieron la industria de la tenería, para el curtido de pieles y la del telar, para transformar la lana en cobijas, jorongos, frazadas y otros artículos.

3 *Monterrey, cobijada por el Cerro de la Silla, es hoy una de las tres ciudades industriales más importantes del país.*

4 *La Cervecería Cuauhtémoc de Monterrey. De este periodo datan algunas de las empresas regiomontanas más importantes: Cervecería Cuauhtémoc (1890), Fundidora de Hierro y Acero (1900), Compañía Minera, Fundidora y Afinadora de Monterrey (1890), Vidriera de Monterrey (1909).*

Lee, investiga y relaciona

Según los historiadores fueron varios los factores que se conjugaron para que se diera este crecimiento industrial en Monterrey:

- La llegada del ferrocarril en 1882
- La introducción de la electricidad
- La situación fronteriza
- La paz porfiriana
- La inversión extranjera favorecida por el gobierno de Porfirio Díaz
- La legislación local
- El impulso que dieron algunos gobernadores
- El espíritu de empresa del regiomontano

La independencia de Texas favoreció económicamente a la ciudad ya que quedó a escasos 200 km de Estados Unidos, lo que la convirtió en zona fronteriza. El comercio, impulsado en parte por el contrabando, se desarrolló rápidamente.

En 1856 se estableció la fábrica de textiles La Fama con características ya no artesanales sino industriales.

La guerra de secesión norteamericana (1860-1865) creó una fuente de riqueza para los regiomontanos, pues al ser bloqueados los puertos sureños de Estados Unidos por los republicanos, la producción algodonera de estos estados salió por la frontera mexicana de Piedras Negras hacia el puerto de Matamoros, pasando por Monterrey. De esta forma Monterrey se convirtió en centro distribuidor de los artículos que el sur del país vecino exportaba a México y Europa.

Pero Monterrey realmente se convirtió en ciudad industrial a partir de 1860 cuando se comenzó a impulsar la creación de empresas productivas. Participó activamente en las exhibiciones internacionales de Nueva Orleáns, San Antonio y París.

Entre 1890 y 1907 Monterrey y sus alrededores contaban ya con 20 empresas que daban empleo a 1 276 personas; once años más tarde, solamente en la ciudad de Monterrey había 30 empresas que empleaban a más de 45 000 obreros, con una inversión de capital nacional del 80%.

1 Elige tres de los factores que consideres más importantes y explica cómo contribuyó cada uno de ellos al desarrollo industrial de Monterrey.

2 Investiga qué industrias se desarrollaron en tu entidad federativa durante el porfiriato.

La literatura

Durante los primeros años del régimen porfirista, Manuel Altamirano continuó marcando el rumbo en las letras mexicanas, pero a partir de 1889 empezó a manifestarse una nueva corriente cultural: el Modernismo. Esta nueva generación impuso cambios en las ideas estéticas, buscando una expresión libre y ajena a la realidad social. La renovación cultural se manifestó durante 1894-96 con la publicación de la *Revista Azul*, llamada así como un tributo a la obra del poeta nicaragüense Rubén Darío y fue el primer movimiento literario y artístico en el que los hispanoamericanos tuvieron voz propia. La *Revista Moderna* continuó con esta corriente y aglutinó a intelectuales como Manuel Gutiérrez Nájera, Luis G. Urbina, Manuel José Othón, Amado Nervo, Enrique González Martínez y José Juan Tablada.

Mientras los textos literarios se modernizaban los periódicos *El Siglo XIX* y el *Monitor Republicano* dejaron de publicarse y fueron reemplazados por el periodismo moderno representado principalmente por *El Imparcial*.

1 *Grabado de Julio Ruelas que lleva el título de* La Crítica. *Ruelas participó como ilustrador de la* Revista Moderna *junto con los pintores Roberto Montenegro y Saturnino Herrán.*

2 *Xochicalco, Morelos. Durante el porfiriato se iniciaron importantes obras de rescate arqueológico en centros como Mitla, Teotihuacan y Xochicalco. Se revaloró el pasado indígena al mismo tiempo que los indígenas eran severamente reprimidos.*

Visión de la historia

Durante esta etapa se publicaron importantes obras históricas entre las que destacaron *México a través de los siglos* que, bajo la dirección de Vicente Riva Palacio, fue el primer intento monumental de organizar la historia de México; en la obra de Justo Sierra *La evolución política del pueblo mexicano* se plasmó la historia con la visión positivista del porfiriato presentándola como una serie de sucesos que marcaban la evolución entre el pasado y la modernidad.

Andrés Molina Enríquez hizo un análisis crítico sobre el problema agrario en su obra *Los grandes problemas nacionales*.

El positivismo y la educación

La corriente positivista que tuvo sus orígenes en las ideas del filósofo francés Augusto Comte encontró adeptos entre intelectuales como Gabino Barreda en México. Consideraba que era necesaria la fuerza para imponer el orden sobre la anarquía y lograr el progreso. El positivismo dio primordial importancia a la ciencia mientras que las humanidades ocuparon un segundo plano. El uso y abuso de la palabra "ciencia" por la élite porfirista hizo que se les diera el nombre de "científicos".

Se intentó difundir el positivismo a través de la educación para que México se pareciera a las naciones europeas. Fue de especial importancia para la difusión de esta corriente la Preparatoria Nacional y la creación del Ministerio de Educación, con Justo Sierra a la cabeza.

Hacia finales del porfirato (1909-1910), surgió un movimiento cultural llamado *El Ateneo de la Juventud* que agrupó a jóvenes intelectuales como Antonio Caso, Alfonso Reyes, Pedro Henríquez Ureña y José Vasconcelos quienes asumieron una actitud crítica hacia el positivismo. También se reinauguró la Universidad Nacional de México, que se fundó durante la Colonia pero fue clausurada durante los primeros años del México independiente.

3 *Las polkas y valses estaban de moda. Muchos de ellos se escuchan todavía con frecuencia como la polka "Las bicicletas" y los valses "Viva mi desgracia", "Sobre las olas" y "Alejandra".*

Un paisajista y su época

1840	Nace en Temascalcingo, estado de México.
1850	Muere su padre. Recibe sus primeras clases de dibujo.
1855	Termina la primaria. Ingresa a la Academia de San Carlos como alumno supernumerario.
1858	Ingresa como alumno regular a la Academia a la carrera de pintura y paisaje con el maestro Eugenio Landesio.
1859	Realiza su primer autorretrato (dibujo).
1860	Enferma de tifus. Gana la beca de paisaje con el cuadro *Exconvento de San Agustín*. Realiza su primer autorretrato al óleo.
1862	Gana varios premios en la exposición XII de la Academia.
1865	Efectúa excursiones para dibujar y hacer bocetos de paisajes; también inicia estudios en ciencias naturales, botánica, física y zoología.
1868	Se casa con María de la Luz Sánchez Armas. Practica profesionalmente la fotografía. Termina sus estudios en la Escuela Nacional de Bellas Artes.
1880	Altamirano hace una severa crítica de sus temas en el periódico *La Libertad*. Recibe de Porfirio Díaz el nombre de dibujante del Museo Nacional.
1884	Expone en Nueva Orleáns.
1889	Asiste a la Exposición Internacional de París; visita Francia, Italia, Suiza, Austria, Alemania e Inglaterra.
1912	El director de la Escuela Nacional de Bellas Artes, Antonio Rivas Mercado, lo retira por su avanzada edad. Muere el 26 de agosto.

José María Velasco es considerado el primer gran artista del México moderno. Alumno del maestro Eugenio Landesio, Velasco aprendió a observar y copiar perfectamente la naturaleza para después crear sus propios paisajes.

4 *Velasco destacó como paisajista, haciendo uso magistral del color y la luz. En 1877, pintó* Valle de México desde el Cerro de Santa Isabel, *una de sus obras maestras, en la que incluye elementos simbólicos de la fundación de Tenochtitlan.*

5 Mar Atlántico (Ultramar), *1889. En su viaje a Europa, Velasco conoció el trabajo de los impresionistas y formó parte de esta corriente aunque de manera fugaz.*

6 El Castillo de Chapultepec, *1899. A partir de 1880 comenzó a incluir en sus paisajes, con mayor frecuencia, la figura humana. También utilizó tonos más claros y luminosos en su obra.*

7 La Naturaleza, *1879. También estuvo interesado en estudios científicos de la naturaleza.*

Observa, lee y relaciona

1 En la columna de la izquierda puedes leer algunos datos de la vida y de la obra del pintor José María Velasco. En tu cuaderno haz dos columnas; en la primera, copia los datos de la vida del pintor y, en la segunda, anota algunos de los acontecimientos históricos que le tocó vivir durante esos años.

8 *Dos años antes de morir pintó un pequeño cuadro con el nombre* Árbol caído *que los críticos de arte consideran simbólico y autobiográfico.*

2 En esta página puedes observar algunas obras de Velasco; elige la que más te guste y observa los trazos, el color, la luz, la técnica y el motivo. Descríbela en tu cuaderno y da tu opinión acerca de ella.

La crisis económica

Si los años comprendidos entre 1880 y 1900 se caracterizaron por la estabilidad política y la expansión económica, en la primera década del siglo xx salieron a flote las contradicciones y desequilibrios del régimen de Díaz, originados por las enormes desigualdades sociales y privilegios de que gozaban la élite porfirista y los inversionistas extranjeros.

Con el nuevo siglo se inició una crisis económica mundial que afectó severamente las exportaciones de materias primas, principalmente la plata. Para hacer frente a esta situación, el gobierno de México adoptó en 1905 el patrón oro, lo cual aumentó la vulnerabilidad de la economía frente al exterior. Dos años después otra nueva crisis internacional orilló al país a contratar préstamos externos.

A la crisis económica mundial se sumó una crisis en el campo mexicano, ocasionada por sequías y lluvias torrenciales que destruyeron las cosechas y provocaron que los artículos de primera necesidad aumentaran día con día sin que se dieran las alzas correspondientes en los salarios de campesinos, obreros y clase media.

1 *La mayor parte de la población no se benefició del "progreso" económico y tecnológico propiciado por el régimen de Díaz.*

El desequilibrio social

El crecimiento económico durante el porfiriato había sido indudable pero sólo había beneficiado a un grupo minoritario. La élite porfirista no quiso ver la desigualdad y la miseria en la que vivía la mayor parte de la población. A principios de siglo uno de cada dos niños moría antes de cumplir un año, sólo había un médico por cada 5 000 personas, 830 hacendados acaparaban las mejores tierras, las 10 000 escuelas primarias no habían podido abatir el 84% de analfabetismo, los campesinos habían sido despojados de sus tierras comunales por los grandes terratenientes, los obreros vivían en condiciones de explotación y miseria y la clase media no encontraba espacios dentro de la política.

La clase media

Los sectores medios urbanos, (profesionistas, empleados públicos y privados) y rurales (rancheros del norte y occidente del país) aumentaron como consecuencia del desarrollo económico. Estos grupos que se habían formado en las escuelas positivistas iniciarían las críticas contra un sistema donde estaban bloqueadas casi todas las posibilidades de movilidad social, política y económica. La clase media quería acceder al poder pero la élite porfirista le impedía participar en las decisiones políticas provocando un gran malestar en ellas.

El envejecimiento del grupo gobernante

El historiador Luis González señala que el término la "danza de los viejitos" puede simbolizar la conducta política y económica de México al finalizar el periodo. Don Porfirio era un hombre de 75 años, que no quería soltar el poder. La edad promedio de los ministros, senadores y gobernadores era de 70 años.

En vísperas de nuevas elecciones (1908) Díaz declaró en aquella entrevista que concedió al periodista estadounidense James Creelman que no se reelegiría ya que México estaba maduro para la democracia.

Precursores de la revolución

En 1900 salió a la luz *Regeneración*, periódico en el que se denunciaban las arbitrariedades del Porfiriato; estaba dirigido por los hermanos Ricardo y Jesús Flores Magón, incansables luchadores sociales. En 1906 un grupo de jóvenes inconformes con el sistema porfirista y animados por los hermanos Flores Magón, publicaron el programa del Partido Liberal Mexicano que además de exigir reivindicaciones políticas, proponía mejoras en la vida de obreros y campesinos.

¿Sabías que en el programa del Partido Liberal destacaron los derechos laborales que fueron incluidos en la Constitución de 1917, como la jornada de ocho horas, el salario mínimo y la prohibición de emplear a menores de edad?

En 1907 Francisco I. Madero, acaudalado hacendado norteño, formó el Club Central Antirreeleccionista que se oponía a la séptima reelección de Díaz.

Para 1910 el régimen celebró con bombo y platillos el centenario de la independencia, sin hacer caso al movimiento de inconformidad política y social que se estaba gestando.

Dos grandes figuras revolucionarias

En el ocaso del Porfiriato, diversos grupos opositores se manifestaron contra el régimen de Díaz. A pesar de estar cancelada la libertad de expresión, surgieron periódicos que criticaron severamente a la dictadura. Sus editores y colaboradores fueron perseguidos y muchas veces encarcelados. Podemos destacar la labor combativa de los periódicos *Regeneración*, *Revolución*, *Punto Rojo* y *El Hijo del Ahuizote*.

Los intelectuales que colaboraron en ellos tomaron como modelo de acción las filosofías socialista y anarquista de Bakunin, Kropotkin, Marx y Engels que en aquel momento, en Europa, marcaban la pauta de lucha contra las clases privilegiadas (burguesía) y las acciones para mejorar las condiciones de las clases explotadas (proletariado).

Los siguientes textos son fragmentos de artículos periodísticos de Práxedis Guerrero y Ricardo Flores Magón, miembros del Partido Liberal Mexicano y precursores intelectuales de la Revolución Mexicana.

2 *El periódico* Regeneración *fue uno de los motores que llevó a la acción revolucionaria.*

El objeto de la revolución

(No se sabe si este artículo apareció en *Revolución* o en *Punto Rojo*. Fue escrito entre 1908 y 1910).

¿Por qué, si quieres la libertad, no matas al tirano y evitas de ese modo los horrores de una gran contienda fratricida? ¿Por qué no asesinas al déspota que oprime al pueblo y ha puesto precio a tu cabeza? -me han preguntado varias veces-. Porque no soy enemigo del tirano, he contestado; porque si matara al hombre, dejaría en pie la tiranía, y a ésta es a la que yo combato [...]

La tiranía es la resultante lógica de una enfermedad social, cuyo remedio actual es la revolución.

[...]La revolución es un hecho plenamente consciente, no el espasmo de una bestialidad primitiva. No hay inconsecuencia entre la idea que guía y la acción que se impone.

Texto de PRÁXEDIS GUERRERO,
en ARMANDO BARTRA, *Regeneración 1900-1918*, Hadise, México, 1972.

3 *Ricardo y Enrique Flores Magón en una cárcel de Estados Unidos.*

En pos de la libertad

Disertación leída en la sesión del Grupo "Regeneración" la noche del domingo 30 de octubre de 1910.

México es el país de los inmensamente pobres y de los inmensamente ricos. Casi puede decirse que en México no hay término medio entre las dos clases sociales: la alta y la baja, la poseedora y la no poseedora; hay, sencillamente, pobres y ricos. [...] Lujosos trenes y soberbios palacios muestran el poder y la arrogancia de la clase rica, mientras los pobres se amontonan en las vecindades y pocilgas de los arrabales de las grandes ciudades. [...] al lado de una gran ilustración adquirida por algunas clases, se ofrece la negrura de la supina ignorancia de otras.

[...] Una lucha a muerte se prepara en [estos] momentos para la modificación del medio en que el pueblo mexicano, el pueblo pobre se debate en una agonía de siglos.[...]

Texto de RICARDO FLORES MAGÓN,
en ARMANDO BARTRA, *Regeneración 1900-1918*, Hadise, México, 1972.

Movimientos Arquitectónicos

Los monumentos y edificios son elementos muy valiosos que ayudan a conocer un determinado periodo histórico.

Durante el porfiriato se construyeron numerosos edificios públicos y privados en las principales ciudades del país, cuya arquitectura se caracterizó por su influencia europea.

Las obras públicas fueron suntuosas y monumentales pues buscaban mostrar el pujante progreso material.

Para llevar a cabo los proyectos se recurrió a arquitectos extranjeros, sobre todo franceses e italianos, que elaboraban y enviaban los proyectos a México o que venían contratados para encargarse de su ejecución. Muchos de los arquitectos mexicanos que egresaban de la Academia de San Carlos completaban sus estudios en Europa y regresaban con la visión de aquellos países.

La corriente arquitectónica que predominó durante el Porfiriato fue el **eclecticismo**, que alcanzó su auge en 1882 y consistía en imitar edificios de otras épocas y mezclar libremente elementos de diferentes estilos, por ejemplo, del clásico griego, gótico, renacentista, árabe, etcétera.

En muchas de las ciudades importantes del país se construyeron grandes teatros. Para su construcción se combinaron materiales nacionales e importados como la cantera, el mármol y el hierro forjado y se decoraron con lujosas maderas, terciopelos y brocados, vitrales, esculturas, herrería, etc., en su mayor parte traídos de Europa.

Observa la fachada del Teatro Juárez de Guanajuato. Este edificio se inscribe dentro del movimiento ecléctico y en él se distinguen, entre otros, los siguientes elementos arquitectónicos:

1 Columna. Apoyo vertical de forma cilíndrica que sostiene techumbres y adorna las fachadas de los edificios. La columna estriada tiene estrías verticales.
Las columnas se componen de **a)** base, **b)** fuste y **c)** capitel.

2 Friso. Banda o faja ornamental larga, lisa o esculpida.

3 Balaustrada. Conjunto de balaustres (columnas pequeñas) colocados en hilera entre los barandales que limitan una escalera, balcón o terraza.

4 Medallón. Bajorrelieve de forma elíptica o circular que puede tener figuras pintadas o esculpidas.

5 Cornisa. Conjunto de molduras (elementos salientes que sirven de ornato) próximas al remate o en la parte más alta de una estructura; suele estar ligeramente proyectada hacia afuera.

6 Arco de medio punto. Tiene la forma de un medio círculo.

7 Dentículo. Pequeños bloques cúbicos con que se adornan algunas cornisas.

DATOS ADICIONALES DEL TEATRO JUÁREZ

Realización: participaron diferentes arquitectos y Antonio Rivas Mercado concluyó la obra.

Elementos decorativos: rematan el edificio esculturas de fierro colado que representan a ocho de las nueve musas de la Antigüedad clásica.

Uso actual: funciona como teatro durante todo el año, especialmente durante el festival Cervantino.

Interior: en la decoración interior predomina un estilo bizantino-árabe con decoración geométrica; abundan el hierro forjado y el cristal; todavía conserva un enorme candil de cristal cortado estilo *art nouveau*.

Durante la época porfiriana, uno de los usos más importantes que se dio a los teatros fue promover la convivencia de la alta sociedad que asistía a las representaciones para "ver y ser vistos", más que para disfrutar del espectáculo.

Tipos de capitel

- **Dórico:** se compone de un bloque rectangular de gran sencillez de líneas.

- **Jónico:** se compone principalmente de dos volutas simétricas.

- **Corintio:** está ricamente adornado con hojas de acanto.

El capitel es la parte superior de una columna.

AHORA HAZLO TÚ

Otro teatro porfiriano de estilo ecléctico es el Teatro de la Paz en la ciudad de San Luis Potosí.

- Calca en tu libreta el Teatro de la Paz e identifica y señala en él los elementos arquitectónicos que aparecen en la página anterior.

- En este teatro se encuentran otros elementos arquitectónicos. Busca su definición e identifícalos también en tu cuaderno: frontón, cúpula, pilastra y tímpano.

- Investiga cuál es el teatro porfiriano más cercano a tu localidad y observa en él los elementos arquitectónicos que ya conoces. Busca datos interesantes acerca de su construcción, uso, remodelaciones, etcétera.

Después de analizar el siguiente mapa conceptual, realiza las actividades que se piden.

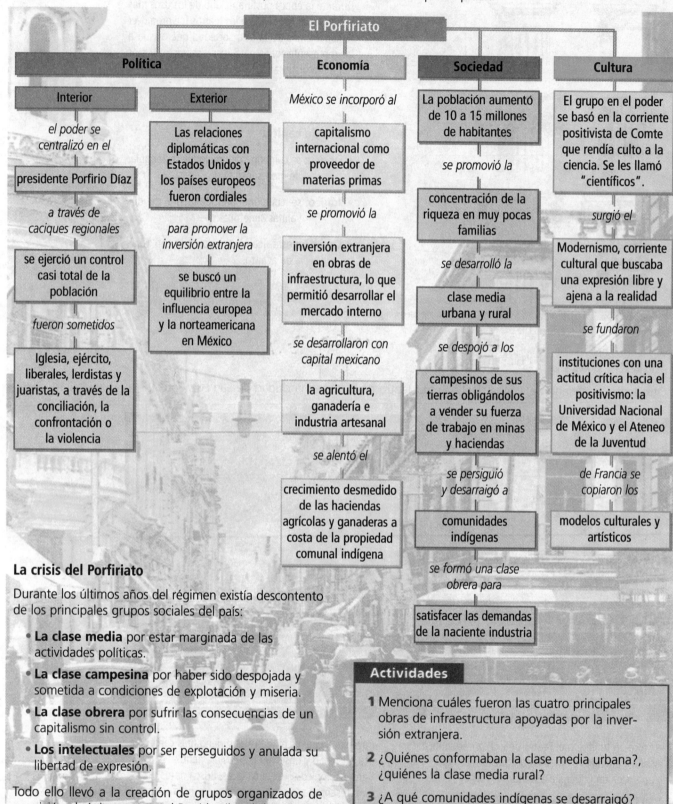

El Porfiriato

Política

Economía

Sociedad

Cultura

Interior

Exterior

el poder se centralizó en el

presidente Porfirio Díaz

a través de caciques regionales

se ejerció un control casi total de la población

fueron sometidos

Iglesia, ejército, liberales, lerdistas y juaristas, a través de la conciliación, la confrontación o la violencia

Las relaciones diplomáticas con Estados Unidos y los países europeos fueron cordiales

para promover la inversión extranjera

se buscó un equilibrio entre la influencia europea y la norteamericana en México

México se incorporó al

capitalismo internacional como proveedor de materias primas

se promovió la

inversión extranjera en obras de infraestructura, lo que permitió desarrollar el mercado interno

se desarrollaron con capital mexicano

la agricultura, ganadería e industria artesanal

se alentó el

crecimiento desmedido de las haciendas agrícolas y ganaderas a costa de la propiedad comunal indígena

La población aumentó de 10 a 15 millones de habitantes

se promovió la

concentración de la riqueza en muy pocas familias

se desarrolló la

clase media urbana y rural

se despojó a los

campesinos de sus tierras obligándolos a vender su fuerza de trabajo en minas y haciendas

se persiguió y desarraigó a

comunidades indígenas

se formó una clase obrera para

satisfacer las demandas de la naciente industria

El grupo en el poder se basó en la corriente positivista de Comte que rendía culto a la ciencia. Se les llamó "científicos".

surgió el

Modernismo, corriente cultural que buscaba una expresión libre y ajena a la realidad

se fundaron

instituciones con una actitud crítica hacia el positivismo: la Universidad Nacional de México y el Ateneo de la Juventud

de Francia se copiaron los

modelos culturales y artísticos

La crisis del Porfiriato

Durante los últimos años del régimen existía descontento de los principales grupos sociales del país:

- **La clase media** por estar marginada de las actividades políticas.

- **La clase campesina** por haber sido despojada y sometida a condiciones de explotación y miseria.

- **La clase obrera** por sufrir las consecuencias de un capitalismo sin control.

- **Los intelectuales** por ser perseguidos y anulada su libertad de expresión.

Todo ello llevó a la creación de grupos organizados de oposición al régimen como el Partido Liberal dirigido por los hermanos Flores Magón y el Club Central Antirreeleccionista de Francisco I. Madero.

Actividades

1 Menciona cuáles fueron las cuatro principales obras de infraestructura apoyadas por la inversión extranjera.

2 ¿Quiénes conformaban la clase media urbana?, ¿quiénes la clase media rural?

3 ¿A qué comunidades indígenas se desarraigó?

4 Investiga en tu libro de español qué corriente precedió al Modernismo.

El debate

El debate es el intercambio y confrontación de ideas y/o argumentos sobre un tema específico y ayuda a ver un hecho desde diferentes puntos de vista.

Pasos a seguir antes de un debate

- **Elegir un tema.** Buscar un tema que presente por lo menos dos alternativas o posiciones definidas para que cada participante exponga su punto de vista.
- **Investigar.** Analizar diferentes argumentos para defender la posición elegida. Es importante estudiar bien el hecho para poder tomar una postura determinada.
- **Argumentar.** Examinar todos los elementos posibles tanto en favor como en contra y escribirlos en la libreta. Esto ayudará a aclarar tu posición y a saber cómo rebatir los razonamientos de la otra parte a la hora del debate.

Para el momento del debate, tanto el moderador como los participantes y el público deberán tomar notas para poder sostener su posición y aclarar alguna duda.

- **Elegir un moderador.** Tendrá como funciones dirigir el debate, hacer la presentación del tema y de los participantes, fijar un tiempo para cada expositor y ver que se cumpla. El moderador deberá abstenerse de tomar partido. Al final presentará un resumen con lo más importante de las exposiciones presentadas y dirigirá la sección de preguntas.
- **Exposición inicial.** Cada participante expondrá sus argumentos. Se deberá respetar el turno de cada uno y no interrumpir.
- **Segunda ronda.** Cada expositor tendrá la oportunidad de cuestionar los argumentos de los otros o de ampliar su propio tema. Debe haber un tiempo limitado para cada quien. Puede haber tantas rondas como lo permita el tiempo o lo requiera la exposición.
- **Conclusiones.** Cada participante finalizará con una síntesis de su punto de vista.
- **Despedida.** Para finalizar, el moderador presentará una sinopsis de los aspectos más importantes del debate.
- **Preguntas.** Se abre el debate al público para que éste participe activamente planteando sus dudas y comentarios.

Organiza un debate. Puedes escoger uno de los siguientes temas o proponer algún otro.

- › Ventajas y desventajas de la reelección presidencial
- › El costo social de la paz porfiriana
- › Ventajas y desventajas de la inversión extranjera

Recuerda que para que el debate tenga éxito es fundamental que escuches con atención y deferencia el punto de vista de tus compañeros y compañeras y respetuosamente manifiestes tus desacuerdos.

Al final escribe en tu libreta un breve ensayo sobre las sesiones del debate.

Glosario

Cacique: Persona influyente que ejerce control sobre una población determinada, en ocasiones en forma abusiva, e interviene en asuntos políticos y administrativos.

Deslindar: Señalar y distinguir los términos de un lugar, provincia o heredad.

Devenir: Acaecer, suceder, llegar a ser. Proceso mediante el cual algo se hace o llega a ser.

Eclecticismo: Escuela filosófica y artística que procura conciliar las corrientes que parecen mejores o más verosímiles aunque procedan de diversos sistemas.

Enajenar: Pasar o transmitir a alguien el dominio de algo o algún derecho sobre ello.

Luchas intestinas: Luchas internas.

Nacionalizar: Hacer que pasen a manos de nacionales de un país bienes o títulos de la deuda del Estado o de empresas particulares que se hallaban en poder de extranjeros.

Prebenda: Oficio, empleo o ministerio lucrativo y poco trabajoso.

Prerrogativa: Privilegio, gracia o exención que se concede a alguien para que goce de ello. Facultad importante de alguno de los poderes supremos del Estado, en orden a su ejercicio o a las relaciones con los demás poderes.

Superávit: Exceso del haber sobre el debe de una cuenta. Ganancia.

Para observar

La moda

• La reducida clase acomodada porfirista viajaba a Europa, jugaba al polo, asistía a la ópera y a elegantes restaurantes, y vestía al estilo de la moda francesa. Casi todas las familias de la élite leían periódicos importados, como *La Moda Elegante*, que dictaban los cánones a seguir en el "buen vestir".

Actualmente la moda se extiende a sectores sociales más amplios. Observa las fotografías y compara la moda porfiriana con la actual. Contesta en tu cuaderno:

¿De qué manera la forma de vestir se adapta a las condiciones y dinámicas de la vida cotidiana de cada época?

El centenario de la independencia

• En septiembre de 1910, el presidente Díaz celebró el centenario de la independencia de México con grandes festividades: desfiles, banquetes, bailes, conciertos, a las que fueron invitadas personalidades extranjeras así como porfiristas prominentes.

¿Qué grupos sociales se distinguen en las fotografías?

¿Al observarlas pensarías que dos meses después estallaría una revolución armada? Argumenta tu respuesta.

Para saber más

Durante el siglo XIX se dieron, en Europa y los Estados Unidos, una serie de descubrimientos e inventos que cambiaron radicalmente las actividades del ser humano y su forma de vida. Pronto llegaron a México. Hoy son tan cotidianos que ya no nos cuestionamos de dónde surgieron o cómo sería nuestra vida sin ellos. Algunos de los inventos más importantes son:

1825 fotografía

1830 máquina de coser

1844 telégrafo

1863 pasteurización

1866 dinamita

1867 frigorífico

1876 teléfono

1880 máquina de escribir

1888 neumático

1890 telégrafo inalámbrico

1895 cinematógrafo

1897 motor diesel

1901 primera transfusión de sangre

1903 vuelo de los hermanos Wright

1903 primer automóvil de Henry Ford

Elige uno de los inventos o descubrimientos científicos de la lista anterior e investiga su historia y cómo ha sido su desarrollo hasta nuestros días.

Para relacionar

Investiga los oficios o actividades a que se dedicaron los siguientes personajes del Porfiriato y relaciona las columnas:

Julio Ruelas	escultor
Jesús Arriaga (Chucho el Roto)	torero
Manuel Gutiérrez Nájera	pintor
Rodolfo Gaona	bandolero social
Juventino Rosas	corista
Jesús F. Contreras	escritor
Enrique Rébsamen	músico
María Conesa	educador

Analiza un pensamiento

Justo Sierra, hablando de la historia de México, dijo:

"La independencia dio vida a nuestra personalidad nacional, la reforma dio vida a nuestra personalidad social y la paz (porfiriana) dio vida a nuestra personalidad internacional, son ellas las tres etapas de nuestra evolución total".

En tu cuaderno contesta:

- ¿Quién fue Justo Sierra?

- ¿A qué se refiere Sierra al hablar de "personalidad nacional", "personalidad social" y "personalidad internacional"?

Héroe o villano

Existen personajes muy controvertidos en la historia de México. Dependiendo de quién escriba, son considerados héroes o villanos.

- Discute con tus compañeros los aspectos positivos y negativos de la figura de Porfirio Díaz.

- Explica qué es una dictadura.

- ¿Tendrías el mismo concepto de la figura de Porfirio Díaz si hubiera dejado el poder diez años antes?

- En tu cuaderno haz un resumen de este periodo y escribe tu opinión personal acerca de Díaz y de su gobierno.

PORFIRIATO — EDAD CONTEMPORÁNEA

MÉXICO	AÑOS	EL MUNDO
Plan de Tuxtepec	1876	Invención del teléfono y del fonógrafo
Porfirio Díaz es electo presidente	1877	
Llegan a México el teléfono y el fonógrafo	1878	
	1879	Nace Albert Einstein
	1880	Dostoievsky publica *Los hermanos Karamazov*
Manuel González, presidente	1881	
Inicia alumbrado público eléctrico en la ciudad de México	1882	Se descubre el bacilo de la tuberculosis
Díaz asume nuevamente la presidencia	1884	
	1885	Carlos Benz inventa el automóvil
	1887	Arthur Connan Doyle publica la primera aventura de Sherlock-Holmes
	1888	Rubén Darío Publica *Azul*
	1889	Construcción de la Torre Eiffel en París Brasil se convierte en República
Llegan primeras compañías petroleras extranjeras	1890	Nace Gabriela Mistral
	1891	José Martí publica *Versos sencillos*
	1892	Tchaikovsky compone el ballet *El cascanueces* Nace Alfonsina Storni y César Vallejo
	1895	Se inventa el cinematógrafo
Se introduce el cine	1896	Primeros juegos olímpicos modernos en Atenas, Grecia
	1897	
	1898	Independencia de Cuba
Los hermanos Flores Magón publican el periódico *Regeneración*	1900	
Fundación del Partido Liberal Mexicano	1901	
	1902	Nace Nicolás Guillén
	1903	Primer vuelo de avión de gasolina en los Estados Unidos Nace la República de Panamá
Huelgas de Cananea y Río Blanco	1906	
Entrevista Díaz-Cleelman	1907	Exposición de pintura cubista en París, Francia
Madero funda el Club Central Anti-reeleccionista Creación del Ateneo de la Juventud	1909	
Centenario de la Independencia Estalla la Revolución Mexicana	1910	Ampliación territorial de Brasil

1 *Claude Monet.* Impresión: *Sol naciente (1872). Este cuadro dio origen al nombre "impresionismo" que caracterizó un importante movimiento pictórico de finales del siglo* XIX. *En México un representante del impresionismo fue Joaquín Clausell.*

2 *Torre Eiffel, París, Francia. Construida para conmemorar el centenario de la Revolución Francesa. Durante el porfiriato predominó el estilo afrancesado y el uso del acero en las construcciones.*

3 *Auguste Renoir.* Baile en el moulin de la Galette. *La electricidad y otros inventos como el teléfono y el fonógrafo, cambiaron las costumbres. En México, durante el porfiriato se bailaba el vals a la luz de las farolas eléctricas.*

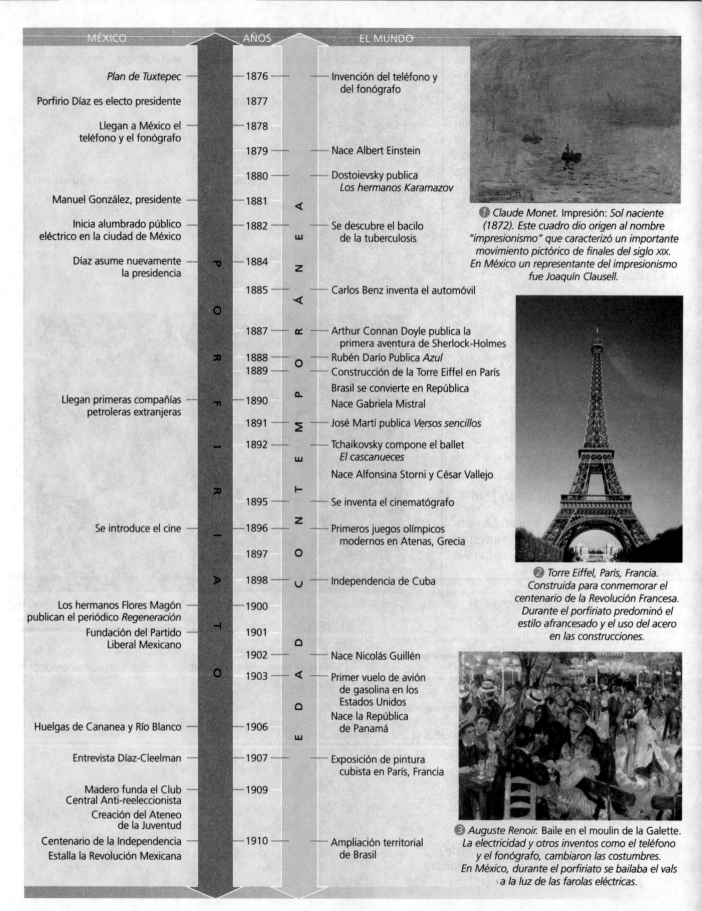

COLONIAS EN LUGAR DE BARRIOS

Durante el Porfiriato se pensaba que la capital lo era todo. En la segunda mitad del siglo XIX se llamaba "colonias" tanto a los grupos de extranjeros que vivían en la ciudad de México como a los terrenos, cada vez más poblados, que estaban situados en la periferia de la ciudad. Poco a poco a todos los barrios de la ciudad también se les comenzó a llamar "colonias". Las colonias más representativas del Porfiriato son la Juárez, la Roma y la San Rafael.

A principios del siglo XX comenzaron a fraccionarse y venderse en lotes los terrenos de lo que sería la colonia Roma.

DESENTERRANDO EL PASADO

Nuestro pasado prehispánico estuvo oculto por muchos siglos y no fue sino hasta el porfiriato que se comenzaron a hacer excavaciones en sitios arqueológicos para desenterrar ese pasado.

Leopoldo Batres, considerado por muchos como el primer arqueólogo mexicano, comenzó a trabajar en Teotihuacan en 1905, y en seis años rescató los más importantes monumentos de dicho centro arqueológico. También realizó excavaciones en Mitla, Monte Albán y Xochicalco. Estos trabajos recibieron todo el apoyo y los recursos del gobierno porfirista, pues se pretendía que los resultados fueran inscritos en el marco de las celebraciones del centenario de la Independencia.

La Calle de los Muertos y la pirámide de la Luna en Teotihuacan, hacia 1905.

ALGO DE DEPORTES

Porfirio Díaz practicaba gimnasia con mucha disciplina.

Durante su gobierno se fomentaron los deportes, principalmente la esgrima, el beisbol y el box, este último no era bien visto por la sociedad; asimismo surgieron los primeros gimnasios, tan de moda hoy en día.

El futbol también comenzó a jugarse hacia finales del siglo XIX. Este deporte llegó a México con los ingleses que vinieron al país a trabajar en las minas y las nuevas industrias. En sus tiempos libres los extranjeros y mexicanos se echaban, como decimos hoy, su "cascarita", y muy pronto este deporte alcanzó una gran popularidad. En 1900, operarios ingleses de las minas de

Gimnasio de la época porfirista.

Pachuca y Real del Monte formaron el primer equipo organizado de futbol, el *Pachuca Athletic Club*.

Hoy es considerado el deporte nacional y se juega en todo lugar donde haya espacio y un balón.

ETERNO PROBLEMA EN LAS CIUDADES

Como el nivel del lago de Texcoco era más alto que el de la ciudad de México, frecuentemente se inundaban las calles; por ello existía el oficio de "cargador" que consistía en cargar a las personas y llevarlas de un lugar a otro para que no se mojaran.

Se dice que uno de los mayores éxitos del porfirismo fue la construcción del desagüe de la ciudad de México; se instalaron las primeras bombas para desalojar aguas pluviales y se inauguró el sistema de alcantarillado.

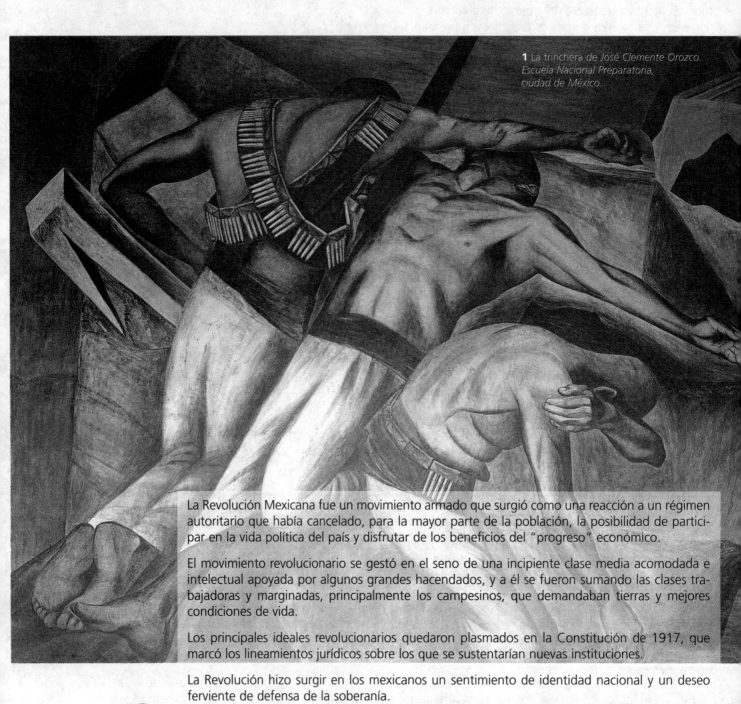

1 La trinchera de José Clemente Orozco. *Escuela Nacional Preparatoria, ciudad de México.*

La Revolución Mexicana fue un movimiento armado que surgió como una reacción a un régimen autoritario que había cancelado, para la mayor parte de la población, la posibilidad de participar en la vida política del país y disfrutar de los beneficios del "progreso" económico.

El movimiento revolucionario se gestó en el seno de una incipiente clase media acomodada e intelectual apoyada por algunos grandes hacendados, y a él se fueron sumando las clases trabajadoras y marginadas, principalmente los campesinos, que demandaban tierras y mejores condiciones de vida.

Los principales ideales revolucionarios quedaron plasmados en la Constitución de 1917, que marcó los lineamientos jurídicos sobre los que se sustentarían nuevas instituciones.

La Revolución hizo surgir en los mexicanos un sentimiento de identidad nacional y un deseo ferviente de defensa de la soberanía.

Como dijo Octavio Paz en *El laberinto de la soledad*: "la Revolución es una súbita inmersión [del mexicano] en su propio ser. De su fondo y entraña extrae, casi a ciegas, los fundamentos del nuevo Estado".

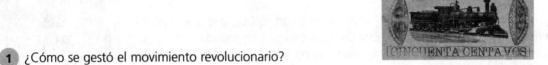

Punto de partida

1 ¿Cómo se gestó el movimiento revolucionario?

2 ¿Qué problemas enfrentó Madero?

3 ¿Por qué Victoriano Huerta traicionó a Madero?

4 ¿Qué provocó la división entre las facciones revolucionarias?

5 ¿Por qué fue necesario hacer una nueva Constitución?

6 ¿Por qué Carranza no terminó su periodo presidencial?

7 ¿Cómo centralizaron el poder Obregón y Calles?

8 ¿Qué medidas tomó Cárdenas para hacer cumplir la Constitución de 1917?

9 ¿Cómo desterrar el analfabetismo?

El fin de la dictadura

Durante los últimos años del Porfiriato se agravaron las condiciones que darían fin al régimen. La mayoría de los sectores sociales del país estaban incómodos con la situación política, económica y social imperantes. Como señala el historiador Luis González, "la dictadura cerró el paso al poder a las nuevas generaciones y produjo con ese cierre la violencia que habría de destruirla".

En 1908, durante la entrevista Díaz-Creelman, el presidente Porfirio Díaz dijo que México se encontraba maduro para la **democracia**. Esta declaración fue interpretada como una autorización del gobierno porfirista para la formación de partidos y grupos políticos que pudieran enfrentarse contra su régimen.

1 Por todo el país cundió el movimiento anti-reeleccionista.

Francisco I. Madero

En este contexto, Francisco I. Madero, un acaudalado hacendado de Coahuila que había estudiado en Europa y Estados Unidos, proclamaba en su libro *La sucesión presidencial en 1910* la necesidad de la formación de organizaciones políticas que contendieran en elecciones presidenciales libres. Aunque no proponía que Díaz dejase la presidencia, sí establecía la necesidad de nombrar un vicepresidente.

En 1909, se fundó el Club Central Anti-Reeleccionista cuyo lema era "Efectividad del **sufragio** y no-reelección". A éste se adhirieron pensadores como Filomeno Mata, José Vasconcelos, Emilio y Francisco Vázquez Gómez, Luis Cabrera y el propio Madero, entre otros, quienes emprendieron giras por todo el país para organizar clubes anti-reeleccionistas locales. Estos opositores publicaron un periódico, *El Anti-Reeleccionista*, que fue clausurado de inmediato.

En 1910, apoyado por el Club Central Anti-Relecionista, Madero se postuló como candidato a la presidencia con Francisco Vázquez Gómez como vicepresidente.

2 No se sabe con certeza si la I de Francisco I. Madero significa Ignacio, Indalecio o Inocencio.

La campaña presidencial de Madero

Madero recorrió diversas ciudades del país para difundir su programa llevando a cabo, por primera vez en la historia de México, una campaña electoral. La popularidad que ganó fue tan grande que el gobierno de Díaz, sintiéndolo como una amenaza, lo encarceló en San Luis Potosí. Mientras tanto, se preparaban los festejos del centenario de la independencia y México sería un escaparate para el mundo; había que mantener el país en orden. Con Madero en prisión, se llevaron a acabo las elecciones que "ganaron" nuevamente Porfirio Díaz y su candidato a la vicepresidencia Ramón Corral.

El Plan de San Luis

Madero logró huir de prisión hacia San Antonio, Texas. Allí sentó las bases ideológicas y militares de su lucha armada en un documento conocido como *Plan de San Luis*, en el que se desconocía el resultado de las elecciones y se hacía un llamado al pueblo de México para levantarse en armas contra la dictadura el 20 de noviembre de 1910; se proclamaba el principio del sufragio efectivo y la no reelección; se proponía como presidente interino a Madero, quien convocaría a nuevas elecciones, y se prometía a campesinos e indígenas el reparto de las tierras que les fueron arrebatadas durante el porfiriato.

3 Algunos grupos opositores fueron descubiertos antes del estallido revolucionario y acallados; tal fue el caso de Aquiles Serdán, asesinado en Puebla el 18 de noviembre de 1910.

Desde San Antonio se distribuyeron copias del Plan, las instrucciones militares y se consiguió financiamiento.

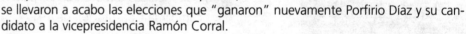

Cabalgando entre dos épocas

José Guadalupe Posada (1852-1913), don Lupe, como lo llamaba la gente, vivió en una época crucial para el país: fue testigo del cambio de siglo y del cambio que sufrió México durante los primeros años de la revolución.

Su obra gráfica nos narra los acontecimientos de la "paz porfiriana" y los primeros años de lucha armada, hasta 1913, año en que murió.

Hombre del pueblo, con gran imaginación hizo arte para el pueblo. En un país analfabeta, con sus grabados logró que el hombre común pudiera evocar íntegramente los hechos que él representaba. Todo lo que atañía al ser humano era digno de su atención. No buscó moralizar sino divertir.

Ilustró corridos, sucesos históricos, relatos para niños, libros de cocina, cartas de amor, asuntos religiosos, crímenes, desastres naturales, críticas al gobierno, etc. Retrató rostros conocidos y desconocidos de toda una época: desde el prominente político hasta el humilde trabajador de la clase obrera.

Nunca se sintió artista ni se imaginó que su obra alcanzaría el valor que tiene actualmente.

Realizó sus grabados en blanco y negro utilizando todos los matices intermedios. Lo más conocido de su arte son las calaveras burlonas, que cobraron vida en sus manos, divirtiendo a la vez que hacían crítica mordaz de su momento.

Observa, investiga y dibuja

Realiza las siguientes actividades:

1. Observa con atención los grabados de Posada y la lista de títulos que aparece aquí. Relaciona cada grabado con el nombre que le corresponda y explica qué elementos del grabado consideraste para sugerir cada título.

   – Manifestaciones anti-reeleccionistas
   – Calavera de un revolucionario zapatista
   – Los atropellamientos eléctricos
   – Calavera revolucionaria
   – Ilustración del cuento "El vendedor de juguetes"

2. Investiga la biografía de José Guadalupe Posada y haz un resumen de media página en tu libreta.

3. Los grabados de Posada son una crónica de la época y estaban dirigidos a un pueblo analfabeta. Elige alguno de los dibujos que aparecen en esta página y escribe un relato del acontecimiento que Posada narra de manera gráfica.

4. ¿Cuáles de las caricaturas reflejan las demandas del Plan de San Luis? Argumenta tu respuesta.

Las primeras campañas militares

De noviembre de 1910 a mayo de 1911, respondiendo al llamado del *Plan de San Luis*, diversos grupos se levantaron en armas, en Chihuahua, Durango y Coahuila; después el movimiento se extendió a Morelos, Veracruz, Guerrero, Hidalgo, Tlaxcala, Tabasco, Yucatán y poco a poco la rebelión se extendió al resto del país.

En Chihuahua el comandante de las fuerzas maderistas, Pascual Orozco junto con Francisco Villa (Doroteo Arango), tomaron Ciudad Juárez. A los pocos días los campesinos del estado de Morelos, encabezados por Emiliano Zapata, tomaron Cuautla.

La renuncia de Porfirio Díaz

A finales de mayo de 1911, los representantes de Díaz firmaron con Madero un documento llamado los *Tratados de Ciudad Juárez*, en virtud del cual renunciaban Porfirio Díaz y su gabinete. A cargo de la presidencia quedó el porfirista Francisco León de la Barra secretario de Relaciones Exteriores, quien se comprometió a convocar a elecciones.

Díaz se fue a París, donde vivió sus últimos años. Murió en el exilio en 1915.

Madero, presidente

En octubre de 1911 se llevaron a cabo las nuevas elecciones y Madero obtuvo el triunfo por aplastante mayoría. Como vicepresidente quedó José María Pino Suárez.

1 *Mural de Juan O'Gorman que representa la entrada victoriosa de Madero a la ciudad de México.*

Madero intentó conciliar los intereses de los grupos en pugna para mantener la estabilidad y devolver la paz al país. Sin embargo, a pesar de sus intenciones, fue incapaz de encarar las demandas obreras de mejores condiciones de trabajo y de devolver las tierras a los indígenas y campesinos despojados durante el porfiriato.

Como respuesta, los revolucionarios Pascual Orozco, Emilio Vázquez Gómez y Emiliano Zapata se levantaron en su contra porque consideraban que Madero había traicionado los principios del reparto agrario propuestos en el *Plan de San Luis*.

También combatieron contra Madero los generales porfiristas Bernardo Reyes y Félix Díaz (sobrino de don Porfirio) en un intento por recuperar las condiciones de privilegio que habían perdido, pero fracasaron y fueron hechos prisioneros.

En Baja California, Ricardo Flores Magón y un grupo de simpatizantes intentaron crear una sociedad **anarquista**, pero fueron reprimidos y acusados de querer independizar a la península.

Los movimientos antimaderistas

Zapata fue el primero en rebelarse contra el presidente, desconociéndolo expresamente en noviembre de 1911 mediante el documento conocido como *Plan de Ayala*. En él se proponía poner en la presidencia a Pascual Orozco y, en su ausencia, a Emiliano Zapata; exigía el cumplimiento de la restitución de propiedades agrarias prometido en el *Plan de San Luis* y proponía la expropiación de haciendas así como la nacionalización de terrenos agrícolas para formar **ejidos** y fincas rústicas que se repartirían a los campesinos.

Pascual Orozco también desconoció a Madero en marzo de 1912 en el *Pacto de la Empacadora*.

El anhelo de estos grupos por mejorar las condiciones de los trabajadores dio lugar a la formación de dos organizaciones muy importantes: la Confederación de Círculos Obreros Católicos y la Casa del Obrero Mundial (COM).

2 *Pascual Orozco exigía mejoras para los trabajadores mexicanos como la desaparición de las tiendas de raya en las haciendas y la sustitución en la industria de empleados extranjeros por mexicanos.*

El poder de la risa

Después de la censura rígida y autoritaria del Porfiriato sobre los medios de comunicación impresos, Madero promovió la libertad de prensa. Con ello, el periodismo político alcanzó gran fuerza.

Los periódicos especializados en caricatura, entre los que destacaron *La Risa*, *Multicolor*, *La Guacamaya*, *Las Actualidades*, *Ypiranga*, *Tilín-Tilín* y *El Ahuizote*, influyeron de manera importante en la opinión pública pues impactaban a gran parte de la población, incluso a la analfabeta.

La proliferación de diversos géneros periodísticos de crítica política tuvo un efecto catastrófico para el régimen maderista pues ponían énfasis en los errores de su gobierno.

Observa e interpreta

1. Analiza detenidamente los elementos y los personajes que aparecen en la caricatura de la izquierda y comenta con el grupo el significado político de cada uno de ellos y el papel que juegan dentro del contexto de la caricatura. Escribe en tu libreta el resultado de tu interpretación.

2. Busca en un periódico actual una caricatura política y analiza si la intención crítica es similar a la de 1911.

3. En la caricatura de la derecha, se han modificado diez detalles. Busca las diferencias y encuéntralos.

Importancia de la observación

La observación es parte fundamental del conocimiento científico. Las ciencias sociales, como la historia, también se sirven de la observación para su estudio y comprensión.

La investigación histórica se parece a la investigación detectivesca en que hay que encontrar las pistas ocultas en los detalles más insignificantes para ir desenredando la madeja de los hechos. Una frase en un libro, un detalle en un edificio, un montículo de tierra, nos pueden despertar el apetito de la curiosidad y motivarnos a investigar y descubrir quién sabe qué maravillas.

La decena trágica

Del 9 al 18 de febrero de 1913 una facción del ejército federal dio un golpe militar en la ciudad de México. Madero encargó a su general Victoriano Huerta que controlara el levantamiento y durante diez días combatieron ambas fuerzas. A este episodio se le conoce como la *decena trágica*.

Sin embargo Huerta, ávido de poder, traicionó al presidente pues pactó con los sublevados la destitución de éste. Así, Madero y Pino Suárez fueron hechos prisioneros por órdenes suyas, obligados a renunciar y poco después asesinados.

En la embajada de los Estados Unidos en México, con la anuencia del embajador estadounidense Henry Lane Wilson, los golpistas y Huerta acordaron que este último asumiera provisionalmente la presidencia y convocara a elecciones, cosa que no hizo nunca.

El gobierno usurpador

Cuando Victoriano Huerta asumió la presidencia todos los estados de la República, excepto Sonora y Coahuila reconocieron su gobierno.

Desde el principio Huerta intentó reconciliarse con los grupos levantados en armas y obtuvo el apoyo del general Pascual Orozco. Zapata a su vez modificó el *Plan de Ayala* para desconocer a Orozco como su aliado y se erigió en jefe del movimiento revolucionario del sur para luchar contra Huerta.

El presidente inició ciertas medidas de carácter social que beneficiaban a las clases trabajadoras, para ganar su simpatía; pero, por otro lado militarizó los estados, canceló la libertad de prensa y reprimió cualquier intento de crítica en su contra.

Venustiano Carranza y el Plan de Guadalupe

El gobernador de Coahuila, Venustiano Carranza, se sublevó contra el usurpador exigiéndole el apego legal a la Constitución de 1857. Carranza lanzó el *Plan de Guadalupe* en el que se proclamaba Primer Jefe del Ejército Constitucionalista y desconocía a los gobernadores que no lo apoyaran.

Los revolucionarios de Sonora, Chihuahua y Coahuila que reconocieron el *Plan de Guadalupe* formaron tres grandes ejércitos en el norte del país: Francisco Villa formó la División del Norte y a él se unió el general Felipe Ángeles. El general Pablo González comandó el ejército del Noreste, y los generales Álvaro Obregón, Plutarco Elías Calles y Adolfo de la Huerta (a quienes se llamaba el "trío sonorense"), comandaron el ejército del Noroeste.

Los tres ejércitos constitucionalistas fueron ganando terreno a los huertistas y avanzando hacia el centro del país. Finalmente se encontraron en Querétaro.

1 *Venustiano Carranza. Obra que se encuentra en el Castillo de Chapultepec.*

Por su parte Zapata, al frente del ejército Libertador del Sur, combatió al gobierno de Huerta en Morelos y pronto dominó parte del centro del país.

En julio de 1914, incapaz de controlar la situación, Huerta abandonó la presidencia que quedó en manos, interinamente, de Venustiano Carranza. Este hecho marcó el triunfo del constitucionalismo.

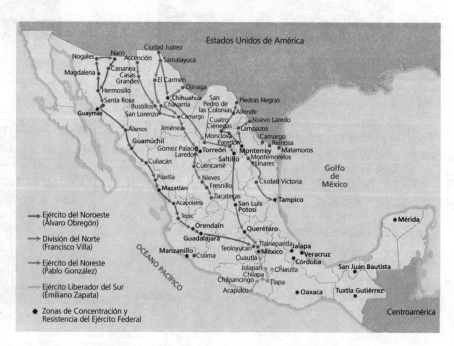

2 *Avance de los ejércitos constitucionalistas de Obregón, Villa, Pablo González y del ejército de Emiliano Zapata.*

La decena trágica vista por el embajador japonés

La rebelión de Fernando Díaz y Bernardo Reyes convirtió a la ciudad de México en un campo de batalla por diez trágicos días, que terminaron con la traición de Huerta al gobierno de Madero y el asesinato del primer presidente revolucionario. El Ministro japonés, cuya legación [representación diplomática] proporcionó refugio a la familia de Madero, escribió este diario:

3 *Llegada de Madero a Palacio Nacional. El general Lauro Villar, que había defendido el Palacio Nacional, resultó herido en los primeros combates por lo que Madero nombró a Victoriano Huerta jefe de la defensa de la Plaza.*

El 9 de febrero de 1913, era domingo; un día primaveral y espléndido [...] A… las siete de la mañana se acercó a la Legación, un amigo… sorprendiéndome con la noticia de que el centro de la capital había sido teatro de acontecimientos de armas… Me dirigí, acompañado de mi esposa… al Castillo de Chapultepec donde… la Señora de Madero… nos contó que esa madrugada el Presidente había salido del Castillo a caballo, acompañado de unos cincuenta cadetes del Colegio Militar, dirigiéndose al centro de la ciudad… y que los rebeldes estaban ocupando desde esa madrugada el Palacio Nacional, el que fue recuperado más tarde por los leales… Después, cuando la Ciudadela pasó a poder de las fuerzas rebeldes, la ciudad de México se estremecía con el continuo cañoneo.

Lunes 10 de febrero. El Presidente Madero, que pasaba las noches en el Palacio Nacional, telefoneaba de vez en cuando a la Legación para enterarse del estado en que se encontraban sus familiares…

Martes 11 de febrero. [...] durante ocho horas, hubo terribles combates en las calles del centro […] Peleaban los rebeldes desde la Ciudadela y los leales, rodeándola por sus tres lados. Durante la noche […] El alumbrado público estaba completamente apagado; pocos transeúntes por las calles; de vez en cuando se oían disparos aislados de fusil.

Miércoles 12 de febrero. [...] El cañoneo era mucho más intenso que el día anterior […] Desde ayer se empezó a dejar sentir en la Legación la falta de comestibles…

Viernes 14 de febrero. [...] Las balas de las ametralladoras caían en una lluvia de hierro y fuego por toda la ciudad. Los bancos y el comercio en general llevaban cerrados ya cerca de una semana.

[...] Corrían rumores de que los muertos y heridos habían sido aproximadamente unos cinco mil, siendo el noventa por ciento de las víctimas, civiles no combatientes. Por las calles estaban tirados los cadáveres, y en el campo de Balbuena quemaban sin cesar con petróleo los que habían podido ser recogidos en la ciudad [...]

Al efectuar la incineración se producía un olor repugnante a carne chamuscada

Martes 18 de febrero. Durante toda la mañana se oyó el ruido del cañón, pero fue disminuyendo en intensidad hasta que cesó por completo… Extrañándome el porque la familia Madero había vuelto a la Legación les pregunté la causa a lo que me respondieron lo siguiente: "Que el general Victoriano Huerta, en quien el Presidente depositara toda su confianza se había pasado a los rebeldes durante la noche y que había hecho prisioneros al Presidente y a sus Ministros que se encontraban en el Palacio Nacional, donde los tenían detenidos…"

ERNESTO DE LA TORRE VILLAR *et al. Historia Documental de México*, t. II, UNAM, México, 1964.

Lee, reflexiona, investiga y actúa

1 ¿Qué tan confiable es un diario personal como documento histórico? ¿Qué datos históricos te proporciona este fragmento del diario?

2 Investiga por qué y bajo qué circunstancias las embajadas y consulados pueden ofrecer asilo político y protección.

3 ¿Cómo crees que afectaron los acontecimientos de la *decena trágica* a la población civil?

4 Con tu equipo elabora un guión ilustrado, para una pequeña representación teatral sobre la decena trágica y la traición de Huerta. Ensáyala y preséntala al resto del grupo.

Villistas, zapatistas y carrancistas

Una vez derrotado Victoriano Huerta, los ejércitos revolucionarios entraron en conflicto pues cada uno representaba los intereses de distintos sectores sociales en diferentes regiones del país.

Villa y Zapata coincidían en exigir demandas populares como el reparto agrario y mejoras a los trabajadores de las minas, a los peones y jornaleros. Sin embargo los ejércitos de ambos **caudillos** operaban con diferentes estrategias y estaban conformados por cuadrillas muy distintas.

Las huestes villistas, formadas por diversas personas del campo y la ciudad, bandoleros, desempleados, mineros, campesinos y obreros, eran verdaderos regimientos de a caballo que atacaban por sorpresa, robaban o destruían las haciendas para comprar armas y dividirse las tierras.

1 *Villa y Zapata en Palacio Nacional. Los zapatistas, cuyo lema era "tierra y libertad", tenían el apoyo de intelectuales como Soto y Gama que les ayudaron a redactar leyes agrarias.*

El ejército zapatista, estaba constituido principalmente por campesinos que, paralelamente a la lucha armada, debían atender sus cultivos. Su objetivo principal era el reparto agrario y el control del agua y su estrategia militar fue la guerrilla.

Los carrancistas, por su parte, representaban los anhelos de terratenientes mexicanos y de grupos medios (pequeños hacendados, maestros, profesionistas y técnicos) que luchaban principalmente por cambios políticos que les dieran participación directa en el gobierno para así lograr las condiciones que les permitieran mayor prosperidad en sus actividades; estaban dirigidos por militares de carrera dispuestos a escuchar las demandas de las clases populares.

La Convención de Aguascalientes

2 *Bandera de un batallón del Ejército Constitucionalista.*

Para buscar acuerdos entre los grupos revolucionarios, se convocó a una convención que se realizó en octubre de 1914 en la ciudad de Aguascalientes. En ella participaron villistas, zapatistas y algunos carrancistas. Las **facciones** revolucionarias, lejos de reconciliarse, aumentaron sus diferencias.

La Convención adoptó el *Plan de Ayala* pero pidió el cese de Carranza como jefe del poder ejecutivo y del ejército Constitucionalista al tiempo que se nombró al gobernador de San Luis Potosí, Eulalio Gutiérrez, presidente interino de la República.

Carranza tuvo que abandonar la ciudad de México para establecer su gobierno en Veracruz, puerto estratégico desde el que se podía pertrechar y controlar los ferrocarriles, la aduana y los recursos petroleros.

Mientras tanto, los ejércitos de Villa y Zapata entraron en la ciudad de México y apoyaron al presidente Gutiérrez. También pactaron entre ellos una alianza militar que no cumplieron: los villistas se comprometían a aprovisionar de armas a los zapatistas y éstos a prestar apoyo militar a Villa cuando lo solicitara.

Carranza comisionó a Obregón para acabar con el "Centauro del Norte" y a Pablo González para someter al jefe del ejército Libertador del Sur. La ruptura entre Villa y Zapata facilitó a los carrancistas la tarea de debilitarlos.

En agosto de 1915, las tropas carrancistas al mando de González recuperaron la ciudad de México y la fuerza de los ejércitos de Villa y Zapata fue mermada. El carrancismo había triunfado.

Petróleo: Producción, exportación e impuestos pagados, 1914-1917

Años	Barriles producidos	Relación con producción mundial	Barriles exportados	Pesos oro nacional en impuestos pagados
1914	26 235 403	6.50%	23 365 513	1 234 000.00
1915	32 910 508	7.69%	24 769 333	1 943 000.00
1916	40 545 712	8.82%	27 268 749	3 088 000.00
1917	55 292 770	10.87%	46 023 740	7 553 000.00
Total:				13 818 000.00

3 *Al estallar la Primera Guerra Mundial en 1914, Estados Unidos apoyó a Carranza para garantizar el abastecimiento de petróleo para su país. La producción del energético aumentó notablemente.*

♫ Voy a cantarles un corrido muy mentado... ♫

El corrido mexicano tuvo su origen en el romance español, cantado por juglares y trovadores, y llegó a Nueva España con la Conquista.

Se mezcló con los cantares prehispánicos y con el tiempo adquirió carácter único transformándose en el popular corrido que hoy conocemos.

Durante la época del movimiento revolucionario este tipo de narración floreció más que en otras épocas y se convirtió en la voz del pueblo.

Los cantadores, que podían ser los propios soldados acompañados por sus guitarras, narraban lo que para ellos era significativo: la importancia del ferrocarril, las batallas ganadas, la toma de ciudades, las acciones heroicas, la vida de personajes conocidos y la de muchos otros que hubieran quedado en el olvido si no fuera por estas canciones.

4 *Un editor de la época que ayudó a la difusión de este género fue Vanegas Arroyo quien vendía a precios moderados hojas de papel de china de todos colores con las letras de los corridos ilustradas con grabados de Guadalupe Posada.*

Muchos de los corridos son anónimos y su ritmo es, por lo general, de tres tiempos: "chun-ta-ta, chun-ta-ta". Puede ser lento o moderado, pero nunca rápido ya que lo importante del corrido es la letra.

Los corridos son un testimonio musical de lo que significó el movimiento revolucionario, con sus luchas y sus héroes, sus tristezas y alegrías, victorias y derrotas para el pueblo mexicano.

La Toma de Zacatecas

El veintitrés de junio
hablo con los demás presentes,
fue tomada Zacatecas
por las tropas insurgentes.

Ya tenían algunos días
que se andaban agarrando
cuando llegó Pancho Villa
a ver qué estaba pasando.

Las órdenes que dio Villa
a todos en formación
para empezar el combate
al disparo de un cañón.

Al disparo de un cañón
como lo tenían acordado
empezó duro el combate
del lado derecho e izquierdo.
Le tocó atacar La Ahuja
a Villa, Urbina y Natera,
por ahí tenía que verse
lo bueno de su bandera.

Las calles de Zacatecas
de muertos ya tapizadas,
lo mismo estaban los cerros
por el fuego de granadas.

¡Ay! hermoso Zacatecas,
mira cómo te han dejado
la causa fue el viejo Huerta
y tanto rico hacendado.

Ahora sí, borracho Huerta,
harás las patas más chuecas
al saber que Pancho Villa
ha tomado Zacatecas.

Cancionero popular Mexicano,
t. I, selección, recopilación
y textos de
Mario Kuri-Aldana y
Vicente Mendoza
Martínez, Conaculta,
México, 2001.

Lee, analiza e investiga

Si escuchas con atención un corrido, podrás aprender muchas cosas. Generalmente narran sucesos reales, sin embargo debes estar consciente de que no todos los datos que se mencionan en ellos son completamente ciertos, ya que contienen grandes dosis de imaginación, exageración y subjetividad.

1 Analiza con cuidado el corrido anterior. Encuentra en él los siguientes datos y escríbelos en tu cuaderno: fecha del suceso, lugar en que se desarrolla, tipo de acontecimiento, lista de personajes mencionados, otros lugares citados, armamento, quién peleaba contra quién, quién defendía la ciudad y quién atacaba.

2 Indaga quiénes eran conocidos como "los dorados".

3 Investiga la biografía de alguno de los personajes que se mencionan en el corrido.

4 Pregunta a tus familiares o amigos qué corridos de la revolución conocen.

5 Narra en forma de corrido, junto con tus compañeros, algún acontecimiento reciente (investigando los detalles del suceso).

La crisis económica

Ante la inestable situación que vivía el país después de seis años de lucha armada, en 1916, Venustiano Carranza consideraba urgente resolver las crisis económica y política.

La revolución había afectado seriamente la vida económica del país: los ferrocarriles, que habían sido un medio de transporte vital durante la lucha armada, estaban destrozados; la agricultura y ganadería habían sufrido graves pérdidas; el sistema bancario se había derrumbado; las múltiples emisiones de billetes por los distintos grupos en pugna habían provocado caos e inflación; la incipiente industria sufría una grave recesión. Así, salvo la minería y el petróleo, favorecidos por la demanda extranjera debida a la Primera Guerra Mundial, la mayoría de los sectores de la economía habían sufrido un descenso en la producción.

La búsqueda de legitimidad política

La pugna política impedía que la economía se reactivara. El hecho de que Carranza hubiera calificado a su ejército como constitucionalista, denotaba una actitud de apego a la legalidad y un deseo de lograr la legitimidad a nivel nacional que contrastaba con los villistas y zapatistas cuyas aspiraciones tendían a ser regionales.

Don Venustiano buscaba formar una sólida base legal a través de una nueva Constitución, ya que la de 1857 resultaba **anacrónica** para gobernar un país donde se habían suscitado tantos cambios.

La Constitución de 1917

A partir de noviembre de 1916 se reunieron en la ciudad de Querétaro 219 diputados, todos ellos pertenecientes al movimiento constitucionalista, de los cuales un 88% eran profesionistas y el 12% restante, artesanos, obreros y campesinos.

Desde un principio se perfilaron dos grupos dentro del Congreso: los moderados eran los diputados de mayor confianza de Carranza; entre ellos estaban José Natividad Macías, Luis Manuel Rojas, Félix F. Palavicini y Alfonso Cravioto. Los radicales, formaban el ala progresista del constitucionalismo y simpatizaban con Álvaro Obregón; destacaban entre ellos Francisco J. Mújica, Heriberto Jara, Froylán Manjares y Luis G. Monzón.

Ambas facciones compartían ciertos principios ideológicos como el nacionalismo, el anticlericalismo y el antiimperialismo. Sin embargo el grupo radical desaprobaba el proyecto carrancista que pretendía fortalecer el poder ejecutivo sobre el legislativo y no incorporaba las

1 Solicitud de empleo para colaborar en el Congreso Constituyente como taquígrafo mecanógrafo.

principales demandas sociales por las que habían luchado los grupos revolucionarios, como el reparto agrario y las mejoras a las condiciones laborales de la clase obrera.

En los debates, los diputados radicales pugnaron por incorporar importantes reformas sociales que quedaron plasmadas en los artículos 27 y 123. Así, dieron origen a una Constitución liberal que por incluir, además de los derechos individuales, los sociales, fue en ese momento una de las más avanzadas del mundo.

El artículo 3o., referente a la educación, ocasionó uno de los debates más enconados y constituyó un punto de fricción con la Iglesia católica. En él quedó asentado que la educación debería ser laica; que la primaria debería ser obligatoria para todos los mexicanos y gratuita en los establecimientos oficiales y que las escuelas particulares deberían sujetarse a la vigilancia del Estado.

La nueva Constitución se promulgó el 5 de febrero de 1917.

2 Carranza en el Congreso Constituyente. Detalle del mural que se encuentra en el Museo Nacional de Historia en el Castillo de Chapultepec.

Los derechos sociales

El artículo 123 incluyó un conjunto de principios muy adelantados para la época con el fin de proteger a la clase trabajadora: jornada máxima de trabajo de ocho horas, descanso semanal, salario mínimo, participación de utilidades, protección de la mujer antes y después del parto, entre otros.

El artículo 27, por su parte, es considerado uno de los de mayor trascendencia, pues siendo México un país agrario los problemas relacionados con la tenencia de la tierra exigían una respuesta inmediata. En este artículo se puso de manifiesto el nacionalismo revolucionario al señalar que la propiedad de las tierras, aguas y subsuelo pertenecían a la nación, y se promovió el reparto agrario que era una de las demandas principales de la mayoría de los grupos revolucionarios.

Tanto en la Constitución de 1857 como en la de 1917 se estableció, en el artículo 27, todo lo relacionado con la tenencia de la tierra.

3 *Huelga de costureras. El derecho a huelga fue otro logro de la Constitución de 1917.*

Constitución de 1857

Art. 27. La propiedad de las personas no puede ser ocupada sin su consentimiento, sino por causa de utilidad pública y previa indemnización.[...]

Ninguna corporación civil [comunidades indígenas y grupos privados] ó eclesiástica, cualquiera que sea su carácter, denominación ú objeto, tendrá capacidad legal para adquirir en propiedad ó administrar por sí bienes raíces[...].

Constitución Federal de los Estados Unidos Mexicanos,
Imprenta del Gobierno, México, 1877.

Constitución de 1917

Art. 27. La propiedad de las tierras y aguas comprendidas dentro de los límites del territorio nacional, corresponde originalmente a la nación, la cual ha tenido y tiene el derecho de transmitir el dominio de ellas a los particulares, constituyendo la propiedad privada.

La expropiaciones sólo podrán hacerse por causa de utilidad pública y mediante indemnización; [...] La nación tendrá en todo tiempo el derecho de imponer a la propiedad privada las modalidades que dicte el interés público [...]

X. Los núcleos de población que carezcan de ejidos o que no puedan lograr su restitución por falta de títulos, por imposibilidad de identificarlos o porque legalmente hubieren sido enajenados, serán dotados con tierras u aguas suficientes para constituirlos, conforme a las necesidades de su población, sin que en ningún caso deje de concedérseles la extensión que necesiten, y al efecto se expropiará, por cuenta del gobierno federal, el terreno que baste a ese fin [...].

Constitución Política de los Estados Unidos Mexicanos,
Editorial Gupy S.A., México, 1983.

4 *La lucha de los campesinos fue por el reparto de tierras y aguas.*

Compara y analiza

1 ¿Por qué crees que fue necesario incluir en la Constitución un artículo como el 123? ¿Crees que en la actualidad se cumple el precepto constitucional que señala que *"para trabajo igual debe corresponder salario igual sin tener en cuenta sexo, ni nacionalidad"*, establecido en el artículo 123?

2 ¿Qué diferencias encuentras entre ambas constituciones respecto a la tenencia de la tierra?

3 ¿Qué diferencia hay entre ejido y propiedad privada?

Carranza, presidente constitucional

El prestigio que Carranza había alcanzado a través de la legalidad, sumado al apoyo del gobierno estadounidense que lo reconoció formalmente como candidato en febrero de 1917, hicieron que su elección como presidente estuviera asegurada.

El 1o. de mayo de ese año Carranza rindió protesta como presidente constitucional y ese día nuevamente se evidenció la división del grupo constitucionalista, al renunciar el general Obregón a la Secretaría de Guerra.

La pacificación del país

La tarea más urgente del nuevo gobierno fue pacificar al país ya que continuaban levantadas en armas numerosas facciones que seguían inconformes porque no habían sido escuchadas en sus demandas. La revolución no había logrado romper totalmente las estructuras sociales y económicas porfiristas. Para 1917 el país tenía cerca de 14 millones de habitantes (casi un millón murió durante la lucha armada) y la mayor parte vivía en condiciones de pobreza.

Carranza trató de someter a los grupos rebeldes por diferentes medios. El 10 de abril de 1919 Emiliano Zapata fue asesinado en la Hacienda de Chinameca, Morelos, por orden del gobierno carrancista.

Aplicación de la nueva Constitución

El presidente dio los primeros pasos para poner en práctica el artículo 27 constitucional. Para ello intentó cambiar los títulos de propiedad que tenían por concesiones las compañías petroleras extranjeras.

Sin embargo, por un lado postergó el compromiso constitucional con campesinos y obreros. Apoyó a los pequeños propietarios y respetó a los grandes terratenientes. Por otro trató de mantener a los obreros bajo control mediante la formación de la Confederación Regional Obrera Mexicana (CROM), dirigida por el líder Luis N. Morones.

1 *Campesino. Zapata murió sabiendo que no se había hecho justicia a los campesinos. En una carta escrita en 1919, le reclamaba a Carranza: [...] los pueblos [han sido] burlados en sus esperanzas. Ni los ejidos se devuelven a los pueblos, que en su inmensa mayoría continúan despojados; ni las tierras se reparten entre la gente de trabajo, entre los campesinos pobres[...].*

La derrota de Carranza

A finales de 1918 algunos partidos políticos postularon a Obregón para el periodo presidencial que iniciaría en 1920. El general sonorense contaba con el apoyo de la mayoría de los militares de prestigio, gobernadores, congresistas y obreros organizados, mientras que Carranza perdía cada día más popularidad. Los revolucionarios más radicales señalaban que con Carranza la revolución estaba zozobrando.

El Plan de Agua Prieta

En abril de 1919, obregonistas importantes como Plutarco Elías Calles y Adolfo de la Huerta proclamaron el *Plan de Agua Prieta*, en el que se acusaba a Carranza de traicionar los principios de la revolución. Este movimiento rebelde fue secundado en todo el país.

2 *Durante este periodo se formaron varios partidos políticos, que en la mayoría de los casos funcionaban como instrumento de los principales caudillos revolucionarios. Entre ellos destacaron el Partido Liberal Constitucionalista, PLC, (obregonista), el Partido Nacional Democrático, PND, (carrancista) y el Partido Nacional Socialista, PNS, que en 1919 cambió a Partido Comunista Mexicano, PCM.*

Carranza salió precipitadamente de la capital para establecer su gobierno en Veracruz, pero fue asesinado por órdenes de Obregón en Tlaxcalantongo, Puebla, el 21 de mayo de 1920.

El día anterior, en sesión secreta del Senado, se eligió a Adolfo de la Huerta como presidente provisional de México.

De la Huerta gobernó hasta el 30 de noviembre de ese año intentando reorganizar el gobierno y restablecer la paz. Llegó a un acuerdo con Villa y sus "dorados" mediante el cual éstos dejaron las armas a cambio de ciertas concesiones económicas. El presidente también convocó a elecciones.

Las relaciones con el exterior

Desde que se inició la revolución, las relaciones con los Estados Unidos se centraron en dos exigencias: la protección a los ciudadanos e inversionistas de ese país en México (especialmente a los de las industrias petrolera y minera) y la salvaguarda de la frontera.

El gobierno estadounidense de William H. Taft reconoció al de Madero pero las relaciones entre ambos países fueron tensas y el embajador Henry Lane Wilson apoyó a Victoriano Huerta. Sin embargo el gobierno estadounidense nunca reconoció la legitimidad del usurpador.

3 *Los periódicos mexicanos repudiaron la política intervencionista de los Estados Unidos.*

En 1915 el presidente Woodrow Wilson reconoció a Carranza, lo que molestó a Villa quien atacó el pequeño poblado norteamericano de Columbus en 1916, ocasionando que ese país enviara fuerzas militares a territorio mexicano para buscar al revolucionario norteño. Carranza protestó enérgicamente frente al gobierno estadounidense y éste retiró sus tropas porque ya veía la posibilidad de participar en la Primera Guerra Mundial a favor de los aliados.

4 *Las fuerzas villistas incendiaron el poblado de Columbus.*

Alemania, temerosa de que los Estados Unidos entrara en la contienda como oponente, intentó establecer una alianza con Carranza enviándole un telegrama (telegrama Zimmerman), en el cual solicitaba la alianza de México a cambio de apoyo para reconquistar los territorios perdidos en 1847 si Alemania ganaba la guerra. Carranza no aceptó la propuesta.

Otro punto de conflicto del gobierno mexicano con el exterior, surgió cuando Carranza intentó poner en práctica el artículo 27 en lo referente a la cuestión petrolera, aumentando impuestos a las compañías extranjeras y cambiando sus títulos de propiedad por concesiones temporales. Estas medidas ocasionaron protestas y presiones por parte del gobierno estadounidense e impidieron a Carranza aplicarlas.

Sin embargo, el presidente marcó los nuevos lineamientos en materia de política exterior en la llamada *Doctrina Carranza*.

Doctrina Carranza

Las ideas directrices de la política internacional son pocas, claras y sencillas. Se reducen a proclamar:

Que todos los países son iguales; deben respetar mutua y escrupulosamente sus instituciones, sus leyes y su soberanía;

Que ningún país debe intervenir en ninguna forma y por ningún motivo en los asuntos interiores de otro. Todos deben someterse estrictamente y sin excepciones al principio universal de no intervención;

Que ningún individuo debe pretender una situación mejor que la de los ciudadanos del país a donde va establecerse, ni hacer de su calidad de extranjero un título de protección y de privilegio. Nacionales y extranjeros deben ser iguales ante la Soberanía del País en que se encuentran, y finalmente:

Que las legislaciones deben ser uniformes e iguales en lo posible, sin establecer distinciones por causa de nacionalidad, excepto en lo referente al ejercicio de la soberanía.[...]

La diplomacia debe velar por los intereses generales de la civilización y por el establecimiento de la confraternidad universal.

en: ALEJANDRA LAJOUS, coordinadora,
Manual de Historia del México Contemporáneo (1917-1940),
Instituto de Investigaciones Históricas UNAM, México, 1988.

¿Sabías que en 1930, se formuló la *Doctrina Estrada?* Ésta planteaba evitar que los países condicionaran el reconocimiento de sus actos a la aceptación de otros gobiernos porque ello implicaba una forma de intervencionismo. Los principios de la *Doctrina Estrada* han determinado la política exterior de México.

Lee y reflexiona

1. Compara los lineamientos generales de la política exterior de Porfirio Díaz con los de la *Doctrina Carranza.*

2. ¿Qué principios de la *Doctrina Carranza* prevalecen actualmente en nuestra política exterior?

Alianzas de Obregón con campesinos y obreros

En las elecciones de 1920 resultó triunfador el general Álvaro Obregón. Su principal fuerza se centró en los militares a los que trató de disciplinar y mantener bajo su control. Trató de pacificar al país sometiendo a los grupos que continuaban levantados en armas.

En el aspecto agrario Obregón actuó con reservas. Fomentó la creación de la pequeña y mediana propiedad pues consideraba que ésta contribuiría a la pacificación en el campo. En cuanto al reparto, sólo admitió el fraccionamiento de los latifundios en el caso de que el propietario no cultivara sus tierras o lo hiciera de manera ineficiente.

También intentó mantener bajo control a la clase obrera a través de la CROM, la organización laboral más poderosa.

Durante el gobierno de Obregón se realizó una intensa campaña educativa en todo el país, promovida por José Vasconcelos ministro de educación. La intención era elevar el nivel cultural del pueblo de México y fomentar el nacionalismo a través del conocimiento y el arte.

1 *Adolfo de la Huerta terminó su periodo presidencial el 30 de noviembre de 1920. A partir de este momento, y hasta la fecha, los presidentes de México toman posesión de su cargo el día 1o. de diciembre. Fragmento del mural de Castellanos en el restaurante Prendes de la ciudad de México.*

Los Tratados de Bucareli

El gobierno de los Estados Unidos negó en un principio el reconocimiento al general Obregón señalando que era un gobierno ilegal porque había surgido de un movimiento armado (el de Agua Prieta). Mediante la presión diplomática el vecino país pretendía que se **derogaran** los artículos 27 y 123 de la Cons-

titución, que afectaban los intereses de sus conciudadanos. Después de varios movimientos de "estira y afloja", en agosto de 1923 el gobierno de los Estados Unidos reconoció el de Obregón mediante los *Tratados de Bucareli*, según los cuales el gobierno mexicano aceptaba que el artículo 27 no tendría efectos retroactivos y no serían afectados los derechos de los estadounidenses obtenidos antes de 1917. México se comprometía también a pagar indemnizaciones por las expropiaciones de tierras que se hicieran, a no afectar los intereses de las compañías petroleras norteamericanas y a resarcir los daños causados a los extranjeros por la revolución.

2 *El general Obregón perdió el brazo derecho en una batalla contra Pancho Villa, cerca de León, Guanajuato.*

El reconocimiento a Obregón llegó de manera oportuna pues se inició una nueva rebelión contra el gobierno encabezada por Adolfo de la Huerta pero fracasó, en gran medida, por la negativa de los Estados Unidos de vender armas a los rebeldes. En julio de 1923 Francisco Villa fue asesinado cerca de Parral, Chihuahua, supuestamente por el apoyo que le podía prestar a de la Huerta.

El gobierno de Calles

Al terminar el periodo presidencial de Obregón, en las elecciones de 1924, quedó como presidente el general Plutarco Elías Calles quien tenía gran habilidad para forjar alianzas.

Ese año México presentaba una relativa estabilidad política que permitía reordenar la economía; la modernización se convirtió en la nueva meta del gobierno callista.

3 *Plutarco Elías Calles, originario de Guaymas, Sonora, fue maestro de escuela primaria.*

Los sectores populares

Calles consideraba, igual que Carranza y Obregón, que la pequeña y mediana propiedad permitirían modernizar el campo en mayor medida que el ejido. Por ello apoyó con créditos y formación técnica a los pequeños propietarios.

En cuanto a los obreros, la CROM siguió siendo la organización laboral más importante, pero siempre supeditada al gobierno. Su líder Luis N. Morones fue nombrado secretario de Industria, Comercio y Trabajo durante el gobierno de Calles.

Además de las presiones que ejercían campesinos y obreros por sus demandas, el gobierno tenía que hacer frente a las exigencias de los sectores medios nacionales y de los capitalistas extranjeros, que eran piezas clave en la modernización que Calles buscaba para el país.

4 *Ante la presión de los campesinos que exigían el reparto agrario, Calles entregó tierras, pero muchas fueron inadecuadas para el cultivo, lo que obligó a los campesinos a contratarse como jornaleros en otras parcelas. Fragmento del mural de Diego Rivera que se encuentra en la Secretaría de Educación Pública de la ciudad de México.*

La relación con los Estados Unidos

Calles hizo ver a los estadounidenses que lo acordado por Obregón en los *Tratados de Bucareli* no comprometía a su gobierno.

El régimen callista intentó reglamentar el artículo 27 en cuanto al asunto del petróleo. Calles también tuvo serios conflictos con las compañías petroleras a tal punto que el gobierno norteamericano lo amenazó con levantar el embargo de armas a sus enemigos políticos si no permitía a dichas compañías operar sin restricciones. Una vez más, la aplicación del artículo 27 constitucional quedó pendiente.

La crisis económica

Los primeros años del gobierno de Calles fueron de crecimiento económico; se fundaron el Banco de México, el Banco de Crédito Agrícola, los bancos ejidales y un sistema fiscal moderno. También se hicieron importantes obras de infraestructura como caminos, puentes y puertos.

Sin embargo, en 1926 México se volvió a sumir en una profunda crisis: la caída del precio internacional de productos de exportación como el petróleo y la plata se sumó a los conflictos con los Estados Unidos, con la Iglesia y con los grupos políticos que intentaban que Obregón se reeligiera como presidente.

La guerra cristera

Durante el periodo callista el gobierno tuvo un serio enfrentamiento con la Iglesia católica. Calles buscaba el fortalecimiento del gobierno y la disminución del poder de la Iglesia. Para ello tomó diversas medidas anticlericales: intentó poner en práctica el artículo 3o. constitucional, que señalaba que la educación debía ser laica, limitó el número de sacerdotes a uno por cada seis mil habitantes y expulsó del país a numerosos eclesiásticos extranjeros.

La población católica consideró las acciones del gobierno como una agresión a sus creencias y se lanzó a la lucha armada al grito de ¡Viva Cristo Rey!

Zona de brotes cristeros más importantes

Zona de brotes cristeros de segunda importancia

Zona de brotes cristeros esporádicos y de mucha menor importancia

5 *La guerra cristera que se desarrolló principalmente en los estados del centro y occidente del país entre 1926 y 1929, ocasionó la pérdida de doscientas mil vidas.*

La fundación del PNR

La sucesión presidencial de 1928 agudizó la crisis. Calles había logrado cierta autonomía en su gobierno pero Obregón continuaba siendo la figura política más importante. Este último, se postuló como candidato a la presidencia para lo cual modificó la Constitución con el fin de reelegirse y amplió el periodo presidencial de cuatro a seis años. Sin embargo, sus propósitos se vieron truncados cuando un joven fanático católico, José de León Toral, lo asesinó en julio de 1928.

En este ambiente, Calles maduró la idea de formar una institución política que permitiera la transmisión pacífica del poder. Dicha institución aglutinaría a las principales fuerzas políticas del país, incluyendo a los obregonistas, a fin de que la ambición personal de algún general no diera lugar a otro levantamiento armado.

En marzo de 1929 se constituyó formalmente el Partido Nacional Revolucionario (PNR), antecesor del PRI, lo que permitió a Calles elegir a los candidatos a la presidencia de la República en sesiones secretas y erigirse como el "Jefe Máximo" de la Revolución.

6 *Un oficial del ejército federal y un líder cristero. Ambas fuerzas llegaron a un entendimiento en 1929.*

El Maximato

A partir de 1929 surgió una etapa histórica que se conoce como maximato, por la injerencia política de Calles como "Jefe Máximo" sobre las decisiones del presidente en turno.

Después de formar el PNR, la tarea más urgente de Calles fue elegir un presidente provisional que convocara a elecciones. Este puesto recayó en Emilio Portes Gil, entonces gobernador de Tamaulipas, quien había sido obregonista y gozaba de un fuerte apoyo obrero y campesino en su estado.

7 *Edificio sede del PNR en la ciudad de México, al fondo se observa la construcción de lo que sería el monumento a la Revolución.*

Durante el periodo presidencial de Portes Gil fue sofocado uno de los últimos levantamientos militares importantes, encabezado por el general Gonzalo Escobar; también durante su gestión se solucionó el conflicto religioso con los cristeros y se concedió la autonomía a la Universidad Nacional de México, hoy UNAM.

El PNR impuso a Pascual Ortiz Rubio sobre su contendiente José Vasconcelos (candidato independiente) para gobernar al país durante el periodo 1930-1934, pero su falta de experiencia política lo hizo renunciar en 1932. Calles eligió entonces a Abelardo Rodríguez para que terminara el periodo presidencial.

Rodríguez se dedicó a la labor administrativa, desatendiendo el aspecto político del que se encargó Calles.

Los años del maximato fueron de crisis económica originada por factores externos como la depresión económica mundial de 1929 y por la inestabilidad y desorganización de la vida política interna.

8 *Mineros del carbón. La crisis económica mundial de 1929 afectó las exportaciones mexicanas, sobre todo las petroleras y mineras.*

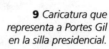

9 *Caricatura que representa a Portes Gil en la silla presidencial.*

Las paredes hablan

El movimiento artístico que se conoce como movimiento muralista mexicano se desarrolló a partir de la década de 1920, cuando era ministro de Educación José Vasconcelos. Éste llamó a Diego Rivera, David Alfaro Siqueiros, José Clemente Orozco y Fermín Revueltas para que plasmaran la historia de México sobre los muros de edificios públicos como la Escuela Nacional Preparatoria, hoy San Ildefonso.

Francisco Goitia, Gerardo Murillo (Doctor Atl, nombre que significa "agua" en náhuatl y que él mismo se puso), Joaquín Claussell y José Guadalupe Posada son considerados antecesores del muralismo. El Doctor Atl había solicitado permiso a Porfirio Díaz para pintar sobre las paredes de algún edificio público, pero el estallido de la revolución le impidió realizar dicho trabajo.

10 *La revolución contra la dictadura porfiriana. Detalle:* Los revolucionarios. *David Alfaro Siqueiros. Museo Nacional de Historia.*

El movimiento muralista mexicano es considerado como un movimiento genuino, renovador y único. Es uno de los movimientos estéticos mundiales más importantes del siglo xx.

Nació con la finalidad ideológica de instruir a un pueblo que era mayoritariamente analfabeta e ignorante de su historia y motivar en él un sentimiento nacionalista y una conciencia social a través de la pintura, enseñándole a valorar su pasado, costumbres y tradiciones, y a retomar sus raíces indígenas.

Otros muralistas importantes fueron Paul O'Higgings, Juan O'Gorman, José Chávez Morado y Alfredo Zalce.

Pintores como Rufino Tamayo y Pedro Coronel, aunque realizaron algunos murales, no se consideran parte de este movimiento, ya que no compartían la misma ideología.

¿Sabías que el Doctor Atl creó toda una gama de colores tomando como base la tierra de México y que, además de pintor, fue escritor de cuentos y novelas?

Observa y responde

Observa el detalle del mural de Siqueiros y responde en tu libreta a las siguientes preguntas:

1 ¿Cuál es el tema del mural?

2 ¿Qué pasaje de la historia de México relata?

3 ¿Qué personajes están representados?

4 Busca otras obras del movimiento muralista mexicano que aparecen en Unidades anteriores. Obsérvalas y señala qué hechos históricos representan.

5 ¿Consideras que cumplen con la función didáctica y emotiva para la cual fueron hechos? Argumenta tu respuesta.

6 Investiga si en tu comunidad, o cerca de ella, existe algún edificio público que tenga pinturas murales. Visítalo y explica qué tema trata y qué artista las realizó.

El programa de Cárdenas

En 1933 el general Lázaro Cárdenas fue nombrado candidato del PNR a la presidencia de la República. Era considerado un hombre progresista ya que, como gobernador de Michoacán (1928-1930), había concertado alianzas con grupos campesinos y obreros.

Calles, en su afán por continuar controlando la política, propuso la creación de un *Plan Sexenal* con los lineamientos que el próximo presidente debía seguir en materia agraria, laboral y educativa.

Cárdenas ocupó la presidencia de la República el primero de diciembre de 1934 y aunque tuvo que aceptar un gabinete impuesto por Plutarco Elías Calles, empezó a tomar medidas que contravenían al "Jefe Máximo", como fue alentar a los obreros a hacer uso del derecho a huelga y a los campesinos organizados a manifestar su insatisfacción por el incumplimiento de la reforma agraria.

Ante los ataques de Calles hacia la política obrera y campesina de Cárdenas, éste exigió al gabinete callista su renuncia y posteriormente, en 1936, la salida de Calles del país. Así, ese año, el dominio que había ejercido la dinastía sonorense por tres lustros, llegó a su fin.

Política obrera y campesina

El gobierno cardenista propició la formación de organizaciones obreras y campesinas como la Confederación Nacional Campesina (CNC) y la Confederación de Trabajadores Mexicanos (CTM).

1 *Lázaro Cárdenas del Río nació el 21 de mayo de 1895 en Jiquilpan Michoacán y en 1913 se incorporó a la revolución en Apatzingán.*

En 1938 Cárdenas cambió la estructura y el nombre del PNR por el de Partido de la Revolución Mexicana (PRM), que basó su fuerza en el control del movimiento obrero (principalmente a través de la CTM), del campesino (a través de la CNC), del popular (a través de los Trabajadores del Estado) y del militar (a través del control del ejército).

La nueva conformación del partido contribuyó a eliminar a los caciques locales y a centralizar el poder en manos del presidente.

La política cardenista en materia agraria pretendió realizar una transformación radical en la estructura del campo para cumplir con lo que estipulaba la Constitución y con las demandas de los campesinos. Propició el desarrollo de los ejidos, pero respetando la pequeña propiedad. El paso más importante de la política agraria fue el reparto de buenas tierras de cultivo en diferentes regiones de Durango, Coahuila, Baja California, Sinaloa, Tamaulipas, Sonora, Yucatán, Chiapas, y Michoacán. El reparto de tierras eliminó la causa principal de inquietud en el campo.

2 *Durante el cardenismo se respetó el derecho a huelga. Antonio Ruíz, La Huelga, 1933.*

3 *Cárdenas señalaba que su gobierno estaría del lado de los campesinos sin tierra.*

Política educativa

Para elevar el nivel educativo y cultural de las clases trabajadora y campesina, Cárdenas puso en marcha la educación socialista, que había sido propuesta en el *Plan Sexenal* e incorporada al artículo 3o. constitucional dos meses antes de tomar posesión como presidente. Aunque el concepto de educación socialista no era muy claro, se especificó que se trataba de promover el nacionalismo, combatir el fanatismo religioso y crear conciencia de clase en obreros y campesinos.

La industrialización

Las medidas más importantes del régimen cardenista desde el punto de vista económico fueron: la distribución de la tierra, la nacionalización del petróleo y de los ferrocarriles, y la canalización de importantes recursos para financiar al sector industrial.

Para impulsar el desarrollo económico, el gobierno consolidó y modernizó el sistema bancario nacional. En 1935 se fundó el Banco Nacional de Crédito Ejidal y en 1937 el Banco Nacional de Comercio Exterior.

México pudo iniciar su industrialización pese a las numerosas fricciones con la iniciativa privada. La industria manufacturera creció en más del 50%. Para lograrlo, el gobierno cardenista facilitó la importación de los materiales y equipos que la industria requería y estimuló el surgimiento de nuevas empresas concediéndoles facilidades para su instalación, eximiéndolas de impuestos.

Alfredo Zalce. *Construcción de Escuelas*. 1945.

4 *Durante el gobierno de Cárdenas se impulsó la construcción de escuelas en todo el país.*

La expropiación petrolera

Por sus grandes repercusiones nacionales, la expropiación del petróleo fue una acción muy importante del cardenismo. En 1936 el sindicato de trabajadores petroleros exigió a sus compañías, en su mayoría extranjeras, la firma de un contrato colectivo de trabajo en el que, entre otras cosas, se pedía aumento salarial. Las compañías no estuvieron de acuerdo en este punto y el sindicato de trabajadores se declaró en huelga en mayo de 1937. El gobierno pidió a un grupo de expertos que realizara un estudio económico de las compañías. El informe que presentaron los peritos puso en claro que estas empresas petroleras sí podían otorgar el aumento, entonces la Junta Federal de Conciliación y Arbitraje pronunció un **laudo** confirmando la viabilidad del aumento salarial.

Las compañías petroleras se negaron a cumplir el laudo y presionaron al gobierno de México retirando sus fondos de los bancos, lo que propició una crisis monetaria en el país.

El 18 de marzo de 1938 el presidente anunció que su gobierno expropiaba las 16 empresas petroleras extranjeras, ya que su intransigencia amenazaba la soberanía nacional y los intereses económicos y políticos de México.

5 *Personas de todas las clases sociales querían contribuir con sus pertenencias, lo mismo con joyas que con gallinas, para pagar la indemnización que se daría a las compañías petroleras.*

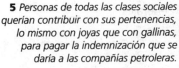

La reacción de los mexicanos a favor de esta medida fue notable: después de tantos años de desavenencias, el pueblo de México se unió y expresó su apoyo; inclusive la Iglesia se manifestó a favor de la expropiación y solicitó la colaboración de sus fieles.

Estas medidas se llevaron a cabo en un nuevo contexto de relaciones entre los Estados Unidos y América Latina. La política del "buen vecino" seguida por el presidente estadounidense Franklin D. Roosevelt, impidió que ese país interviniera militarmente en México. Sin embargo, las medidas de presión que llevaron a cabo las empresas extranjeras expropiadas, afectaron la economía mexicana.

La política exterior

En Europa la crisis económica que había iniciado en 1929, se recrudeció por las políticas nazi-fascistas que imperaban en Italia y Alemania. Lázaro Cárdenas, cuya política exterior se caracterizó por promover el nacionalismo y el apego al modelo democrático, rechazó el movimiento nazi-fascista y pugnó por la adhesión de Italia y Alemania al orden jurídico internacional. Por ello repudió la invasión italiana a Etiopía, protestó ante la anexión alemana de Austria y Checoslovaquia y nunca reconoció al régimen franquista en España, otorgando su apoyo decidido a la República Española.

Así, a partir de 1936, México abrió las puertas a casi 20 000 refugiados españoles republicanos que, a lo largo de los años, contribuyeron notablemente a la vida cultural mexicana.

La transmisión del poder

En los últimos años del régimen cardenista los empresarios, terratenientes y clase media, manifestaron su inconformidad por las medidas populares del gobierno (reforma agraria, política laboral, educación socialista) que habían traído consigo presión por parte del gobierno estadounidense, crisis económica e inflación.

También los obreros estaban inconformes porque había disminuido su poder adquisitivo, así como los campesinos porque se había frenado el reparto agrario.

Dos meses después de la nacionalización del petróleo, en San Luis Potosí, se levantó en armas Saturnino Cedillo alentado por las compañías expropiadas, pero fue sometido por el gobierno.

6 *"Los niños de Morelia". Lázaro Cárdenas recibió también, en 1937, alrededor de cuatrocientos cincuenta niños españoles que huían de la guerra civil española y que fueron acogidos en la ciudad de Morelia, Michoacán. Los niños venían con la esperanza de que, al finalizar la guerra en España, regresarían a sus hogares, pero no fue así; casi todos se quedaron a vivir en México y algunos de ellos nunca volvieron a ver a su familia.*

En medio de esta crisis se formaron varias agrupaciones y partidos políticos como la Unión Nacional Sinarquista (UNS), el Partido Acción Nacional (PAN), el Partido Revolucionario Anti-comunista (PRAC) y el Partido Revolucionario de Unificación Nacional (PRUN).

El presidente Cárdenas eligió como candidato del PRM para las elecciones de 1940, al general Manuel Ávila Camacho por considerar que era un buen mediador y podría conciliar los intereses de los diferentes grupos sociales. Su principal contrincante en las elecciones fue el general Juan Andrew Almazán por el PRUN, apoyado por industriales, hacendados y algunos generales.

El oro negro

Los pueblos prehispánicos utilizaban el chapopote (forma en que el petróleo crudo emana a la superficie terrestre de manera natural) y le daban múltiples usos: como medicamento, colorante, pegamento e incienso para las ceremonias religiosas.

Durante la época de la Colonia el chapopote se utilizó como impermeabilizante para los barcos y como combustible para calefacción y en el siglo XIX se empezó a refinar rudimentariamente obteniendo queroseno para la iluminación.

La propiedad nacional del subsuelo, donde se encuentra el petróleo, fue respetada en Nueva España y en el México independiente hasta los gobiernos de Juárez y Lerdo, pero Porfirio Díaz cambió la ley para otorgar a los dueños del suelo la propiedad del subsuelo. Con ello **enajenó** a las compañías extranjeras, mineras y petroleras, una parte importante de la riqueza nacional.

Madero dio los primeros pasos para reglamentar la actuación de dichas compañías: agregó un gravamen a las exportaciones del crudo y no permitió a los Estados Unidos la construcción de un oleoducto que iría de Veracruz hasta su territorio.

La Constitución de 1917 estableció en su artículo 27 el dominio directo de la nación sobre los recursos naturales y el derecho de llevar a cabo la explotación del petróleo y otros minerales.

A partir de la promulgación de la Constitución los gobiernos revolucionarios intentaron limitar el poder y la injerencia de las compañías extranjeras, cambiando sus títulos de propiedad por concesiones temporales. Pero fue hasta el gobierno de Lázaro Cárdenas que se decretó, en marzo de 1938, la expropiación y nacionalización de las empresas petroleras, al crearse, en junio de ese año, Petróleos Mexicanos (PEMEX), como única empresa autorizada para extraer y refinar el petróleo.

Es difícil visualizar con claridad la magnitud de los problemas técnicos, económicos y diplomáticos que tuvieron que enfrentar el gobierno de México y la recién creada empresa petrolera PEMEX a raíz de dicha medida.

Al salir del país los ingenieros y técnicos extranjeros, México tuvo que improvisar el personal que se hiciera cargo del manejo de la industria petrolera; los países afectados, además de llevarse los barcos y tanques de almacenamiento, suprimieron la venta de maquinaria, refacciones y productos químicos necesarios para el proceso de refinamiento, obligando a los mexicanos a hacer uso de su ingenio para solucionar, con recursos precarios, los problemas que se presentaban y a trabajar horas extras sin recibir paga; dichos países encabezaron un boicot económico contra México, suprimiendo, además de la compra del hidrocarburo, la de plata.

En las costas europeas se embargaron barcos con petróleo mexicano arguyendo que era petróleo robado que pertenecía a las compañías expropiadas. En los Estados Unidos y Europa se dio una agresiva campaña periodística en contra de México.

"CERRO AZUL" NUM. 4
EL POZO PETROLERO MAS GRANDE DEL MUNDO

7 *Durante los primeros días después de la expropiación escaseó la gasolina.*

Sintetiza

1 Después de leer con atención la información anterior y la que te proporciona el subtema referente a la expropiación petrolera, elabora un cuadro sinóptico en el que sintetices los antecedentes económicos, políticos y jurídicos que dieron origen a la expropiación petrolera y las consecuencias inmediatas que ésta tuvo para México.

Para hacerlo revisa la sección EN RESUMEN que aparece al final de cada Unidad.

Aplicación del artículo 3o. constitucional

Los años de lucha armada (1910-1917), no permitieron reestructurar la enseñanza. Fue hasta la elaboración de la Constitución de 1917 cuando la educación ocupó un papel relevante pues los constituyentes consideraron que era indispensable educar a la población. Por ello plasmaron en el artículo 3o. el derecho del pueblo a educarse y la obligación del Estado de otorgar enseñanza laica y gratuita.

En esa época Carranza no dio mucho impulso a la educación porque consideraba que los ayuntamientos debían encargarse de ella, sin embargo carecían de recursos suficientes para satisfacer la demanda educativa. A partir de 1920 los gobiernos post-revolucionarios intentarían poner en práctica el artículo 3o. y reducir el 84% del analfabetismo existente.

Educación para todos

A mediados de 1921 el presidente Obregón creó la Secretaría de Educación Pública para que la federación volviera a coordinar la tarea educativa nacional. Al frente del nuevo organismo quedó José Vasconcelos, destacado intelectual que había sido rector de la Universidad Nacional. Vasconcelos asumió este cargo con gran entusiasmo pues consideraba que la educación fomentaba el nacionalismo e integraba a los mexicanos. Durante su gestión, y las que le siguieron, una intensa campaña educativa llevó las escuelas a los más recónditos lugares: al campo, las minas, las fábricas, las comunidades indígenas, etc., y a través de las escuelas normales rurales se dio capacitación al maestro a quien se consideró un misionero cultural.

Con Vasconcelos los libros y las artes jugaron un papel fundamental dentro de la educación. Junto a las aulas se abrieron bibliotecas con los libros que la Secretaría de Educación publicaba, como por ejemplo, ediciones de los clásicos de la literatura universal.

Vasconcelos también consideró que el nacionalismo podría fomentarse a través de los murales elaborados en edificios públicos.

José Manuel Puig Cassauranc sucedió a Vasconcelos en la Secretaría de Educación, y dio énfasis a la instrucción indígena. Durante este periodo se creó la escuela secundaria, que después impulsó Narciso Bassols durante el Maximato.

1 *Dibujo de Diego Rivera que representa el sueño del mexicano por salir de la ignorancia.*

2 *Desde la década de los años veinte se popularizó la radio en México. Las estaciones radiodifusoras más importantes eran la XEQ y la XEW que transmitían noticias y programas culturales y recreativos.*

3 *El escudo de la UNAM está formado por un águila y un cóndor que representan la unión de América Latina. Su lema, "Por mi raza hablará el espíritu", es de José Vasconcelos.*

En 1934 se elaboró el *Plan Sexenal* que serviría de programa al gobierno de Cárdenas y se introdujo la educación socialista. Este tipo de educación provocó discrepancias entre muchos sectores de la sociedad.

Durante estos años se crearon y consolidaron instituciones educativas fundamentales. En 1929 se logró la autonomía de la Universidad Nacional, y durante el cardenismo se fundaron el Instituto Politécnico Nacional, destinado a crear tecnología propia; el Departamento de Asuntos Indígenas; el Instituto Nacional de Antropología e Historia y la Casa de España (antecesora de lo que a partir de 1940 fue, y es, el Colegio de México), que recibió a muchos de los destacados intelectuales españoles refugiados en nuestro país.

Los siete sabios

En medio del caos revolucionario surgió un grupo de jóvenes intelectuales que participaron en la formación del nuevo Estado mexicano e influyeron en el rumbo de la vida política, cultural e institucional del México del siglo xx.

A este grupo, conocido como la Generación del 15, pertenecieron Vicente Lombardo Toledano (fundador de la Confederación de Trabajadores de México y del Partido Comunista Mexicano), Alberto Vásquez del Mercado (jurista), Alfonso Caso (antropólogo e indigenista), Teófilo Olea y Leyva (jurista), Antonio Castro Leal (jurista), Jesús Moreno Baca (jurista), Manuel Gómez Morín (fundador del Banco de México y del Partido Acción Nacional), Daniel Cosío Villegas (historiador, fundador del Fondo de Cultura Económica y del Colegio de México), Narciso Bassols (destacada figura política) y Manuel Toussaint (crítico de arte).

A los siete primeros se les conoce como los Siete Sabios.

Octavio Paz, en *El laberinto de la soledad*, se refirió a los intelectuales así:

4 *Vicente Lombardo Toledano y Manuel Gómez Morín; cada uno desde su posición ideológica participó en la vida política de México.*

> Una vez cerrado el periodo militar de la Revolución, muchos jóvenes intelectuales –que no habían tenido la edad o la posibilidad de participar en la lucha armada– empezaron a colaborar con los gobiernos revolucionarios. El intelectual se convirtió en el consejero, secreto o público, del general analfabeto, del líder campesino o sindical, del caudillo en el poder. La tarea era inmensa y había que improvisarlo todo. Los poetas estudiaron economía, los juristas sociología, los novelistas derecho internacional, pedagogía o agronomía. Con la excepción de los pintores –a los que se protegió de la mejor manera posible: entregándoles los muros públicos– el resto de la "inteligencia" fue utilizada para fines concretos e inmediatos; proyectos de leyes, planes del gobierno, misiones confidenciales, tareas educativas, fundación de escuelas [...]
>
> OCTAVIO PAZ,
> *El laberinto de la soledad*,
> Fondo de Cultura Económica, México, 1970.

Por su parte, Vicente Lombardo Toledano escribió en 1928:

> Somos una nación en formación, no un pueblo hecho. De ahí la importancia de definir el objeto de nuestro esfuerzo colectivo, fijar medios y asociar y educar voluntades para alcanzar el fin... El único camino es el trabajo científicamente organizado... La revolución empieza a vivir la etapa de su organización, a cambio de las quejas del pueblo, de sus lágrimas y de su sangre; démosle bases indestructibles, fundamentos técnicos, cauces científicos que conduzcan su labor; abandonemos el discurso estéril y la anarquía de nuestra actividad y sustituyámoslos por la obra constante y el sistema bien meditado.
>
> ENRIQUE KRAUZE,
> *Caudillos culturales*
> *en la Revolución Mexicana*,
> TusQuets, México, 1999.

De los Siete Sabios, quizá los dos que mayor influencia tuvieron en la construcción de las instituciones que forjaron el México moderno fueron Manuel Gómez Morín y Vicente Lombardo Toledano.

En un ensayo publicado en 1927, Gómez Morín escribió:

> Y en el año de 1915, cuando más seguro parecía el fracaso revolucionario [...] empezó a señalarse una nueva orientación.
>
> El problema agrario tan hondo y tan propio, surgió entonces con un programa mínimo definido ya, para ser el alma central de la Revolución. El problema obrero fue formalmente inscrito, también, en la bandera revolucionaria. Nació el propósito de reivindicar todo lo que pudiera pertenecernos: el petróleo y la canción, la nacionalidad y las ruinas [...] Del caos de aquel año nació la Revolución. Del caos de aquel año nació un nuevo México, una idea nueva de México y un nuevo valor de la inteligencia en la vida.
>
> CARLOS MONSIVÁIS
> en *Historia general de México*,
> versión 2000, El Colegio de México, México, 2001.

Lee y reflexiona

1 ¿Qué papel desempeñó el intelectual en la construcción del México moderno, según Octavio Paz?

2 ¿Qué significó la revolución para Gómez Morín?

3 ¿Qué medidas proponía Lombardo Toledano para consolidar la revolución?

Verdad o puros cuentos... historia y literatura

La novela es una narración extensa de hechos reales o ficticios, escritos en prosa, que tienen una continuidad.

La novela de la revolución surgió como un testimonio del movimiento armado para expresar las emociones, conocimientos, experiencias de quien vivió o estuvo cerca de esta lucha. En ella se narró la vida cotidiana, costumbres y manera de pensar de los protagonistas, conocidos o anónimos, de la época.

Algunas características de la novela revolucionaria son:

- Tiene como tema la etapa de la lucha armada de la Revolución Mexicana y los personajes involucrados en ella.
- Está escrita como si fuera una sucesión rápida de imágenes.
- Su función es presentar la parte política y social del movimiento a través de la descripción de los anhelos populares del pueblo de México; sus angustias, temores y sacrificios.
- El lenguaje utilizado es coloquial; en él se presentan ciertas irregularidades gramaticales.
- Su estilo es llano y popular.
- Está considerada como parte del movimiento nacionalista.
- Busca crear una conciencia social.

Para analizar la novela de la revolución, se consideran también los siguientes datos:

1. El título, el autor y el año en que se publicó la primera edición.
2. El tipo de narrador: interno, externo u omnisciente.
3. Las características de los personajes principales y secundarios.
4. El tiempo en el que se desarrolla la obra.
5. El lugar en el que se ubican los hechos.
6. El estilo en que está escrita.
7. La trama, es decir, el argumento.
8. Los hechos históricos que presenta.

1 *Revolucionario muerto. Grabado de José Guadalupe Posada.*

La fiesta de las balas

Aquella batalla, fecunda en todo, había terminado dejando en manos de Villa no menos de quinientos prisioneros. Villa mandó separarlos en dos grupos: de una parte los voluntarios orozquistas a quienes llamaban colorados; de la otra, los federales. Y como se sentía ya bastante fuerte para actos de grandeza, resolvió hacer un escarmiento con los prisioneros del primer grupo, mientras se mostraba benigno con los otros. A los colorados se le pasaría por las armas antes que oscureciese; a los federales se les daría a elegir entre unirse a las tropas revolucionarias o bien irse a sus casas mediante la promesa de no volver a hacer armas contra los constitucionalistas.

Fierro, como era de esperar, fue el encargado de la ejecución[...]

El jefe de la escolta entró a caballo por la puerta que comunicaba con el corral contiguo y dijo:

—Ya tengo listos los primeros diez [orozquistas que iban a pasar por las armas]. ¿Te los suelto?

Fierro respondió:

—Sí, pero antes entéralos bien del asunto: en cuanto asomen por la puerta yo empezaré a dispararles; los que lleguen a la barda y la salten quedan libres. Si alguno no quiere entrar, tú métele bala.[...]

El angustioso huir de los prisioneros en busca de la tapia salvadora –fuga de la muerte en una sinfonía espantosa donde la pasión de matar y el ansia inagotable de vivir luchaban como temas reales– duró cerca de dos horas, irreal, engañoso, implacable. Ni

Análisis del fragmento "La fiesta de las balas"

1 Martín Luis Guzmán. *El águila y la serpiente*. Escrita y publicada por primera vez en 1926.

2 Narrador omnisciente.

3 Personaje principal o protagonista del fragmento: Rodolfo Fierro (lugarteniente de Villa); personajes secundarios: jefe de la escolta, grupo de orozquistas y grupo de federales.

4 Epoca de la lucha armada revolucionaria, entre 1913 y 1915.

5 Se desarrolla en el norte de la República Mexicana.

6 Realista, escrita en lenguaje coloquial.

7 Matanza de un batallón de orozquistas, ordenada por Villa y ejecutada por su lugarteniente Roberto Fierro.

8 Es un episodio que muestra la lucha entre las facciones revolucionarias; en este caso entre villistas, orozquistas y federales.

AHORA HAZLO TÚ

Analiza el siguiente texto siguiendo las pautas de análisis sugeridas aquí.

Los de abajo
Tercera parte

—¿Por qué se esconden ustedes? —interrogó Demetrio a los prisioneros.

—No nos escondemos, mi jefe; seguimos nuestra vereda.

—¿Adónde?

—A nuestra tierra... Nombre de Dios, Durango.

— ¿Es este el camino de Durango?

—Por los caminos no puede transitar gente pacífica ahora. Usted lo sabe, mi jefe.

—Ustedes no son pacíficos; ustedes son desertores. ¿De dónde vienen? —prosiguió Demetrio observándolos con ojo penetrante.

Los prisioneros se turbaron, mirándose perplejos sin encontrar pronta respuesta.

—¡Son carranclanes! —notó uno de los soldados.

[...]

—¿Carrancistas nosotros? —contestó uno de ellos con altivez—. ¡Mejor puercos!...

—La verdad, sí, somos desertores —dijo otro—; nos le cortamos a mi general Villa de este lado de Celaya, después de la cuereada que nos dieron.

—¿Derrotado el general Villa?... ¡Ja! ¡ja! ¡ja!...

[...]

Los soldados rieron a carcajadas.

Pero a Demetrio se le contrajo la frente como si algo muy negro hubiera pasado por sus ojos.

—¡No nace todavía el hijo de la... que tenga que derrotar a mi general Villa! —clamó con insolencia un veterano de cara cobriza con una cicatriz de la frente a la barba.

Sin inmutarse, uno de los desertores se quedó mirándolo fijamente, y luego dijo:

—Yo le conozco a usted. Cuando tomamos Torreón, usted andaba con mi general Urbina. En Zacatecas venía ya con Natera y allí se juntó con los de Jalisco... ¡Miento?

El efecto fue brusco y definitivo. Los prisioneros pudieron entonces dar una detallada relación de la tremenda derrota de Villa en Celaya.

Se les escuchó en un silencio de estupefacción.

MARIANO AZUELA, *Los de abajo*, (fragmento)
Novela de la Revolución Mejicana,
Madrid, Espasa-Calpe, 1930.
(fragmento)

2 *Ilustración de Benet hecha para la primera edición de* Los de abajo *publicada por Espasa-Calpe en 1930.*

un instante perdió Fierro el pulso o la serenidad. Tiraba sobre blancos movibles y humanos, blancos que daban brincos y traspiés entre charcos de sangre y cadáveres en posturas inverosímiles, pero tiraba sin más emoción que la de errar o acertar. Calculaba hasta la desviación de la trayectoria por obra del viento y de un disparo a otro la corregía.

MARTÍN LUIS GUZMÁN,
El águila y la serpiente (fragmento),
Promexa Editores, México, 1979.

LA REVOLUCIÓN MEXICANA

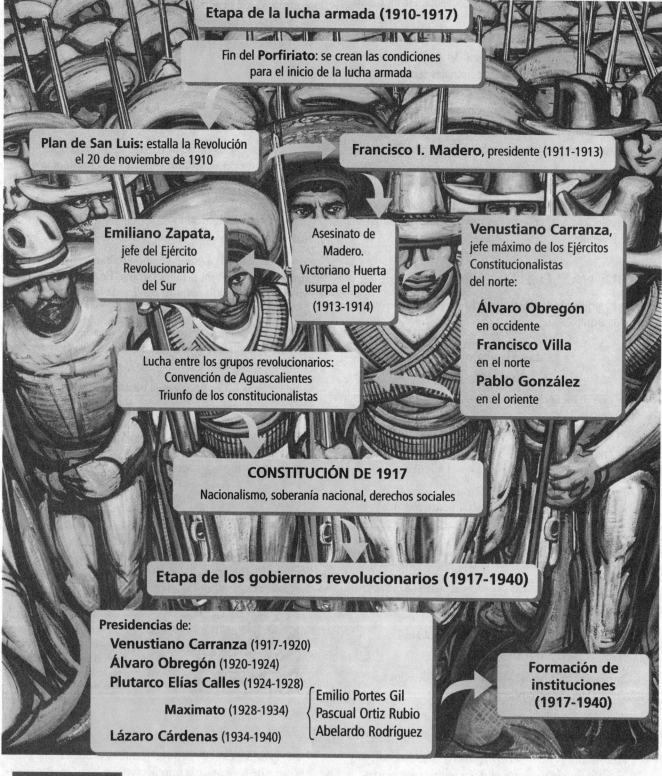

Etapa de la lucha armada (1910-1917)

Fin del **Porfiriato**: se crean las condiciones para el inicio de la lucha armada

Plan de San Luis: estalla la Revolución el 20 de noviembre de 1910

Francisco I. Madero, presidente (1911-1913)

Emiliano Zapata, jefe del Ejército Revolucionario del Sur

Asesinato de Madero. Victoriano Huerta usurpa el poder (1913-1914)

Venustiano Carranza, jefe máximo de los Ejércitos Constitucionalistas del norte:

Álvaro Obregón en occidente
Francisco Villa en el norte
Pablo González en el oriente

Lucha entre los grupos revolucionarios: Convención de Aguascalientes Triunfo de los constitucionalistas

CONSTITUCIÓN DE 1917
Nacionalismo, soberanía nacional, derechos sociales

Etapa de los gobiernos revolucionarios (1917-1940)

Presidencias de:
Venustiano Carranza (1917-1920)
Álvaro Obregón (1920-1924)
Plutarco Elías Calles (1924-1928)
Maximato (1928-1934) { Emilio Portes Gil Pascual Ortiz Rubio Abelardo Rodríguez
Lázaro Cárdenas (1934-1940)

Formación de instituciones (1917-1940)

Actividades

1 Elige algún acontecimiento histórico de los que aparecen en el esquema e ilústralo. En equipo, intenta asociar las ilustraciones que realizaron otros compañeros con cada uno de estos hechos históricos.

La exposición oral

Esta actividad se realiza en dos etapas: la preparación y la exposición.

Preparación del tema. Es el trabajo que se realiza con anterioridad a la exposición.

- Organización del trabajo: escoge el tema; define si se va a trabajar de manera individual o colectiva, en este último caso elige a un coordinador de equipo; fija la fecha de la presentación y el límite de tiempo para la misma.
- Investigación: recuerda que no únicamente los libros y enciclopedias te proporcionan información sino también los periódicos, revistas, internet, películas, testimonios personales, entrevistas. Apóyate en otras técnicas de trabajo que ya conoces.
- Elaboración de un guión: estructura la información obtenida en tu investigación como si fueras a presentar un trabajo escrito básate en él y elabora un guión que contega las ideas más importantes que vas a exponer y en el mismo orden en el que van a ser presentadas: introducción, desarrollo y conclusión. La exposición, platicada es más amena y didáctica.

La exposición. Es el momento de presentar oralmente. Se estructura de la siguiente manera:

- Presentación del tema: consiste en introducir de manera general el tema.
- Desarrollo: es la exposición detallada del tema, sigue una secuencia narrativa lógica.
- Conclusión: es la síntesis de los conceptos más importantes del tema expuesto.

Durante tu exposición procura concretar y apegarte al tiempo asignado.

Al finalizar puedes hacer preguntas al grupo para ver si comprendieron la información que les proporcionaste y a la vez responder y aclarar las dudas que manifiesten tus compañeros.

Hablar frente al público no es fácil, exige organización en el trabajo. Si conoces bien el tema y cuentas con un buen guión o esquema no tendrás problemas. Procura no leer, mirar constantemente al auditorio y hablar con voz clara y firme.

Una buena exposición debe de estar acompañada de material de apoyo audiovisual como: dibujos, fotografías, mapas, esquemas, gráficas, películas, grabaciones, carteles, acetatos, diapositivas, etcétera.

Algunos temas que puedes exponer son:

- Importancia de los ferrocarriles en la revolución.
- La música y la revolución.
- La vida cotidiana en los campamentos revolucionarios.

Glosario

Anacrónico: Que atribuye erróneamente a una época lo que corresponde a otra. Que pertenece a una época pasada.

Anarquismo: Doctrina que se basa en la abolición de toda forma de Estado o de autoridad y en la exaltación de la libertad del individuo.

Caudillo: Persona que guía o manda a un grupo de gente, especialmente a soldados o a gente armada. En México el caudillismo fue un fenómeno en el que un líder u hombre fuerte dominaba y regía el destino y la voluntad de grandes sectores de la población.

Democracia: Forma de gobierno en la que el poder reside en el pueblo.

Derogar: Anular o dejar sin validez una norma jurídica.

Ejido: Parcela que el gobierno entregaba al campesino con la condición de que éste la trabajara. Podía usufructuarla pero no venderla.

Enajenar: Referido al dominio o a otro derecho sobre algo, pasarlos o transmitirlos a otra persona.

Facción: Bando de personas que se separa de un grupo, generalmente por tener ideas diferentes.

Laudo: En derecho, fallo o resolución que dictan los árbitros en un conflicto.

Sufragio: Sistema electoral por el que se elige, mediante una votación, a la persona que ocupará un cargo. Voto de quien tiene el derecho de elegir.

¡Adivina!…, ¿quién soy?

En la silla me senté y sin brazo me quedé.

Por el surco de la tierra…, ¡vamos todos a la guerra!

Dos árboles fuimos y de tajo desaparecimos.

Para relacionar

Relaciona a cada artista con su obra. Para ello tendrás que investigar un poco.

■ Carlos Chávez	☐ Nueva grandeza mexicana
■ Manuel M. Ponce	☐ Suave patria
■ Silvestre Revueltas	☐ La tehuana
■ José Pablo Moncayo	☐ Janitzio
■ Doctor Atl	☐ Cuatro soldados sin 30-30
■ Salvador Novo	☐ Estrellita
■ López Velarde	☐ Huapango
■ Nellie Campobello	☐ Iztaccíhuatl
■ Saturnino Herrán	☐ Sinfonía india

Fotografía del Dr. Atl pintando el Popocatépetl.

Reflexiona

Desde finales del Porfiriato y paralelamente al movimiento revolucionario surgió (como reacción a la política europeizante porfiriana y al aislamiento del exterior que vivió el país durante la lucha armada), un movimiento nacionalista, que buscaba conocer la esencia del mexicano y sus raíces.

Revisa con cuidado la Unidad y haz en tu cuaderno una lista de los personajes que formaron parte de este movimiento nacionalista. Elige uno de ellos e investiga de qué forma contribuyó al fortalecimiento de la cultura. Después, siguiendo las indicaciones de la sección TÉCNICAS DE TRABAJO, elabora un guión para presentar tu tema ante tus compañeros.

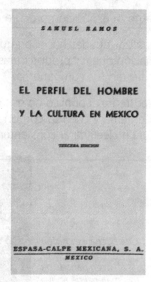

Samuel Ramos, gran nacionalista, pensaba que el origen de todos los males mexicanos estaba en el afán de imitación, lo que creó un complejo de inferioridad en el pueblo de México. Para Ramos, los mexicanos debían tratar de ser ellos mismos, es decir, de crear una cultura propia y viviente.

Haz tu propia historieta

José Guadalupe Posada creó un personaje de historietas; pelón, ridículo y obsceno: Don Chepito.

En equipo elabora una historieta de algún suceso revolucionario o post-revolucionario, inventa un personaje protagonista e ilústrala.

Don Chepito bailando.

Ponte en su lugar

La Revolución Mexicana fue dirigida por hombres como Villa, Zapata, Carranza, Obregón, González, Calles, Ángeles, pero ellos solos nunca hubieran podido hacerla. Fueron los miles de hombres y mujeres que lucharon al lado de estos personajes, quienes hi-

cieron la lucha armada. Entre estos seres desconocidos se encontraban las soldaderas: mujeres que seguían a sus hombres y que lo mismo preparaban la comida que disparaban un fusil. La Adelita, la Valentina, la Rielera, sí existieron y representan a todo un grupo de rostros anónimos que contribuyeron a hacer la historia.

Observa detenidamente las fotografías. Imagina que eres uno de los personajes e inventa un cuento acerca de quién eres, cómo es tu vida en la revolución y qué motivos te llevaron a participar en la lucha armada.

LA MASCOTA DE LA REVOLUCIO.

Para leer en voz alta

En esta época de lucha armada y creación de instituciones no todo fue lucha política y sangrienta; hubo también poesía. Poetas representantes del nacionalismo fueron Ramón López Velarde y José Juan Tablada. Otro movimiento dentro de la poesía fue el de los contemporáneos, en el que destacaron Carlos Pellicer, Salvador Novo, Jorge Cuesta, Gilberto Owen, Bernardo Ortiz de Montellano, Javier Villaurrutia, Enrique González Rojo, José Gorostiza y Jaime Torres Bodet.

Busca algo de su poesía; organiza con tus compañeros una sesión de lectura en voz alta y después, en equipo, discute si refleja la época. Defiende tus ideas y escribe las conclusiones en tu cuaderno.

Poemas de José Juan Tablada

Para saber más

Durante el periodo de la lucha armada el sistema bancario prácticamente desapareció, lo mismo que las monedas metálicas. Por un lado, cada presidente emitía sus propios billetes y, por otro, los gobernadores, jefes militares, hacendados, mineros y comerciantes emitían los suyos. A los billetes sin respaldo metálico que proliferaron entre 1913 y 1916 se les conoce como "bilimbiques". Se calcula que Villa emitió más de seiscientos millones de pesos en "bilimbiques".

Ante la proliferación de billetes se dio una situación de inflación y caos que puso de cabeza al sistema financiero del país: se suspendieron pagos al exterior; los billetes no tenían respaldo metálico y perdían valor cada vez que había un cambio de gobierno; además surgieron numerosos falsificadores. Como reacción a esta situación volvieron a circular las monedas de oro y plata.

En 1925 se fundó el Banco Nacional de México e inmediatamente comenzó a emitir billetes, primero de cinco pesos y paulatinamente de mayor denominación para recuperar, poco a poco, la confianza del público.

En el punto de partida de la presente unidad puedes ver diferentes billetes bilimbiques que circularon durante la Revolución Mexicana.

Revisa con atención los billetes que circulan actualmente y observa en su diseño las dos caras; después descríbelas en tu libreta y explica qué representan.

Investiga dónde se emiten los billetes y monedas actuales y qué medidas de seguridad tienen para evitar la falsificación.

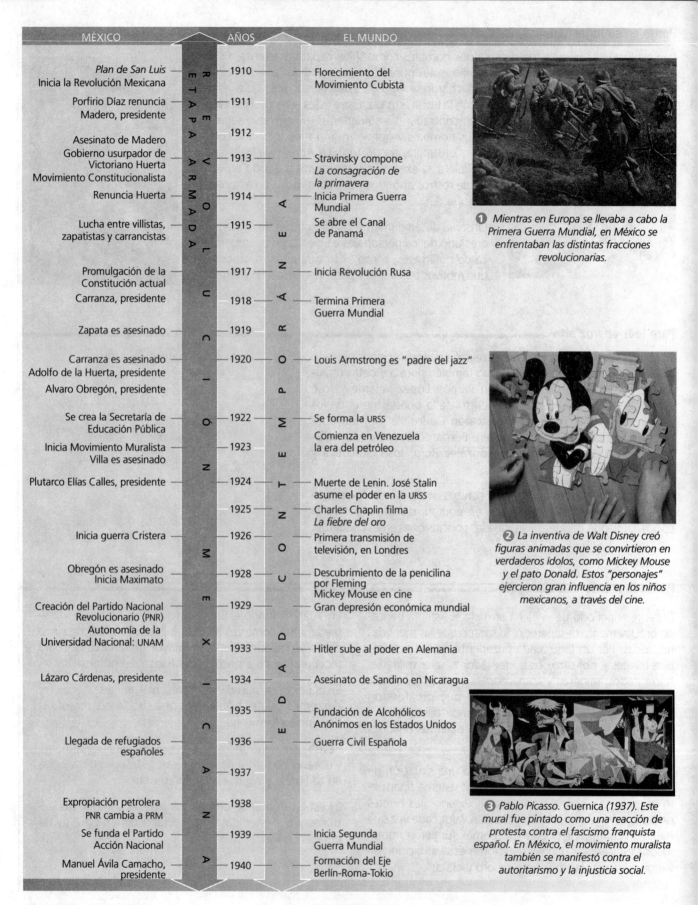

MÉXICO		AÑOS		EL MUNDO
Plan de San Luis Inicia la Revolución Mexicana	R E V O L U C I Ó N M E X I C A N A	1910		Florecimiento del Movimiento Cubista
Porfirio Díaz renuncia Madero, presidente		1911		
		1912		
Asesinato de Madero Gobierno usurpador de Victoriano Huerta Movimiento Constitucionalista	E T A P A A R M A D A	1913		Stravinsky compone *La consagración de la primavera*
Renuncia Huerta		1914		Inicia Primera Guerra Mundial
Lucha entre villistas, zapatistas y carrancistas		1915		Se abre el Canal de Panamá
Promulgación de la Constitución actual		1917	E D A D C O N T E M P O R Á N E A	Inicia Revolución Rusa
Carranza, presidente		1918		Termina Primera Guerra Mundial
Zapata es asesinado		1919		
Carranza es asesinado Adolfo de la Huerta, presidente Alvaro Obregón, presidente		1920		Louis Armstrong es "padre del jazz"
Se crea la Secretaría de Educación Pública		1922		Se forma la URSS
Inicia Movimiento Muralista Villa es asesinado		1923		Comienza en Venezuela la era del petróleo
Plutarco Elías Calles, presidente		1924		Muerte de Lenin. José Stalin asume el poder en la URSS
		1925		Charles Chaplin filma *La fiebre del oro*
Inicia guerra Cristera		1926		Primera transmisión de televisión, en Londres
Obregón es asesinado Inicia Maximato		1928		Descubrimiento de la penicilina por Fleming Mickey Mouse en cine
Creación del Partido Nacional Revolucionario (PNR) Autonomía de la Universidad Nacional: UNAM		1929		Gran depresión económica mundial
		1933		Hitler sube al poder en Alemania
Lázaro Cárdenas, presidente		1934		Asesinato de Sandino en Nicaragua
		1935		Fundación de Alcohólicos Anónimos en los Estados Unidos
Llegada de refugiados españoles		1936		Guerra Civil Española
		1937		
Expropiación petrolera PNR cambia a PRM		1938		
Se funda el Partido Acción Nacional		1939		Inicia Segunda Guerra Mundial
Manuel Ávila Camacho, presidente		1940		Formación del Eje Berlín-Roma-Tokio

1 *Mientras en Europa se llevaba a cabo la Primera Guerra Mundial, en México se enfrentaban las distintas fracciones revolucionarias.*

2 *La inventiva de Walt Disney creó figuras animadas que se convirtieron en verdaderos ídolos, como Mickey Mouse y el pato Donald. Estos "personajes" ejercieron gran influencia en los niños mexicanos, a través del cine.*

3 *Pablo Picasso. Guernica (1937). Este mural fue pintado como una reacción de protesta contra el fascismo franquista español. En México, el movimiento muralista también se manifestó contra el autoritarismo y la injusticia social.*

¡LA EXTRA, LA EXTRA...!

Durante el periodo revolucionario surgieron algunos de los diarios que todavía hoy nos informan sobre lo que sucede en el mundo día a día. Tal es el caso de *El Universal* que empezó a circular en 1916, *Excélsior* en 1917, *El Heraldo* en 1919 y *Últimas Noticias*, diario vespertino del *Excélsior*, en 1936.

TODOS A VOLAR

Los caballos y las locomotoras (o caballos de hierro como se les decía), fueron "personajes" vitales durante la lucha armada. Pero poco se sabe acerca de que, durante la revolución, se utilizaron los aeroplanos para bombardear a las facciones enemigas: en 1915 Carranza creó la Fuerza Aérea Mexicana; Villa tuvo su propio escuadrón aéreo: cuatro biplanos; Obregón utilizó aviones para derrocar a los huertistas; durante la rebelión cristera, en varias ocasiones los alzados fueron atacados desde el aire.

México tiene el reconocimiento internacional de haber sido el primero en utilizar el correo aéreo: el 6 de Julio de 1917, Horacio Ruiz voló entre Pachuca y la ciudad de México llevando el correo.

UNA BUENA IDEA

Para recuperar el gusto por el tipo de construcciones tradicionales de México, Venustiano Carranza eximió de impuestos a quienes construyeran en estilo neocolonial y utilizaran en su obra materiales propios de México como el *tezontle* y la cantera.

Cuando visites la Plaza de la Constitución de la ciudad de México, observa la apariencia uniforme que se dio a los edificios gracias a esta medida y que evoca la fisonomía que tenía el conjunto durante la época colonial.

DÍAS FESTIVOS

El 1o. de mayo se celebra el día del trabajo en todo el mundo. En México se realizó por primera vez un acto por el día del trabajo en 1913 en la Casa del Obrero Mundial.

El día del maestro se instituyó en 1918 por iniciativa de un grupo de diputados y apareció en el *Diario Oficial* en diciembre del mismo año.

Pablo O'Higgins. La escuela.

SE ROMPE EL SILENCIO

En la época del cine mudo se contrataba a un músico que tocara el piano en cada función, para darle sonido y emoción a la película. En los años treinta se filmó en México la primera película sonora, *Santa*, basada en la obra de Federico Gamboa.

La revolución también fue tema para el cine y se hicieron películas como *El compadre Mendoza* (1933), *Vámonos con Pancho Villa* (1935) y *Allá en el Rancho Grande* (1938). Esta última ganó el premio a la mejor fotografía en el festival de Venecia, siendo éste el primer galardón internacional que obtuvo la industria cinematográfica mexicana.

Dos grandes ídolos del cine nacional. ¿Los reconoces?

Si pegaras un objeto a tu nariz e intentaras verlo, únicamente apreciarías un pedazo distorsionado del mismo. Igual sucede con los hechos históricos: cuando están demasiado cercanos en el tiempo a quien los observa, difícilmente pueden ser analizados con objetividad, ya que afectan, de una u otra manera, directamente al observador.

Aunque la interpretación del pasado estará siempre permeada por las características ideológicas, culturales y temporales de quien lo estudia, la distancia en el tiempo ofrece al historiador la oportunidad de analizar los hechos desde una perspectiva que le permite mayor objetividad en su análisis.

Esta última Unidad abarca desde la década de 1940 hasta el año 2000. Durante esta etapa, México, bajo el régimen de un partido único, el PRI, se modernizó y se transformó en un país fundamentalmente urbano por el impulso que se le dio a la industria y a los servicios.

La principal preocupación de los gobiernos de la segunda mitad del siglo XX fue el crecimiento económico. Sin embargo las políticas económicas que predominaron en esta etapa agudizaron el injusto reparto de la riqueza y permitieron el enriquecimiento desmedido de una minoría en detrimento de casi la mitad de la población.

Punto de partida

1 ¿En qué consistió "el milagro económico mexicano"?

2 ¿Qué consecuencias tuvo el control del gobierno sobre los sectores sociales?

3 ¿Por qué sobrevino la crisis económica de 1976?

4 ¿Cómo se preparó México para entrar a la "globalización"?

5 ¿Por qué México se transformó de un país rural en uno urbano?

6 ¿Se satisfacen las necesidades de educación y salud?

7 ¿Cómo se ha modificado la vida cotidiana a partir del desarrollo tecnológico?

El último militar en el poder

Lázaro Cárdenas probó la eficacia del partido oficial (PRM) en las elecciones de 1940, al asegurar para su candidato, Manuel Ávila Camacho (1940-1946), la presidencia de la República. Éste intentó conciliar los intereses de todos los sectores que se manifestaron inconformes en los últimos años del cardenismo, bajo el lema "Unidad nacional".

1 El general Ávila Camacho fue el último militar que asumió la presidencia.

¿Sabías que a partir de la creación del partido oficial, cada presidente elegía a su sucesor?
De esta manera el presidente entrante le debía el puesto al saliente. Cada presidente mantenía en secreto al elegido durante unos meses y por ello el posible candidato recibía el nombre de "tapado" y el procedimiento se conocía como "dedazo".

2 Encabezados de algunos periódicos con la noticia de la declaración de guerra de México contra el Eje.

Ávila Camacho y su sucesor Miguel Alemán Valdés (1946-1952), centraron sus esfuerzos en un desarrollo económico acelerado, lo que dio lugar al llamado "milagro mexicano".

El objetivo principal de Ávila Camacho fue modernizar al país para lo cual inició un proceso de industrialización, que se fortaleció en parte, debido a la coyuntura que representó para México la Segunda Guerra Mundial. El país se declaró partidario de los aliados, decisión que fue apoyada por todos los sectores sociales favoreciendo, así, la unidad nacional. Debido a la guerra, aumentó la demanda externa de algunos productos mexicanos y al mismo tiempo, dejaron de entrar al país productos extranjeros, lo que obligó a la incipiente industria nacional a aumentar su producción para sustituir esos productos por los fabricados en México. A este proceso se le conoce como sustitución de importaciones.

¿Sabías que en 1944 México participó militarmente en la Segunda Guerra Mundial, cuando envió a Manila, Filipinas, al Escuadrón 201, formado por 129 soldados?

Para dar fuerza al poder presidencial, Ávila Camacho restó influencia al ejército suprimiendo su participación directa en el PRM y en la política y, por otro lado, en 1946, transformó el PRM en Partido Revolucionario Institucional (PRI) para dar mayor control al sistema gubernamental y favorecer al sector popular constituido principalmente por la burocracia estatal.

El presidente mantuvo la educación laica y reformó el artículo 3o., al sustituir el concepto de "educación socialista" por el de "democrática y nacional".

4 Durante el gobierno de Alemán algunos funcionarios públicos se enriquecieron.

3 Miguel Alemán Valdés.

El presidente empresario

Miguel Alemán continuó la política de crecimiento económico, para ello dio un enorme impulso a la empresa privada acelerando la industrialización. Estas medidas permitieron la creación de nuevos empleos y el mejoramiento de los servicios educativos y de salud para el sector popular, pero también alentaron el enriquecimiento desmedido de algunos empresarios y favorecieron una alianza entre la élite económica y la política. Los sectores obrero y campesino, empobrecidos, intentaron levantar su voz pero fueron acallados por el gobierno alemanista que corrompió a algunos de los dirigentes de dichos sectores. En la CTM, el líder Fidel Velázquez, impuesto por Ávila Camacho, eliminó la influencia del antiguo dirigente Vicente Lombardo Toledano, erigiéndose como el hombre fuerte en el control del sector obrero que quedó subordinado, cada vez más, a los intereses gubernamentales y empresariales.

5 *Miguel Alemán dio gran impulso al turismo, desarrolló especialmente el puerto de Acapulco. Por eso la avenida costera de dicho puerto lleva su nombre.*

¿Sabías que el cine mexicano vivió su época de oro durante los años cuarenta con artistas como Pedro Infante, Jorge Negrete, Emilio "El Indio" Fernández, Ninón Sevilla y Leticia Palma?
Sus películas mostraban un ambiente campirano y enaltecían la figura del "charro mexicano". Sin embargo la calidad de la producción cinematográfica decayó en las siguientes décadas y no repuntó sino hasta los años noventa.

El crecimiento industrial provocó un cambio en la mentalidad de los mexicanos que empezaron a dar mayor valor a "lo urbano" en detrimento de "lo rural". El campo quedó supeditado al desarrollo industrial, transfiriendo sus recursos, unilateralmente, a las grandes ciudades. Sin embargo, sí hubo un crecimiento agropecuario: el 65% de la población todavía vivía en el campo y la pequeña propiedad agrícola fue apoyada con obras de **infraestructura**.

¿Sabías que en 1948 el líder del sindicato de ferrocarrileros, Jesús Díaz de León, fue removido de su cargo por los obreros independientes, pero el gobierno de Alemán lo reinstaló mediante la fuerza pública? Como Díaz de León era aficionado a la charrería, a partir de entonces se llamó "charros" a los líderes sindicales "apoyados" por el gobierno de esa época.

6 *Durante la gestión alemanista se impulsó el desarrollo cultural; se fundó el Instituto Nacional de Bellas Artes y se creó la Orquesta Sinfónica Nacional, que fue dirigida por Luis Herrera de la Fuente durante más de veinticinco años.*

7 *Adolfo Ruiz Cortines.*

El crecimiento sostenido

Al asumir la presidencia, Adolfo Ruiz Cortines (1952-1958), inició una política económica de "desarrollo estabilizador" que consistió en el control gubernamental de los precios y salarios para mantener un equilibrio financiero, beneficiando a los empresarios al asegurarles una mano de obra barata. Dichas medidas permitieron un crecimiento sostenido de la economía. Sin embargo esta política impidió a los trabajadores elevar su nivel de vida, por lo que la brecha entre ricos y pobres se ensanchó cada vez más.

¿Sabías que en 1957, durante el gobierno de Adolfo Ruiz Cortines, un terremoto sacudió a la ciudad de México derribando el Ángel de la Independencia?

Ruiz Cortines devaluó el peso de ocho a doce cincuenta pesos por dólar y los gobiernos siguientes mantuvieron esta paridad hasta 1976.

Al finalizar la Segunda Guerra Mundial, la demanda internacional de productos mexicanos como petróleo, café, algodón, cobre, plomo, etc., se redujo y aumentó la necesidad de importar maquinaria, tecnología y materias primas para continuar impulsando la industria nacional.

8 *En las elecciones de 1958, Ruiz Cortines promovió el voto de la mujer: por primera vez en la historia de México las mujeres participaron directamente en la elección de un presidente.*

Durante décadas se implementó una política "proteccionista", vigente también en otros países del mundo, que consistió en proteger la industria nacional mediante el cierre de las fronteras a todos aquellos productos que no fueran indispensables para la producción. Por más de cuarenta años sólo se vendieron productos hechos en México; muchos llegaban más caros que los que se producían en el resto del mundo.

¿Sabes a qué se le llamaba PRI-gobierno?: La estabilidad política de México se explica, en gran parte, por la simbiosis que establecieron el partido en el poder (PRI) y los gobiernos emanados de él. De esta manera PRI y gobierno llegaron a confundirse y a constituir una unidad.

México se asoma al mundo

Al terminar la Segunda Guerra Mundial en 1945, el mundo se polarizó en dos grandes bloques: el **capitalista** con los Estados Unidos al frente, y el **socialista** encabezado por la Unión de Repúblicas Socialistas Soviéticas (URSS). Ambas potencias iniciaron una carrera armamentista pero evitaron un conflicto abierto por lo que a este periodo se le conoce como "guerra fría". Ésta tuvo su fin en 1989 con la caída del muro de Berlín.

En el siglo XX, México hizo dos grandes aportaciones al mundo en materia de política internacional: la *Doctrina Estrada* (1930), que propone la práctica del reconocimiento de los gobiernos de otras naciones y el *principio de no intervención*; ambas le han valido el respeto de los demás países.

POLÍTICA EXTERIOR DE MÉXICO (1940-1958)

1942 Declaró la guerra a los países del Eje (Alemania, Italia y Japón) al ser hundidos dos buques mexicanos por submarinos alemanes.

1948 Apoyó las medidas condenatorias de la ONU con respecto al régimen de *apartheid* en Sudáfrica, por considerarlo una forma de discriminación racial.

1950-1953 La guerra fría entre los Estados Unidos y la URSS llegó a su punto más álgido. México propuso un plan de pacificación y se negó a participar en el conflicto.

1954 Se abstuvo de apoyar la declaración condenatoria en contra del presidente de Guatemala, Jacobo Arbenz, solicitada por los Estados Unidos, por considerarlo comunista; el presidente guatemalteco se exilió en México.

1959 Apoyó al gobierno de Cuba durante y después de su Revolución.

PARTICIPACIÓN DE MÉXICO EN FOROS MUNDIALES (1940-1958)

1945 Se llevó a cabo en México la Conferencia de Chapultepec para tratar asuntos relacionados con el fin de la guerra y sus posibles repercusiones internacionales.

1948 Participó en la Conferencia Interamericana de Bogotá, Colombia, donde se firmó el *Tratado Interamericano de Asistencia Recíproca* (TIAR). La delegación mexicana promovió un pacto jurídico y no militar y trató de sustentar una posición autónoma frente a los Estados Unidos.

1946 Participó de manera destacada en el Consejo de Seguridad de la ONU.

1948 Participó en la creación de la Organización de Estados Americanos (OEA).

1964 Se rehusó a acatar la disposición de la OEA en el sentido de establecer un bloqueo económico contra Cuba.

Un mundo bipolar

OCÉANO PACÍFICO · Midway · Wake · Kwalein · Hawaii · Guam · JAPÓN · COREA DEL NORTE · COREA DEL SUR · Okinawa · TAIWAN · FILIPINAS · LAOS · VIETNAM DEL SUR · TAILANDIA · MALASIA · ESTADOS UNIDOS DE AMÉRICA · ALASKA · CANADÁ · OCÉANO ÁRTICO · UNIÓN SOVIÉTICA · MONGOLIA · CHINA · PAKISTÁN ORIENTAL · CUBA · REPÚBLICA DOMINICANA · Isla de Baffin · GROELANDIA · Puerto Rico · DINAMARCA · NORUEGA · RDA · INDIA · PAKISTÁN · AFGANISTÁN · OCÉANO ÍNDICO · ISLANDIA · RFA · PAÍSES BAJOS · BÉLGICA · POLONIA · CHECOSLOVAQUIA · HUNGRÍA · RUMANÍA · OCÉANO ATLÁNTICO · REINO UNIDO · BULGARIA · IRÁN · Azores · FRANCIA · TURQUÍA · IRAK · ESPAÑA · ITALIA · GRECIA · LÍBANO · ARABIA SAUDITA · PORTUGAL · MARRUECOS · ALBANIA · LIBIA · EGIPTO

☐ Los Estados Unidos y sus países aliados, 1958
☐ La URSS y sus países aliados, 1958
● Bases estadounidences nucleares y otras (octubre 1962)

Investiga, analiza y discute

1 ¿Cuál es la vía que México propone para solucionar los conflictos internacionales? y ¿por qué la política exterior de México tiene como una finalidad esencial salvaguardar la soberanía nacional?

2 Durante la "guerra fría" uno de los conflictos más importantes estuvo determinado por la posición que tomaron las dos grandes potencias frente a la Revolución Cubana. Con tu equipo investiga alguna de las siguientes posiciones frente al conflicto cubano: posición de la ONU, soviética, norteamericana, de México.

En debate abierto cada equipo debe argumentar y defender su posición frente a los demás equipos.
Escribe tus conclusiones.

Fortalecimiento del presidencialismo

1 *Adolfo López Mateos.*

Adolfo López Mateos (1958-1964) trató de frenar la desigual distribución de la riqueza propiciada por las medidas de los gobiernos anteriores, pero los grupos económicamente poderosos se lo impidieron.

El creciente control del PRI en el gobierno sobre los demás sectores del país y la falta de desarrollo democrático se justificaban en aras del desarrollo económico y del nacionalismo: había una libertad de expresión simulada y las clases medias y populares tenían cancelada la posibilidad de participar en las decisiones económicas y políticas del país, pero ciertamente México parecía vivir un momento de estabilidad y prosperidad en una aparente democracia.

En la realidad el poder ejecutivo gozaba de un poder absoluto, por encima de los poderes legislativo y judicial, y de los gobernadores de los estados.

Los dos únicos partidos de oposición real eran el Partido Acción Nacional (PAN) y el Partido Comunista Mexicano (PCM), pero ninguno constituía un peligro para la permanencia del PRI en el poder. Otros partidos como el Popular Socialista (PPS) y el Partido Auténtico de la Revolución Mexicana (PARM), se constituyeron con el objetivo de transmitir un ambiente multipartidista.

López Mateos nacionalizó la industria eléctrica y el gobierno compró las empresas particulares que generaban dicha energía en algunos estados.

Indaga

Pregúntale a tus papás, abuelos o algún otro familiar en qué consistió el movimiento *hippie* y cómo influyó en las costumbres y actitudes de los jóvenes de los sesentas; qué música escuchaban, cómo se vestían y cuáles eran los puntos de conflicto entre padres e hijos.

2 *La injerencia e inversión del gobierno en empresas **paraestatales**, COMO PEMEX y la CFE, dio lugar a una economía mixta, en la que tanto el sector privado como el público participaban del desarrollo económico.*

La represión y la "mano dura"

3 *Gustavo Díaz Ordaz.*

Durante el gobierno de Gustavo Díaz Ordaz (1964-1970) surgieron movimientos de protesta de los grupos medios inconformes y molestos por la disminución de oportunidades de trabajo y por la falta de democracia. Ejemplo de ello fueron las manifestaciones de los médicos del sector público, entre 1964 y 1965, en las que exigían mejores salarios, y el foco guerrillero que se levantó en Guerrero, en 1967, encabezado por Lucio Cabañas.

Pero el conflicto más importante se presentó en 1968, cuando un movimiento estudiantil que exigía diálogo con el gobierno y destitución de funcionarios represivos y corruptos, fue sangrientamente sofocado por Díaz Ordaz y su secretario de Gobernación, Luis Echeverría Álvarez, en octubre de ese año, a pocos días de que iniciara la XIX olimpiada que se efectuaría en México.

¿Sabías que en 1968 hubo también rebeliones estudiantiles en países de Europa y América Latina?

Estos movimientos promovieron una participación cada vez más activa de los jóvenes y las mujeres en la vida social y política, en todo el mundo.

¡Dos de octubre no se olvida!

El movimiento estudiantil de 1968 se inició en julio y culminó el 2 de octubre con la matanza, por parte del ejército mexicano, de estudiantes desarmados que se manifestaban en la Plaza de las Tres Culturas, en Tlatelolco.

La periodista Elena Poniatowska recopiló algunos testimonios de protagonistas del movimiento y de la sociedad en general:

> Los problemas de los jóvenes sólo pueden resolverse por la vía de la educación, jamás por la fuerza, la violencia o la corrupción. Ésa ha sido mi norma constante de acción y el objeto de mi entrega total, en tiempo y energías, durante el desempeño de la rectoría.
>
> El rector, ING. JAVIER BARROS SIERRA, *texto de su renuncia a la H. Junta de Gobierno de la UNAM, el 23 de septiembre de 1968.*

> La renuncia del rector es un acto de civismo sólo comparable al de Octavio Paz renunciando a la embajada de México en la India, semanas después, porque no podía representar a un gobierno que asesina al pueblo.
>
> LUIS GONZÁLEZ DE ALBA, del CNH.

> El día de ayer, 2 de octubre, fui comisionado, poniendo bajo mi mando a dos secciones de caballería compuestas de sesenta y cinco hombres, cada una perteneciente al 18 y 19 Regimiento de Caballería, para trasladarme a la Unidad Tlatelolco, yendo todos vestidos de paisanos e identificados como militares por medio de un guante blanco, y proteger las dos puertas de acceso al edificio denominado Chihuahua de dicha Unidad.
>
> ERNESTO MORALES SOTO, Capitán de Caballería del 19 Regimiento, comisionado en el Batallón Olimpia al mando del Coronel Ernesto Gómez Tagle, Acta núm. 54832/68 ante el Ministerio Público.

4 *El rector de la UNAM y la mayoría de los maestros universitarios formaron parte del movimiento apoyando a los estudiantes.*

> Cuando comenzó el tiroteo la gente se abalanzó por las escaleras de la Plaza que están precisamente enfrente del edificio Chihuahua gritando: "El Consejo, el Consejo". Se dirigían a las escaleras del edificio con el único propósito de defender a los compañeros dirigentes. Allí, los grupos de agentes secretos apostados en las columnas del edificio comenzaron a disparar contra la multitud, rechazándola a balazos.
>
> RAÚL ÁLVAREZ GARÍN del CNH.

> Si están matando estudiantes para que haya Olimpiada, mejor sería que ésta no se realizara, ya que ninguna Olimpiada, ni todas juntas, valen la vida de un estudiante.
>
> Un atleta italiano, miembro de la delegación Italiana de los XIX juegos Olímpicos, *Ovaciones,* 3 de octubre de 1968.

Encabezados de los principales diarios de la capital el 3 de octubre de 1968:

> Recio Combate al Dispersar el Ejército un mitin de Huelguistas. 20 muertos, 75 heridos, 400 presos.
> (*Excélsior*)

> Durante Varias Horas Terroristas y Soldados Sostuvieron Rudo Combate. 29 Muertos y más de 80 Heridos en Ambos Bandos; 1000 Detenidos.
> (*El Universal*)

> Nutrida Balacera provocó en Tlatelolco un Mitin Estudiantil (*La Afición*)

Textos tomados de: ELENA PONIATOWSKA, *La noche de Tlatelolco,* Era, México,1971.

Analiza y responde

1 ¿Por qué las clases medias estaban inconformes con el gobierno?

2 ¿Qué le pudo suceder a la prensa si hubiera dado la noticia de los sucesos de Tlatelolco con veracidad?

3 ¿Existe libertad de prensa en México actualmente?

4 ¿Cómo influyó el hecho de que México fuera sede de un evento internacional como las olimpiadas para el desenlace del movimiento estudiantil?

5 ¿Qué noticias actuales conoces acerca de la investigación del "movimiento del 68"?

1 *Luis Echeverría Álvarez.*

El fin del "milagro"

Díaz Ordaz designó a Luis Echeverría Álvarez para el periodo presidencial 1970-1976.

Para reconciliarse con la población después de los sucesos de 1968, Echeverría liberó a los presos políticos de ese movimiento, pero seis meses después de asumir la presidencia, el 10 de junio de 1971, los estudiantes se manifestaron porque sentían que sus demandas no eran escuchadas y fueron nuevamente reprimidos.

Durante su gestión también se sofocaron levantamientos guerrilleros que exigían justicia social en el estado de Guerrero.

> **¿Sabías que** Luis Echeverría creó el centro turístico de Cancún, Quintana Roo? Hoy es uno de los destinos turísticos más importantes del mundo. Además inauguró la primera línea del "metro" en la ciudad de México.

Echeverría quería introducir cambios a la política de **desarrollo sostenido**, argumentando que la creciente miseria en la que vivía una gran parte de la población era muestra de la otra cara del "milagro mexicano".

Pidió préstamos al exterior e imprimió gran cantidad de papel moneda, provocando **inflación**.

Otra medida que aplicó Echeverría para obtener recursos fue incrementar los impuestos a los grandes empresarios quienes, en respuesta, sacaron sus capitales del país. La situación económica se agravó a tal punto que en septiembre de 1976 hubo que devaluar el peso por primera vez en 22 años, de 12.50 a 22.00 pesos por dólar, llegando a su fin el "milagro económico mexicano" que durante más de treinta y cinco años había permitido crecer a la economía año tras año.

Echeverría admitió la creación de nuevos partidos políticos como el Socialista de los Trabajadores (PST). José López Portillo fue el candidato del PRI para cubrir el periodo 1976-1982.

2 *Caricatura de Rius que representa la falta de veracidad de la prensa durante los sexenios de Díaz Ordaz y Echeverría.*

3 *José López Portillo.*

La administración de "la abundancia"

López Portillo pensó que la producción petrolera sacaría al país de la crisis. El precio internacional del crudo estaba en los niveles más altos de la historia y en el sureste mexicano se acababan de descubrir nuevos yacimientos lo que permitió al gobierno pedir grandes créditos al exterior. López Portillo se preparó para "administrar las riquezas".

A finales del sexenio el precio del petróleo cayó abruptamente y el presidente tuvo que declarar al país en quiebra y suspender temporalmente el pago de la deuda.

López Portillo incrementó el papel económico del Estado, creando nuevas empresas paraestatales; nacionalizó la banca acusando a los banqueros de haber promovido la fuga de capitales.

Las medidas anteriores paralizaron la economía y en 1982 López Portillo devaluó el peso de 26.00 a 70.00 pesos por dólar.

Durante este sexenio se permitió el registro de nuevos partidos políticos: el PCM se fusionó con otros grupos y se formó el Partido Socialista Unificado de México (PSUM). En la Cámara de Diputados aumentó el número de miembros de partidos de oposición. Pero todos los senadores y gobernadores de los estados continuaban siendo del PRI.

Los años setenta

4 *Moda de los años setenta.*

Imagina que estás en la ciudad de México a principios de los años setenta. Te encuentras una ciudad con problemas de tráfico y sobrepoblación.

Echas una mirada a tu alrededor y ves señores vestidos de traje que corren apresurados a sus trabajos; jóvenes de pelo largo o peinados estilo "afro" y pantalón de mezclilla; algunas muchachas con minifalda o pantalón de terlenka a la cadera, que llevan el cabello lacio y largo o esponjado con "crepé".

También observas mujeres indígenas que, con sus atuendos tradicionales y un niño prendido de su pecho, venden chicles en algún crucero.

Caminando por las calles escuchas sus ruidos: vocinazos mezclados con la radio, compañera inseparable del mexicano, compitiendo con las televisiones que se exhiben en algunos aparadores y que proyectan algún partido del mundial de futbol que se celebra en México.

6 Un hombre frente al infinito. *Rufino Tamayo, 1971.*

Entras en algún café de la Zona Rosa, colonia de moda que asimila los aires bohemios. En la mesa vecina se discute "de todo un poco". De pronto te invitan a unirte a la conversación. Hablan de política, de los estudiantes, de las últimas noticias sobre la UNAM, del mundial de futbol; también hablan de escritores y sus obras: de la excéntrica personalidad de Juan José Arreola, de José Agustín y su "florido" lenguaje, de la prosa siempre actual del *Laberinto de la soledad* de Octavio Paz, del singular estilo de Jorge Ibargüengoitia. No falta quien nombra a Rosario Castellanos, a Elena Poniatowska y a Carlos Fuentes.

5 *Reunión de escritores latinoamericanos: Mario Vargas Llosa, Carlos Fuentes, Gabriel García Márquez.*

Continúa la plática, ahora alrededor de la poesía: le acaban de publicar su *Ómnibus de poesía* a Gabriel Said, y hay quien recita algunos versos de Jaime Sabines.

La conversación toma otro rumbo y ahora gira en torno a la arquitectura y a la pintura: que si la obra de Luis Barragán es representativa de lo mexicano, que por qué Rufino Tamayo no pertenece al Movimiento Muralista. Se discute acerca del uso de los colores de Pedro y Rafael Coronel y, sobre la belleza de las obras de Juan Soriano, Frida Kahlo y María Izquierdo.

Mientras escuchas la conversación te das cuenta de que no sabes casi nada acerca de estos personajes. De pronto alguien te pregunta qué opinas de Carlos Fuentes.

En ese momento despiertas súbitamente de un breve sueño. Estás otra vez en tu salón de clases.

Imagina y describe

1 Después de realizar la lectura, señala qué aspectos de la vida actual continúan igual y cuáles han cambiado.

2 Elige uno de los personajes mencionados en la "plática de café" e investiga su vida y su obra. Expón al resto del grupo el resultado de tu investigación.

3 Si pudieras viajar en el tiempo a los años setenta, ¿cómo describirías a tus compañeros del café el momento que a ti te tocó vivir? Reseña para ellos cómo son actualmente la moda, costumbres, música, pintura, literatura y avances tecnológicos.

La apertura al mercado mundial

Miguel de la Madrid Hurtado asumió la presidencia para el periodo 1982-1988. Casi inmediatamente tuvo que devaluar nuestra moneda a 150.00 pesos por dólar.

Tanto el sector empresarial como el Fondo Monetario Internacional y el Banco Mundial, exigieron al gobierno cambiar la política económica, debido en parte a las presiones que los gobiernos de los Estados Unidos e Inglaterra ejercían sobre el resto del mundo. Durante el gobierno de Miguel de la Madrid, se controló el incremento salarial con la finalidad de detener la inflación; se alentó la importación de mercancías y se reorganizó el sector laboral para aumentar la productividad; el país comenzó su apertura a los mercados mundiales, poniendo fin a las políticas proteccionistas; el gasto público disminuyó y se privatizaron muchas empresas estatales.

Sin embargo, los resultados no fueron muy alentadores debido a que México no estaba preparado para abrirse a la libre competencia mundial, ya que el desarrollo tecnológico no estaba al nivel de los países más industrializados y por lo tanto entraba a la competencia en condiciones desventajosas.

1 Al asumir la presidencia, Miguel de la Madrid dijo estar consciente de la grave crisis en la que se encontraba el país.

La inflación no fue abatida y el poder adquisitivo de la moneda disminuyó aún más. Millones de mexicanos vivían en pobreza extrema. La producción agrícola decayó y se tuvieron que importar productos básicos como maíz, frijol y arroz.

¿Sabías que en los últimos años del gobierno de Miguel de la Madrid se formó la "corriente democrática" dentro del PRI, encabezada por Cuauhtémoc Cárdenas y Porfirio Muñoz Ledo? Al separarse del PRI dicha corriente formó el Frente Democrático Nacional (FDN) que fue el antecedente del Partido de la Revolución Democrática (PRD).

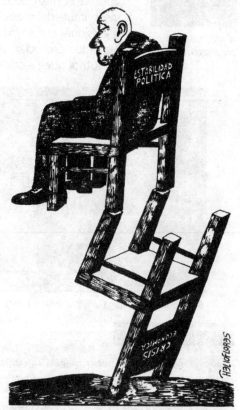

3 El gobierno tenía que hacer "acrobacias" para mantener la estabilidad en medio de la severa crisis. Caricatura de Helio Flores: Acróbata.

2 El 19 de septiembre de 1985 un violento terremoto sacudió el centro y sur del país causando gravísimos destrozos en la ciudad de México. Ante la magnitud de la desgracia se manifestó la generosidad de la población.

En las elecciones de 1988 contendieron Cuauhtémoc Cárdenas como candidato del FDN, Carlos Salinas de Gortari del PRI y el empresario sinaloense Manuel Clouthier del PAN, en unas elecciones muy controvertidas, en las que oficialmente se dio el triunfo a Salinas.

El neoliberalismo económico

Después de la caída del muro de Berlín en 1989 y el desmoronamiento del bloque socialista en 1991, los países menos desarrollados tomaron como modelo la economía de libre mercado prevaleciente en los Estados Unidos, Canadá y Europa occidental.

Salinas de Gortari asumió la presidencia para el periodo 1988-1994.

En un intento por salir de la crisis económica de los ochenta, Salinas aceleró la apertura de la economía al mercado mundial y siguió las pautas que marcaba el Fondo Monetario Internacional.

4 *Carlos Salinas de Gortari. El eje de la economía salinista fue la inversión extranjera, la apertura a los mercados mundiales y la venta de empresas paraestatales al capital privado.*

Para saber más

Durante el gobierno salinista se otorgó el derecho de voto a los ministros de todas las religiones y se reanudaron las relaciones diplomáticas con el Vaticano, rotas durante la guerra Cristera.

¿Sabías que

con Salinas se modificó el artículo 27 constitucional para autorizar la división de los terrenos ejidales y su venta a particulares, lo que promovió nuevamente la concentración de la propiedad?

En 1993 Salinas firmó el Tratado de Libre Comercio (TLC) con los Estados Unidos y Canadá para incrementar el comercio entre los tres países, suprimiendo paulatinamente los impuestos aduanales. Con ello, México ingresó a la **globalización**, proceso mundial impulsado por el vertiginoso avance de la tecnología y cuyo interés principal es eliminar las barreras comerciales y financieras entre los países. Más de cuarenta años de proteccionismo económico habían frenado la modernización de las empresas mexicanas. La apertura a los mercados mundiales permitió que las grandes compañías transnacionales absorbieran el mercado interno causando la quiebra de empresas mexicanas, pequeñas y medianas. Muchos trabajadores fueron despedidos y el desempleo y la pobreza aumentaron.

Reflexiona y discute

El peso siguió perdiendo valor y en 1993 llegó a más de tres mil pesos por dólar. Por eso el gobierno salinista tomó la decisión de quitarle tres ceros para facilitar las operaciones comerciales.

Investiga, cómo ha fluctuado el valor de nuestra moneda a partir de entonces.

Durante ese sexenio, en 1989 se formó el Partido de la Revolución Democrática (PRD) bajo el liderazgo de Cuauhtémoc Cárdenas. También se produjo por primera vez, el triunfo electoral del PAN en las gubernaturas de Baja California, Chihuahua y Guanajuato.

El primero de enero de 1994 se inició un levantamiento armado en Chiapas, encabezado por el Ejército Zapatista de Liberación Nacional (EZLN), que agrupaba a miembros de distintas etnias mayas. El EZLN declaró la guerra al gobierno de México acusándolo de mantener en el atraso, la insalubridad, la ignorancia y la miseria a los grupos indígenas del país, mientras Salinas firmaba el TLC y el gobierno afirmaba que México era un país moderno y desarrollado.

5 *Cuauhtémoc Cárdenas y Porfirio Muñoz Ledo fundaron el PRD.*

Al finalizar el periodo salinista acontecieron varios asesinatos de figuras públicas importantes como el cardenal Posadas Ocampo, el candidato del PRI a la presidencia de la República, Luis Donaldo Colosio y el presidente del PRI José Francisco Ruiz Massieu. Los crímenes no han sido totalmente aclarados.

7 *Por primera vez en la historia, los candidatos a la presidencia sostuvieron un debate público: Ernesto Zedillo por el PRI, Diego Fernández de Ceballos por el PAN y Cuauhtémoc Cárdenas por el PRD.*

6 *Luis Donaldo Colosio. Ningún candidato a la presidencia había sido asesinado desde la muerte de Álvaro Obregón.*

Al morir Colosio, Salinas determinó que Ernesto Zedillo Ponce de León fuese el candidato priísta para el periodo 1994-2000.

El proceso de democratización política

8 *La promesa de campaña de Ernesto Zedillo fue mejorar el bienestar de las familias mexicanas.*

Pocos días después de tomar posesión, el presidente Zedillo tuvo que enfrentar una de las crisis económicas más graves de los últimos cincuenta años, debida en gran medida a una fuga de capital especulativo mexicano y extranjero a los Estados Unidos. Esto provocó una nueva devaluación del peso (de tres a casi siete pesos por dólar), un aumento de la inflación y la quiebra de más industrias nacionales. En 1995 Zedillo negoció con Estados Unidos y organismos financieros internacionales, importantes préstamos que permitieran una paulatina recuperación de la economía.

El modelo económico neoliberal que siguió México desde 1982 no ha logrado abatir la miseria en el país; por el contrario, la desigualdad social y la inequidad en el reparto de la riqueza se ha acentuado:

Las cifras oficiales reconocen que más del 40% de los mexicanos viven en situación de pobreza extrema y frente a esto, existen en México menos de 20 familias cuyas fortunas rebasan los mil millones de dólares.

9 *El IFE organizó las elecciones del año 2000; para ello necesitó de la participación de más de un millón de personas.*

Zedillo dio autonomía al Instituto Federal Electoral (IFE) para promover unas elecciones transparentes. En el año 2000, el cansancio de la población por las promesas incumplidas y el deterioro de su nivel de vida, la presión de los partidos de oposición, la presencia del EZLN, el anhelo nacional de que México sea un país moderno y plural y la exigencia internacional de democratización, llevaron, por primera vez en 71 años, al triunfo presidencial a un partido de oposición. Vicente Fox Quesada, candidato de la Alianza por el Cambio, PAN y el PVE: Partido Verde Ecologista de México, consiguió el 42.5% de la votación. Sus principales contendientes fueron Francisco Labastida del PRI y Cuauhtémoc Cárdenas de la Alianza por México (conformada principalmente por el PRD y el PT). En estas elecciones ningún partido obtuvo mayoría absoluta en el Congreso de la Unión.

Sin duda el reto más importante que enfrenta México al iniciar el siglo XXI es conformar una sociedad más justa, abatiendo la miseria y la pobreza y elevando el nivel de vida de la población.

10 *Un día en la Bolsa de Valores en México.*

Dos Méxicos se enfrentan

El escritor y ensayista Carlos Fuentes, escribió la siguiente reflexión acerca del actual conflicto armado en Chiapas.

11 *La comandanta Ramona del EZLN dio voz a las mujeres indígenas.*

12 *El censo del 2000 nos dice que la población de Chiapas es de 3 920 515 habitantes, de los cuales 44.14% es urbana y 55.86% es rural. Del total 24.3% es analfabeta.*

Lee y discute

Después de leer el texto anterior forma un equipo y discute con tus compañeros los siguientes temas.

Hoy que el mundo entra a la revolución del siglo XXI, que lo será del conocimiento y las tecnologías, Chiapas se descubre para mostrarnos las llagas de una situación preindustrial, a veces prehistórica, brutal y miserable. No, no todo México es Chiapas [...]

Los sucesos de Chiapas reflejan situaciones de pobreza e injusticia comparables en otras regiones del sur de México, sobre todo Guerrero y Oaxaca...

Hay una guerra en Chiapas. Todo el país reprueba el uso de la violencia. En primer lugar, la de los guerrilleros. Su desesperación es comprensible, sus métodos no. ¿Había otros? Ellos dicen que no. A nosotros, el gobierno y los ciudadanos, nos corresponde demostrarle a los insurrectos que sí. La solución política será tanto más difícil, sin embargo, si el Ejército se excede en su celo, confundiendo a Chiapas con Vietnam y defoliando la selva chiapaneca con bombas de alta potencia. Así se amedrenta a la población, es cierto. Los habitantes de una aldea indígena ven caer los primeros cohetes como sus antepasados vieron entrar a los primeros caballos. Sienten miedo, se rinden, prefieren la tranquilidad, así sea con miseria. Pero aceptar el miedo como norma de la concordia es asegurar nuevos estallidos. El Ejército, por otra parte, tiene una imagen dañada por los sucesos de octubre de 1968: la matanza de cientos de estudiantes inocentes en Tlatelolco a fin de tener una «Olimpiada» feliz y preservar la «buena imagen internacional» de México. El Ejército no debe dañarse aún más con el uso excesivo de la fuerza en Chiapas.

Puede y debe haber diálogo, puede y debe haber soluciones políticas en Chiapas por difícil que sean en un cocido de racismo, teologías de liberación, sectas protestantes, explotación económica e ideologías guerrilleras arcaicas... Que hablen los ciudadanos, no las piedras, en Chiapas.[...]

Que se vea Chiapas en México, pero también que México se vea en Chiapas, que no se separe ya economía de política, ni desarrollo de democracia. La insurrección chiapaneca, al menos, habrá tenido la ventaja de despertar a México de su complacencia y autocongratulación primermundista, pero salvándonos, a la vez, de la miseria y la flagelación tercermundista. Es menos importante que sufra la «imagen internacional» de México, a que sufran millones de mexicanos, sin techo, sin tierra, sin aguas. Por ellos, dramáticamente, han hablado las piedras de Chiapas.

CARLOS FUENTES, *Los cinco soles de México*.
Memoria de un milenio, Seix Barral, México, 2000.

1 Carlos Fuentes habla de dos "Méxicos"; ¿cuáles son? Describe las características de cada uno.

2 ¿Actualmente en qué situación viven las comunidades indígenas?, ¿qué razones históricas han ocasionado que vivan en esas condiciones?

3 ¿Cuáles son las principales demandas por las que los indígenas de Chiapas se levantaron en armas en 1994? ¿Son justas sus demandas? Explica. ¿La violencia es un método válido para exigir solución a sus demandas?

¿POR QUÉ MÉXICO SE TRANSFORMÓ DE UN PAÍS RURAL EN UNO URBANO?

El crecimiento de la población

El ritmo de crecimiento de la población mexicana durante el siglo xx fue uno de los más acelerados. De 1900 a 1950 la población pasó de 13.2 a 25.8 millones; en los siguientes 20 años se duplicó y llegó a ser, en 1970, de poco más de 48 millones; a partir de ese momento la tasa de crecimiento de la población empezó a descender debido a las intensas campañas de control de la natalidad y al uso de diversos métodos anticonceptivos. Para el año 2000 la población total del país era de 97 millones de habitantes.

1 *La urbanización obligó a la construcción de grandes obras de infraestructura en las ciudades.*

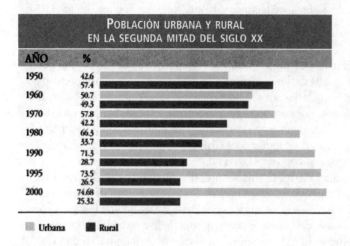

POBLACIÓN URBANA Y RURAL EN LA SEGUNDA MITAD DEL SIGLO XX

AÑO	%
1950	42.6 / 57.4
1960	50.7 / 49.3
1970	57.8 / 42.2
1980	66.3 / 33.7
1990	71.3 / 28.7
1995	73.5 / 26.5
2000	74.68 / 25.32

■ Urbana ■ Rural

Población rural y urbana

A partir de la década de los cuarenta México pasó de ser una sociedad agraria a una urbana. Este proceso paulatino se debió, por un lado, al deterioro de la vida en el campo ya que ningún gobierno implementó una política agraria integral y de largo plazo que realmente impulsara la producción; millones de campesinos siguieron viviendo en condiciones de miseria. Por otro lado, las ciudades adquirieron mayor importancia por la actividad industrial y el incremento de servicios que ofrecían mayores oportunidades de trabajo.

Todo esto provocó grandes oleadas migratorias del campo hacia los Estados Unidos y a las grandes ciudades del país. La economía urbana no pudo satisfacer las necesidades de trabajo, vivienda y servicios de todos los migrantes por lo que se formaron "cinturones de miseria" alrededor de ellas.

¿Sabías que los trabajadores mexicanos que emigran a California y Texas salen principalmente de los estados de Zacatecas, Jalisco, Michoacán, Guanajuato y San Luis Potosí, mientras que los que emigran a Nueva Jersey y Nueva York, son mayoritariamente originarios de Puebla, Oaxaca, Guerrero y el Distrito Federal? México a su vez recibe trabajadores indocumentados de Guatemala, El Salvador, Honduras, y de otros países centroamericanos.

El desequilibrio regional

El grado de urbanización entre las entidades federativas fue variable. En los estados del centro y norte del país (Nuevo León, Baja California, Jalisco, Puebla, Estado de México y Distrito Federal) la población urbana creció a un ritmo mucho mayor que en los estados del sur (Hidalgo, Chiapas y Oaxaca).

En México, las grandes ciudades ocupan el 2% del total del territorio nacional y en ellas vive el 29.1% del total de la población. La zona metropolitana de la ciudad de México ocupa el segundo lugar entre las más pobladas del mundo, después de Tokio.

CRECIMIENTO POBLACIONAL DE LAS PRINCIPALES CIUDADES DE MÉXICO ENTRE 1950 Y 2000

CIUDAD	1950	1970	1990	1995	2000*
Zona Metropolitana de la ciudad de México	3,137,599	8,799,937	15,047,685	16,674,160	17,800,000
Guadalajara, Jal.	380,266	1,199,391	2,987,194	3,461,819	3,545,801
Monterrey, N.L.	375,040	1,246,181	2,603,709	3,022,268	3,110,457
Puebla, Pue.	234,603	546,430	1,330,476	1,561,558	1,844,957
Toluca, Méx.	52,968	114,079	904,062	1,080,081	1,019,197
Ciudad Juárez, Chih.	122,566	424,135	798,499	1,011,786	1,217,818
Tijuana, B.C.	65,364	340,583	747,381	991,592	1,212,232
León, Gto.	157,343	420,150	981,954	1,174,180	1,133,576
Torreón, Coah.	147,233	250,524	791,891	870,651	914,171
San Luis Potosí, S.L.P.	162,466	301,896	658,712	781,964	849,309

Fuente: INEGI, 1999, 2000.

Nos agarró la migra...

Lee el siguiente texto sobre la historia del flujo migratorio de trabajadores mexicanos a los Estados Unidos:

Las primeras salidas de trabajadores [mexicanos a los Estados Unidos] ocurrieron al término de la guerra de Secesión, en 1865, cuando a causa de la abolición de la esclavitud fue costeable en el sur contratar mano de obra. En 1900 eran 100 mil los emigrados; y en 1910, 222 mil. El propio Francisco I. Madero, en su libro *La Sucesión Presidencial*, apuntó que la suerte de estos connacionales "era por allá menos triste que en su tierra natal".

En la etapa de la revolución armada entraron al país vecino del norte 850 mil mexicanos, pero debido a la Gran Depresión fueron deportados 312 mil. El reparto agrario multiplicó las oportunidades de empleo y la emigración se redujo, hasta 1942 en que el Gobierno de Washington solicitó la colaboración formal de México para sustituir con trabajadores migratorios a quienes se encontraban en los frentes de batalla. Este convenio se renovó varias veces después de la Segunda Guerra Mundial.

2 *Los "espaldas mojadas" arriesgan su vida al intentar cruzar el río Bravo.*

De 1942 a 1967 salieron a Estados Unidos 4.5 millones de braceros contratados legalmente, y de modo paralelo no pocos patrones, según lo siguen haciendo, emplearon los servicios de los "espaldas mojadas", o sean aquellos que se internan cruzando a nado el río Bravo. Esto ha provocado aprehensiones y deportaciones masivas. Sin embargo, muchos se han quedado. En lo que va del siglo [XX] Estados Unidos ha admitido como inmigrantes a casi 2.5 millones de mexicanos, mientras la contratación de mano de obra y la penetración subrepticia continúan. En 1987 se estimó en 2 millones el número de mexicanos indocumentados.

3 *Los "polleros" o enganchadores de braceros, prometen a los trabajadores condiciones que después no cumplen.*

El *status* legal o irregular de los trabajadores migratorios, el trato equitativo o injusto que reciben, las formas de contratación o de enganche, la conducta inflexible o laxa de las patrullas fronterizas, y el respeto o violación a los derechos laborales y humanos han sido materia de análisis entre los jefes de Estado, los legisladores, los sindicatos y los organismos académicos de ambas naciones. Aunque todos estos temas son motivo constante de discrepancias, parece existir un consenso en el sentido que el fenómeno tiene un efecto favorable en la economía de ambos países: en Estados Unidos, porque ha contribuido a mantener en marcha la economía , sin haberse sufragado el costo de la formación de esos trabajadores antes de que llegaran a la edad productiva; y en México, porque ha sido una fuente de divisas, ha brindado la oportunidad de mejorar el ingreso de millones de hombres y mujeres, y ha propiciado un cambio radical en las comunidades más laboriosas, receptoras de esos recursos.

JOSÉ ROGELIO ÁLVAREZ, *"Emigrantes mexicanos" Summa mexicana. El gran libro sobre México*, Bancomer, Hong Kong, 1991.

Lee y reflexiona

1 ¿Según este texto, qué aspectos positivos y negativos tiene el fenómeno de la emigración de trabajadores mexicanos a los Estados Unidos?

2 Busca en los periódicos de tu localidad o escucha las noticias en la radio o la televisión acerca de los problemas que enfrentan los mexicanos ilegales en los Estados Unidos.

3 Además del problema de los braceros, ¿qué otros conflictos encara hoy México con el vecino país del norte? Elabora un periódico mural con las noticias que hayas encontrado en los diarios o escuchado en la radio y la televisión.

4 Investiga si alguien de tu localidad se ha ido a trabajar al "otro lado" o tiene algún familiar o conocido que lo haya hecho. Pregunta por qué se van y cuáles son los problemas y peligros a los que se enfrentan.

6 ¿SE SATISFACEN LAS NECESIDADES DE EDUCACIÓN Y SALUD?

La educación

En los últimos sesenta años los gobiernos han dado un impulso importante a la educación para que ésta llegue a la mayor parte de la población. El número de escuelas primarias, secundarias y técnicas aumentó considerablemente. Sin embargo el sistema educativo nacional enfrenta graves problemas que impiden erradicar el analfabetismo y ofrecer una educación de alto nivel. El presupuesto destinado a la educación ha disminuido sexenio a sexenio por lo que la calidad de la enseñanza se ha deteriorado; la infraestructura de muchas escuelas es todavía sumamente precaria y los sueldos de los maestros son deficientes.

Durante el sexenio de López Mateos (1958-1964) la Secretaría de Educación Pública inició la elaboración y distribución del libro de texto gratuito para todas las escuelas primarias del país.

Reflexiona

La televisión ejerce una poderosa influencia sobre la población; el contenido de los programas televisivos puede transmitir valores positivos, pero también puede promover actitudes nocivas. Elige con tu grupo una telenovela. Analízala y discute con él qué elementos positivos y negativos encontraste en ella.

En 1993 se reformó la Constitución para establecer la obligatoriedad de la educación secundaria y en 1997 se inició la distribución de libros de texto gratuitos para este nivel educativo.

1 UAM Azcapotzalco. En el sexenio de Echeverría se fundaron la Universidad Autónoma Metropolitana y el Colegio de Bachilleres, así como escuelas tecnológicas en diversos estados de la República.

El acceso a los servicios de salud en México es muy desigual. Mientras en el Distrito Federal hay un médico por cada 294 habitantes, en Chiapas hay uno por cada 1050 personas. En general las comunidades rurales y especialmente las indígenas carecen de servicios de salud.

¿Sabías que

la práctica de la medicina tradicional y la herbolaria enriquecen el sistema nacional de salud? En muchas comunidades se confía más en el curandero que en el médico.

TASA DE ANALFABETISMO EN ALGUNAS ENTIDADES FEDERATIVAS, EN 1999			
ENTIDAD	**%**	**ENTIDAD**	**%**
Distrito Federal	2.5	**Nacional**	**10.0**
Nuevo León	3.5	Morelos	10.0
Baja California	3.8	Nayarit	10.3
Coahuila	4.5	Tabasco	10.4
Sonora	4.5	Querétaro	10.7
Baja California Sur	4.6	San Luis Potosí	12.3
Chihuahua	5.1	Guanajuato	13.0
Aguascalientes	5.2	Campeche	13.2
Durango	5.6	Yucatán	14.5
Tamaulipas	5.7	Michoacán	14.7
México	6.5	Puebla	15.2
Jalisco	7.3	Hidalgo	15.4
Sinaloa	7.7	Veracruz	15.6
Tlaxcala	7.9	Oaxaca	22.0
Colima	8.2	Guerrero	22.7
Zacatecas	8.3	Chiapas	24.3
Quintana Roo	8.9		

Fuente: SEP, 1999. El índice promedio de analfabetismo en el país, disminuyó del 17% en 1980 a 9.2% en el año 2000. En el 2001 fue de 9.0% y se espera que en el 2002 sea del 8.8%; según datos de SEP, INEGI, 2001.

¿Sabes qué

significa ser analfabeta funcional? Así se llama a las personas que sí saben leer y escribir pero difícilmente comprenden lo que leen. En México un número importante de alumnos llegan a la edad adulta e incluso al nivel universitario siendo analfabetas funcionales.

La salud

Las tres principales instituciones públicas encargadas de velar por la salud de los mexicanos son la Secretaría de Salud, el Instituto Mexicano del Seguro Social (IMSS), fundado en 1943 y el Instituto de Seguridad y Servicios Sociales de los Trabajadores del Estado (ISSSTE), fundado en 1959.

INDICADORES DE SALUD EN EL MUNDO			
GASTO EN SALUD MÁS ALTO	**% DEL PIB**	**MÁS MÉDICOS**	**HABITANTES POR MÉDICO**
Estados Unidos	14.1	Cuba	193
Argentina	9.7	Italia	211
Alemania	10.4	Israel	218
Croacia	10.1	Georgia	229
Suiza	10.2	Ucrania	233
México	6.0	México	764

El gasto destinado a salud en México es poco comparado con el de otros países.

A pesar de lo anterior, el impacto del mejoramiento de los servicios de salud, de las campañas de vacunación y del uso generalizado de los antibióticos, se refleja en la disminución de la mortalidad infantil y en el aumento de la esperanza de vida de los mexicanos.

¡"Aguas" con el SIDA!

De lo que SÍ hay que preocuparse

En resumen, **los líquidos del cuerpo que pueden tener el virus del SIDA y** *contagiarlo* **a otra persona son:**

sangre

semen y líquido
preeyaculatorio

secreciones vaginales y
sangrado menstrual

porque éstos son los líquidos donde hay mayor cantidad del VIH.

De lo que NO hay que preocuparse

Es muy importante que quede claro que **NO hay posibilidades de** *contagio* por:

saliva

lágrimas

orina

sudor

excremento

estornudos

Uno de los principales problemas de salud pública en todo el mundo, es el Síndrome de Inmunodeficiencia Adquirida (SIDA), enfermedad transmitida por el Virus de Inmunodeficiencia Humana (VIH) que se descubrió en 1981.

El SIDA sólo puede transmitirse de tres formas:

Por vía sexual. Es la principal forma de contagio, al haber intercambio de semen, secreciones vaginales o sangre entre una persona infectada y otra sana.

Por vía sanguínea. Al recibir una transfusión de sangre infectada o mediante el uso de agujas no esterilizadas e infectadas.

Por vía perinatal. Cuando una madre infectada contagia a su hijo durante el embarazo o el parto.

Fuente: Elia Arjonilla y
Ma. del Pilar Acevedo,
*Crecer en los tiempos
del SIDA*, Conasida,
México, 1992.
Ilustraciones:
Shula Erenberg y
Guadalupe Sánchez

❸ **En el caso de la vía perinatal:**
⇨ los hombres y las mujeres que deseen tener un hijo y que pudieran estar infectados, deben hacerse un análisis de sangre para saberlo
⇨ los hombres y las mujeres en los que se encontró el VIH, deberán consultar con un médico antes de decidir un embarazo.

¡ES TAN FÁCIL CUIDARSE!

Qué relación tiene el SIDA con el alcohol y otras drogas

Cuando las personas beben mucho alcohol o usan otras drogas, no se fijan en lo que hacen y por eso pueden contagiarse más fácilmente de VIH–SIDA y de otras enfermedades, porque no tienen los cuidados necesarios.

Cómo puede evitarse el contagio

De acuerdo con la información que hemos visto hasta aquí, **las formas o vías de evitar el contagio** del VIH para prevenir el *SIDA* son las siguientes:

❶ **En el caso de la vía sexual:**

⇨ No tener relaciones sexuales,

⇨ o tener relaciones sexuales sólo con tu pareja, y tu pareja sólo contigo,

⇨ o tener relaciones sexuales sin llegar a la penetración para evitar el intercambio de líquidos (preeyaculatorio, semen, sangre, secreciones vaginales o sangrado menstrual),

⇨ o usar *condón* de látex en cada relación sexual.

**ESCOGE LA QUE MÁS TE
CONVENGA, PERO PROTÉGETE.**

❷ **En el caso de la vía sanguínea:**

⇨ usar solamente agujas y jeringas desechables nuevas o jeringas de cristal y agujas perfectamente esterilizadas,
⇨ exigir que la sangre utilizada en las *transfusiones* lleve la etiqueta de "sangre segura"

Reflexiona e investiga

Una de tus principales responsabilidades es cuidar de tu salud.

1 Investiga qué es un virus y si en la actualidad existe cura para el VIH.

2 Además de las recomendaciones señaladas, ¿qué otras medidas puedes tomar para no adquirir SIDA?

3 ¿Cómo debes tratar a las personas que tienen SIDA?

Medios de comunicación

La revolución tecnológica y científica del siglo XX permitió al ser humano movilizarse, gozar de comodidades e intercambiar ideas y conocimientos a unos niveles sin precedente y trasformar, así, la vida cotidiana.

En los años cincuenta disminuyó la importancia de la radio debido a la introducción de la televisión. Con los años, la televisión llegó a tener enorme influencia sobre la población, pues modificó sus hábitos de consumo y determinó, en gran medida, la opinión pública. A partir de los años setenta se inició en México la televisión vía satélite que promovió el intercambio de programación con otros países del mundo.

¿Sabías que algunos comerciales están diseñados para que tú compres aunque no necesites o no quieras algo?
Reflexiona acerca de qué tan necesarios son algunos de los productos que consumes.

Los medios impresos se hicieron cada vez más independientes. Los periódicos son principalmente informativos y han fortalecido la vida democrática. Las revistas tienen una difusión amplísima y las hay de todos los temas.

1 *En 1985 se pusieron en órbita los dos primeros satélites mexicanos.*

En las décadas de los ochenta y noventa, el uso generalizado de las computadoras revolucionó todos los sectores de la vida moderna. El fax, la telefonía celular y el internet transformaron radicalmente el flujo de comunicación entre todos los seres humanos.

¿Sabías que el promedio de lectura de los mexicanos es de un libro al año?

2 *Únicamente el 11% de la población en México adquiere publicaciones periódicas.*

La modernización de los transportes

Los vehículos automotores también tuvieron un desarrollo vertiginoso que trajo consigo la necesidad de ampliar y modernizar la red de carreteras, aumentando de 10 000 km en 1940 a más de 350 000 km en 1998.

Los ferrocarriles perdieron importancia y disminuyó su uso quedando éste relegado casi exclusivamente a transportar carga.

3 *El transporte público dentro de las ciudades también se modernizó, principalmente en la ciudad de México con la introducción del "metro" y múltiples rutas de autobuses y minibuses, pero ha sido y sigue siendo insuficiente para dar un servicio adecuado.*

La aviación, en cambio, se modernizó año tras año. Existen en el país 84 aeropuertos, de los cuales 55 son internacionales. Las dos principales líneas aéreas, Aeroméxico y Mexicana, transportaron en 1999 a casi 35 millones de pasajeros.

Es indudable que los avances tecnológicos mejoraron la calidad de vida de millones de mexicanos. Sin embargo el repunte de la técnica ha tenido un alto costo en cuanto al deterioro ambiental ya que, por una parte, no se ha hecho una explotación racional de los recursos naturales y, por otra, el aumento desmedido de desperdicios industriales y de consumo, ha afectado al medio ambiente.

¡Peligro!

Nuestro planeta está amenazado de muerte.

El ser humano, en su afán por impulsar la economía para satisfacer su visión de "progreso", inició un proceso de destrucción de los ecosistemas sin estar consciente de que él forma parte de los mismos y de que su bienestar depende del bienestar de los sistemas ecológicos.

Es indispensable tomar medidas urgentes que conlleven a la preservación del medio ambiente. Es vital que los seres humanos hagamos un manejo racional, planificado y consciente en la obtención y aprovechamiento de materias primas, a fin de lograr un desarrollo sustentable que permita mantener sanos los ciclos biogeoquímicos en los que se basa la vida.

El agua. Sin agua no hay vida. En la actualidad los ríos, lagos, lagunas y mares son basureros líquidos en los que se están acabando con rapidez la flora y la fauna acuáticas. El problema es de dimensiones gigantescas porque en la Tierra existe una determinada cantidad de agua y no más; dos terceras partes de la superficie terrestre están cubiertas del vital líquido. Sin embargo solamente el 5% del total del agua es dulce y, de ella, únicamente el 2% es utilizable por el ser humano. Al contaminarla, se reduce la cantidad de agua para su uso.

4 Entre los ecosistemas y al interior de los mismos existe una interdependecia de todas las especies entre sí y con su entorno; cuando uno de los elementos se altera, se afecta todo el sistema.

DISPONIBILIDAD DE AGUA, 1955, 1999 Y 2025	
1955	11,500 metros cúbicos anuales por habitante
1999	4,900 metros cúbicos anuales por habitante
2025	3,500 metros cúbicos anuales por habitante

El aire. Cualquier partícula de materia sólida o gaseosa que se acumula en la atmósfera y produce efectos negativos en el medio ambiente es considerada contaminante.

La concentración de CO_2 en la atmósfera producida por la emisión de combustibles orgánicos, es cada vez mayor debido a la brutal deforestación realizada en el último siglo, ya que son las plantas los únicos organismos capaces, mediante la fotosíntesis, de equilibrar la concentración atmosférica del CO_2.

La deforestación. La tala desmedida de bosques y selvas destruye ecosistemas complejos. Una de las consecuencias más peligrosas de la deforestación es que, al eliminar los árboles que atraen el agua y las raíces de éstos que ayudan a retenerla, los suelos productivos se vuelven estériles en unos cuantos años.

5 En el siglo XX desaparecieron en México 45 millones de hectáreas de bosques y únicamente se recuperó el 20 por ciento.

Reflexiona y comprométete

1. En tu libreta elabora una lista de los principales elementos contaminantes en tu comunidad. Investiga desde cuándo existen dichos problemas de contaminación.

2. Plantea y discute las posibles alternativas para solucionarlos.

3. Haz un compromiso personal para tomar medidas que estén a tu alcance y cuidar tu medio ambiente.

6 Una forma sencilla de colaborar a mantener un entorno sano es aplicando la fórmula de las tres erres: Reduce, Reusa y Recicla

Estás a punto de terminar tu curso de Historia de México y en él has podido comprobar que la historia no es un proceso estático sino que se encuentra en constante cambio: cambian las personas, los lugares, las costumbres, las ideas y unos sucesos dan origen a otros.

También has visto que existe una historia nacional que está plagada de hechos y personajes famosos, así como de grandes batallas y de acontecimientos que influyeron para conformar el México multifacético de hoy. Sus nombres aparecen en las principales calles de las ciudades del país. Pero esa historia es solamente una parte (y quizá una parte pequeña) de toda la Historia. Existe otra, tejida día a día por personas anónimas y hechos cotidianos, por acontecimientos de la vida diaria.

Esta historia a la que algunos llaman historia local o regional, fue denominada por el historiador Luis González como *microhistoria* en su célebre obra *Pueblo en vilo*. En ella narró, con verdadero amor, la historia aparentemente intrascendente de su pueblo natal, San José de Gracia, Michoacán. Allí jamás se firmó un tratado y ninguna calle importante del país lleva el nombre de alguno de sus habitantes, pero todos los sucesos cotidianos que en él ocurrieron han sido y son significativos para sus moradores.

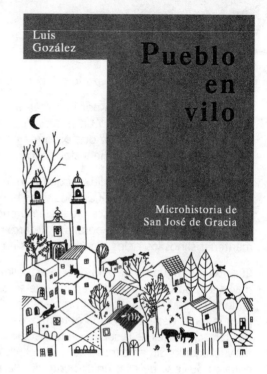

Luis Gozález

Pueblo en vilo

Microhistoria de San José de Gracia

1 *Cubierta de la obra* Pueblo en vilo, *de Luis González.*

2 ¿Te gustaría conocer la historia del Jardín de las Rosas de Morelia, Michoacán? ¿ Y la de alguna de las personas sentadas en la banca?

¡Manos a la obra!

La principal fuente de información para hacer microhistoria es la tradición oral.

Elabora unas preguntas iniciales e investiga quiénes son las personas que pueden ayudarte a responderlas.

Visita la biblioteca y aquellos lugares en los que puedas obtener información.

3 *Ellos están escribiendo un capítulo de su historia.*

AHORA HAZLO TÚ

Ahora te toca a ti ser el historiador para aplicar y poner en práctica lo que has aprendido a lo largo del curso.

Ya sabes que lo primero que harás es escoger un tema. Para hacer este trabajo elige uno directamente relacionado con tu propia historia de vida o con la de tu comunidad. Un tema que, como dice Luis González, "nazca del corazón y no de la cabeza". Es decir, piensa en algo que te llame la atención, que te interese o incluso que te disguste, para investigar sobre él, más por placer o curiosidad que por el deseo racional de saber. Elabora un plan de trabajo en el que viertas tus dudas y de qué manera crees que puedes resolverlas.

Tu tarea será parecida a la de un detective: deberás buscar evidencias que te lleven a encontrar lo que realmente te gustaría conocer.

4 En la "gran ciudad" existen millones de microhistorias.

5 ¿Cuál es la historia de esta familia?

Mira a tu alrededor, está lleno de pistas: objetos cotidianos, personas a las que conoces de toda la vida, lugares que a fuerza de ver, ya no ves; una calle, una casa, una marca en la carretera, un nicho en la iglesia, el epitafio de una tumba, algún implemento agrícola, una ventana, la celebración de una fiesta, en fin, todo te puede decir algo. Como historiador debes ser curioso; cada nueva pista te llevará a formularte preguntas cuya solución irán definiendo tu tema. No olvides tomar nota de todas ellas, así como de sus posibles respuestas.

Antes de comenzar, recuerda que en la microhistoria no existe camino, tú abrirás la brecha, porque es **tu** tema. Iniciarás con algunas ideas previas y con la disposición de ver qué encuentras. Toda la información puede ser útil.

Muchas veces te será difícil encontrar datos o a la persona indicada para que te los proporcione; no te des por vencido. Recuerda que aun las leyendas, canciones, chismes del lugar, suelen contener verdades. Escucha a los abuelos de tu localidad, ellos siempre tienen mucho qué decir. Te serán de gran utilidad las TÉCNICAS DE TRABAJO propuestas en esta Unidad.

Tu investigación no estará completa si no incluyes la descripción del contexto en el cual se inserta tu objeto de estudio. Para comprender un hecho debes conocer su origen, desarrollo, interrelaciones con otros hechos, etc. No puedes tratar los hechos como algo aislado.

Una vez que obtengas los datos, organízalos y redacta tu microhistoria. Luis González nos dice que para narrarla, más que conocimientos necesitas arte, ingenio y poesía.

La historia local no desdeña lo menudo, lo cotidiano. Ten presente esto al elaborar tu trabajo.

6 Cada tumba…, una historia.

SESENTA AÑOS PARA TERMINAR UN SIGLO

Inicio del milagro económico mexicano (1940-1952)	Manuel Ávila Camacho	• Transforma el PRM en PRI. • Limita el poder militar. • Aumenta el control sobre obreros y campesinos. • Inicia proceso de industrialización. • Inicia política de sustitución de importaciones.
	Miguel Alemán	• Acelera industrialización. • Permite enriquecimiento de políticos y empresarios. • Fomenta crecimiento de las ciudades. • Impulsa el turismo.
Desarrollo estabilizador (1952-1970)	Adolfo Ruiz Cortines	• Controla precios y salarios. • Protege a la industria nacional. • Otorga el voto a la mujer.
	Adolfo López Mateos	• Fortalece el presidencialismo. • Permite el creciente control del PRI-gobierno. • Impide la participación ciudadana.
	Gustavo Díaz Ordaz	• Gobierna con mano dura. • Manifestaciones sociales exigiendo mejores condiciones de vida y mayor democracia. • Reprime en forma violenta el movimiento estudiantil de 1968.
Los años de crisis (1970-1982)	Luis Echeverría Álvarez	• Aplica una política populista. • Fomenta el gasto excesivo del erario público. • Se inicia un proceso de inflación. Como consecuencia hay fuga de capitales y devaluación. • Pone fin al "milagro mexicano" (1976).
	José López Portillo	• Aprovecha el auge petrolero e incrementa la deuda externa. • La caída del precio internacional del petróleo ocasiona una quiebra económica y devalúa nuevamente el peso.
	Miguel de la Madrid	• Inicia su gobierno en medio de una profunda crisis marcada por el desempleo, la devaluación y la falta de crecimiento económico. • Inicia la apertura a los mercados mundiales poniendo fin a las políticas proteccionistas.
La apertura económica y la globalización (1982-2000)	Carlos Salinas de Gortari	• El eje de su política económica fue la inversión extranjera, mayor apertura al mercado mundial y la venta de empresas paraestatales. • Firma el TLC. México ingresa a la globalización. • Se funda el PRD y se reconoce el triunfo del PAN en algunos estados. • Se inicia el conflicto armado en Chiapas.
	Ernesto Zedillo	• Estalla una nueva crisis económica debido a la descapitalización financiera, que se resuelve mediante préstamos del extranjero. • Concede autonomía al IFE. • Promueve elecciones más limpias que permiten el ascenso del PAN al poder. El primero de diciembre del 2000 Vicente Fox asume la presidencia. Ningún partido obtiene mayoría absoluta en el Congreso.

El trabajo de campo

Es un método de investigación que consiste en recopilar la información y los testimonios de las personas que participaron directamente en un suceso o tienen conocimiento del mismo a través de una fuente directa.

Generalmente, el trabajo de campo se realiza en tres etapas.

Trabajo de biblioteca. Consiste en obtener información previa sobre el tema en libros, revistas y artículos de periódicos.

Cuestionarios y entrevistas. Las herramientas más importantes para realizar el trabajo de campo son el cuestionario y la entrevista. Para elaborarlos es indispensable saber qué información se busca.

- El cuestionario es un formulario escrito que el encuestado llena por sí mismo. Las preguntas pueden ser abiertas: el encuestado responde a ellas libremente; y estructuradas: el encuestado elige entre dos o más respuestas.

- La entrevista tiene como objetivo el acopio de información a través del contacto interpersonal; requiere de la elaboración previa de una guía que sirva para encaminar la conversación hacia el objetivo de la investigación. Durante la entrevista se pueden plantear preguntas concretas o se puede dejar hablar libremente al entrevistado, intercalando una o dos preguntas que sirvan para retomar el tema o aclarar dudas. Es muy importante tomar notas durante la conversación o, de ser posible, grabarla.

DIFERENCIAS ENTRE LA ENTREVISTA Y EL CUESTIONARIO	
Cuestionario	**Entrevista**
Se aplica a un mayor número de personas.	Permite el contacto directo con las personas.
El encuestado puede elegir en qué momento responderlo.	Se usa un lenguaje adecuado a las características del entrevistado.
Varias personas pueden contestarlo al mismo tiempo.	Las respuestas pueden dar pie a nuevas preguntas.
Permite el anonimato.	Ofrece la oportunidad de observar reacciones de las personas.
Facilita el vaciado de los datos.	Su aplicación requiere de más tiempo.
Las preguntas tienen varias opciones de respuesta.	Ofrece la posibilidad de modificar la guía de acuerdo con las circunstancias.

Presentación del trabajo. Una vez aplicados los cuestionarios y/o realizadas las entrevistas, organiza los datos que obtuviste. Después redacta tu trabajo de investigación e incluye los resultados de tu trabajo de campo. Sigue las pautas para la presentación de un trabajo de investigación, señaladas en la sección TÉCNICAS DE TRABAJO de la Unidad 5.

Elige un tema en el que utilices esta técnica de trabajo de campo:

- ➤ La influencia de los medios de comunicación en los hábitos de consumo de la población.

- ➤ El impacto de la sociedad de consumo sobre el medio ambiente.

Glosario

Capitalismo: Sistema económico basado en la doctrina del liberalismo y que se funda en la importancia del capital como elemento de producción y creador de riqueza.

Desarrollo sostenido: Política enfocada a mantener como prioridad el logro de un crecimiento económico año tras año.

Globalización: Tendencia económica a la formación de un mercado único mundial sin importantes diferencias nacionales y sin trabas en el comercio o en el traslado de capitales o mano de obra entre los países.

Inflación: Subida del nivel general de precios que produce una disminución del valor del dinero.

Infraestructura: Conjunto de medios o instalaciones que son necesarios para la creación y funcionamiento de una organización, una actividad o un servicio.

Paraestatal: Que colabora con el Estado o está controlado por éste.

Socialismo: Movimiento político y sistema de organización social y económico basados en la propiedad, administración y distribución colectiva o estatal de los bienes de producción.

Para soñar un poco

Esta caricatura es de Abel Quezada, uno de los grandes caricaturistas mexicanos de la segunda mitad del siglo xx. Inventa un sueño y haz sobre él una caricatura acerca de algún aspecto del México actual que te gustaría que fuera diferente.

- Reflexiona sobre los textos de las caricaturas y debate con el grupo acerca de cómo nos vemos hoy ante los estadounidenses.

Para conocer tus tradiciones

Las tradiciones son parte de nuestra identidad: crean un sentimiento de comunidad y de pertenencia a un grupo, región o país; a través de ellas se transmiten, de manera natural y sencilla, creencias, formas de pensar y valores.

La mayoría de las tradiciones tienen sus raíces en los ciclos agrícolas (en la importancia de la siembra y la cosecha, en la observación de los elementos naturales y los cambios de las estaciones) y muchas de ellas se desprenden de creencias religiosas.

El pueblo de México es excepcionalmente rico en tradiciones que se han mantenido vivas hasta nuestros días. Algunas provienen de otras culturas y se han incorporado y modificado a través del tiempo hasta formar parte de nuestro ser; por eso es importante preservarlas.

1 *Carnaval de Veracruz.*

Algunas festividades muy coloridas son: el carnaval, la bendición de los animales, las posadas y el día de muertos.

- Busca en Unidades anteriores qué fiestas y tradiciones se mencionan.
- Haz una lista de las fiestas de tu comunidad. Escoge una de ellas e investiga su origen y la manera en que se celebra actualmente. En tu libreta escribe los resultados de tu investigación.
- Discute en equipos por qué las tradiciones ayudan a crear un sentimiento de pertenencia a un grupo o comunidad.

2 *Caricatura de Abel Quezada.*

3 *Bendición de los animalitos.*

Para formar tu propia opinión

La información periodística, ya sea escrita, televisada o radiofónica, siempre refleja un punto de vista. Por ello, al leer o escuchar las noticias debemos estar conscientes de que constituyen sólo una visión parcial de una realidad más amplia. Abel Quezada caricaturizó lo anterior de la siguiente manera.

Escoge un tema actual que te interese. Busca información en periódicos, revistas, radio y televisión. Observa y anota la forma en que cada uno de los medios narra el suceso de tu interés y después compáralos. Intenta separar el hecho mismo, de la interpretación que se le da. No es fácil, ¿verdad? Pero es importante leer y escuchar las noticias con un sentido crítico para que puedas sacar tus conclusiones y formes tu propia opinión.

4 *Caricatura de Abel Quezada.*

Para saber más

Las comunidades indígenas de México, son las herederas directas de las culturas prehispánicas. Durante siglos han vivido en la marginación, la explotación y el olvido y por ello son los grupos económicamente más pobres del país.

Los indígenas constituyen hoy en día 10% del total de habitantes del país y cohabitan con el resto de la población 64 etnias que hablan más de 90 lenguas y dialectos como el náhuatl, otomí, zapoteco, purépecha, rarámuri, maya, mixteco, tzetzal, huichol, yaqui.

Los estados de la República con mayor población indígena son Oaxaca, Chiapas, Veracruz y Yucatán.

La Constitución considera que todos los habitantes de la República Mexicana tienen los mismos derechos y obligaciones. Sin embargo fue hasta 1992 que la ley reconoció que México es un país pluricultural y en el año 2001 se modificó la Constitución y se incluyó una ley indígena que todavía es muy controvertida.

La enorme importancia de los grupos indígenas de México estriba en el cúmulo de conocimientos y la inmensa riqueza cultural que han conservado por generaciones.

El gran reto de todos los mexicanos, desde luego incluidos los indígenas, es que éstos conserven sus usos y costumbres y a la vez tengan el derecho de acceder a medios de subsistencia dignos que les permitan satisfacer las necesidades de alimentación, salud, educación, vivienda y esparcimiento.

- Escoge alguna de las etnias indígenas que hay en México y elabora un trabajo de investigación acerca de cuáles son sus costumbres y tradiciones; de qué manera se organizan política y socialmente y cuáles son sus medios de subsistencia.
- Investiga qué cambios se hicieron en la Constitución respecto a los usos y costumbres de los indígenas. Puedes conseguir un ejemplar de la Constitución modificada en cualquier puesto de periódicos.

5 *Los grupos indígenas han preservado y mantenido, durante casi quinientos años, sus usos y costumbres, sus lenguas y tradiciones.*

MÉXICO	AÑOS	EL MUNDO
Manuel Ávila Camacho, presidente — Inicia el "milagro económico"	1940	Se inventa el radar
	1941	Japón ataca Pearl Harbor
México declara la guerra — a los países del Eje	1942	
	1943	Saint-Exupery escribe: *El Principito*
	1945	Fin de la Segunda Guerra Mundial / Creación de la ONU
Miguel Alemán V., presidente —	1946	Se inventa la computadora
	1948	Creación de la OEA
	1949	Fundación de la República Popular China
Adolfo Ruiz Cortines, presidente —	1952	
Muere Jorge Negrete —	1953	
Juan Rulfo publica: *Pedro Páramo*	1955	
	1956	Comienza el *rock and roll* en los Estados Unidos
Terremoto. Muere Pedro Infante —	1957	
Se otorga voto a la mujer — Adolfo López Mateos, presidente	1958	
	1959	Triunfo de la Revolución Cubana
Nacionalización de la — industria eléctrica	1960	
	1961	Construcción del Muro de Berlín
	1963	Asesinato de John F. Kennedy
México se niega a acatar embargo — económico contra Cuba / Gustavo Díaz Ordaz, presidente	1964	Inicia guerra de Vietnam / Bloqueo económico a Cuba
	1967	Muere Ernesto "Che" Guevara
Movimiento estudiantil — Matanza de Tlatelolco / XIX Olimpiada	1968	Movimiento estudiantil en París
	1969	Llegada del hombre a la Luna
Campeonato mundial — de futbol: México 70	1970	
Luis Echeverría, presidente	1973	Golpe de estado en Chile / Asesinato de Salvador Allende
	1975	Fin de la guerra de Vietnam
Fin del "milagro económico" — José López Portillo, presidente	1976	Muere Pablo Neruda "El poeta de América"
	1978	Juan Pablo II, papa
	1980	Guerra entre Irán e Irak
	1981	Detección de los primeros casos de SIDA en Estados Unidos
Crisis económica. Miguel — de la Madrid, presidente	1982	Gabriel García Márquez, premio Nóbel de Literatura
Terremoto —	1985	Guerra de las Malvinas entre Gran Bretaña y Argentina
Campeonato mundial — de futbol: México 86	1986	
Carlos Salinas de — Gortari, presidente	1988	Se conoce el adelgazamiento de la capa de ozono
Se funda el PRD —	1989	Derrumbe del Muro de Berlín
	1990	Guerra del Golfo Pérsico entre los Estados Unidos e Irak
Se firma el TLC —	1993	
Inicia movimiento — armado en Chiapas / Asesinato de Luis D. Colosio / Ernesto Zedillo, presidente	1994	
	1999	Se lanza el euro como moneda única en Europa
Vicente Fox, presidente —	2000	

(Vertical text in center column: MÉXICO CONTEMPORÁNEO / MÉXICO CONTEMPORÁNEO DE LA DÉCADA MÉXICO)

❶ Los Beatles revolucionaron la música, su influencia dio la vuelta al mundo y ha llegado hasta nuestros días.

❷ Bill Woodrow, *Elephant* (1984). Composición en la que se usaron puertas de coche, mapas y una aspiradora. El arte moderno incorpora diferentes materiales y técnicas. En las principales ciudades de México existen museos de arte moderno y contemporáneo, visítalos.

❸ Las computadoras personales se empezaron a comercializar en la década de 1980 y revolucionaron la vida del hombre, convirtiéndose en una herramienta de trabajo y en un medio de comunicación indispensable.

VIAJE A LAS ESTRELLAS

Las Pléyades

Los misterios del Universo siempre han llamado la atención del mexicano. Ya en la época prehispánica, los pueblos mesoamericanos hicieron observaciones y mediciones astronómicas muy complejas.

En 1942 se inauguró el Observatorio Astrofísico de Tonantzintla, Puebla. A partir de entonces la astronomía mexicana adquirió gran relevancia a nivel internacional. Los astrónomos mexicanos, con su enorme ingenio y sabiduría, han construido telescopios de alta precisión, con innovaciones que permitieron que el costo final fuera menor en un 40%, que uno con las mismas características construido en el extranjero. A estos telescopios se les llamó "Mextel" y han sido solicitados a México por otros países.

¿CANTINFLEAMOS?

Con el pantalón casi caído, una luída playera larga de color incierto, el hilacho en el hombro a modo de gabardina, su "elegante" paliacate rojo al cuello y el singular barquito de papel a manera de sombrero, Cantinflas ha deleitado, por décadas, al mundo entero.

Cuentan que un día tuvo que sustituir en una carpa al animador del espectáculo. Al enfrentarse al público por vez primera, fue víctima del pánico escénico y habló y habló y habló sin decir nada durante un buen rato. El público reía a carcajadas. –¡Cuánto inflas!–, gritó alguien, y otro respondió –¡Ese mi Cantinflas!–. De ahí, dicen, proviene su nombre.

Su imagen y su peculiar estilo de hablar, disparatado e incongruente se hicieron tan populares en los países de habla hispana, que en 1993 la Real Academia Española de la Lengua aceptó los términos "Cantinflas", "cantinflear", "cantinflada", y hoy aparecen en la edición 2000 del *Diccionario de la Real Academia Española de la Lengua*.

Cantinflas y Sara García en la película Ahí está el detalle.

¡FLASH INFORMATIVO!

Octavio Paz fue galardonado con el premio Nóbel de Literatura en 1990.

El beisbolista Fernando Valenzuela destacó como pitcher en el equipo de Los Ángeles, California, durante diez años.

El futbolista Hugo Sánchez sobresalió en el equipo de Pumas, UNAM y después en el Real Madrid de España donde obtuvo el "Botín de oro" europeo y cinco veces el premio al mejor goleador de España.

El boxeador Julio César Chávez, invicto en 73 combates, ganó cinco campeonatos mundiales.

Hugo Sánchez festejando uno de sus goles con García Aspe y David Patiño.

A TODO COLOR

En 1943, ya se rumoraba en el mundo la posibilidad de ver la televisión a color. Hasta entonces sólo se veía en blanco y negro. Ese año, el ingeniero mexicano Guillermo González Camarena, ya conocía el secreto para transmitir las imágenes en color.

Fue a la edad de 22 años que este ingeniero mexicano, logró sortear múltiples problemas con compañías estadounidenses que querían robarle su invento y obtuvo las patentes mexicana y estadounidense de la tele a color. En su honor el canal Cinco de la televisión lleva las siglas XHGC (GC, por González Camarena y XH es una nomenclatura que utilizan todos los canales en México).

EL MUNDO

- Hombre de Cromagnon
- Primeras aldeas agrícolas en Egipto y Mesopotamia
- Inicia cultura sumeria. Invención de la escritura
- Construcción de la pirámide de Keops en Egipto
- Esplendor de la civilización griega
- **Nacimiento de Cristo**
- Esplendor del Imperio Romano
- Caída del Imperio Romano de occidente. Inicia Edad Media europea
- Apogeo de la cultura inca en Perú
- Toma de Constantinopla por los turcos. Fin del Imperio Romano de oriente
- Descubrimiento de América
- Inicia colonización de Brasil
- Inicia el Absolutismo en Europa (S. XVI, XVII y XVIII)
- Inicia dinastía de los Borbón en España
- Inicia Revolución Industrial en Inglaterra. Ilustración en Francia
- Independencia de Estados Unidos
- Revolución Francesa. Inicia Edad Contemporánea
- Inicio del Imperio de Napoleón Bonaparte
- Invasión napoleónica a España
- Constitución liberal de Cádiz, España
- Congreso de Viena
- Muere Fernando VII en España
- Marx y Engels publican el *Manifiesto comunista*. Consolidación de los grandes imperios coloniales europeos: Inglaterra, Francia, Rusia y Alemania
- La India es anexada al Imperio Británico
- Inicia guerra de Secesión en Estados Unidos

AÑOS

PREHISTORIA · **EDAD ANTIGUA** · **EDAD MEDIA** · **RENACIMIENTO** · **EDAD MODERNA**

A.C	D.C
30000	100
8000	200
5000	476
2500	900
753	1200
400	1453
	1492
	1519
	1520
	1521
	1600
	1700
	1765
	1776
	1789
	1799
	1808
	1810
	1812
	1821
	1822
	1823
	1824
	1836
	1846
	1848
	1854
	1857
	1858
	1861

MÉXICO

PREHISTORIA · **PERIODOS PREHISPÁNICOS** · **ÉPOCA COLONIAL** · PRIMER IMPERIO · LUCHA ENTRE FEDERALISTAS Y CENTRALISTAS · LA REFORMA LIBERAL

- Presencia del hombre en México
- Primeros cultivos de maíz. Primeras aldeas agrícolas
- Periodo preclásico mesoamericano: cuicuilco, olmecas, zapotecas, mayas
- Invención de la escritura
- Periodo clásico mesoamericano: teotihuacanos, zapotecas, mayas
- Periodo posclásico mesoamericano: mixtecas, toltecas, mayas, purépechas, mexicas
- Llegada de Hernán Cortés a Yucatán
- Caída de Tenochtitlan
- Inicia periodo colonial: Se establecen las características políticas, económicas, sociales y culturales de Nueva España
- Inician las Reformas Borbónicas en Nueva España
- Influencia de las ideas ilustradas europeas
- Descontento criollo. Nacimiento de un sentimiento criollo nacionalista
- Inicia guerra de Independencia
- Desarrollo de la guerra
- Promulgación de la Independencia de México
- Primer imperio mexicano: Agustín de Iturbide
- Promulgación de la primera Constitución Federal de México independiente
- Promulgación de las Siete Leyes Centralistas
- Inicia guerra con Estados Unidos
- Fin de la guerra: México pierde Texas, Nuevo México y Alta California
- Revolución liberal de Ayutla
- Promulgación de la Constitución Federal de 1857
- Inicia guerra de Reforma
- Termina guerra de Reforma

Eventos mundiales (arriba)

- 1867 — Triunfo de los Estados Nacionales europeos. Expansión del capitalismo
- 1910 — Inicia Primera Guerra Mundial
- 1914 — Inicia Primera Guerra Mundial
- 1917 — Inicia Revolución Rusa
- 1918 — Fin de la Primera Guerra Mundial
- 1922 — Se forma la URSS
- 1929 — Crisis económica mundial
- 1939 — Inicia Segunda Guerra Mundial
- 1945 — Fin de la Segunda Guerra Mundial. Se forma la ONU
- 1952 — El mundo se divide en dos grandes bloques: capitalista y socialista. Inicia la Guerra Fría
- 1959 — Triunfo de la revolución socialista cubana
- 1961 — Se construye el Muro de Berlín
- 1964 — Estados Unidos a través de la OEA determina bloqueo económico a Cuba. Inicia guerra de Vietnam
- 1968 — Movimientos estudiantiles en Europa y América Latina. Asesinato de Martin Luther King
- 1969 — Llegada del hombre a la Luna
- 1973 — Golpe de estado en Chile encabezado por Pinochet
- 1975 — Fin de la guerra de Vietnam. Derrota de Estados Unidos
- 1981 — Primeros casos de SIDA en Estados Unidos
- 1989 — Derrumbe del Muro de Berlín. Fin de la Guerra Fría
- 1990 — Inicia guerra del Golfo Pérsico
- 1991 — Desintegración de la URSS y Yugoslavia
- 1994 — Mandela, primer presidente negro de Sudáfrica
- 1997 — Gran Bretaña restituye Hong Kong a China
- 1999 — Se establece el euro como moneda única en Europa

P O C O   T I E M P O   C O N T E M P O R Á N E O

Línea de tiempo (años)

1867 · 1876 · 1910 · 1914 · 1917 · 1918 · 1920 · 1922 · 1924 · 1928 · 1929 · 1934 · 1938 · 1939 · 1940 · 1945 · 1946 · 1952 · 1958 · 1959 · 1960 · 1961 · 1964 · 1968 · 1969 · 1970 · 1973 · 1975 · 1976 · 1978 · 1979 · 1981 · 1982 · 1985 · 1988 · 1989 · 1990 · 1991 · 1993 · 1994 · 1996 · 1997 · 1998 · 1999 · 2000

REPÚBLICA RESTAURADA · PORFIRIATO · REVOLUCIÓN MEXICANA

FORMACIÓN DE INSTITUCIONES   M É X I C O   C O N T E M P O R Á N E O

Eventos de México (abajo)

- 1867 — Se restaura la República Federal
- 1876 — Inicia Porfiriato
- 1910 — Inicia Revolución Mexicana. Fin del Porfiriato
- 1917 — Promulgación de la Constitución Federal que rige actualmente. Venustiano Carranza, presidente
- 1920 — Álvaro Obregón, presidente
- 1924 — Plutarco Elías Calles, presidente
- 1928 — Inicia maximato
- 1929 — Fundación del PNR
- 1934 — Lázaro Cárdenas, presidente
- 1938 — Expropiación petrolera
- 1940 — Manuel Ávila Camacho, presidente. Inicia "milagro económico mexicano"
- 1946 — Miguel Alemán, presidente. Se intensifica proceso de industrialización
- 1952 — Adolfo Ruiz Cortines, presidente. Otorga el voto a la mujer
- 1958 — Adolfo López Mateos, presidente
- 1960 — Nacionalización de la industria eléctrica
- 1964 — Gustavo Díaz Ordaz, presidente
- 1968 — Movimiento estudiantil, matanza de Tlatelolco. Celebración de la XIX olimpiada
- 1970 — Luis Echeverría, presidente
- 1976 — Crisis económica; devaluación del peso; fin del "milagro económico mexicano". José López Portillo, presidente
- 1978 — Se agudiza la crisis económica
- 1979 — Crecimiento de la deuda externa. Devaluación galopante
- 1982 — Miguel de la Madrid, presidente. Intensificación de la crisis económica
- 1985 — Apertura comercial al mundo
- 1988 — Carlos Salinas, presidente. Neoliberalismo económico
- 1993 — Firma del TLC
- 1994 — Inicia movimiento armado del EZLN en Chiapas. Ernesto Zedillo, presidente
- 1996 — Crisis económica. Se otorga autonomía al IFE
- 1998 — Se estabiliza la economía
- 2000 — Triunfo del PAN en las elecciones. Vicente Fox, presidente

UN EXTRAÑO ENCUENTRO DOMINICAL

Algunos de los personajes de la historia de México pasean por la Alameda Central de la capital, o la observan desde algún edificio. Identifícalos a través de su imagen o del objeto relacionado con su actuación histórica o legendaria. Elabora una lista de los personajes, acomódalos en orden cronológico y no olvides señalar la etapa que vivió cada uno de ellos.

B I B L I O G R A F Í A

Estudiantes y docentes

Acevedo, Esther. *La caricatura política en México en el siglo xix,* Consejo Nacional para la Cultura y las Artes (CNCA) (Círculo de Arte), México, 2000.

Brom, Juan. *Esbozo de Historia de México,* Grijalbo, México, 1998.

Cazenave-Tapie, Christiane. *La pintura mural del siglo xvi,* CNCA (Círculo de Arte), México, 1996.

Cosío Villegas, Daniel. *Historia Mínima de México,* Colegio de México (Colmex), México,1973.

Galeana, Patricia (coord.). *Los siglos de México,* Nueva Imagen, México, 1991.

González, Luis. *El entuerto de la conquista,* Secretaría de Educación Pública (SEP), México, 1984.

León-Portilla, Miguel. *Visión de los vencidos. Relaciones indígenas de la conquista,* Universidad Nacional Autónoma de México (UNAM), (Biblioteca del Estudiante Universitario, 81), México, 1961.

López Austin, Alfredo *et al. Un recorrido por la historia de México,* SEP, México, 1975.

Martínez, José Luis. *Moctezuma y Cuauhtémoc, los últimos emperadores aztecas,* Biblioteca Iberoamericana, México, 1989.

Massé Zendejas, Patricia. *Cruces y Campa,* CNCA (Círculo de Arte), México, 2000.

Moyssén, Xavier. *José María Velasco,* CNCA (Círculo de Arte), México, 1997. (Se recomienda toda la colección Círculo de Arte.)

Navarrete Linares, Federico. *La conquista de México,* CNCA (Tercer Milenio), México, 2000.

Pastrana, Miguel. *Arte Tarasco,* CNCA (Círculo de Arte), México, 1999.

Rubial García, Antonio. *La Nueva España,* CNCA (Tercer Milenio), México, 1999.

Docentes

Cosío Villegas, Daniel. *El estilo personal de gobernar,* Joaquín Mortiz, México, 1974.

Cosío Villegas, Daniel, *et. al. Historia General de México* (versión 2000), Colmex, México, 2001.

Díaz del Castillo, Bernal. *Historia verdadera de la conquista de la Nueva España,* Plaza & Janés, España, 1998.

Fernández, Justino. *Arte Moderno y contemporáneo,* UNAM, México, 1994.

González, Luis. *Pueblo en vilo,* FCE, México, 1984.

Hugh, Thomas. *La conquista de México,* Patria, México, 1994.

Krauze, Enrique. *Caudillos culturales en la revolución mexicana,* Siglo XXI, México, 1976.

Krauze, Enrique. *La Presidencia Imperial,* Tusquets, México, 1977.

Krauze, Enrique. *Siglo de caudillos,* Tusquets, México, 1994.

León-Portilla, Miguel. *De Teotihuacán a los aztecas. Antología,* UNAM, México, 1995.

León-Portilla, Miguel. *Literaturas de mesoamérica,* SEP (Cien de México), México, 1984.

León-Portilla, Miguel. *Los antiguos mexicanos a través de sus crónicas y cantares,* FCE, México, 1961.

Martínez, José Luis. *Hernán Cortés,* UNAM - FCE, México, 1992.

Paz, Octavio. *El laberinto de la soledad,* FCE, México, 1972.

Vázquez, Zoraida Josefina y Lorenzo Meyer. *México frente a Estados Unidos, un ensayo histórico, 1776-1980,* Colmex (México-Estados Unidos), México, 1982.

Literatura histórica

Abreu Gómez, Ermilio. *Canek*, Plaza & Janés (Biblioteca Escolar), México, 2001.

Altamirano, Manuel Ignacio. *Paisajes y leyendas, tradiciones y costumbres de México*, Porrúa ("Sepan Cuantos...", 275), México, 1995.

Azuela, Mariano. *Los de abajo*, FCE (Popular, 13), México, 1977.

Benítez, Fernando. *El rey viejo*, FCE (Popular, 6), México, 1969.

Bradu, Fabienne. *Damas de corazón*, FCE, México, 1995.

Calderón de la Barca, Madame. *La vida en México*, Porrúa, México, 1959, 2 vols.

Castellanos, Rosario. *Balún Canán*, FCE, México, 1984.

D.H. Lawrence. *La serpiente emplumada*, Losada, Buenos Aires, Argentina, 1940.

Fuentes, Carlos. *La frontera de cristal, una novela en nueve cuentos*, Alfaguara, México, 1999.

Fuentes, Carlos. *Los cinco soles de México*, Planeta, México, 2000.

Fuentes, Carlos. *El espejo enterrado*, FCE, México, 1992.

Garrido, Felipe (comp.). *Crónica de los prodigios. La naturaleza*, SEP-Asociación Nacional de Libreros, México, 1990.

Green Graham. *El poder y la gloria*, Emecé, Buenos Aires, Argentina, 1940.

Guzmán, Martín Luis. *El águila y la serpiente*, Promexa, México, 1979.

Guzmán, Martín Luis. *Ineluctable fin de Venustiano Carranza*, CNCA-Alianza (Cien), México,1994.

Henestrosa, Andrés, *Los caminos de Juárez*, FCE (Popular, 119), México, 1972.

Ibargüengoitia, Jorge. *Los pasos de López*, Océano, México, 1982.

Kolonitz, Paula. *Un viaje a México en 1864*, SEP-FCE (Lecturas Mexicanas, 41), México, 1984.

Leal, Luis. (selec.) *Cuentos de la Revolución*, UNAM, México, 2000.

Madariaga, Salvador de. *El corazón de piedra verde*, Hermes, México, 1993.

Muñoz, Rafael. *Se llevaron el cañón para Bachimba*, Espasa Calpe (Austral, 178), Madrid, 1973.

Muñoz, Rafael. *Vámonos con Pancho Villa*, Espasa-Calpe (Austral, 896), México, 1978.

Navarrete, Federico. *Huesos de lagartija*, CNCA-SM (Barco de Vapor), México, 1998.

Novo, Salvador. *La vida en México en el periodo presidencial de...*, CNCA, México, 1994-2000.

Pacheco, José Emilio. *Las batallas en el desierto*, ERA, México, 1984.

Payno, Manuel. *Los bandidos de Río Frío*, Porrúa ("Sepan Cuantos...", 3), México, 1983.

Poniatowska, Elena. *La noche de Tlatelolco*, ERA, México, 1971.

Riva Palacio, Vicente y Juan de Dios Peza. *Tradiciones y leyendas mexicanas*, Porrúa, México, 1997.

Robles, Martha. *Carlota. El fulgor de los cetros*, Clío, México, 1999.

Valle-Arizpe, Artemio del. *Leyendas mexicanas*, Espasa-Calpe, México, 1995.

Velasco Piña, Antonio. *Tlacaélel. El azteca entre los aztecas*, Jus, México, 1979.

Villalpando, José Manuel. *Maximiliano frente a sus jueces*, Escuela Libre de Derecho, México, 1993.

Villalpando José Manuel. *Amores mexicanos*, Planeta, México, 1998.

Villalpando, José Manuel. *El Virrey*, Planeta, México, 2001.

Villalpando, José Manuel. *En pie de guerra: la guerra de Independencia*, Clío, México, 1996.

Zaid, Gabriel (pres., comp. y notas). *Ómnibus de poesía mexicana*, Siglo XXI, México, 2000.

Enciclopedias

Álvarez, José Rogelio (coord.). *Enciclopedia de México,* edición especial para *Encyclopaedia Britannica* de México, 12 tomos, 1993.

Florescano, Enrique (coord. gral.). *Así fue la revolución mexicana,* 6 tomos, SEP-Senado de la República, México, 1985.

Florescano, Enrique (coord. gral.). *Historia gráfica de México,* 10 tomos, Patria-INAH, México, 1988.

Franco González Salas, Teresa (coord. gral.). *México y su Historia,* 12 tomos, UTEHA, México, 1984.

Historia de México, Salvat, 13 tomos, México, 1979.

Revistas

Arqueología Mexicana, Raíces-INAH-CNCA, publicación bimestral.

Brading, David. *Apogeo y derrumbe del Imperio español,* Clío (La Antorcha Encendida), México 1996.

Florescano, Enrique y Rafael Rojas. *El ocaso de la Nueva España,* Clío (La Antorcha Encendida), México, 1996.

Josefina Zoraida Vázquez (coord. gral.). *Gran Historia de México Ilustrada,* Planeta-D´Agostini-CNCA-INAH, México, 2001.

Herrejón Peredo, Carlos. *Morelos,* Clío (La Antorcha Encendida), México, 1996.

Krauze, Enrique y Fausto Zerón-Medina. *Porfirio,* Clío, México, 1993, 6 vols.

Krauze,Enrique, *Biografía del poder.* FCE, México, 1987, 8 vols.

Meyer, Jean. *Hidalgo,* Clío (La Antorcha Encendida), México, 1996.

Meyer, Jean. *La Cristiada,* Clío, México, 1997, 4 vols.

Pasajes de la Historia, México Desconocido-CNCA, México, 2000.

Películas y videos

Allá en el rancho grande.

Biografía del poder. Clío.

El vuelo del águila. Clío.

La antorcha encendida. Clío.

La guerra del fuego.

La ley de Herodes.

La misión.

México de mis recuerdos.

México desconocido en video.

México siglo xx.

Rojo amanecer.

Nuestros historiadores, serie de 15 videos, SEP, 1997.

Internet

www.agn.gob.mx/indice.html
(Archivo General de la Nación)

www.biblio.colmex.mx/
(Biblioteca del Colegio de México)

www.unam.mx/servicios/bibliotecas.html
(Biblioteca Nacional UNAM)

www.bne.es/
(Biblioteca Nacional de España)

www.inah.gob.mx/
(Instituto Nacional de Antropología)

www.bne.es/
(Biblioteca Nacional de España)

www.drae
(Real Academia Española)

www.profes.net
(Ediciones SM)

www.fueradeclase.com
(Ediciones SM para jóvenes)

Unidad **1**

Unidad **2**

Unidad 3

Unidad **4**

Unidad 5

Unidad **6**

Unidad 7

Unidad 8

Agradecimientos

Para elaborar un texto, se necesita siempre de la participación
de un gran número de personas. Queremos agradecer
la valiosa y desinteresada colaboración de:

Gloria Álvarez, Gabriel Fernández Benvenutti,
Gabriela Fernández Benvenutti, Antonio Gálvez Guzzy,
Cristina Gálvez, Isabel Gómez, Josefina Loaiza,
José Antonio López Ruiz, José Luis Marín Soto, Roxana Martín-Lunas,
Margarita Murga, Ana Mary Rodríguez Aldabe,
Salvador Rodríguez Fernández, Griselda Sarmiento Fradera,
María Teresa Tattersfield Yarza, Regina Tattersfield Yarza,
Deogracias Yarza Chousal, María Teresa Yarza Chousal,
Fausto Zerón-Medina.

Especialmente queremos mencionar al equipo de maestros de inglés
del Centro Educativo Morelia, coordinado por Olga Arias, por probar,
como alumnos, las actividades de este proyecto.

Y a nuestros hijos por su apoyo y paciencia: Ana Gálvez Yarza,
Antonio Gálvez Yarza, María José Gutiérrez Rico, Rodrigo Gutiérrez Rico,
José Luis Marín Ávila, Esteban Marín Ávila, Pedro Marín Ávila,
Juan Francisco Marín Ávila.